U0942043

如是道

问题都是想出来的

曾伟 著

中国经济出版社
CHINA ECONOMIC PUBLISHING HOUSE
·北京·

图书在版编目（CIP）数据

如是道／曾伟著.

—北京：中国经济出版社，2019.1

ISBN 978－7－5136－5472－2

Ⅰ.①如… Ⅱ.①曾… Ⅲ.①儒学—应用—企业管理—研究 Ⅳ.①F272

中国版本图书馆 CIP 数据核字（2018）第 281121 号

责任编辑　严　莉　张　喆

责任印制　巢新强

封面设计　任燕飞

出版发行　中国经济出版社

印 刷 者　北京富泰印刷有限责任公司

经 销 者　各地新华书店

开　　本　710mm×1000mm　1/16

印　　张　29

字　　数　467 千字

版　　次　2019 年 1 月第 1 版

印　　次　2019 年 12月第 2 次

定　　价　98.00 元

广告经营许可证　京西工商广字第 8179 号

中国经济出版社　**网址** www.economyph.com　**社址** 北京市西城区百万庄北街 3 号　**邮编** 100037

本版图书如存在印装质量问题，请与本社发行中心联系调换（联系电话：010－68330607）

Preface

序言

千万别活错

前两天在我的领导力课程上，有几位学员在最后分享时竟然声泪俱下，感慨自己这一生竟然错在了一心一意上。

有一位香港来的女企业家痛心疾首地说："我几乎把我的生命全部投入我的企业之中，但我没想到的是：我一心一意、全神贯注地对待着企业的每一件事情，竟然会是错的！

"我以前只是知道自己每天都特别的累，每天都为企业的事操心，有时真觉得自己操碎了心，但企业的问题还是很多，每天都会进到你的心里来，让你不得不去面对。我每天都打起十二分的精神来处理和应对这些事，但结果并没有得到彻底的改观。我觉得我都这么努力了，为什么老天不能让我的日子好过一点呢？我也请过职业经理人，把权力和利益都给了他，他也引入了很多科学的管理方式，包括流程规范和绩效考核等，但却越管越乱。很多老员工走了；留下来的也很消极，充满了抱怨。效益下滑得很快，我再不去接手，可能工厂都岌岌可危了。

“我现在真不知道该怎么办，一心一意自己来做，事情是好一些，盈利也还可以，但真是累得不行，难以支撑；交给别人去做，本以为自己可以省心的，的确没有以前那么累了，但企业却到了几乎要亏损的状态，又不得不自己亲手来做。在这两极之间摇摆，我真不知道出路何在！曾老师的课让我看到了问题的根源，心里一下子就通了，就像一块堵着的东西消掉了，觉得心里轻松，感觉真好！

“因为我没想到问题的根源就出在我的一心一意上！我一直以为一个人三心二意地对人、对事是错的，必将一事无成。所以，我对待任何事情都是一心一意的心态。我以为自己全力以赴、一心一意地对人、对事，就会有好的结果。但我没想到，一心一意地对人、对事也会让人深陷其中，不能自拔，甚至会给我的生活带来无尽的苦恼！挣了钱，却整天在麻烦当中，活得身心疲惫、心力交瘁。”

一位职业经理人也痛心疾首地说：“我这一生就是在三心二意和一心一意之间摇摆。一心一意地打工，替老板挣钱，凭我的能力和专业总能很快地赚到一些创业的本钱，我就又不安心了，出去自己创业，出去搞不了多久，又会把钱亏掉，然后又一心一意地找一家企业去打工挣钱。这样的事我已经搞了两三个回合了，我自己都很讨厌这种搞法。

“前几天，我还因此失去了一个巨大的商机。因为我在新的单位把手机号码换了，人家想给我一笔大单，都找不到我。我一直不知道自己的问题出在哪里。因为我几乎在任何一个岗位上干着的时候都是全力以赴、一心一意地干的，为什么最后总是要放弃呢？

“我知道自己是在一心一意和三心二意之间摇摆，一会儿一心一意，一会儿又三心二意，我不知道为何会这样！曾老师的课让我明白，根源在于一心一意也会错！三心二意会错，这个道理我当然明白，所以，我做事的时候总是一心一意地投入。但我不知道一心一意地投入，也不完全是好事，也会犯错误，而当这种错误发生的时候，我没有办法去面对和解决。因为我觉得自己已经这么投入了，尽力了，事情还会是这样，我就真不知道该怎么办了。

“于是，我就选择了放弃，又成了三心二意。直到曾老师说出人除了三心二意和一心一意这两种截然不同的状态以外，还存在着超越这两种状态之上的第三种状态，我才恍然大悟，觉得人生打开了一扇天窗，内心里明亮起来。”

听到企业管理者这样的感叹，我内心生出一丝悲悯：是啊！有多少人在这些问题上还深陷其中啊！特别是很多社会精英、成功人士深陷其中而不能自拔！他们绝大多数都是一心一意的高手，专注是他们成功的秘诀，三心二意的人成为他们淘汰和超越的对象。但是“成也萧何，败也萧何”，一心一意的专注和全神贯注的投入，竟然也会成为他们人生的瓶颈、烦恼和痛苦的源头！这是很多人始料未及的，甚至是很多人至今还不明白的。

专注和一心一意是一个人的优秀品质，这是大家共通的价值观，它怎么会成为人生的瓶颈和烦恼的根源呢？难道我们要崇尚三心二意的活法吗？无数的事例证明，三心二意活着的人必将一事无成，并且害人害己。一心一意专注的人在事情上是比三心二意的人要成功很多，但他们的瓶颈和烦恼以及痛苦，却是他们深有体会并且摆脱不掉的。

所以，一心一意和三心二意这两个看似对立的两极，一定都不是最好的状态。一心一意比三心二意好很多，因为它能让人成事，但它一定不是最好的“解”，因为很多成功的人都还在一心一意当中烦恼和痛苦着。一定有超越一心一意和三心二意两极对立的更高的境界，能使我们既成功又幸福，从成功走向成就。

从三心二意到一心一意，人们从不成功走向了成功，但还要从一心一意继续突破，进入更高的境界，才能从成功走向成就。精英们、成功者们不要停下自己的脚步，要敢于突破自己，去寻找比专注和一心一意更高的境界，如此才能让自己活得既体面又自在。这种活法才不会让我们为了成功的外表，牺牲自己的幸福、灵性甚至生命。一个成功者内心纠结地活一辈子是对不住自己的生命的！

专注或者一心一意错在哪里呢？错在人会因为自己的专注和一心一意而忽视别的许多事情。就像一个裁缝看一个人，他会特别在意这个人的着装；理发师看一个人，会特别在意这个人的发型；鞋匠看一个人，会特别在意这个人的皮鞋。显然，这些因为各自的职业习惯自然而然地专注于观察某一点的人，一定会同时忽视甚至忽略了其他方面，这就是专注或者说一心一意带来的问题，这个问题是造成我们烦恼和痛苦的根源。

被你专注的对象，如果不合你意，会天天受到你的批评、指责；如果他不能短时间内改变，这个人、这件事就会让你深陷其中；彻底改变并不容易，彻底放弃难下决心，于是内心的纠结就会产生。而如果你对每个人、每件事都有这样的习惯，你的内心就会持续纠结在你专注的点上。合你意的人和事，就会不断受到你的嘉奖、表扬，他们便会在不知不觉之间骄傲自大起来，成为你日后奈何不了的对象；而那些没被你专注的点，他们会因为自己被忽视而产生无足轻重的自我评价，变得消极和被动。因为更丰富的信息没法进入你的视野当中，或者你因为注意力离不开自己专注的对象而看不到更广阔的世界，你将找不到解决自己问题的更好方案，尽管这些方案原本就存在。

有些人可能会说，那我只能一会儿专注这里，一会儿专注那里。这会让你疲惫不堪，很多办企业的人就处在这样的状态。他们既感觉到身心疲惫，又觉得自己整天忙于“救火”，于事无补，因为这就是一种三心二意的状态。我们在这里看到了常人的思维是怎样在三心二意和一心一意之间摇摆的，因为我们只懂得有对象的注意。

常人谈注意就一定要有一个注意的对象，否则，就不知道怎么“注意”。常人的思维当然难以跳出两极对立，要么三心二意、懒懒散散，一事无成地活一生；要么一心一意、全神贯注，高度紧张地成功着。

我们要探索的是第三条路。先举一个生活中的例子，尽管这个例子只是一个比喻，但它能让我们窥见新思维的曙光。很多人都有过开车经过两个很狭窄的石墩子的经历。这往往发生在乡下，是村民们不希望大车经过采取的措施。开小车的人每次经过时，都会觉得自己的车几乎是挨着两边的石墩子驶过去的。

其实，这时你会发现你的注意力是高度集中的，因为你很怕车剐到石墩。但你的注意力是放到眼睛上的吗？显然不是，因为你的眼睛根本看不到车身与两边石墩的间距，你的眼睛只能目视前方似看非看。你的注意力放在耳朵上吗？也不是，因为你听不到任何有帮助的声音，听到了声音就代表车剐了，所以耳朵也帮不了你。注意力放在手脚上吗？手和脚根本就不敢乱动。注意力放在我们的意识上吗？这时候脑袋里想什么都没用，恰恰此时我们的思维活动几乎是停顿的。

我们在这里体会到了另一类的专注：注意力高度集中，这当然是专注，但注意力又没有具体的对象，不放在任何一个点上，而一有任何细微的异常，我们便能快速有效地做出反应。这种专注的心理状态，既不是三心二意的，又不是常人讲的一心一意的，因为它没有一个专注的点，我们只是把内心的能量调动了起来，随时准备做出反应而已，这只是一种警觉的状态。

只不过常人处在这种警觉状态，要靠危险诱发。如果我们通过一定的工作训练让自己的心轻易地就处在这样的状态下，我们就能对一切的人和事做出有效的回应：没事的时候，我们的心并没有定在某一个点上，这样就不会给他人造成太大的压力；但我们的心是注意力高度集中的，是警觉的，它专注在心里，一旦外界有异常，我们的心就会快速有效地反应和处理。这样的状态，有人称之为“觉”，我们称之为“审视”。

“审视”不是简单地看，就像看一部小说，如果你只是一个阅读者，就会沉浸在小说的故事情节和人物命运里面；但如果你是一个编辑，就既会进到小说所描述的故事情节当中，又会以编辑的身份审视这部小说，对这部小说能否出版做出判断。编辑是一位审读者，他在做审视性的阅读。因为他内心有一种注意力，是时刻离开小说中具体的情节和人物的。保持这种注意力，才能对小说进行评价而不致深陷其中。

审读和阅读是两个境界。一个人拥有审读的习惯和能力，他就会超越一般的阅读者。就像我们很多人只是生活的经历者：他们要么三心二意地经历着自己的人生，这样的人当然一事无成，而他们往往活得牢骚满腹、怨天尤人；要么一心一意地经营着自己的人生，这种人往往事业有成，但他们会非常在意自己所谓的成功。其实，他们与前一类人本质上并没有什么不同，因为他们也只是人生的经历者，尽管他们有许多可圈可点的人生经历，但随着生命的结束，随着这段经历的结束，人生的一切也就烟消云散了，这就是一个普通经历者的人生结局。这样的人生只会让人觉得沮丧，因为人死了，就什么都没了。是否还有另样的活法呢？

我们看几个拥有不同活法的人。首先是心理学家弗洛伊德，他是靠解梦出名的。梦谁都会做，谁都能做，但偏偏弗洛伊德靠解自己的梦和他人的梦，写出了一本影响人类历史的书——《梦的解析》。千万不要认为弗洛伊德写这本书之前就是一个多么了不起的人，他只是一个普通的心理医生，他也会为自己是否能评上教授而忐忑不安，也会受到病人的抱怨和同行的轻视，总之，他是一个普通人。他的经历没有什么特别，他的成就来源于他对普通人都可能做的梦所进行的深入细致的审视。因为这种审视，他让自己的梦以及他自身的经历，具有了常人无法具备的价值。

不是他的梦和经历有什么特别，而是这种对梦的审视是特别的。所以，伟大的人并不一定是伟大的经历造就的，往往是他们对普通经历的审视造就了伟大。

巴尔扎克是法国大文豪，他一生穷困潦倒。贫穷肯定不是值得赞赏的人生经历，但巴尔扎克却在这种经历当中审视着当时的社会和人性，由此创作出了由91部小说构成的《人间喜剧》这一文学巨著。其中的很多人物形象，都成了社会中某一类型人物的代表，如葛朗台就成了贪婪而又吝啬的守财奴的代名词。贫穷属于很多人，但能对这种贫穷以及与它相关联的社会万象进行无情的审视，才造就了伟大的文学家巴尔扎克。

总之，经历者的人生再出彩也是短暂的；审视者的人生再普通也是出彩的，甚至会影响无数的人。人，因为审视而变得超越平凡；人类，因为审视而变得伟大！因为审视的背后是人最为宝贵的天赋：觉性。

人，因为感性，而产生七情六欲，从而让生活有滋有味，让我们拥有丰富多彩的人生经历；人，因为理性，而让我们可以理解世界的万事万物，但也能让我们妄念纷飞、想入非非、不能自拔。

审视既不是经历中感性的体验，也不是经历中理性的思考。感性的体验者如同场上踢球的球员，理性的思考者相当于场外的评论员。而审视者相当于场边的教练，既不会因为人在场上深陷其中而无法统观全局，又不会因为事不关己而妄想空谈、脱离实际。审视是一种不远不近的“观”的状态：说不远是审视者看得清楚，说不近是审视者无法上场踢球。感性的体验让人产生很难摆脱的情绪上的“受”，理性的思考让人产生自说自话的链条式的“想”，审视才能让人产生不虑而知的“观”。所以，审视既非感性的又非理性的，而是觉性的。而又因为它是不虑而知的，所以是良知，诚如孟子所言，“不虑而知，谓之良知”。

只有觉性才能让我们审视一切、看清一切、经历一切，而又不被任何一件具体的人和事所绑住，因为觉性就是那股无对象注意的能量。它在我们心里只是发出光来，既不去抓取外面的东西，也不去排斥外面的东西，就像太阳照在地面上，它不是为了得到，也不会害怕失去，它只是照亮万物，我们内心的觉性就是这样一束生命的光。

我们借着它可以审视一切，从而让我们看清一切，而又不掉在任何一个点上，超越三心二意和一心一意的两难，既成为一个生活的经历者，更成为一个生活的审视者。作为生活的经历者，生活有好有坏；作为生活的审视者，生活没有好坏，因为一切的经历都可以通过我们的审视而变成思想和艺术，变得很有价值。

即便不能成为伟大的人，我们的人生经历——不论什么样的人生经历——都将因为我们的审视而变成智慧，从而影响和帮助身边所有的人。我们将获得他们的尊重和敬仰，我们的人生将变成富有价值的人生，并且这种价值必定会获得他人的认同，人生因此而变得富有意义。这，就是有价值的活法！

Contents

目 录

生命完美得无可挑剔

扫二维码　听如是道

现代人的焦虑病究竟来源于什么呢？其实是来源于选择，来源于挑剔。我们担心选择的结果对自己不利，而我们当下所掌握的信息，又没有办法确保我们做出对自己一定有利的选择。我们跟无、跟未来打交道，必然恐惧，这就是焦虑的根源。

我们为什么总是在做选择呢？因为我们把自己当成了生命的主宰，其实生命不是我们创造的，生活才是我们创造的，我们是处在生命与生活之间的存在。生命创造了我们，我们创造了生活。生活五花八门、千姿百态，有让我们满意的，有让我们失望的，有让我们幸福的，有让我们痛苦的，因为它是我们的作品。但生命不是我们的作品，我们是生命的作品，先有生命后有自我。

生命是完美的，完美得让人无可挑剔。幸福的日子是一段生命，痛苦的日子同样是一段生命，从生活的角度来讲，这是两种截然不同的日子。从我们的感受来讲，它具有完全相反的意义。但从生命的角度来讲，这两段生命是完全等价的。我们可以因为痛苦而舍弃这种生活，但我们不能因为痛苦而舍弃这段生命。人生不如意十有八九，痛苦的、难受的生命我们都舍弃了，那人的生命就很短了，估计个个都成了短命鬼。

现实当中，很少有人会因为这一段生命是痛苦的而将生命放弃（自杀的人毕竟少之又少），因为他觉得活着才是最重要的。可见，谁都知道生命的价值高于一切。

其实，痛苦和幸福对于生命而言，就像晴天和雨天对于自然而言一样，是再正常不过的现象，都是好的，都是有意义的。天天下雨，不是好事，天天不下雨也肯定是坏事。生命本身就是由阴晴圆缺所构成，一切都是好的，我们干嘛要挑呢？事实上我们也没得挑，因为它比我们要大。接受它、体验它，我们就完成了自己的任务，改变它、舍弃它，我们就跟自己作对。

《大学》教我们要懂得止于至善，就是要培养我们这样的心态，有了这样的心态，天天都是好日子，还有什么值得焦虑的呢？只要好好活着，你就能体会生命的美，还有什么好抱怨的呢？

有的人把这称为活命哲学，会问：那过去那么多仁人志士为何牺牲自己，不要生命呢？他们放弃自己的生命，是为了拯救更多的生命，他们把个人的生命与众生的生命视为一体，还是热爱生命，事实上生命也是一个整体。

爱生命才能爱一切！

成功者能不那么痛苦吗？

扫二维码　听如是道

轻轻松松是很多人所希望的，但谁都知道轻轻松松难于成事。要成事往往就要全力以赴、全心全意，而全力以赴、全心全意又必然会让我们心里紧张，从而产生焦虑，让我们活得很不轻松。一般人往往就处在这两极当中：一极是轻轻松松混日子的人，其结果是一事无成；一极是紧紧张张在拼搏的人，其结果是事业成功，身心疲惫。能否找到第三条道呢？

首先我们要知道，眼耳鼻舌身意这六根并不是人的全部。眼睛能看，耳朵能听，鼻子能闻，嘴巴能尝，身体能触，脑袋能想，这六根的活动，不代表人的一切。我们要能找到这六种活动背后的心灵的力量，我们知道它的存在，开发这股力量，才能超越前面所讲的两难处境，才能处在放松而警觉的状态，既全心全意地做事，而又毫不紧张地处事。

离开眼耳鼻舌身意的心的力量存在吗？有很多朋友有过这样的开车体会：开车在一个河堤或者一条乡间小路上，当地的人为了防止大车驶过，往往会修两个距离很窄的石墩，刚好让一辆小车从中穿过，你量一下会发现小车是过得去的，但你坐在驾驶室里还是没有把握能否开得过去，但有时候你又没有退路，只能硬着头皮来穿越它。

此时你会发现，眼睛帮不上你了，表面上目视前方，但却根本看不到车与两边石墩子的距离，那种看完全是似看非看；耳朵也帮不上你，真要听到了什么声音，那也就完了，表示车已经剐了，没有任何声音最好；身体的触觉也帮不上你，真要触觉上有什么异样，那就表示剐到石墩上了；脑袋根本无法计算车与石墩的间距，念头几乎是停止的，任何念头和思考都毫无帮助，这时眼耳鼻舌身意都帮不上我们了。但你会发现这个时候，我们是最用心的时候，这就是我们离开眼耳鼻舌身意全然的用“心的力量”的时候。

这样的情景下你把车开了过去，你就会体会到《心经》所讲“无眼耳鼻舌身意”的意思，因为无眼耳鼻舌身意的时候，心的力量就会全然地呈现，帮我们度过危机，逢凶化吉。常人陷入绝境孤立无助的时候，本能的都知道呼喊：菩萨保佑，老天保佑！就是呼唤这股心灵的力量。他的无助是因为眼耳鼻舌身意都帮不上他了，但他冥冥之中知道还有一股力量存在——心灵的力量。

其实我们修行，就是要让自己在常态下，而不是在绝境中也能把这股心灵的力量开发出来。开发的方式其实很简单，两个字——“离相”，就是在生活和工作当中，既要懂得用好自己的眼耳鼻舌身意，又不要被眼耳鼻舌身意带来的东西绑住，离得开眼耳鼻舌身意，让自己的心随时处在一种鲜活的状态。

具体的修法就是要在一切的相当中去体验、尝试，不排斥、不对立。失败、成功都要乐于接受，好话、坏话都要听得自然，让眼耳鼻舌身意跟外界相处，自己只活在心上。一切都做，一切随它，笑骂由人，才能离相，才能自在。

只要不放弃，你总能成功，只要不在意，痛苦当中你也能自在。痛苦也只是眼耳鼻舌身意的活动而已，你的心都可以不在这个层面，看到自己在那边痛苦，你都可以像看一出戏一样，当个观众。成败成了你的游戏，自在才是你的本来。

天命不可违？

扫二维码　听如是道

“天命不可违”听起来像是一句很迷信的话，其实不然。《中庸》讲“天命之谓性”，朱熹对这句话的解释是：“天以阴阳五行化生万物，气以成形，而理亦赋焉，犹命令也。”（《中庸章句》）宋朝理学家朱熹对天命的解，简而言之四个字：理尤命令。

天地万物的运作都有它自身的规律，这个规律就称之为理，理支配着天地万物的运作，就如同它在命令天地万物一般。天地万物的运作遵循这个理，就像严格地在执行命令一样。形象地说就好像有一股无形的、巨大的、逃避不了的力量在决定着万物的运作，万物听命于理，这就是万物的命。

所以，什么是天命呢？其实是主宰万物的那个理而已。

人也是万物的一部分，主宰万物的理会凝聚在人身上，就称之为性。所以，王阳明说“天命之于人谓之性”“以其理之凝聚谓之性”。（《传习录》）人性就是这样来的，人性能通天理，人心能通天理，皆因人性、人心都只是天地万物的理在人身上的凝聚，是一个理。所以，王阳明说“心即理”。

这个理会支配我们的一生，也就是我们的命，因为这个理时刻在命令我们。老百姓为什么说“性命”二字，就表示性就是命，命就是性，而性就是理，所以命就是理，命表示理时时刻刻在命令我们而已。所以，这个命我们怎么能违背得了呢？是故《中庸》曰“率性之谓道”，意思是服从这个理，才是我们的正道。“修道之谓教”则表示人们要完全遵从理的命令，还要通过教育来修成。

把理讲得那么大，那么至高无上，视它为万物的主宰，也视它为人生的主宰，这个理究竟为何物？

其实所谓的理，就是万事万物的因果规律而已。因果规律至于物，称之为物理；因果规律至于心，称之为心理；因果规律至于天，称之为天理。仅此而已。

学物理的，不就在物的层面学习因果规律吗？牛顿三大定律是因果规律，万有引力是因果规律，所有的科学定律都是因果规律。依托它，我们可上九天揽月，登上月球，可下五洋捉鳖，潜入海底。

地球绕太阳的运转，遵循万有引力定律；家里的用电，遵循欧姆定律。这些定律，就是人类发现的控制万事万物的理。它们不仅存在着，而且时时刻刻主宰着万物的运作。可以视为万物都是在这些理的规定和命令之下而运作的。

说命令是一种人格化的说法，就像我们说上帝一样；但万事万物，包括人，都受到理的力量的支配，都被理所主宰，被因果所主宰，却是毫无疑问的事实。伟大的科学家爱因斯坦不信上帝，但他信自然，就是在信自然的这股力量。爱因斯坦认为佛教符合科学，就是因为佛教讲因果的精神，与科学不谋而合。所以归根结底，命是什么呢？命是因果，是存在于宇宙万事万物身上的共同的那个理，谁能违背得了？所以，天命不可违。

天命不可违，就像天文学家告诉我们什么时候会有日食月食一样，因为当太阳、月球、地球处在这样的相互位置的时候，就一定会出现这样的现象，有什么好奇怪的呢！有什么可怀疑的呢！

我们说天命不可违的意义，其实并不是在做一个哲学上的讨论，而是想说，人的主观意志是没有办法抗衡因果规律的。你想有一个好的结果，就要努力地去行动，去帮助别人，去种因，只有等这些因累积起来，才会有成功的果报。违背因果，怎么想都是没有用的。

让我们的主观意志与因果规律相互结合吧！在因果规律的引导下，发挥主观能动性，即“率性之谓道”。而做到这一点，是需要好好修炼的，即“修道之谓教”。这样的人生才圆满。

生活当中那些既风光体面、幸福又受人尊敬的人，就是掌握了这种方法的人。看不明白的人，就只会懵懵懂懂地说：此人命好。等你也懂了什么叫命的时候，你应该说：此人种因种得好，此人善用因果，会活而已。

人生成功的因果律无非是努力加持戒，努力靠智慧，持戒凭慈悲，所以佛门称之为悲智双运。儒家称之为“知止”：“知”为智慧，“止”为慈悲，《大学》所言“止于至善”即为慈悲。

生命的意义何在？

物理学家霍金走了，但人们对霍金的怀念和对生命意义的思考没有散去，反而愈加浓烈。作为科学家的霍金，引领我们更深地了解了宇宙的秘密，这些已经载入了科学的史册；但作为人的霍金，他的生命的意义却远远没有被我们认真地解读，远远没有发挥其应有的价值。

霍金20多岁时，得了肌萎缩性脊髓侧索硬化症，这是一种正常只能维持两年生命的疾病，但霍金却让生命奇迹般地延长了50多年。并且在这50多年中，他的生命绽放出了无与伦比的智慧。这是一个奇迹，既是科学史上的奇迹，也是人类史上的奇迹，更是生命本身的奇迹！生命本身具有的潜在的能量，让我们不得不重新思考生命的意义。

在霍金患病的这50多年的生命历程中，他的身体和心灵毫无疑问经历了常人无法理解和承受的痛苦，许多人都极有可能在这种痛苦中放弃生命，或者被痛苦击垮。从医学和生理的角度而言，他的生命在这种疾病状态下，正常也只能持续两年，但他却奇迹般地、非常富有创造力地，让生命延长了50多年！

这种生命的能量从何而来呢？这种生命的能量应该源自本自具足的生命力。佛门禅宗六祖慧能法师有言："何其自性，本自具足；何其自性，能生万法。"每个人身上都充满了这股巨大的、被六祖慧能称为"自性"

的能量，也就是我们的生命力。这股能量比我们常人所能想象的大得多，不是我们的体力、精力、能力所能比拟的，是我们赖以生存的生命之根。

霍金在他因为疾病而丧失常人所具备的许多体力、精力和能力之后，却用心念的力量开发出了本自具足的巨大生命力。这种生命力的开发，既让他得到了常人的正常寿命，以及让人羡慕的家庭，也让他得到了鲜有人及的智慧，这应该是霍金生命的奥秘。

我们需要思考的是，这股伟大的生命力，既然我们人人本自具足，那为什么我们却无法体会，乃至无法得到？其实佛陀在开悟的时候讲过一句话："奇哉！奇哉！大地众生皆具如来智慧德相，但因妄想执着而不能证得。"这就是答案。

霍金在20多岁时患上了这样的疾病，促使他放下了一切的妄想，甚至摆脱这种疾病的幻想。他知道，所有试图战胜这种疾病的想法都是不切实际的。他坦然地接受疾病带给他的一切，包括身心的痛苦。他明白，彻底地消除这种疾病和痛苦的想法，是无济于事的。由此，他也就放下了一个正常的身体所可能产生的其他的各种各样的欲望，"接受、明白、放下"，反而让他的念头清净了下来，那常人个个都会有的妄想和执着，反而不得不从他的身上走开。于是，自性开发的机会来了，"如来智慧德相"彰显的机会来了。佛门说"狂心若歇，歇即菩提"，菩提智慧的种子开花结果的机会来了。

霍金的伟大和神奇，就在于他的正知正念，能够在他接受、明白、放下自己的疾病和痛苦后，奇迹般地生发出来。他能够把接下来的生命力完全用在对于宇宙本质的思考。他就像一个赤子，没有丝毫杂念地面对宇宙这位伟大的母亲，于是他看到了宇宙的真相。

所以我们有理由相信霍金在几十年的疾病和痛苦当中，通过没有任何妄念和执着的"思维修"的方式，经常进入"定""静""安"的状态。他的内心所达到的境界和状态是许许多多的理论物理学工作者所无法达到的，他自然也就能看到别人看不到的境相。

王阳明说：心即理。其实，宇宙的天理就在我们内心。你的内心完全定、静、安下来，你就能内观到这些天理，就像非常平静的水面，能够倒映一切，佛门把这称为“大圆镜智”。儒家《大学》称之为“知止而后有定，定而后能静，静而后能安，安而后能虑，虑而后能得”。

霍金用他的一生向世人证明了：生命具有巨大的潜力！哪怕患重疾如他，依然可以做到人之英杰，达到生命的巅峰状态。

我们这些健全的人，是该好好想一想，怎样让巨大无比的生命力绽放出来，而不是把它消耗在声色犬马当中，消耗在酒色财气当中？正常人都有享受的条件、本钱和能力，但也许这是一个巨大的陷阱，它让我们把本自具足的、如霍金般伟大的生命力给消耗掉、浪费掉了，结果，只会怨天尤人，或者痛苦不堪，了此一生。

想想霍金吧！

我们和他究竟谁才是真正富有生命力的人？

向霍金致敬！

向一个伟大的生命致敬！

管理要从尊重开始

扫二维码　听如是道

我们很多人做管理比较强调制度，这种人的指导思想是认为管理要从约束开始。管理要约束员工，这没有错，但这样做效果往往不如人意。因为每个人都是自己世界的王，别人接受你的管理，归根结底是他愿意接受；他如果不愿意，就会离开你的企业，离你而去。

有时候看起来他尽管不愿意也不得不接受，但其实这不是事情的真相。事情的真相是，他可能从感受上不乐意接受你的管理，但从利益上考虑，他觉得还是听你的合算，他会心不甘情不愿地服从你，但这在本质上仍然是他自己的决定，你其实还是强迫不了他。如果他感受上也不情愿，利益上也没好处，但还是接受了你的管理，那他一定就会阳奉阴违，表面上是你在管他，实际上他的所作所为根本就不在你的管理当中，他是我行我素，随心所欲。所以我们是没有办法剥夺被管理者的自主权的。

我们看一看，企业里面那么多执行力差的现象，家庭里那么多不服管的孩子，吵来吵去的夫妻，我们就不得不承认，所谓的管理，是建立在被管理者的自主权的基础之上的。

其实，每个人在自己的内心世界里就是一个王。他可以这样想，也可以那样想，思想总是自由的，意志是别人无法掌控的。再有权力的人，对于进入别人的精神世界也无能为力。

所以，巧妙的管理应该从尊重开始。尊重不是管理的艺术，而是管理的觉醒。意识到自己主宰不了别人的意志，那你除了尊重他，又能怎么样呢？你不尊重他，只是自讨没趣；你不尊重他，即便帮了他，你也是个冤大头。很多爹妈在孩子面前不就天天在做这样的冤大头吗？很多老板在员工面前不也经常抱怨自己好心没好报吗？

我们帮助别人，可能出于爱，但如果没有对对方的尊重，这种爱也会造成对别人的侵犯和压力，往往对方并不领情，因为你的执着侵犯了他自主的权利，所以不懂得尊重别人的人，做得再好，都难有好报。

尊重别人，承认别人的自主权，哪怕他是你的下属，哪怕他是你的孩子。我们只有潜移默化地去影响他、引导他，在这个基础上再去约束他，这样的管理才会有效。我们可以强求一个人，但前提是，对方如果不听，他会问心有愧，否则，强求是无效的。他问心有愧的“愧”就是从你对他的帮助、尊重、影响、引导而来的。所以，管理的顺序应该是尊重、帮助、影响、引导、约束五步曲。步子不要乱，否则，对方就要踩你的脚。

你尊重孩子，孩子会尊重你；你尊重员工，员工会尊重你；你尊重下属，下属会尊重你，这是人最基本的良知。王阳明说“良知即天理”，所以这也是天理。

曾子在《大学》里说“知止而后有定”，这个“知止”，其实就可以理解为我们内心对别人的尊重，尊重会让我们做任何事情都懂得“止”。最后，彼此之间就能形成和谐的家庭、和谐的企业、和谐的组织和团队，这就叫“止于至善”。(《大学》)

如何安心？

扫二维码　听如是道

人生的方向究竟是什么？大多数人都以幸福和快乐为方向，但人生不如意之事十有八九，如意的时候也不过十之一二，也就是说，我们的人生注定了大多数的时间不可能快乐。而如果我们以快乐为目标，就必然在大多数的时间里实现不了这个目标，这样的人生，要么就成了一种煎熬、忍受，要么就成了一种手段，因为我们很多时候达不到这样的目的，不少人就是在忍耐和牺牲当中度过的。

认为自己为了最终实现快乐的目标，不得不忍气吞声地过，这种人的人生就会有百分之八九十的生命被浪费掉，或者说被牺牲掉。为了百分之一二十，我们牺牲掉百分之八九十是不值得的。问题出在哪里呢？

问题出在我们错误地定义了人生的方向和目标，快乐的时光只能占到十之一二，你将快乐定为人生目标，就肯定会失去生命的十之八九。而如果我们能找到贯穿生命始终的价值，并以此作为人生的目标，那我们生命中的每一天就都会变得有意义，不论是快乐还是不快乐。

这种永恒的价值存在吗？当然存在，它就是“心安”。“心安”这种状态，既不属于快乐，也不属于痛苦。

法国哲学家卢梭曾经说过：“如果世间真有这么一种状态，心灵十分充实和宁静，既不怀念过去，也不奢望将来，放任光阴的流逝而仅仅掌握现在。无匮乏之感，也无享受之感；不快乐，也不忧愁；既无所求，也无所惧，而只感受到自己的存在——处于这种状态的人，就可以说自己得到了幸福。”

德国哲学家叔本华说：“我们所生活过的每一天都告诉我们，快感和享受，就其自身而言，就算是得到了它们，也是骗人的玩意。快感和享受并不曾真的给予我们它们所许诺的东西，并没有让我们的内心得到满足。得到这些快感和享受以后，与这些快感、享受结伴而来，或者出自这些快感、享受本身的不便和烦恼，也让这些快感、享受变了味道。”

可见，智者都明白：快乐是短暂的，心安才是永恒的。

有的人可能会说：“不如意的时候我怎么可能心安呢?”事实上，不如意的时候，你可能会不快乐，但仍然是可以心安的。

我们有必要搞清楚心安的条件是什么，或者说如何才能心安。

学过佛的人都应该知道六祖惠能开悟的故事。当时禅宗五祖弘忍法师对惠能讲解佛陀的《金刚经》，讲到“应无所住而生其心”时，惠能言下大悟。他悟到了什么呢？我们看一看惠能当时所说。惠能当时说的第一句话就是：“一切万法不离自性。”第二句话就是：“何其自性，本自清净；何其自性，本无生灭；何其自性，本自具足；何其自性，本无动摇；何其自性，能生万法。”六祖惠能反复讲的“自性”是什么？就是我们这颗如如不动的心，六祖惠能悟到了我们这颗心本身就是如如不动的。所以，心安是不需要任何条件的。

不是说要赚了多少钱，你才能够心安；不是说要当了多大的官，你才能心安；不是说满足欲望才能心安，你随时随地都可以让自己心安，因为心的本体就是安的。

快乐当中你可以心安，痛苦当中、烦恼当中你也可以心安。你的心安既不需要条件，也没人可以奈何，因为你的内心谁都进不去，只有你自己进得去，只要你自己不在你的内心胡作非为、胡思乱想，你的心就可以安下了。“你的世界你做主！”这不是广告，是事实！

我们内心不安，是因为我们总是在追逐或者排斥，如果一切都能接受，心立马就能安下来。女人生孩子是痛苦的，但也是心安的。所以，心安是一种离开一切条件的存在，是离开一切条件的状态，是我们心的本来状态。但这并不意味着心安的时候，我们的情绪体验就一定没有痛苦、没有烦恼，而是说在痛苦和烦恼当中，你也可以心安。

这表示你此时尽管仍有痛苦和烦恼，但你不会执着于这个痛苦和烦恼，你不会被这个痛苦和烦恼所左右。你会继续做你该做的事。该坚持的，你会继续坚持；该改变的，你会果断地改变。你会一直在天理良知上走，这样，错的你会改正，而不会因为情绪让它变得更糟；对的，你会坚持，而不会因为眼前的困难而放弃。

心安的人做事，叫“安而行之”；心安的人做事，行在理上，自然能成，叫“心安理得”；心安的人做事，无论情绪是快乐的或不快乐的，心都是宁静的，从而也是幸福的。这是一种随时随地都能达成的状态，当然，也就避开了人生十之八九的不如意和十之一二如意之间的矛盾和对立，这使生命具有了恒常的价值，这是生命的道。

当然，知道这一点，一个念头而已；达到这一点，却还是要漫长的修行，要走过从“解悟”到“证悟”的过程。所以，开悟是要通过“信、解、行、证”四步来完成的，行才是关键。

可怜的富二代

扫二维码　听如是道

富二代在人们的心目中，是让一般人所羡慕的。他们既不用打拼，也不用承担风险，就可以拥有普通人得不到的生活，豪宅、豪车与生俱来。这让那些在职场拼搏的年轻人羡慕不已，当然，他们有时候也会瞧不起富二代，认为其不过就是有一个富有的老爸或者老妈。其实富二代的真实状况，这些人未必了解。

前两天，偶尔跟一个朋友聊天，他说当地一位年产值几个亿的企业家的儿子因病过世了，表面上好像是心脏病导致的，但其实这个富二代几年以前接了父亲的班，但因为经验不足，有几次大的投资失误，然后被债主天天逼债触发了心脏病。整日躲债所承受的巨大压力，才是这个富二代真正的死因。

当我把这个信息跟我身边的一位熟人讲的时候，他说几年以前，他一位朋友的儿子也是接父亲的班没多久，就因为脑溢血去世了。

一天之内听到两起身边很熟悉的人所讲的富二代的真实故事，我不得不思考，富二代真的那么让人羡慕吗?

其实富二代有着与创业者不同的苦恼，他们是在父辈成功的基础上经营企业。父母的成功，既为他们创造了条件，也给他们带来了巨大的压力，他们必须超越父母，否则他们就会认为自己靠父母吃饭。

其实打天下难，守天下更难，父母做得很成功，你要守住这份成功，本身就很不容易，更何况还要超越这份成功。很多富二代并没有从零起步的经验，也没有从零起步、成败都无所谓的心态，他们的背后总有一双眼睛盯着他们，父辈给他们留下的人际关系，也未必买他们的账。父辈得心应手的经营管理模式，也未必适合于日新月异的今天，有时候反而是个障碍，成了富二代不得不去改革的对象；而这种改革立刻就会把父辈留给他的很多人际关系，推到自己的对立面去。所以他既要比父辈更成功，又要把父辈留给他的一切重新整顿，整顿的过程当中，难免就会有很多的对手出现，而这些对手原来都是父辈的帮手。可以想见，对于真正有事业心的富二代，恐怕他的日子，远没有他的爹妈想象的那么幸运，那么有福气。父辈与二代之间，如果不能看到这些，而只会互相责怪，就可能让年轻的生命在光鲜的外表下，承受其难以承受的压力而过早地枯萎。

出路何在呢？

首先，创业成功的父辈们，不要执着于自己的成功，不要把自己打扮成孩子的榜样；不要执着于自己的财富，不要认为有钱就拥有了一切。任何事情都有两面性，成功能带来荣耀，但也能带来压力和烦恼。富一代创业的时候，经历的那些风风雨雨，以及他们经历的痛苦和烦恼，难道是成功所能抹平的吗？成功只是让我们觉得曾经的痛苦和烦恼是值得的，但并不代表那些痛苦和烦恼就没有发生过，而对于在优越的环境下生长起来的富二代，这些痛苦和烦恼都将真实地在他们的内心再次发生。很多富一代能够扛过去的压力，富二代们未必扛得过去。因为富一代在小的时候就可能在别人的歧视和打压之下成长，抗压能力已经锻炼出来了；显然，富二代小时候的经历刚好相反。所以，执着于成功，富二代的心理上付出的代价可能更大。

其次，不要执着于财富。

富一代是没有钱来创业的，财富对于他们有很好的奖赏、激励作用，他们内心的痛苦和付出时常可以被得到的财富所平衡。

富二代从小就见惯了钱，财富对他们的激励作用是有限的，除非是比他们的父辈多得多的财富，这就要让他们承受更多、付出更多，但他们的承受力会远远超过他们的父辈吗？根本就不可能，所以有的时候，富二代们是幸运的，有的时候却又是不幸的，都是因为财富，都是因为成功。

给孩子一个幸福的人生吧，这就要我们的内心懂得放下，成功也罢，失败也罢；有钱也罢，没钱也罢，都是一个人生，都是生命的过程。

只要每个人的生命是绽放的，这样的人生就是有价值的，父辈们通过创业绽放的生命力，富二代也只是在这个基础上去绽放他的生命力，何必让所谓的成败和盈亏等外在的东西来束缚我们甚至扼杀我们的生命力呢！我相信那两个孩子的父亲一定痛苦不堪，甚至后悔把企业交给了自己的孩子。

其实，富一代给二代提供的只是一个更大的平台而已。只要大家都尽力了，成败、盈亏真是要随缘的。成功了，我们欣赏，为他们鼓掌；失败了，我们接受，因为他们已经获得了成长，一切都是好的。这就叫“止于至善”。有了这样的心态，我们的心就是安的。成功当中，我们会走下去，不至于狂妄；失败当中，我们会爬起来，不至于放弃。

“安而行之”才是天道，愿天道为我们保驾护航！如若不然，我们的富一代就会看到很多不愿接班的富二代；或者年纪轻轻，开豪车，住豪宅，却整天笑不起来的富二代；当然也有可能是花天酒地、放任挥霍的富二代。

人为何有羞耻心？

扫二维码　听如是道

孟子说："恻隐之心，仁之端也；羞恶之心，义之端也；辞让之心，礼之端也；是非之心，智之端也。"孟子把这四端称为人不学而能的良能，不虑而知的良知。也就是人与生俱来、本自具足的东西，是人的本性，由此引申出人性本善的性善论。遗憾的是，历史至今，性善论与性恶论一直并存。人性这四端，是否有更深刻的根源呢？

我们在管理当中也经常说，要唤醒人的良知做管理，阿米巴经营依靠的不是奖罚，而是每天觉知业绩，利用员工在好的业绩面前产生的成就感，以及在差的业绩面前产生的羞耻感，来让员工完成自我激励。靠业绩刺激员工，把差的变成好的，把好的变得更好，这已经成了风靡企业界的一种管理思想，但在中国企业实践的效果却不尽人意。

人们也在怀疑，就靠人的羞耻感，我们能改正错误吗？人的羞耻心，乃至人的良知，究竟从何而来？它的本质究竟是什么？是值得我们去思考的。

一只动物，比如说一条狗在路上撒尿，它会若无其事；而一个成年人，如果尿憋急了，在高速公路上不得不临时方便一下，就只能遮遮掩掩而为之。为何动物没有羞耻心，而人有羞耻心？难道动物就不知道旁边有人或者别的动物吗？动物当然知道。因为它能看到，就像一个人或一条狗冲着它吼叫，它能看到一样。

但动物看外界，比如说，它看到另一条狗或一个人冲着它吼叫，它的脑海中只会出现外面的人或者狗；而一个人发现另外一个人盯着他，脑海中绝不仅仅会出现盯着他的那个人的样子，他的心里一定还会同时出现自己的样子。他会下意识地看一看身上的衣服是不是乱了、脏了，头发是不是有问题。也就是说，当一个人看到别人审视自己的时候，会把审视自己的人和被审视的自己一起来觉知。也即人的觉知活动是把外界和自己视为一体，而动物则不能。狗看外界就只能看外界，而不能同时觉知自己，没有这种一体感，没有这种一体的觉知能力，才是问题的关键。

人为什么会有羞耻感？就是因为人能通过别人来看自己，或者说，人能看到别人心目中的自己。其原因在于人的一体感，或者说人看事情的一体感，王阳明称之为“人的灵明”。

王阳明解曾子《大学》的时候，对“大人”的解释是：“以天地万物为一体”之人。我们可以看一段王阳明与其弟子的对话。

王阳明问：“你看这个天地中间，甚么是天地的心？”

弟子答：“尝闻人是天地的心。”

王阳明又问：“人又甚么叫作心？”

弟子答：“只是一个灵明。”

王阳明说：“可知通天塞地中间，只有这个灵明。”

王阳明这里讲的灵明，就是人的一体之心。

使人有别于万物之处，是人能把天地万物和自己视为一体，这是人的灵性所在。动物也能知，甚至有些动物还能做一些简单的思考，也有自己简单的语言，但动物的知是不会把外界和自己视为一个整体来知的。

学佛的时候，我们曾经听过一个故事：一条狗跑进了四面都是镜子的房间，它惊慌失措地发现四周是一条条惊慌失措的狗在盯着自己，于是它想找出口冲出去，但情急之下找不到出口，便疯狂地吼叫。结果它发现，四周全是冲着他吼叫的狗。于是它夺路狂奔，越乱越是冲不出去，只得在屋子里拼命地奔跑，逃避四周冲着它吼叫的同类，直至累倒死去。其实，所谓四周的狗都是它在镜子中成的相而已。

狗不会把它看到的狗和自己联系起来，不会把自己与外界当成一个整体。缺了这种一体感的知，缺了这份灵明，就成为畜生。

而人之为人正是因为他能够把外界和自己连为一个整体来知，看到别人能想到自己，这其实就是自知之明，或者叫人的自觉。这才是人有别于万物之处，也是人优越于动物之处，是人的灵性所在，是人被称为万物之灵的根据。

所以，我们在管理当中一定要相信并且开发人的自知之明和自觉性，因为这是我们人之为人的根本，失去了这一点，或者说，这一点被障碍住了，我们人就与动物无异了。

生活和工作当中，我们可以发现，凡是那些让大家头疼的人，或者说，总是一败涂地的人，往往都是些没有自知之明和自觉性很差的人。因为他们失去了上天给予人最宝贵的属性：一体性。看利益只看到自己，看问题只看到别人，总是不能把自己和别人连到一起来看。

没有了这种一体感，没有了把自己和别人连到一起来看的能力，人之为人的灵性就失去了。怎么可能成功呢？怎么可能幸福呢？怎么可能心安呢？老天把人造出来，就是给了我们这份灵明来面对我们所面临的一切。丢了它，我们怎么能够很好地面对这一切？怎么很好地走完我们这一生？所以，重新把它找回来吧！

人一生的成功和幸福都在上天的设定之中，我们丢了上天给我们的最宝贵的东西，才活得失败，才活得不幸福。相信上天的好生之德！相信美好的本自具足！

唤醒内在的良知，我们能活得很好。

寻求灵魂的现代人

扫二维码　听如是道

《寻求灵魂的现代人》是瑞士著名心理学家荣格的一本书。他在书中提出了一个对我们很有启发的观点：人的自我意识与集体心理的关系。他认为，集体心理是大海，人的自我意识是大海中一些孤立的岛屿。他把这种集体心理也称为人的自性。他说，“这种自性一开始就属于我们，正是从自性的树干上，才生长出自我”，“个人意识是离别和背叛的代表”，“意识不仅是最大的善，还是最大的恶，所以一旦拥有意识，人类的灵魂中便会有分裂扎根”。

荣格首先是作为一名著名的心理医生，通过100多个亲自治疗过的心理疾病患者而得出上述结论的。这不是理论的思考，而是对现代人心理问题治疗的结果。荣格可以说是继弗洛伊德之后心理学界的泰斗级人物，他的观点值得我们深思。

他谈到自性，我们不由得想起禅宗六祖慧能大师的话：“何期自性，能生万法”“一切万法，不离自性”“何期自性，本自具足”。荣格提出的自性和六祖慧能提出的自性，也许并不能完全画等号，但他们应该都在试图表达同一个或同一类事物。什么样的事物呢？即与我们的个人意识相关联的、相对应的，甚至说属于我们个人意识源头的那个存在。

荣格在心理治疗当中，特别是在对有心理问题的人的梦的解析当中发现，个人意识背后有一片巨大的海洋，或者说一股巨大的能量，它主宰着个人的思考、情绪和行动。它比我们意识到的自我要强大得多，并且这股能量往往不在我们的意识层面呈现出来。我们被它左右，却又见不到它：当我们跟它对立时我们的心理便会生病；当我们跟它吻合时，我们的心理便会安宁。但因为我们在意识层面对它没有清晰的认知，我们与它的关系就变成了一种随机的、偶然的、不可控的事件。所以，认清这股力量，对我们的人生来讲太重要了，因为它才是我们内心的主宰。

有的人把这股力量归为“性欲”，认为性的力量是人最本能的力量；也有的人把这股力量归为“权力欲”，认为人们对权力的追逐，是最本质的力量。但荣格通过他实际的病例研究发现，这股力量只能用“集体心理”4 个字来表达。

荣格认为，人的自我意识并不是与生俱来的，人在没有自我意识之前，就已经有了丰富的心理活动。这些心理活动在每个人身上都是类似的，也不是以自我为中心的，它是“人的共性……它本身具备整体性，与自然密切相关”。这意味着这种集体心理是从整体性出发，而不是从个体性出发来思考问题的；是从人的共性出发，而不是从人的个性出发来看待事物的。

那么，毫无疑问，每个人身上的这种最原始的、先于自我意识而存在的“集体心理”，是处处为群体考虑的，是自利利他的，是不会将个人与群体对立起来的。很显然，这样的心理是我们幸福的根源，是人与人之间关系和谐的根源，是社会能够稳定并且为每个个体带来价值的根源。

谈到这里，我们仿佛看到了我们的老祖宗所津津乐道的仁、义、礼、智、信。孟子说：“恻隐之心，仁之端也；羞恶之心，义之端也；辞让之心，礼之端也；是非之心，智之端也。”这里讲的不就是我们每个人天生就具备的良知吗？只是在荣格这里，通过他几百个病例的研究，他再次发现了人的内心比人的自我意识更强大的这股心理力量，他称之为“集体心理”，就是孔孟当年讲的良知啊。

所以荣格告诉我们，良知是与生俱来的，是每个人相同并且相通的心理基础。在它的基础上，才生出了因人而异的个人心理，或者叫自我意识。其实，从集体心理过渡到个体心理或自我意识，人内心的危险就开始了。正因为如此，《圣经》里面才有亚当夏娃因吃了善恶树上的禁果而遭上帝惩罚的故事，意思是：人有了知善恶的意识，罪便产生。《道德经》里面也才说：“天下皆知美之为美，斯恶矣；皆知善之为善，斯不善矣。”王阳明也才说：“有善有恶意之动。”

总之，自我意识的觉醒，既是好事，也是坏事。用荣格的说法：“是最大的善，还是最大的恶。”既能给我们带来创造和改变周围一切的能力，又会让我们深陷与周围的对立而不能自拔。所以，现代人拥有的越来越多，痛苦和烦恼也越来越多，这就是荣格通过心理治疗发现的现代人的病根。现代人的病根是什么呢？就是强硬的自我意识远远地离开了它的母体“集体心理”，离开了人的良知，离开了人的灵魂。

所以，让自我回归群体，让意识回归良知，让心和灵魂待在一起；否则，无药可救。

梦里的秘密

扫二维码　听如是道

我们常说人生如梦，梦在我们很多人的概念当中，代表着虚幻、不真实。但心理学家荣格却认为梦的意义被我们大大地低估了。他举了3个解梦的案例。

案例一，荣格的一位喜爱登山的朋友，对荣格所从事的心理分析工作不以为然。有一次，他偶然与荣格相遇，带着调侃的口气跟荣格说："我前两天在梦里梦见自己在登山，越往上爬越开心，轻轻松松到了山顶，我继续往上爬，竟然离开了地面，向空中走去，不断向上走，一直很开心。你能帮我解一下吗?"荣格听了以后说："你最近登山，一定要注意安全，并且要听从别人的规劝，别太冒险了。"但这个朋友听了以后不以为然，没过多久，荣格便听到了这位朋友登山出事的消息，这位朋友在攀爬的时候，失足摔下了悬崖。

案例二，有一位有心理问题的患者找到荣格，说他做了一个很奇怪的梦：他梦到自己看着父亲在开车，但父亲把车开得左右摇摆，并且一会儿往前开一会儿往后退，最后终于撞到墙上，他走上去大声地指责父亲，却发现父亲喝醉了酒。他父亲其实是一个滴酒不沾的人，并且是一个很成功的做事很稳重的人，而且父子关系非常亲密。荣格听完以后，对这位患者说：你要学会独立了，不要总是在父亲的关照下生活，这不利于你自身的发展。

案例三，有一个女性患者，找过两个心理医生，一个医生诊断这个患者可能得了肌肉萎缩症，而另一个医生则认为这个患者只是心理疾病，患了歇斯底里症。这位患者找到荣格，荣格问患者最近做了什么梦。患者说，有一次梦见自己在黑夜里走，走到自己的家外面，从窗口往里望，母亲悬挂在家里的吊灯下面，飘来飘去。患者做的第二个梦是梦到一匹马，从楼下冲到四楼，然后摔了下去。荣格听完以后，判定这位患者是身体出现了问题，是生理上的器质性病变，后来经过反复检查，验证了荣格的判断。

荣格通过对这3个人各自所做的梦进行解析，对他们真实的状况，做出了准确的判断。可见梦并不是虚幻的，而有着真实含义。其真实性一点也不亚于我们在醒着时的所知所感，甚至有时梦所提供的信息，还更为真实，因为人在梦中，自我意识无法再去修饰掩盖自己真实的心理活动。

梦是怎样给我们提供信息的呢?

我们看第一个案例，荣格怎么判断他的朋友要出事?因为登山本身是一件很辛苦、很危险的事，而他的朋友在梦中竟然只有开心，可见他内心的警觉性已经非常的差，这就很容易让登山者在这样危险的运动中，因为大意而失足。事实证明的确是这样的，他摔下去的时候，只是带着一个没有经验的助手一起登山，他是摔在这个助手的身上，两人一起掉下悬崖的。而在出事的前几天，他刚刚因为出事被人救了起来，侥幸生还。一个警觉性很强的人，是不会马上又去贸然登山的。所以，这位朋友出事，的确是有征兆的。征兆就是狂妄自大的心态，在梦中已经显示出来。

再看案例二，荣格为什么会给出那样的建议呢?因为这个年轻人跟父亲的关系很好，而父亲又很成功，他极容易产生依赖感，这毫无疑问对他的个人发展是不利的。他的梦只是把他内心深处对自己未来的担忧，以这样荒诞的故事呈现出来而已，荣格破解了这样的信号。

再看案例三，荣格为什么断定这个女患者的确是生理上的器质性病变呢？因为他认为母亲是个象征，代表着母体，马也代表着母体。而我们的身体，或者说生理就是我们心理的母体，患者的这两个梦都代表着母体现在处在危险的状态，所以他给出上述结论。

讲完这 3 个故事，我们想说的是，如果不被梦里面那些荒诞离奇的相所干扰，能够离开这些现象，我们就能发现，所有的梦都是人的良知发出来的信号。案例一那个登山爱好者的良知，已经发现自己的警觉性很差；案例二那个年轻人的良知，发现对父亲的过分依赖，将阻碍自己的发展；案例三那个女患者的良知，已经确切地发现了自己身体的病变，所以梦的背后是良知。

梦为什么会成为良知的信号呢？因为在梦中人的自我意识消退了，人的内心回到了他的本来面目，人内心的本来面目就是一面干干净净的镜子，它能把身心的真实状况映照出来，所以我们能在梦中看到真实的自己。

我们常人认为意识像餐桌上的面包，而梦只不过是这些面包上掉下来的一些面包屑，是支离破碎的。意识才是完整的、为主的，而梦是破碎的、从属的。但荣格通过心理治疗却发现，人的自我意识才是那个面包屑，梦才是你的大面包。而我们对梦是没有掌控能力的，是无法清晰认知的，所以，执着者的人生注定是活得被动的。

我们在意识层面所执着的东西，并没有执着的价值，因为它不是主体。而真正主宰我们的东西，我们连认识它都很难，更无法去执着。所以，人生要活得那么执着干什么呢？这是没有意义的事情。只有放下我们在意识层面的执着，倾听内心的召唤，才能听到良知的声音，这是唯一正确的活法。

坚信良知的存在，相信良知无论在梦里还是在我们醒着的时候，都无时无刻地不在提醒我们，我们才能活得正确。但前提是，我们要能离开那些表象的东西，收到良知的信号，也就是说，要有离相的功夫，佛门讲“离相为禅”就是这个意思。

有钱别乱来

扫二维码　听如是道

现在的人都把钱看得重，认为有钱才会幸福。有的人尽管钱够多了，但还是要拼命地挣钱。其实这个时候，他已经是把钱当成成功的标志了，因为再多的钱也改变不了他实际的生活状况。

钱真那么重要吗？没钱肯定是不行的，但有钱是不是就一定幸福呢？或者幸福本质上就是一件与钱无关的事，它只是我们的一种生活能力呢？

因为工作的关系，我得经常跟老板们打交道，也就是经常要跟有钱人打交道，我发现很多有钱人恰恰是因为钱，而让自己活得很不开心。前两天，一个老板跟我聊到了他的近况：几年前，他喜欢上了一个年轻女孩，两人相好，这个女孩也为他生下了一个孩子。但他老婆知道这件事以后也不闹，也不离婚，就这么耗着，但企业的经营大权掌握在老婆手中。

几年下来，自己跟原配的孩子终于长大成人，而后面相好的这个女人生的孩子也在慢慢长大，但却得不到任何名分。当初相好的激情早已退却，两头都无法了断，经济上自己又比较被动，现在自己觉得里外不是人。老婆一直对他充满着怨恨，但就是坚决不离婚；原配的孩子也不太多搭理这个父亲；相好的女人，带着孩子没有名分地与他在同一个城市里生活，也整天充满了抱怨，他觉得自己的精神都快崩溃了。

面对这样的有钱人，我觉得他比穷人还可怜，他的可怜不在于财富，而在于他对自己毫无掌控权。首先，他现在被几方挤压在一条狭缝中，根本无法突围。每一方都是他的债主，他在这些债主面前没有话语权。尽管他不停地在跟原配争吵冲突，有时也跟现在相好的女人发生矛盾，但其实这是毫无办法改变现状的。从他身上我真看到了一个有钱人的悲哀，同时我也看到了修行的益处。

表面上这个有钱人是奈何不了这方方面面的人，但其实，根源是他奈何不了自己的欲望。当初如果不是因为有点钱就贪图享受，何至于去惹上一个比自己小一二十岁的年轻女孩呢？当初觉得挺刺激、挺快乐，但没想到所有的快乐和刺激都是需要担责任的。人家年轻女孩付出了青春的代价，甚至生了孩子，是不可能不要他负责的。而他原来的老婆，又会轻易地让他和这个年轻的女人走到一起吗？几年下来，原来都给他带来过幸福和快乐的女人，都成了他的讨债鬼，更不要说自己生的孩子——这些天生的讨债鬼。

他现在才真的体会到：宁静才是真正的快乐！但现在，宁静对他而言，成了不可得的奢侈品！尽管宁静在他曾经刚有钱的时候，绝不会成为他的人生目的。

看到生活中这样一些真实的例子，我们真是觉得：不要被欲望所驱使啊！而财富往往会成为欲望膨胀的工具。被欲望所驱使，就会成为欲望的奴隶。财富在这里给人的错觉，就是起初它能满足你的欲望，但最终你被欲望带来的枷锁牢牢套住以后，它只能眼睁睁地看着你在困境中挣扎，而无能为力。

毕竟人心的很多事，还真是钱搞不定的！所以，有钱人千万别忘了心安是第一要义，它是钱买不到的。有钱人如果懂得修行，就能同时获得财富自由和精神自由，这才是大自在。

问题都是想出来的

常人总认为有问题是正常的，问题往往都是客观存在的，但其实很多问题往往都是我们想出来的。

我曾经有过一次被劫匪打劫的经历，但最终被化解掉了。

有一天晚上，我和夫人在一条偏僻的小路上散步，突然听到身后有摩托车的声音由远而近地过来了，在我身后不远处停了下来。我回过头去，借着微弱的月光，看见有人在做着什么，没等我看清，就听到一个声音传了过来：“打劫！”紧接着，就看到远处有一个人拿着一把长长的刀走了过来。

我站了两秒钟，然后向这个劫匪缓慢地迎了上去，同时观察到，这是一个有点慌慌张张的年轻人，不像是惯犯，我便有了些底气。等他快靠近时，我出其不意地问了一句：“你知道我是谁吗？”这是一句很莫名其妙的话。听到这句我自己都觉得莫名其妙的话，对方愣住了，停顿了大约有好几秒钟。我更加断定这是个并无杀气的新手，我接着说：“抢什么劫啊？这里人来人往的，多危险啊，要逮住你就麻烦了。”

他开口说话了：“大哥，我没钱吃饭了，给点钱吧。”我说：“晚上出来散步，还真没带钱，快点走吧，来人你就走不了了！”他停了一会儿，我又催了一下：“快点走！别让你爹妈替你担心！”他竟然走了回去，把刀放进摩托车的后备厢里，开车走了。

我现在回忆这档事，脑海中最清晰的印象就是，我当时没有把他当成一个劫匪，也没有把当时的处境当成一个问题，只是快速地在觉知和反应，没有思考，只有快速地应对整个过程，还真有点流畅，这应该也叫知行合一吧。

其实任何人在紧急情况下都只是应对，而不是思考，因为没有时间思考。没有思考也就没有问题，而只是在做当下必须做的事。所以当我们知行合一时，问题变成了事情；当我们知而不行时，事情变成了问题。所以，知了以后立马就去做，不要给自己想来想去的时间，是解决问题的最有效的方式。问题没了，做事而已，内心就没了障碍，日积月累就一定见效。

有的人想发财，但总是想来想去，而不去做，发财就成了一个问题；有的人想赚钱，立马就去做一些能赚钱的事，比如说去打工，或者自己创业，遇到障碍，持之以恒地坚持，这种人赚钱对他来讲就没有问题了，只有事情。事实也是这样，凡是持之以恒做对别人有用的事情的人，一定会赚钱的，只是赚多赚少而已。而一个天天想赚钱却不做任何有用的事情的人，注定是赚不了钱的，赚钱最终对他来讲就成了天大的问题。

我们在企业做管理也是这样，很多事情明明立马就可以做，也不难做，但我们一迟疑，想一想，脑海中就可能冒出一些莫名其妙的问题，比如说：凭什么别人不做要我做？做了是不是一定有用呢？这些问题好像都有道理，但其实根本就立不住。比如说“别人都做你才做”，人人都这么想，不就永远没人做吗？“做了是否有用”，你没做，这个问题哪有答案啊！把这个问题放在做之前，显然又是一个解决不了的问题。也就是说，这些问题是根本不会有答案的，是没有意义的，唯一的办法就是不去思考，不给大脑思考的时间，立马就做，也就是知行合一，才是真正的解决方案。

我们欧博管项目的老师以及老师们在项目企业抓效果，都是通过稽核检查来让人没有思考的时间，知道就去做而导致。这看似笨办法，但很有效，因为它抓住了问题的实质：问题都是想出来的。

让我们没有想的时间，问题就只是事情，一件一件去做就好了，做多了一定有效，这就是知行合一的奥妙和魅力。

不治之症心上治
——问题是想出来的（续）

前面我们谈到了，知行合一是解决问题最有效的方法，因为它让我们没有时间思考，从而也就不会生出问题，只是做事而已。但有些事情想做也没法做，那又怎么办呢？比如说：有人得了癌症，去也去不掉，治也治不好，在这样的事情面前，我们能做什么呢？

事实上，很多得了癌症的人，一动手术、一化疗，往往没几个月就去世了。所以，在这个地方，按照知行合一的思路，知病（知）祛病（行），好像效果不理想，因为这个病祛不掉，也治不好，那该怎么办呢？

我认识两个得了癌症的病人，一个已经活了 11 年了，而且现在活得挺硬朗的。他的经验就是与疾病和解，把疾病当成健康的一部分，不与疾病去对立，不整天想着怎么让这个疾病从自己身上离开，不整天想着怎么去灭掉（治）这个疾病。而是与这个疾病长期和平共处，养着它，这叫养病。

事实证明，对这种人类都无能为力的疾病，养比治更重要，一阵猛治，还真有可能死得更快。因为你在生理上，药物或者仪器在帮你削弱疾病；但在心理上，你这种与疾病势不两立的对抗状态，毫无疑问也给疾病细胞注入了能量，反而强化了它。这种对抗肯定加速消耗你身体中生命的能量，生命力会下降得更快，很多处在这种治疗当中的病人就是这样虚弱地走向死亡。而我的这位朋友，11 年来从未显出非常虚弱的状态。毫无疑问，不与疾病对立，而是接受、包容的心态，保证了他巨大的生命能量和生命力，从而让他好好地活着。

另一个病例是，去年一位 60 多岁的朋友查出了癌症，医生当时认为他必须化疗，预估也就半年左右的生命。但事实是，一年多已经过去了，他却活得特别的精神，皮肤白嫩而红润，比他病前还更显健康。

这一年发生了什么呢？他没有去进行化疗，也没有四处求医，而是在当地的一个佛教徒开的私立医院里吃了一些中药，调养了一段时间。最关键的是，他彻底改变了生活习惯——戒烟，戒酒，戒牌，几乎所有的不良嗜好快速戒掉。然后，在这位医生的陪伴下，前后两次去到寺庙，一去就是半个月，整天念阿弥陀佛，真心忏悔，真心感恩才发生了如此不可思议的变化。

今年检查时竟然发现查不出癌症了，这又是一个不是消灭疾病，而是接受疾病的例子。他不是从如何对付病的部分入手，而是从如何改变健康的部分下手，他戒掉那些坏习惯，恰恰都是他健康的身体所喜欢的。不让健康与疾病对立，不去嗔恨疾病，这又是一个成功的案例。我把这种方法称为“随缘放下”。

所以，知行合一让问题无从产生，把问题变成事情做事而已，效果明显；随缘放下，通过接受问题，消除对立，从而化解问题，也是我们面对问题的有效方法。一动一静，一个积极，一个包容，阴阳相济，能让我们的生活、我们的工作只有事情，没有问题。

事情是需要的，是生命力绽放的舞台；问题是想出来的。知行合一或者随缘放下，就能让问题直接消失。不要活在问题中，要开心地活在事情中。

死亡是一件你不可能面对的事

扫二维码　听如是道

清明刚过，我们难免思考一下生死的问题。但在这个问题上，常人其实是有很大误区的。何为生死？生，我们天天都见得到；而死却并不常见。但死亡这个概念，却是一件让人想起来就不舒服的事情，甚至是让人很恐惧的事，而实际上，死亡没什么恐惧，因为你真的不可能面对。

有的人可能会说："我们怎么会不可能面对死亡呢？"我们总是时不时会听到谁谁谁又走了的消息，特别是年纪大的人，或者身患重病的人，会觉得死是一件离自己并不遥远的事情。所以，说"死亡是一件不可能面对的事"，是什么意思呢？

其实任何一件事，你要面对它，它必须是你所能感知的对象，或者说是你所能认知和思考的对象，而"死亡"却不是这么一件事。

当我们谈到如何面对死亡的时候，其实都是在谈论别人的死亡。别人的死亡对我们来说，是可以被感知的、可以被认知和思考的对象。因为在这件事上能感知的主体，也就是我们自己，和被感知的客体，也就是死去的别人，都是同时存在的。按佛门的说法，叫能所对立还在。这是死亡这件事，对于我们而言还成立的条件。

但事实上，如果某一天我们自己死了，这里发生了什么呢？自己死亡这件事，却无法被自己所感知、所认知、所思考，尽管这件事好像是一个真实的存在，但它已经不能成为你感知、认知、思考的对象：它作为你的客体的属性消失了。因为你能感知、能认知、能思考的主体，随着死亡这件事同时消失了，这在佛门里面叫作“能所双亡”。所以，我们要知道，当我们自己的死亡真实发生时，我们是不可能面对它的，因为我们也一块儿消失了，面对它的只能是别人。

所以，死又何惧呢？因为这又不是一件要我们自己去面对的事，我们顶多面对别人的死亡而已，见到别人死了，我们可以庆幸自己还活着，临到自己死了，这件事又变得与自己无关了。总之，事实上，我们不需要为自己的死亡而恐惧。上天真的很慈悲，让每一个人都不需要真实地面对自己的死亡。

我们对死亡的恐惧感从何而来呢？来源于我们自己的想象。这并不是说我不会死，而是说我们不会面对死。一件事情，不管它是真是假，只要你不可能真实地面对，你去恐惧它干什么呢？它又能把你怎么样呢？它对你来讲不就相当于一件不存在的事嘛。你的恐惧源于你的想象，因为你没有时刻活在当下，你只要一直活在当下，死亡这些事情就不存在了。因为一个人关于自己死亡的概念只可能在想象中发生，不可能成为一个真实的当下。

死亡时主客体都消失了，无法构成一个这样的当下了。你的躯体只是对别人而言存在于那个地方，只会存在于别人的当下中。所以，一个人只要一直活在当下，而不是活在未来和想象当中，他就不会恐惧死亡。因为在自己的当下中，没有死亡这件事；活在当下的人，也就必然是解脱了生死的人。

所以要解脱生死，不要去想死了以后是否又会在未来的某一个时间点重新出现。这是对轮回的错误理解，更像是“十八年后又是一条好汉”的土匪思维，这样理解轮回，过去的土匪就都成了大修行人了。

真正的解脱生死就是活在当下，活在当下就是永恒。永恒不是无止境的时间，永恒是无时间。活在当下，你就会从时间当中解脱出来。

时间是由过去、现在、未来所构成的。没有一件事可以发生在过去，也没有一件事会真实地发生在未来。因为，当我们说过去的时候，这件事就已经不存在了，勉强地说这件事存在于过去的当下，而不可能存在于你此刻的过去中。未来也是如此。

总之，只有当下是真实的，过去和未来都只能在你的大脑思维中存在，而不可能真实存在。人生就是由一个一个当下构成的，但它在我们的大脑思维中连接起来，形成过去、现在、未来这样一根时间链条。

也就是说，停止大脑思维，活在当下，过去、现在、未来这个时间链条马上就断掉了。我们的内心就能“凝固”在当下的这一刻，这就是永恒。

我们可以试着感受一下时间“凝固”的永恒感：我们可以闭上眼睛去看一下自己的下一个念头会是什么。你马上会发现，我们一直活跃的大脑突然出现了空白，下一个念头仿佛被卡在那个地方生不起来，其实是被我们的觉照力给“看”住了。这时你能体会到脑袋空白的时候，仿佛一切都凝固了，时间也停止了。你如果有足够的功夫，这个过程可持续的较长。世界还在变化，一切都还在发生，但你却活在永恒当中，这就是当下的力量。

所以，一切都是时间搞的鬼！有了时间，就有了思考；有了思考，就有了过去和未来，就有了问题，就有了生与死。总之，就有了对立：生、死是一个对立，过去、未来是一个对立，问题、答案是一个对立，疾病、健康是一个对立。活在时间当中，就活在对立当中。

其实，自然的生命是父母所生，万物所养，而自我的意识，却是对立所生。小孩子生下来并没有自我意识，当他逐渐懂得将自己和周围区分开的时候，形成人我概念的时候，自我意识才产生。也就是说，所谓的“生”，其实是源于能所对立，所以，生活才充满了那么多烦恼。因为，我们的自我意识一直需要对立的滋养，也就是说需要痛苦和烦恼的滋养，即自我的本质就是烦恼和痛苦。而死亡恰恰在做另外一件事，在做一件“能所双亡”的事，在做一件对立消除的事，重归于一体。所以，真可以说“生于对立，死于一体”。

一体当然比对立好，但遗憾的是，活着的确比死了好。这个矛盾怎么统一呢？这就要靠修行了。修行的目的就是让我们生的时候把对立消除，归于一体，而不要等死了，再来完成这件事。活在当下，就能做到这点。

有的人可能还是要问：“那死了以后呢？”你又没有活在当下了！你又在使用大脑思维了！你又活在时间当中了！停下来，让念头停下来！妄念停了，时间没了，大脑清净了，大脑休息了，你就永恒了，这就是生死解脱。

祝愿天下人都能止息妄念，活在永恒的生命当中！

人生的苦从何而来？

扫二维码　听如是道

现在好像大家都觉得苦，有钱的累得辛苦，没钱的想得辛苦，苦究竟从何而来呢？

苦其实来源于我们内心的对立状态，来源于我们的自我意识。我们说过，小孩刚生下来不久，他是没有自我意识的，所以，小孩是没有苦恼的。当然，他也会哭闹，但这种哭闹是对疼痛、饥饿、不适的直接反应，而不是我们成年人讲的苦。所以，小孩一旦吃饱了，身体没有什么不适，他就是安静的，或者是快乐的。而不像我们大人没病没灾，钱也不少，生活也很优越，却还是感觉到生活很苦。

当然，这种无忧无虑的孩童时光，随着孩子自我意识的产生，随着孩子懂得将自己和外界区分开来，他的天真和快乐也就慢慢地减少了。因为他有“我”要执着的东西了，他有“我”与外界的对立了，痛苦和烦恼在他未来的人生当中，就会与他如影随形了。

我们都知道《易经》是中华文化的源头，而其实《易经》的思想却只是阴阳而已，称之为“一阴一阳之谓道”。所谓的阴、阳在《易经》的六十四卦里头，就是两个最基本的元素阴爻（－－）和阳爻（—）。而所谓的穷尽人生宇宙无穷变化的六十四卦，只不过是阴爻（－－）和阳爻（—）交替使用而已。

我们一直感到神奇的是，这千变万化的宇宙大千世界，至今都让科学家们无法彻底破解，怎么就会在五六千年前被我们的老祖宗给轻易破解了?《易经》是个谜，无论道家、儒家、兵家、法家，可以说诸子百家都是从《易经》的思想演化而来的，可以说没有哪一种思想能像《易经》一样，衍生出如此丰富多彩的，而又各不相同的思想流派，并且对人类文明产生如此深远的影响。这一现象一直让现代的中国人谈到《易经》就有高深莫测之感，觉得它既高深又玄妙，不可不信，又无法坚信，总之，是个谜。因为它太神奇了，它永远似有似无地活在中国人的心里。

其实看看小孩的成长，我们就懂得《易经》了。真正的人生，而非自然意义上的生命是从对立开始的，当我们将自己与周围分开，大脑中形成一个“我”和“我以外”的概念时，对立就开始了，人生也就开始了。从此以后，有一个“我以外”的世界来与“我”对立。

今天与明天对立，现状与目标对立，贫穷和富有对立，管理和被管理对立，男人和女人对立，父母和孩子对立，生与死对立。总之，有了对立的心，就会有无穷无尽对立的相，难怪《道德经》说：“有无相生，难易相成，长短相形，高下相倾，音声相和，前后相随，恒也。”

我们的人生可以说是伴随着对立开始，所以抓住了对立，也就抓住了人的本质。人生不过是对立的心态在不同情景下的变化而已，或者说，对立的心态不停地演变，就是我们丰富多彩的人生命运。

所以，用阴阳两极的对立，来解释和模拟变幻莫测的人生命运，只能说明我们的老祖宗早就悟透了人“生于对立”这样一个事实和本质，这也就是“一阴一阳之谓道”的含义。因为道是用来走的，我们的人生注定会走在对立的路上。

听起来人生是否很悲哀？其实，真正的智慧都是残酷的，耶稣的智慧让他被钉死在十字架上，苏格拉底的智慧让他喝毒汁而死，哥白尼的智慧让他被教会烧死……所以智慧和真相从来不是那么让人舒服的。

估计我们的老祖宗们懂得明哲保身，说出阴阳对立这种人生的本质，却又不肯说破；搞出阴阳八卦，让大家娱乐；说出一个“道”让大家思考，再加上“道可道，非常道”，让你百思不得其解，以免迁怒于他们。

其实，事情说破了，就是“人生是苦”。苦从何来呢？源于对立。

那人生就无解了吗？答案就在问题中。对立是人心生出来的，你的内心把对立消除，不就一了百了了吗？自我意识别太强烈，懂得把自己和周围融为一体，多照顾别人的感受和需要，你的人生肯定就顺利很多。

不让现状和目标对立，别天天想着自己活得不好，好像别人都活的比自己好，非得变成别人那样才能幸福，你就肯定活得轻松很多。其实，你真正了解一下别人，你所羡慕的人，也许正在抱怨自己的人生不如意呢！那要不要有人生目标？可以有，但不要天天惦记着那个目标，而应该脚踏实地地做好眼前的事，才能实现那个目标。《道德经》讲的“千里之行，始于足下”就是这个意思。有目标，但不要让目标与现状对立。

不要让疾病与健康对立，希望健康，不希望生病是人之常情，正如很多人喜欢晴天，不喜欢阴雨天一样。但不要让疾病与健康对立，要接受疾病，才能利于健康。

不要让父母和孩子对立。父母有父母的想法，孩子有孩子的想法，相互尊重，爱才能落地，否则就会以爱的名义绑架孩子。很多父母对孩子的爱中有过多的“自我意识”，而不是从孩子出发，这才是父子关系或母女关系矛盾的根源。

人生是苦，但也并非不能解脱，解脱之道，就在于放下我执，消除对立的心态，好事、坏事都当成修行。这样，你的人生就会“止于至善”（《大学》）。

人心大爆炸

扫二维码　听如是道

宇宙学理论认为，宇宙的形成源于大爆炸，大爆炸发生在距今 160 亿年左右。大爆炸发生时，宇宙处于一个没有时间、没有空间的奇点。也就是说，那时候的宇宙没有时间上的过去，也没有空间上的大小。没有时间、没有空间的奇点，是一个无法让人理解的概念。但非常有意思的是，人的内心却有一种状态，与此对应，当然这是对修行人而言。

人的内心的一种什么样的状态与这样的奇点概念相对应呢？那就是"当下"，"当下"就是一个没有空间、没有时间的概念。

说当下没有时间，是因为时间是由过去、现在、未来形成的链条。我们的心活在当下，这根时间的链条就断掉了，心就进入无时间的状态。而一旦过去、未来进入我们的心中，我们的心便离开了当下，时间也就溜了进来。我们就会想过去的什么时候发生过什么；产生留恋、悔恨等情绪，或者我们就会想未来什么时候会发生什么，我们就会产生担忧、期盼等情绪，这一系列链接起来形成时间的心理活动，我们又把它称为思考。

所以，我们的心离开了当下，我们的心就进入了时间，进入了思考。如果我们停止思考，断掉过去和未来，我们的心就可以从时间当中抽离出来，从情绪当中抽离出来，进入当下，进入永恒。

说当下没有空间是什么意思呢？其实我们心中的空间概念来源于自我

与外界的对立。两个陌生的人，彼此的自我是毫不相关的，他们内心的距离感就会很强。而当他们相识、相熟了，他们彼此就会在内心上走近，他们各自的自我就会有所融合。任何一个人都会既考虑自己，又考虑对方，而当他们相亲相爱了，这种融合就会达到水乳交融的境界，彼此的心理距离完全消失，甚至你中有我，我中有你，这就是爱的境界和力量。

其实我们看一个人是否爱别人，就看这个人心里是否装着别人。一个人在内心又要装自己，又要装别人，那他就只有将自我与他人的界限彻底打破，融为一体。强烈的自我意识，往往是爱情的最大障碍。一个人的自我意识很强，要么他的内心就与别人保持着很远的距离，要么就只是试图征服别人，这两种心态都难以真正开出爱情之花。其实只有放下自我，才能让两颗心靠在一起。

当然，有的人也未必乐意接受对方炽热的爱，他便往往会以保有独立的空间为借口，而推开对方。这时候，这个人要么就是以为在恋爱当中可以不放下自我，从而导致无尽的烦恼和矛盾；要么其实他是根本不爱对方。我们观察一下年轻人的爱情和婚姻，会发现他们彼此的矛盾和冲突，都源于他们不愿放弃自我，而又同时想获得爱情这样的一种奇思异想。而在爱情当中，逐渐放下自我，接受对方的伴侣，往往才会白头偕老。

我们这里讲的距离就是空间。放下自我，才能缩短距离，不要空间；执着自我，就会加大距离，争夺空间。恋爱、婚姻如此；工作、生活中人与人相处，其实都是如此。

所以，人心也有一个奇点，放下自我，放下过去和未来；放下对立，放下思考，你就能从空间和时间的束缚中解脱出来。你的心就进入了当下，进入了永恒，内心灵性的能量就会绽放，就会爆炸。

每个人的内心其实都是一个宇宙，活在当下，就是我们心花怒放的奇点。

如何才能放得下？

“放下”是一个被修行人经常挂在嘴上的词，但真正放下了的，却少之又少。甚至有的人因为放下而一事无成，穷困潦倒；也有的人因为放下而意志消沉，毫无活力。放下成了他们心灵的毒药，吞食了他们的生命力，葬送了他们的人生。

何为放下？放下不是执着的对立面，执着的对立面是不执着。不执着不是放下，不执着往往会成为另一种执着。

比如说，我们不执着于成功，就很容易去执着懒散、任性和不思进取的状态，处在这种状态中的人，绝不比执着于成功的人更好，反而是一种非常负面的消极状态。

有些人不执着干净体面的着装，认为那是穿给别人看的，但却会执着于邋遢随便的形象，这种执着绝不比对着装的讲究这种执着更好，反而让人更难以接受。

有的人不执着于彬彬有礼的谈吐，却执着于粗俗的言语方式，还美其名曰率性、真实。

总之，放下并不是从我们对某一类事物的执着的厌恶开始的，所以，它不是执着的反面。放下是从执着的不可得而开始的。你只有明白你所执着的一切都是不可得的，你才能放下。

为什么我们执着的一切都不可得呢？因为这个世界的本质是存在，而不是占有。万事万物都只是存在的，任何一个东西都不可能去占有另一个东西。一棵树不可能去占有另一棵树，哪怕它们纠缠在了一起，它们也只是纠缠在一起的存在；阳光洒在地面，能够让万物生长，但它与万物依然是各自的存在。

占有是我们人的大脑冒出来的概念，是我们人的意识对存在的错误的解读。有的人可能说："我有十几个亿，我有十几套房，我有十几台车，难道这是假的吗？"其实，如果这十几个亿正被你所用，比如它被你投资在哪个企业或者投资在股市里面，那么，它就不是你的占有物。对你而言，它只是一种存在，因为你主宰不了它。它被投资在任何一家企业里头，经营和管理这家企业的人，成了它的主宰。你只能拜托他们善待你的这些财富，给你带来好的回报。

有的人可能说："那我要是自己经营和管理呢？"那你会更强烈地发现，影响你这十几个亿的因素就更多了，比如说：市场环境、竞争对手、供应商、经销商、客户、员工等，都让你觉得在时刻左右着你、影响着你，你稍有不慎，捕捉不到市场的变化、员工的心态，就有可能让这十几个亿缩水。

总之，不管你交给别人还是自己经营，这十几个亿都是一个你得时时刻刻为它操心焦虑的事，而不会让你整天享受占有的快乐。很多办企业的人都想着什么时候才能放下，因为它往往成了这个人焦虑的源头。

那么，有的人可能说："我把钱放在银行里了，那不就保险吗？"你放个 10 年、20 年，你就知道它还值多少钱！因为货币在不停地贬值。

这一切都说明，所有的财富都不是个人的占有物，都只是社会的存在物。社会的因素，不管这个因素叫政策、还是市场、还是客户、还是对手、还是员工、还是天灾人祸，总之，是你这个名义上的占有者以外的因素在主宰着财富的价值和走向。你唯一能做的，是及时地觉知这些社会力量的变化，并且果断地反应，这就叫把握机会。承认它是社会的存在，并且顺应社会的变化，而不是执着于自己的占有，你才能够与这些财富一齐更好地存在，而不是更好地占有。

有人说，我要是整天拿这些钱来花呢？我是充分地享受这种占有呀，那这种感觉不是占有时的感觉吗？的确，这往往是让人迷恋财富的原因，因为财富能给我们带来享受。但你有十几套房子，你真正消费的时候，也就是住的时候，你是同时住一套呢？还是同时住十几套？显然只能住一套。而当你住在这一套房子里的时候，你恐怕不会觉得你在占有它，而只会觉得在这个房间里生活着。这是一种存在，而不是占有，是你和房子以这样的一种生活方式存在。你感觉到占有的，还只能是你住不了的另外的十几套房子。

你发现了吗，存在是当下的事。你通过消费，让财富成为当下的存在；而占有，恰恰是你不能把它当成消费的财富，所以，试图通过消费来证明自己占有财富的感觉是无法实现的。

首先你消费的是非常有限的财富，你真敢把你的全部家财拿来消费？那估计也只有无儿无女又患上绝症的人，又或者是全部家当也没几个钱的人。即便如此，消费都只是让你有更强的存在感。那十几套你不能同时消费的房子，的确可以被你视为你的占有物，但它立马又回归到了社会的存在上去了：房价波动在改变它的价值；要人打理在增加它的成本；长期不住在损害它的建筑和装饰。你甚至有时候觉得你占有的是一堆麻烦。把它租出去是一个好主意，这就又回到了我们起初所讲的财富的经营里面去了，因为有房产而又在放租的人，只是一种投资。往往在房价上升的时候，是一种不错的投资；而当房价停滞甚至下跌，特别是在征收房产税的情况下，这恐怕未必是一个值得大家一拥而上的投资。

无论如何，你把它当成一个能由你主宰的占有物是不成立的。大量的财富就是一种社会的存在，少量的财富通过消费而成为个人当下的存在。

总之，存在是真实的，占有是幻想的。

有的人说，我的感受、我的思想总是我的吧？其实你试试就知道了。当你因为某件事而陷入痛苦的时候，你说我不要这种痛苦的感受，我要一种快乐的感受，你看它能生起来吗？除非这些事给改变了，或者说你真能把它给忘记了，否则，你就主宰不了这种痛苦的感受生起。很明显，人的感受是我们对所经历的事情的反应，是因缘和合的，不是我们自己主宰的，你只不过能觉知这些因缘，并能觉知这些感受而已。

同样，你也不能主宰自己的念头。很多人想写一篇好文章，但脑袋里冒出来的那些话，写到纸上就让自己生气，写几句撕一张，写几句撕一张，直至不想写为止。有的人羡慕别人在台上口若悬河，而自己一到台上却目瞪口呆，这一刻你就明白，你脑袋中冒什么出来，是你能主宰的吗？所以，你对你的感受和思想也不能占有，它们只是因缘和合的存在，你能感知它而已。

所以，人生如戏。但人既不是导演，更不是编剧，甚至连演员都不是，而只是一个观众。

存在而不是占有，你如何执着呢？所以，放下都不是真实的，因为执着不是真实的。你只是把你心里试图执着的想法和欲望放下来而已，你的手本来就伸不出去，也抓不住任何东西，你只是把你想伸出去的想法和愿望熄灭掉而已，这就叫放下。

所以，执着就让它执着吧，因为那又不是真的；接受执着，你才能放下。不执着就让它不执着吧，因为这也不是真的，一切都接受，你就放下了。当然执着、不执着都不是真的，但它带来的痛苦是真的，就像电影肯定不是真的，但你看它的时候产生的感觉是真的。关键是看的时候去笑、去哭、去爱、去恨，看完了走出电影院，该干嘛还干嘛，并且知道那是电影，下次还可以看。千万别时刻看电影，也不能时刻告诉旁边看电影的人这是假的，那你不见得比那个认真看电影的人聪明，你只是比他多花了一笔冤枉钱而已。

以存在的心态欣赏一切存在，便是放下。那究竟怎么才能放下呢？你看，你又执着了，你又想占有一个“开悟”了，你又不满足于存在了！停住，恰好！

生意人为何头疼管理？

在跟很多人打交道的过程当中，我发现一个现象：很多人做生意挺厉害的，比如说办一个贸易公司，一年能赚个千把万，但真要去投资办个厂，马上发现不赚反赔，就是赚也赚得很辛苦，远没有自己纯粹做生意的时候赚得洒脱。也有的人靠办厂赚钱，但很讨厌跟厂里人和事打交道，而习惯于在生意场上跟客户打交道。这种人往往要找一个好的拍档，才能把工厂管好赚钱。不管这个拍档是兄弟，还是伴侣，还是合伙人，还是自己特别信得过的下属。总之，找不到这样的拍档，他就会整天处在不安和烦恼当中，找到了这样的拍档，他的事业就会顺利很多。

办厂和贸易的区别，本质是管理和经营的区别。有一个厂，正常也就会有一百人、几百人，乃至几千人，以及与这些人相对应的无数细小的事情。产品是一个一个零配件加工组装出来的，工厂是靠一个一个的员工形成的工作链条来完成一个一个订单而成活的。这里的每一个细节、每一个动作、每一个人都不会创造奇迹，但无数个这样的细节和动作的累积，却决定着企业的生存，管理就成了头等大事。

一个人可以在一分钟之内签一个亿的大单，但工厂里头却没有任何人的一个动作值一个亿。他们的价值不体现在运气、机会上，而体现在累积上，也就是体现在管理上。所以，深刻理解管理和生意的差别，对于靠管理才能生存的人来讲非常重要，否则，就很有可能依靠生意能赚钱，而依靠管理你就得赔钱，或者管理会成为你的噩梦。

生意的本质是占有，管理的本质是存在。

所有人做生意都是为了拥有更多的财富，占有欲是他们行为背后永恒的动力。而财富以货币的方式，往往也会让人得到这样的满足，体现为账上的钱越来越多，或者是资产越来越庞大。老板们个个成了成功的占有者，这就是占有模式和生意模式的对应。也就是说，重占有的心态可以让你的生意成功，但遗憾的是，以这样的心态进入管理领域，你会寸步难行。

首先，你面对管理领域当中最活跃的，也是最重要的因素：人，你就会傻眼，因为他不是你可以占有的对象。很多人管理做不好，就是他的占有欲强烈到让他的下属们无法接受，即便金钱也无法弥补这种占有欲给下属们带来的心里的不快。

那工厂里的事又是老板可以占有的吗？其实老板们根本就不想去占有这些事。他们压根儿就不想管生产计划怎么做，品质问题怎么解决，采购的物料能否及时回来，尽管这些事情对于工厂的运作、订单的完成，以及企业的赢利至关重要。但老板们往往是能拜托别人就拜托别人，能少操心就少操心。实在不行，非得自己去管，那也是牢骚满腹地管的，只想着自己有一天能把肩上的担子卸下来，所以，这些事他们反而真不想占有。

在管理当中，人，我们无法占有；事，我们又不想占有，当然，其实也占有不了。那我们这些习惯靠占有欲来行事的人，在占有欲的驱使下去行动的人，该如何来跟管理当中的人和事打交道，就必然成了一个纯粹的生意人新的课题。

转变观念吧！重占有的思维方式帮不了我们，重存在才是我们新的思路。

何谓存在呢？对于占有而言，存在是指那些不以你的主观意志为转移的事物，或者说你主宰不了的事物。我们能主宰我们下属的命运吗？如果你觉得你能主宰，你觉得是你成就了他，你觉得他什么都听你的，但我只能说你的感觉太好。早点为你主宰不了他的那一天做好准备吧，否则，你会措手不及的。因为，本质上你没有在主宰他。他为了自己的利益，在跟你保持着这样的一种状态而已，这背后仍然是他自己的决定。

工厂里面的那些事就更难以被谁的主观意志去主宰了：供应商的物料不及时回来，车间就不可能生产出来；前工序不能及时交下来，后工序就没东西可做；交下来的东西都不配套，你就装配不了。

这是一个系统，系统当中的任何一个人的主观意志，都主宰不了系统的运作。所以，工厂里的人才会那么怨声载道，而统领整个系统的人，又因为不知道系统当中具体的细节，而无法有效地发号施令。这就是很多企业有计划难落实，有决策不执行的现状。

所以，对于我们主宰不了的人和事，我们多强的占有欲都是无能为力的，相反只能起副作用，影响大家的工作情绪，导致事情要么没人管，要么人人管。

重存在的思维方式是放下自己的占有欲，承认自己主宰不了别人，重视别人的需求和存在，尊重别人，帮助别人，把别人视为和自己同等价值的存在、一体的存在。

谁都不是占有者，谁也都不是占有物，都只是存在。存在于企业这个共同的平台上，各尽所能，各有所需。大家的存在感起来了，企业的存在感也就会起来，企业就会在市场上存在得较好。

企业的那些事，我们也得视它们为一种存在，而不是我们可以随意处置的占有物。因此，我们就需要尊重这些事情本身的客观规律。要让计划执行到位，就要大家制订计划时，充分发表意见，暴露问题，将问题的解决时间和责任人落实到位。计划做出来以后，要每天排查问题地解决情况，及时觉知异常的出现，并快速处理，最后形成严格的生产指令给到工作单位。每天及时总结业绩，进行激励。

这里没有谁在凭主观意志主宰这些事，而只有及时地沟通、排查、总结，快速发现问题，快速处理异常，这种机制倒更像是人为事服务。视事情为存在，是我们不得不经常去了解做排查的对象，而这种了解和排查恰恰是为了能够让事情更顺利地发展。这里我们对事情是有恭敬心的，而不是随意去主宰它的。

总之，有效的管理是需要我们放下占有欲的。只有以存在的心态，才能让一个企业像一台精密的机器高效地运作。尽管我们可以开着豪车，四处奔驰，但我们并不敢对这台车的故障和内部的机械运行随意地处置，因为这关系到我们的生命。所以，一切的占有，本质上都只是存在。

对一切都生起恭敬心、感恩心，我们就会幸福地存在。为所欲为的人占有的越多，烦恼和痛苦就越多。存在是没有烦恼和痛苦的，因为它是因缘具足的。存在的就是合理的，你所认为的不合理的存在，只是你的占有欲在起作用而已。放下占有欲，存在的一切都是美好的，这就叫“止于至善”（《大学》）。

营销是女人，推销是男人

扫二维码　听如是道

现在都提倡营销，而反感推销，大学里面开的也是营销学的课，而不是推销学的课，讲营销的老师几乎都将推销作为营销的反面例子来说。我们接到很多推销的短信或者电话，不管内容如何，我们都是本能地抗拒和反感。要么不予理睬，当即挂断，要么指责对方一番。总之，推销的时代已经过去，营销的时代已经来临。

但营销和推销的本质区别究竟是什么呢？推销是占有，营销是存在。

推销为何让人反感？原因在于推销行为背后赤裸裸的占有欲。任何一个从事推销工作的人，其目的就是将自己的产品和服务推到别人的心里去，因为别人只有在心里认同你，才会接受你的产品和服务，并给你支付一定的费用。

一个推销员，既要占有别人的财富，又要占有别人的内心，还要让自己的产品和服务成为别人生活或工作的一部分，从而变相地占有别人的空间。这一系列的占有，绝不亚于攻下一个阵地。所以，推销是一件很辛苦的工作，也是一件经常让人产生挫折感的工作。如何面对失败，便成了他们必须接受的训练。

营销却完全是另外一种思路。营销的出发点不是占有，而是存在。营销在顾客实际购买商品和服务之前，基本上都已经解决了以下几个问题：

一、产品的身份感；

二、大家都熟悉这个产品；

三、很多人在使用这个产品；

四、购买者从众多的渠道听说过这个产品；

五、有一定的口碑。

上述这些方面对于购买者来说，它们是已经存在的事实，这些事实是通过营销而营造出来的，是一种存在。一个购买者在这样的存在面前，他不会觉得被销售这个产品的人所占有，因为他面对的只是一个存在，而不是一个野心勃勃的占有者。相反，购买者其实才是真正的占有者，他需要决定的是该不该花这么多的成本去占有这个产品，或者服务。

当你在购买者面前只是存在，购买者占有的欲望就会起来。这也是女性在恋爱当中总能占主导的原因。在男女的恋爱关系中，女性的角色是存在，男性扮演着占有者的角色；女性表面是被动的、优雅的、柔性的，男性是主动的、急迫的、刚性的，这样的爱情关系就是和谐的。女性只要在自己的存在上努力就行了，比如说美容、打扮、气质等。总之，她所做的一切，只是为了更好地存在，她就会有更多的追求者。

把存在留给自己，把占有留给男人，这是女性在恋爱游戏中最智慧的地方，有的男性甚至会在这种对占有的追逐中丧失自己的存在，变得找不着自己。

所以，营销就像一个女性，塑造好自己的存在感吧！假如哪一天女性不把注意力放在自己的存在上，而对某个男性产生了强烈的占有欲，这个女性的优雅将立马失去。事实上，这样的爱情追逐，十有八九，都难如人意。

品牌就是一种存在，它在顾客面前呈现的就是一个可以被人占有的存在，而不是一个试图去占有别人的存在。当然，品牌这种存在有更多的含义，并不是货架上陈列的物品，而是在购买者的内心存在。这是厂家或者商家通过一系列的广告，以及其他消费者的体验，所植入到人们心里去的。当人们的心里有了一些品牌的存在时，购买者就会想办法去占有与这个品牌相对应的产品和服务。

当你的内心没有某个品牌存在时，你去购买它对应的产品和服务，你就需要一个为什么来说服自己。当你的内心已经有一个品牌或某一类品牌存在时，你就不会问为什么要买了，而只会考虑究竟买哪一个。就像一个未婚的男性，不会问为什么要找女人，而只会问究竟找哪个女人，因为女人已经是他内心的存在。

所以，做好自己的存在，并且想方设法成为别人内心的存在，而不是总想去占有别人的钱包。让你的销售更女性化一点，你就更接近于营销，当你的销售更男性化的时候，也就更接近于推销，因为你总是让人感觉到赤裸裸的占有欲，而前者却更多的让人感觉到美的存在。

做营销就相当于做女人，要靠自己的存在去吸引别人。当然，这不意味着做女人就不要去展示自己。恰恰相反，要注意美容，打扮自己，修养气质，然后尽可能地在一切场合去展示自己。

营销的奥秘就是做一个有魅力的女人。

如何才能放下焦虑？

扫二维码　听如是道

焦虑是一种现代病，病因来源于事情不确定，来源于未来和今天的对立。尤其是充满了变数和无常的今天，一夜之间有人暴富，也有人倾家荡产，这是一个巨变的时代，也成了很多人的冒险乐园。人们在这里欢笑，在这里痛哭；在这里得意，在这里失意；在这里相聚，在这里离散；在这里爱，在这里恨。未来究竟是什么？一切皆有可能，一切又都不确定。于是，焦虑成了人们的通病，尤其是所谓成功人士的通病。

因为焦虑，现代的人吸毒、酗酒、赌博、滥情，甚至成了一些人享乐的方式。其本质是在逃避焦虑，这样的逃避往往没用，所谓：抽刀断水水更流，借酒浇愁愁更愁。

未来是不确定的，所以焦虑是不可避免的。寻求刺激，也就成了人们生活的常态，其实这样来看待焦虑太过悲观了。焦虑是可以通过看透来放下的，而不是只有寻求刺激来逃避这一条路。

在焦虑这里，我们要看透什么呢？要看透未来的本质。未来的本质是确定的，而非不确定的，不确定只是表相，确定才是它的本体。

曾子在《大学》中说："大学之道，在明明德，在亲民，在止于至善。"何谓明明德？前面这个"明"指的是明白，后面这个"明德"指的是良知。"德"字的甲骨文，描述的就是一个在十字路口寻找方向的人，当然这个人找到了方向，因为方向就在他心里。人人内心有方向，这就是良知。通俗地说，就是：人人心里有杆秤，公道自在人心。

相信人的内心都是有良知的，这就是一种确定。有了这种确定，你对人就有了基本的信心，你就愿意跟人开放地相处，这就叫“亲民”。当然这个过程往往会让我们痛苦，因为每个人包括我们自己，都既有良知，又有习性；既有慈悲，又有自我。所以，痛苦和挫折是难免的。

我们不能由此而放弃对良知的信任。其实只要你一直坚持、敢于经历、勇于接受，你会发现，所有的一切都会带来您心灵的成长，对你都是有利的，这就叫“止于至善”（《大学》）。

我创办欧博16年，带领着100多人的团队，辅导过500多家企业的变革，我一直信奉的是改变人的理念。我认为人不改变，所有的事情都难以落地。平心而论，这个过程我走得非常辛苦，并且时不时地也感到沮丧。因为很多人要么改变不大，要么改了又回去，要么只是因为你对他有利，他暂时收敛了而已，看似改变，实则没变。当然，也还是有不少有心人发生了改变，我也发现了自己对他们的影响。但失望的比例依然困扰着我，这与我投入的心血太不对称了。

直到有一天，我猛然发现，哪怕我努力改变的人一个都没变，但我已经彻底地改变了，我已经把自己变成一个我所想要的样子。我所谓的高尚和慈悲，至少能让我自己的心觉得温暖，我的目标已经达成了，我的目的已经实现了。

我突然发现，所谓的修行，原本就只是自己的事。周围的一切都是你借以修行的机缘和方便。与其说改人的发愿是改变别人，还不如说是改变自己。而这个目的是一定能实现的，周围的一切人、一切事都在帮你达成这个目的。不管它以正面还是负面的形式出现，都在把你推向自我改变的目标。这是确定的，这就叫“止于至善”。

一切都在帮你实现目标，你需要做的只是坚持而已，还有什么不确定的呢？还有什么可焦虑的呢？不要放弃就会实现，坚持就是达成。

焦虑的第二个来源是思考。本来事情都是在成就你的，都是助你达成目标的，但它呈现的相各不相同。你一旦针对这些五花八门的相去进行对与错的思考，并进而怀疑自己的方向，你就会产生层出不穷的问题。这些问题绝大多数都是没有办法立马消除掉的，因为很多就是虚假的，它来源于时间、思考和怀疑。

只有你放下怀疑，停止思考，活在当下，这些问题就会消失。你要坚信，从你发愿的那一刻起，你就已经到达了那里。你需要做的只是坚持住，不停地看清它，不停地看清它，你会发现你的确早已经到了。这就是达成，这就是实现。但你在坚持的时候，有很多的情绪、念头和事情，会来动摇你，所以你还要做很多的事来应对和接受它们。

所以开悟并不是一件我们需要追求的事，而只是一件我们需要放下的事。知道未来是确定的，焦虑就会消失；知道目标就在现状当中，就在当下，我们对生活的态度就只是存在，而不是占有。心就会放松、自在，一切就会显现。

你就是圣人

扫二维码　听如是道

我们谈自利利他的时候，很多人认为这是唱高调。有一次我在课堂上问听课的企业家学员：“人是不是自私的?”有的人说是，有的人说不是，更多的人不置可否。

我说：“你们办企业纯粹是自私的行为吗？其实，不管我们办企业最初的动机是什么，为了自己挣钱也好，为了改变自己的命运也罢，你从创办企业的第一天起，就必须要懂得自利利他。你要挣钱，这是自利；但是你必须要通过给客户提供有价值的产品和服务，你才能安心地挣钱，这叫利他。一个企业存在 10 年、20 年，不止在自利利他的模式上是不可能生存的。”

我问一个做吉他的企业家学员：“这么多年，你的企业生产了多少吉他给到市场?”

他说：“应该有上千万把吉他。”

我说：“你们的吉他，顾客用了是满意的，还是不满意的?”

他说：“如果不满意，我们就不可能生存几十年，并且让那么多人使用我们的产品。”

我说：“这就说明你的企业经营一直是在自利利他的道上走。”可以说，任何一个上一定规模，并且持续经营多年的企业，一定是在自利利他的道上走。

所以，任何一个企业家靠纯粹自私的动机，都是无法生存和发展的，都一定是以自利利他为生存模式。

自私是指纯粹地为自己。自利并不是自私，它与利他是一体两面、合二为一的。自私是排他的，是与利他对立的。

有的人刚开始创业，可能初始的动机是自私，但是，他一旦把企业做起来，他就明白必须从自私的概念当中超越出来，他必须考虑客户的感受。客户如果对他的产品质量有严重的投诉，他就必然紧张；客户对他的产品的交期很不满意，他就要想办法改变；他的产品的价格过高，让它在市场上失去了竞争力，他就要想办法调整。

因为他很清楚，他不能很好地利他，就难以很好地自利。哪怕他的员工待遇太低，意见太大，他都要调整自己，因为他不能利益员工，员工就不会努力工作利益企业。

自利一定是以利他为前提，这是市场的法则。所以，自私的人就是不懂得市场经济规律的人，掌握了自利利他模式的人，就是掌握了市场规则的人。

前几天，我请了一位盲人企业家来到我的领导力课堂。我的发心只是想让企业家学员们看到人心的力量有多强大。这位盲人企业家几岁就双目失明，没上过一天学，出生在贫困的农村，没有任何社会关系能帮到他，他全凭着一颗坚强的心，成功地创办了一个投资几个亿的健康养生集团。当我看到他处在一片郁郁葱葱的山林峡谷中的五幢养生大楼时，我非常赞叹，我看到了人性的力量。

上天给了我们每个人一种能量，这种能量叫人性。有的人拿这种能量，借着自己的身体来花天酒地地享受；有的人拿这种能量，借着自己的大脑整天绞尽脑汁地去思考着如何损人利己；也有的人用这种能量，去为这个世界增添一切美好的事物。

人性的能量，在每个人身上都是干净的、平等的，但使用它的人，会让它呈现为不同的相。就像一粒相同的种子，丢在不同的地里，会长得各不相同一样。我们的身体就是那块地，我们身上的人性就是那粒种子，地里长出的东西太糟糕了，我们就糟践了这些种子，这就叫丢人，丢了人性的人。

我觉得这位盲人企业家让他身上人性的种子，结出了很好的果实，尽管他这块地表面上显得比一般人要差。相比较而言，很多不错的地却结不出好果子。这个区别在哪里呢？就在于我们对自身这种人性的认知。

我们有没有意识到我们的身体只是一块地，这块地表面上是千差万别的，但上天给我们的人性的种子却是一样的、高贵的、能创造一切的。我们用好它，所有的困难都能解决，所有的奇迹都能创造。但如果我们没意识到它，只想到自己的身体，只为这个身体服务，人性的种子就会被埋没，就会释放不出它应有的能量。

好种子结不结好果，就看你有没有意识到它的存在和价值，以及能量。你意识到了它，认知到了它，你就会充满信心，而不管你的身体状况怎样，这就是信仰，对人性的信仰。有了这样的信仰，并且义无反顾，你就是圣者！你就与天地同体！因为你身上的人性，就是天性，就是与天地万物的灵性完全一样的东西！

认知它，唤醒它，是我们的责任，也是我们的机会；不认识它，不相信它，我们就会失去方向，就会迷茫，就会被眼前的困难障碍住，就会被现实的情绪所左右，就会结不出好果。

不论是我们前面讲的，一波一波正常成功的企业家都一定是自利利他的典范，还是盲人企业家对人性的坚信，而让他做出了常人都未必能做得到的事。这一切都证明人性的光是在每一个人身上都存在的。

我们应该充满自信，然后坚定地走在它照亮的道路上。做一个开心而成功的人，这毕竟是上天给我们最好的礼物，我们应该珍惜它。

你懂得欣赏别人吗？

扫二维码　听如是道

人性的本质是什么呢？就是发现和创造。宇宙万物可能只有人能欣赏世界的美，我们很难想象一头牛突然停下了脚步，欣赏蓝天白云、山林小溪。如果真有这样的事发生，那田边的耕地就都得荒废。当然我们也没法想象一条狗被辽阔的大海所吸引，而流连忘返。

许多去过西藏的人都知道，很多人跑到西藏去发呆，在湛蓝的天空、洁白的云彩、灿烂的阳光下发呆，他们在感受世界的美、生命的美。到了旅游的旺季，会有成千上万的人去桂林、去九寨沟、去黄山等风景名胜区欣赏自然、欣赏自己，并且通过留影的方式，将自己的美和大自然的美永远定格在一起。

欣赏，恐怕是人与动物的本质区别。创造只不过是欣赏的表达而已。美妙的音乐往往来源于大自然带给音乐家的灵感，像中国的很多古典名乐，如《高山流水》《雨打芭蕉》《渔舟唱晚》都能让你的脑海立马呈现出一幅幅美妙的自然画面或生活场景。西方古典音乐大师莫扎特的《牧笛》、贝多芬的《田园》，都能让你的内心沉浸在美丽的田园风光中。当然，也有很多的艺术作品，并没有直接表达对大自然的欣赏和审美，但它展现出的人性的力量，同样让感受到它的人对人性充满了赞美和欣赏，这恐怕就是贝多芬的《命运交响曲》经久不衰的原因。

总之，创造源于欣赏，没有欣赏，我们也同样可以制造，但往往制造出的都是恶的和丑陋的。比如说武器，这些不能被称为创造物的东西，正因为它们内在缺乏了对生命的欣赏，而成为不了美的作品。它的展示，以及引来的围观，绝不是建立在欣赏和审美的基础之上的。人们在大炮和刺刀面前感觉到的震撼，与在辽阔的草原和一望无际的大海面前感觉到的震撼，是根本不同的。大炮和刺刀让我们感觉到了武器的威力，感到的是震慑力，而大海和草原让我们感受到的是大自然的亲和力。我们会奔向草原，穿着泳衣冲向大海，蓝天白云都会让我们想融化其中，但没有人想奔向大炮，拥抱刺刀。

所以，欣赏的本质就是融为一体。欣赏，这是人对“万物一体”本能的觉知和反应。世界的一体性是客观存在的，但只有人能觉知它，并且能够再现它，这就是欣赏和创造。

所以，不懂得欣赏的人，或者没有欣赏心态的人，就失去了人的本质。生活当中，也的确是这样。当我们对下属、对上司失去了欣赏的时候，我们很难做好管理，我们也很难被人管理，因为我们的内心是烦躁的，我们与周围的一切是对立的，因为我们把人性当中最本质的东西给弄丢了。

我们在跟亲人的相处中，失去了欣赏，你就可能是一个令人讨厌的丈夫、一个令人讨厌的妻子、一个令人讨厌的父亲或者母亲，因为你的内心在讨厌别人，在与他人对立。

所以，我们应该欣赏地活着，因为这是人之所以为人的根本。我们把你这种欣赏的心情表达出来就是创造。

如果你是科学家，你表达出来的就是定理、定律。因为在科学家的眼中，世界很美，但这种美是以万事万物可以归结为简单的定律来展现的。他们坚信真理是简单的，简单是美，这也是爱因斯坦提出相对论的思想根源。他以“光速不变”和“一切参照系等价”这两个基本原理构建了高速运动的物理世界的框架，这是一种欣赏和创造的方式。

如果你是哲学家，你表达出来的就是思想和逻辑，并且将思想作为你存在的证据，所以笛卡尔会喊出：我思故我在。

如果你是一个企业家，你会用你的产品来表达你的欣赏。因为只有你提供具有欣赏价值的产品和服务，才能得到利润的回报。五星级酒店的一个床位会是普通旅馆床位价格的10倍，甚至更多。其根本原因就是它更具有欣赏价值，并且让每一个住在其中的人，有被欣赏的感觉，并能够自我欣赏。

如果你是一位母亲，你表达的方式就是创造一个男孩或者女孩，并且永远地欣赏他（或她）。所以，在母亲的眼中，没有不值得欣赏的儿女，因为你是她的创造物，是她欣赏这个世界以及表达这种欣赏的载体。孩子的父亲应该理所当然地是作为母亲最欣赏的人，这就是爱情。有了爱情当中的相互欣赏，才有对孩子的欣赏发生。

我们谈了那么多的欣赏，正如同婚姻当中的矛盾和烦恼，会毁灭爱情当中的欣赏一样。我们在生活和工作当中，也处处都能见到欣赏被烦恼破坏的情况，导致我们在周围看不到几个以欣赏的心态活着的人。这是为什么呢？这就叫异化，人性的异化。

修行的目的，就是回归，回归我们欣赏的心。但前提是，我们一定要相信：不管怎样，人性一直都在，欣赏的心一直都在。就如同一个宝贝，掸掉灰尘，依旧闪闪发光。

欣赏地活着，你会舒服很多。这是你本来就可以做得到的事，不依赖于任何外部条件，都可以做得到。

如何用心工作？

扫二维码　听如是道

很多人每天也在工作，但却效果不佳，究其根源，是专注力不够造成的。

一个人要在一件事上保持高度的注意力是不容易的，我们看一个东西看久了，就一定会走神；听一个东西听久了，也会自然而然地转移注意力，所谓的喜新厌旧，也是这个道理。

有些流行歌曲，哪怕红极一时，也难避免被人遗忘的命运。刀郎的歌曾经几乎是每一个男性车上的必备，特别是那些货车司机，听着刀郎的歌远走四方，但今天你很难听到谁的车上再放这样的歌曲了。

女人的服装也一样，新的款式总是层出不穷，老的款式就只有靠打折才能卖出去。

甚至在婚姻和爱情中，我们都是如此。新款的人物往往更容易引起别人的注意，这恐怕也是婚姻经常容易受到挑战的原因。

有的人兴趣也是如此，对任何事情都是三天的热情，三天过后，兴趣又转移到了别的地方。

工作当中，如果注意力总是朝三暮四，这样的人很难把一件事情真正做好，做也是装模作样而已，或者心不在焉。这样的工作方式离工匠精神就相差十万八千里了。

注意力为何总是漂移？原因有两点：其一是新的事物出现，吸引了我们的注意力；其二是尽管没有新的东西出现，但我们的注意力也会离开当前的现实而想入非非。要么想过去，要么想未来。后一种现象是我们最难把控的，因为它几乎没有外部的原因，随时随地都可能发生，而且还伴随着我们好恶的情绪，导致我们完全被习性所控制。

要很好地掌控我们的注意力，就要了解我们的认知活动的特点。

人的认知活动都可以说是眼耳鼻舌身的知觉，加上我们的注意所共同完成的。比如说我们看东西，就是眼睛的视觉，加上内心的注意，才能清楚地看到东西。如果只有视觉，比如说我们眼睛对着某个东西，而注意力并不在这里，我们就可能看不到这个东西，这就叫视而不见。我们听一个东西也一样，当我们注意力完全在别的事情上时，有人叫我们，我们都未必能清楚地听到。但毫无疑问，别人的叫声是进了我们的耳朵的，这一切都说明：注意和不注意才是我们认知的关键，也是我们行为的关键。

“视而不见，听而不闻”就说明：注意并不是眼睛的功能，也不是耳朵的功能，是非眼耳鼻舌身意的功能。有的人以为注意是意识的功能，其实也不是。不信，当你边看东西边想事，或者边听东西边想事，又或者边吃东西边想事，你看你对当前所看、所听、所吃的东西还有真切的感受吗？你早就已经走神了，哪怕你想的是眼前的事，你的想也肯定离开了当下的情景，因为当下是不需要思考的。

有的人可能说，他在想的时候不照样是很专注的吗？但其实你仔细觉知一下就会发现，所谓的意识和思考完全是一根链条，它会绑着你的心不由自主地往前走，你想停下来都不可能。这就是有的人越想越生气、越想越不能自拔的原因。很多人在这种意识和思考的链条中，会失去觉知力，很被动地、不由自主地做出一些蠢事来。

思考当中，我们的心是不在注意的。因为注意就是觉知，如果我们随时保持清醒的注意，就能避免自己落入很多的情绪和固执的见解中，跟人相处就会容易得多。看清自己的意识和念头，在思考当中随时保持觉知，是一门很深的功夫，儒家曾子在《大学》中把这称为诚意。

总之，注意不是眼耳鼻舌身意的功能，而是心的功能，当我们把它叠加在视觉上，就称为“用心在看”；当我们把它叠加在听觉上，就称为“用心在听”；当我们把它叠加在身体的行动上，就称为“用心在做”；当我们把它叠加在思想上，就叫作“用心在觉”。当然，把注意力叠加在思想上是最难的，因为此时注意力很容易消失，变得只有意识，没有注意，想入非非而浑然不知。

注意这种心的功能与眼耳鼻舌身意的功能有什么本质区别呢？眼耳鼻舌身意的功能都是有对象的，视觉的对象是所有看的东西，听觉的对象是所听的东西，意识的对象是所想的东西，也就是说它们是有相的，而注意是可以没有对象的。

例如，我们处在高度警觉的状态，很可能并没有具体的对象，但我们的注意力可以高度地集中，就像我们开车过两个石墩子形成的狭窄通道。我们的眼睛看不到车与两边的距离，也就是说视觉帮不到我们；听觉也帮不到我们，听到了声音一定是坏事；手脚也不敢乱动；意识也帮不了我们，一点都不敢乱想。但我们的注意力却高度集中，没有注意的对象，但注意的能量却相当的饱满，这时候完全靠心的作用。

所以，没有对象的注意、充满能量的注意就是我们心的功能。把它用在我们每一件事上，我们才能把事做好。

具体怎么用心呢？

第一，少想多做，因为想最容易让我们的注意力丧失。

第二，不断地让注意力回到当下的事情上来。其实，只要我们改掉想来想去的习惯，注意力是比较容易回到当下的事情上的。

第三，通过外部的检查、督促让做事的人注意力经常回到事情上来。

第四，把大家每天的工作业绩，做事的结果进行总结、PK，使得大家的注意力在下一次的工作当中，能不离当下的事情，这是用心做事的方法。

第五，不要掉在情绪当中。通过觉知事情，让注意力离开情绪。

其实，我们明白了注意力就是我们的心，我们还可以找到平时训练自己的心的方式。也就是：没有看的对象、听的对象、做的对象、想的对象时，你还可以让自己保持高度的注意和警觉，这就是练功夫。长此以往，你能把自己的心练得很强大。因为它不通过眼耳鼻舌身意消耗能量，反而通过持续保持注意力来积聚能量，你就会拥有一颗能量非常饱满的心，当你的心能量非常饱满，它是定的、静的、安的、乐的、知的。

心究竟在哪里呢？你只要保持没有对象的注意，没有对象的警觉，你就能感觉到它的存在。

紧张的好处

扫二维码　听如是道

紧张是我们不喜欢的心态，有的人甚至很害怕自己紧张。比如说上台讲话，一紧张就讲不好了；上台表演，一紧张就会出洋相；上台唱歌，一紧张就会走调。

有经验的人经常会对这些紧张的新手说："不要紧张。"但新手们会说："我没办法，心里就是紧张。"其实你对新手说不紧张，他会更紧张。我曾经指导过一个新老师上课，说："你出洋相的机会来了！"他被我这样一说反而一点都不紧张了。

所以，对待紧张最好的方式不是消除、排斥、抗拒，而是接受、顺从，以及正面地看待。你抱着出洋相就出洋相的心理，保证你的紧张感会降下来。因为你不抗拒紧张给你带来的结果，你的内心就会放松。因为你不需要用力去达成什么了，这个力一消失，紧张当然就消失了。

其实，对于很多有经验的人来说，紧张对他也是有帮助的。许多有经验的演讲者以及表演者上台前都是紧张的。尽管外人看到他在台上挥洒自如的表现，以为他上台前一点都不紧张，其实这是错觉。我讲了快 40 年的课，每次上台前都还是紧张的，但这种紧张对我们是有帮助的。它能让我们高度集中注意力，把能量充分调动起来。这其实才是优秀的演讲者和表演者在台上能够出彩的原因。

能量的高度集中和调动一定会带来紧张，只要你能够在这种紧张感下保持心安和冷静，你就能很好地驾驭它所带来的能量，达到很好的表演效果。

所以，新手和老手的差距不在于紧不紧张，而在于对待紧张的态度和方式。新手会在紧张面前自乱方寸，被紧张所驾驭，要么说不出话，要么乱说话；而老手则不然，他们在紧张面前，心仍然会安，因为他们早已习惯了紧张。他们知道紧张能够给自己带来兴奋和能量，优秀的表演者往往会在此时达到出人意料的效果，这个效果是他刻意地编排所无法实现的，也可以称之为灵感。很多优秀的表演者都有这种灵感喷发的时候，它的背后绝不是有意识的编排，只能来源于紧张感的撞击，他们已经会驾驭紧张了。

其实，所谓的紧张并没有太多的道理、原因、对象，它只是我们身心的一种应急状态。你说新手紧张有原因、有对象；老手紧张就实在没有原因、没有对象。他们应该早就习惯了场面和观众，所以显然让他紧张的不是特定的对象。就像夜晚走路，你说你怕鬼，但其实哪有鬼呢？谁也没有见过鬼，但有些人就是怕。这其实是一种没有对象的紧张。

说到底，是我们在这种状态下，必须要让注意力高度集中，让能量高度集中，我们才能应付可能出现的危险，或者让自己有出彩的表现。此时此刻高度集中注意力和警觉，是没有对象的，它只是为了调动我们潜在的能量。这种能量调动起来了，而又没有马上宣泄出去，就会产生我们所说的紧张的感觉。

所以很多有经验的演讲者和表演者谢幕后，都会有酣畅淋漓的痛快感。就是因为紧张带来的能量，已经出去了，这时候才是真正的放松，而上台之前的放松未必是好事。适当的紧张是有益的，只是我们要学会习惯紧张，适应紧张，然后把心安定下来，保持内心的觉知，就能很好地发挥自己。

紧张给我们带来的帮助，不仅仅局限在台上的演讲或者表演，日常工作当中也是如此。适度的紧张能集中我们的注意力，调动我们的能量，提高我们的兴奋度。这样的人在工作和生活当中魅力四射。相反，一个在工作生活当中丝毫都没有紧张感的人，其实就是懒懒散散注意力不集中的人，能量不足的人，做什么都不兴奋的人，对什么都没兴趣的人，也就是等死的人，是一个对不住自己也对不住别人的人。

高度的紧张和注意是修行当中的关键，无对象的警觉最容易激发人的觉性。六祖慧能说："佛者，觉也。"修行成佛就在一个"觉"字。你时时刻刻都能够保持高度的觉性，活在警觉当中，你就是一个真正的修行者。用南怀瑾先生的话说，这叫"伺"的状态。

伺机而动是一种什么状态？想必每个人都体会得到，那就是没有对象的高度警觉状态、高度注意状态。那里是我们有些修行人所理解的所谓的看破放下、无牵无挂、随缘而活的状态。有些修行人借着看破放下的名义懒懒散散地活着，觉性降到了极点都浑然不知，真是悲哀。

所以保持紧张感，保持警觉性，保持注意力，既是工作的必需、生活的必需，更是修行的必需。这再次证明："佛法在世间，不离世间觉。"(《六祖坛经》)世出世间一个道理，一个修法，正因为是一个修法，才是正法。

管理就是训练

扫二维码　听如是道

经常碰到老板对我说，为什么我的下属就不能够清楚地知道自己的工作究竟做得怎么样，而总是要别人去提醒和检查。这个问题，几乎成了一个企业的通病。也正因为如此，我们欧博的稽核检查才变得那么有用，欧博所做的所有项目，最终都是靠稽核检查见到实际效果的。

我们知道，如果一项工作只有安排、只有计划、只有规定，而没有检查，这项工作一定不会有令人满意的效果，这几乎成了一个规律。稽核检查为什么会有那么神奇的效果，其实，根本在于它能对症下药。

当老板们跟我提出为什么员工不能时刻清楚自己的工作状况时，我总是要拿生活当中的例子来予以说明：比如有的人经常上下楼梯，却不知道楼梯究竟有多少台阶；你从办公室走到车间，你也不知道你到底走了多少步；一碗饭吃下肚子，你也不会清楚吃了多少口……这一切都说明，常人做事的时候，都是不会把注意力一直专注在每个动作上的，也就是佛门说的，常人难以时刻保持觉知。

因为时刻把注意力放在当前所做的每个动作上，对于一个没有经过训练的人来讲，他一定会有紧张感和压力。谁不想过得轻松啊？所以，我们在工作当中就只能见到做了但却不知道究竟做得怎么样的现象。原因就是时刻保持觉知和注意太难，解决对策就是必须对人进行严格的训练。

佛陀在《大念处经》里面教我们的方法就是：如熟练的辘轳匠或他的学徒，在做一个长的转动时，了知："我做一个长的转动。"做一个短的转动时，了知："我做一个短的转动。"比丘如是，在入息长时，了知："我入息长。"出息长时，了知："我出息长。"出息短时，了知："我出息短。"

比丘行走时，了知："我正在行走。"站立时，了知："我正在站立。"坐着时，了知："我正在坐着。"躺卧时，了知："我正在躺卧。"无论何种姿势，皆如实了知。

比丘是指修行的和尚。佛陀告诉我们，修行的方法其实很简单：就是时刻保持了知。"了知"的这个"了"是了断的意思，意思是：知道就可以了，不要想入非非，想来想去。所以，佛门如此高深的功夫，归结起来，其实也很简单，那就是时刻知道究竟自己在干啥，以及干得怎么样。但最重要的是要止于知道，因为下一个动作又来了。前一个动作完了，你知道了，但如果你的思绪停在这个地方，想来想去，下一件事来的时候，你就很难全力以赴了，就很难再保持真切的知道了。

所以，时刻保持知道，并且止于知道，也就是注意力一直在当下，这样的修行境界其实很高，这个境界就是活在当下。

所以，别以为时刻知道自己正在做什么，以及究竟做得怎么样那么容易做到，没有经过训练的人，几乎没有人做得到。因此，我们在生活和工作当中才会出现那么多要么费力不讨好、要么懒散低效的现象。

一家企业应该是一所学校，就像丰田，在它的总部大厅的宣传橱窗上旗帜鲜明地写着一句口号：我们不生产汽车，我们只生产制造汽车的人。正因为有这样的理念，你才能够在丰田的车间看到目不转睛的工作者。我曾经带企业家考察团去日本的丰田和雅马哈考察，我有时故意站在正在工作的员工身边，盯着他看上 20 分钟，他们竟然当我不存在，完全沉浸在自己的工作当中。

而我回到国内也是带企业家考察团去国内的企业考察，我们一路走过去，那些干活的人总是会三三两两地朝我们这边看，甚至还要互相议论几句。

很显然，那些日资企业的员工，他们工作时的注意力，是一直放在正在做的事情上的，而我们国内的很多企业，他们的员工在工作时，注意力是没有完全沉浸在工作当中，是漂浮游移的。所以，旁边一出现什么新鲜的事，就会把他们的注意力拖走。

其实国内的企业和一些国际知名的跨国公司，在技术、设备、资金等方面的差距仍然是有的。但人的差距，尤其是工作中专注度的差距，却比前者大得多。这就是我们哪怕采用同样的技术、同样的设备、同样的材料，也做不出别人那么高质量产品的原因。中国的产品在国际市场上，经常会比同类的日本或德国本土制造的产品价格低 30% 或 50% 。其根源就在于，注意力高度集中做出来的东西和注意力不集中做出来的东西是有天壤之别的。这就是经过训练和没有经过训练的人的区别。

我们欧博在咨询业生存了 16 年，做了 500 多家企业的管理变革，公司有固定咨询老师 100 来人。在这 16 年当中，我最大的感受就是：管理就是训练。

我们的咨询老师绝大部分来自工厂，也跟很多工厂工人一样，但他们在欧博待上一段时间，就会变得特别的敬业和吃苦耐劳，并且有一股做任何事都不达目的誓不罢休的心态。其实，在背后都是注意力高度集中在他们所做的事情上的结果，这源于欧博长期一贯的、频繁的跟进检查机制，以及老师们形成的专注的工作传统。

我经常跟有些老板开玩笑说：“你把厂门一关，问题都在里头；但我把公司的门一关，问题都在外面。”有的项目离我们甚至有几千公里，至少所有项目都在企业方那里驻厂运作。这些五花八门又都不在身边的问题，我们靠什么解决？如果不紧紧依靠老师们高度专注的工作，恐怕我们就鞭长莫及了。

当然，这背后依靠的是公司本身有效的管理机制。但我们这个管理系统的本质不是控制，而是训练，是把人训练得更优秀。正因为老师们经过这样的训练会变得更优秀，身价会大幅提高，他们才会接受这样的训练和管理。

所以，不要认为所有严格的管理，都会让被管理者抵触和抗拒。真正能提升被管理者的技能、素养乃至收入的管理方式，即便是再严，被管理者还是能够接受的，因为他的出发点是为了员工自身的成长。作为一个正规的、有品牌影响力的企业，它的管理能不严吗？

恰恰是那种管理松松垮垮的企业，既做不出品牌，企业又不能持续盈利，员工也得不到真正的成长。这种管理导致的结果是企业、员工、客户三败俱伤。管理不在乎严与不严，而在于我们的出发点。父母的出发点是为了孩子好，他的严格带来的就是孩子们的出息和家庭的荣耀。员工真正抗拒的，是出于恨和讨厌而产生的严厉的处罚。

其实，放任不管带来的“松”和从恨出发带来的“严”是一码事，都是害人的管理，伤人的管理。

所以，大胆地去管吧，但发心必须是慈悲。严的方式必须是以频繁地管到细节为标准，而不是大声地呵斥和老羞成怒的狂吼。

要相信人的良知，你在帮他，你真为他好，他感应得到，他也可以用他的良知，去战胜自己的习性。风雨过后是彩虹的道理谁都知道，关键看你的信念够不够坚定。这就是优秀的管理者和平庸的管理者之间的分水岭。有的企业能够做到，有的企业不能做到，最根本的区别就在于这种信念是否坚定，在于对人性的把握是否透彻。

被人骗了该怎么办？

生活当中，我们经常遇到被人欺骗的事情，当这样的事情发生时，我们该怎么面对和处理呢？

前一段时间，有一位企业家来到明德堂，跟我聊起一件事。他有一个朋友，也是开工厂的，被人给骗了。骗他的人是工厂的财务总监和营销总监。

这两个人从公司的账上支走了一千万到澳门赌博，输得精光。回来以后，当时也没告诉老板。这个老板后来发现了此事，财务总监和营销总监没有否认。但他们说，原本只是想拿公司的钱去做本钱，赚了就马上归还，但没想到会输得那么惨。老板听了非常愤怒，说一定要把他们送上法庭。财务总监跟这个老板说，我们跟着你十几年，没有功劳也有苦劳，我们并不想吞你的钱，如果你一定要追究我们的法律责任，那我们也只能够鱼死网破。老板懂这个财务总监讲话的意思，但他心里实在气愤，只好赶走了这两个人。

这件事情过后，这个老板整天郁郁寡欢，认为自己如此信赖的人都会害自己，并且讲出如此伤他的话，他觉得没有人可以信赖，再也不相信任何人了。抱着这种消极的心态、负面的眼光，没过几年他的企业就从几个亿的年营业额，下滑到了几千万的年营业额，企业几乎到了破产的边缘。

来找我的这位企业家问我该怎么办，是呀，我们被人骗了，该怎么办呢？

前几天，又有一位朋友来找我，说了他的故事。他说，十几年前自己做生意挺顺的，有一次他把自己的钱借给了他的一位亲戚，而他的亲戚竟然把这几百万都亏掉了，他到现在为止都不知道这个亲戚讲的是真话还是假话，他也不愿意跟这个亲戚去打官司，因为这会让他的父母很为难。父母年纪大了，他怕父母经受不住出事。所以，他就忍气吞声扛了下来。

但奇怪的是，他的生意从此一蹶不振。原本好好的一些生意关或者转了，想出去修行，化解心中的烦恼。出去跑了几年，走了不少的寺庙，见了一些高僧大德，心里平静了一些，回来又继续做别的生意。生意做了几年，有了一些起色，但经营得很苦很累，自己又不想干了，把生意又转了出去。又在各个寺庙行走，甚至萌生了出家的念头。但他在庙里头住上几个月，又发现庙里的人和事也不像我们外面看得那么简单，于是也下定不了出家的决心。

刚才这两个例子中，当事人本来都是做生意的高手，事业原本也做得挺顺，他们的为人也相当的善良和大气。无论是前面那个办工厂的老板，还是后面那个做生意的人，他们对人都是充满信任的。否则，那个财务总监就不可能随便动用上千万的资金，那个亲戚也不可能随便借到几百万，因为这几百万几乎是那个生意人当时的全部家当。如此好心而又有能力的一些人，怎么会落得那样的结局呢？这的确让人不太能够理解，他们究竟错在哪？其实，他们的错归结起来就是两个字：我执。

先看一下他们在事情发生以后的执着心。那个办厂的老板没有从自身的管理上检讨问题，而是一味地把所有的责任都归结到挪用他钱的那两个人身上。他认为这两个人良心被狗吃了，自己瞎了眼，并且再也不相信任何人，导致整个团队充满了不信任感。在这样的老板手下干事，没有人会觉得愉快。人心散了，干的人又因为得不到信任，而处在消极的状态，最后企业的业绩当然下滑，这其实都是执着心在作怪。

对方是错了，但自己难道没有错吗？一个财务总监可以私自动用上千万的资金，制度的约束在哪里？互相的监督在哪里？审批的程序在哪里？这一切都是老板经营企业必须建立的基本的财务制度。没有这些制度，就是老板自己的事，这跟信任是没有关系的。而且这个老板的信任从本质上来讲，也只是管理上的偷懒和侥幸而已。

如果老板能看到自己的责任和事实，他就不会只是执着于别人的错误，他的心态就应该平静。因为对于一年几个亿营业额的老板来说，损失一千万是不会让他关门的。如果他能总结经验，建立健全各种管理机制，完善相互监督制约机制、审批机制，他的企业还是会一直往上走，但他执着于对方的错，耿耿于怀不能放下，导致那些没有犯这些错的人受到了歧视和不信任，企业才走到了破产的边缘。

那个借钱给亲戚的生意人，其实犯的也是同样的错。起初无条件地信任别人，拿自己的全部积蓄去帮助别人，过后又在别人的错误当中难以自拔。信任别人的时候，是执着于别人的善良和可信；上了当以后，又是另一种执着，执着于别人的可恶和不可信，内心总是放不下。于是好端端的生意都无心好好地做。心乱了，干什么事都难成，因为干什么事都要我们把心定下来才行，都需要我们持之以恒地去做。

那么，这种执着心怎么才能断掉呢？要以修行为人生的目的。不管好事坏事，它都对我们的修行是有帮助的，这就叫“止于至善”。有了这样的心态，再坏的事情发生，都不会乱你的方寸，乱你的阵脚。

前面两个例子中，这两个人都是因为遇到了大的变故，而让自己人生的命运彻底改变了方向，但事情本身并不会导致最终那么糟糕的结局。只要他们当时能扛住这些事，那一年做几个亿的老板，应该可以做到十几个亿，因为当时他的生意势头不错；那个挣了几百万的生意人应该还可以挣得更多，因为他当时把钱借了出去，并没有直接影响到他的生意，他的生意不需要靠大量的现金流来运转。影响他生意的是他的心情，因为损失了几百万以后，他的心情一直处在烦恼的状态。

我说把一切当修行，不是为了欺骗自己，是为了让我们的事业和生意，不要因为一件事情，而彻底地扭转方向。因为这件事情并不是灭顶之灾，但它会导致灭顶之灾，关键看你以什么心态来对待它。你把它当修行，你就会接受他，该干嘛还干嘛，事情就能继续下去，就有机会做得更好更大，没有更好的机会，事情凭着惯性往下发展，也不会很差。

那么多最终成功的企业家不都是这么过来的吗？谁不会遇到点事？谁遇到的事在当时看来不像天大的事？关键是有的人还能够继续往前走，然后总结经验，改正错误，结果事情越做越大；而有的人却整天耿耿于怀，纠结在对错上，不甘心自己吃那么大的亏，不接受自己糟那么大的罪，好像非要找谁讨个说法，这都不是修行的人。

而最终的结果是什么呢？你讨到那个说法了吗？你又能把那个错了的人怎么样呢？你没有惩罚到对方，反而重重地、持续地惩罚了自己。本来你以修行的心态接受一切厄运，继续充满阳光地做下去，事情会越来越好，至少都不会很差。因为势头已经起来了，这是命运对接受厄运的人最大的奖赏，也是命运给我们这些在苦当中熬着的人唯一的“说法”、唯一的公平。

“吃苦是福”，“大难不死，必有后福”，不都是我们耳熟能详的话吗？只不过有些人就是不信，非要把过程当中的一些事情当成心里过不去的坎，然后硬生生地让自己走向毁灭，这又是何苦呢？

所以，人生的苦真的大部分是自找的，老天给我们的苦不会灭我们的。上天有“好生”之德呀！睁眼一看，哪里不是生命呢？到处都是生机盎然，难道就多了我们这一条命吗？

好好活着不难，活得好好的也不难！

如何才能“醒着拼”？

扫二维码　听如是道

有一款功能饮料的广告是这样写的——“人生就要醒着拼”。该饮料类似于红牛饮料，具有提神抗疲劳的作用。红牛饮料现在几乎是各大加油站的必备饮品。

令人想不到的是，凭着这样的广告语，那个本来默默无闻的饮料产品，现在也几乎在各大加油站都能见到了。因为，它抓住了“人人都在拼”这个事实，尤其击中了很多没有“醒着拼”的人。

拼而不醒这是一种什么状态呢？现实当中好像并不多见，在职场上打拼的人，在生意场上拼搏的人，个个都是精神抖擞着呀，哪有半睡半醒的拼搏者。但这个广告的厉害之处是它说出了一个真相：其实，很多的拼搏者，都没有真正醒着。

这个事实相比我们的感觉反差很大，但如果你认真地看一看，我们很多在企业里面做事的人，那就不得不承认，其实大多数时候，我们都没有保持着觉醒，都只是凭惯性在做，而不是凭觉性在做。

凭惯性怎么做呢？那就是：过去怎么做，现在怎么做，未来还怎么做；第一次怎么做，后面也就这样做。说来说去就是凭经验，凭习惯做事，不愿创新，不去改变，一招鲜吃遍天。错误重复犯，老问题天天出，一说就是行业难题，一说就是不可能，总之现状是最好的，改变是危险的，他们就愿意这样持续下去。哪怕客户整天投诉，成本越来越高，利润越来越薄，他们也认为主要是外部的原因，自己已经尽力了。

我们看一看企业里面干了 10 年、20 年都没有办法解决的品质问题，看一看整天忙忙碌碌而又整天救火式地应付问题的人，我们就会发现：大家之所以在问题面前束手无策，归根结底是不去创新，不去彻底地改变自己的做事方式。有的人因为凭着自己的个人经验，也能把企业的工作应付下来，也能拿到目前的工资。他们也不愿改变。然后，大家都在营造这事情只能这样的假象，让问题在企业里面长期存在下去。

我们做过 500 多家企业的变革，绝大部分问题的解决，都是依靠企业原有的人，都没有采取什么高科技的手段。用的方法很简单，比如说，解决生产效率和缩短生产周期主要就靠频繁地对单、排查，把物料的准确状况搞清楚，及时准确地掌握物料的欠数，然后落实责任人频繁跟催，再每天把任务落实到每个人头上，每天考核，仅此而已。效率就大幅度提起来了，生产周期就缩短了。

归根结底，我们是让每个人在生产之前都清楚地知道欠缺什么条件，如此一来，以及如何补足这些条件，什么时候必须到位，不到位承担什么责任。这样就解决了生产之前的准备问题，做到了不打无准备之仗。

然后，在生产过程当中，一有异常，马上能被管理人员警觉到，并且协调解决。因为不解决，就必然有人担责任。而且，大家都知道问题出在哪，谁有没有去解决。生产完成了，互相也都知道：谁今天干得好，谁干得不好，包括欠多少，明天怎么补救。

总之，一切都是清清楚楚，明明白白在进行着，整个工厂就像一个人一样，时刻清醒着。

而以往接了一个订单，究竟什么时候能做出来，它的物料究竟什么时候能采购回来，它的零配件究竟在哪个工序做，究竟什么时候能做出来，可以说基本上没有一个人能准确回答，大家都只是有一个大概的印象。这个大概的模糊范围是相当大的，根本没有办法去承诺客户，也没有办法去管控各个生产环节，工厂就像一个没有完全觉醒的人。

品质问题也是如此，我们在企业里面解决很多品质问题，只是用数据统计的方式让大家看到究竟什么样的品质问题最严重。然后召集管理人员到车间现场去，与老工人一起来讨论问题形成的原因。再实际看工人操作的现场，就能找到很多行之有效的解决方法。

因为大量的企业品质问题：要么源于员工操作不当；要么源于搬运、摆放方式不当；要么源于工厂环境、设备不清洁；要么源于生产过程中没有频繁检测等。其实原因并不复杂，解决方法也无须高深。关键是做出方案来，要严格抓到位，要每天都知道谁没按方案执行，每天都知道真正执行的效果。频繁检查，频繁总结，时刻保持清醒，大量的品质问题就得到解决了。

所以，我们在企业里面解决了很多品质问题后，企业方的人经常会说“想不到”：“一是想不到解决的方法如此简单，二是想不到解决的效果如此显著。”说“想不到”，言下之意就是本来做得到，只是没去想；就是想了，也认为不可能那么容易，然后，自己又把自己障碍住了，放弃了。这样的企业，不就和一个似醒非醒的人一样？所以，我们说“醒着拼”的人还真不多！

企业的人都很辛苦，都很拼，但的确很多人没有“醒着拼”。他们不是没有能力，不是不愿干好，他们是不相信自己。不相信自己的创造力，活在惯性中，而不是活在觉性中。

活在惯性中的人是被动的，今天由过去决定，未来由今天决定。活在惯性中的人是被惯性的链条绑住的人。

活在觉性中的人是主动的，他们总是在可以这样，也可以那样当中做决定，他们绝不会一条道走到黑。他们时刻知道自己究竟干得怎么样，时刻能看到自己的问题，时刻明白自己究竟要什么，时刻知道对手在干嘛。

这样的人是时刻警醒的，警觉的！充满能量的！热情奔放的！积极创新的！

我们常人往往看到人与人之间学识上的区别、能力上的区别、品德上的区别、心态上的区别，而没有在意人与人之间觉性上的区别、警觉性的区别、专注力的区别。其实，后者才是人与人的分水岭。

活在惯性当中的人，再有学识，再有能力，人再善良，也只是一个机器；只有活在觉性当中的人，时刻觉醒的人，才能充满创造力，从而干出非凡的事业。

成功就一定对吗？

扫二维码　听如是道

前几天，跟一个老板聊天，他突然很自信地冒出这么一句话：成功当然对，成功都不对，那还有什么是对的！我和他都应该算是成功人士，按理说，他的这个观点我应该赞成，而且应该深有体会。

的确，这年头，所谓成功的人可以住别墅、豪宅，可以开豪车，可以随意地上下班，可以想去哪就去哪，可以吃喝玩乐。但我听到他这句话，心里就是觉得有一种无法清晰表达的情绪，以至于这句话在我的脑海中萦绕了好几天，我在反复思考这个问题：成功一定对吗？

是的，所谓成功者是让人羡慕的，也是拥有较多的，也是相对自由的，但这就代表幸福了吗？

就拿跟我讲这句话的那个老板来说，他拥有一家像模像样的企业，拥有几十套房产。但他们夫妻反目为仇，彼此连一句好话都说不上，一争吵起来，两人就几乎要对方的命。儿女们也都不愿意搭理他，因为他是过错方，与一个年轻女孩有染，他与这个年轻女人的关系已经保持了好几年。

我想他既是快乐的，因为他的财富和年轻的女人能给她带来快乐；同时又是痛苦的，因为他的老婆知道这一切，但又拿他没辙，深陷痛苦当中，绝不会给他带来快乐；他的儿女同情自己的母亲，站在父亲的对立面，这也绝对不会给他带来快乐。

一个成功的人，其实真正最想得到的是亲人的欣赏和认同，尤其是儿女的尊重。可以说，没有任何一个做父母的，创出一番事业，挣到足够的财富，不想让他的儿女以此为荣。甚至大量的财富，包括自己的事业，毕竟多数情况还是要传承给子女的，而子女抱着不屑一顾，甚至是厌恶的心态，我不知道这样的父母怎么能发自内心地快乐？

一个连儿女都不敬佩的人，一个做父母都做得有极大缺陷的人，他的内心会完美吗？他外表的成功和感官的快乐，能让他觉得幸福吗？因为这种状况下的人内心就不可能安宁。心都不安，哪有幸福可言？

所以，作为一个做父亲、做爷爷的人，我体会到的是：亲人和儿孙们的幸福，所带给自己的幸福，才是内心最宁静的幸福；相反，自己感官上的快乐是微不足道的。有时候，哪怕自己的内心会因为眼前的事情而烦恼，甚至有痛苦和压力，但孩子们的幸福立马能让自己产生深深的幸福感，当下的痛苦和烦恼立马就消除了。我想，这应该是人的一种很正常的心理反应吧！谈不上伟大，只是良知而已。

所以，天下才有那么多父母，哪怕一些很不成功的父母，都能做到为孩子默默奉献而不图回报的境界。天底下很多的父母都能做到只要孩子们幸福，自己就幸福的状态。而一个所谓成功的老板，却连这一点都做不到了，自己的快乐都要以亲人的痛苦为代价了，连常人最基本的幸福感都得不到了，还在说“成功就是对的”！我真觉得这是一种悲哀，是成功者的悲哀，因为他们连常人的幸福都享受不到！

他们在一路打拼的过程当中，已经付出了很多，自己和家人都做出了很大的牺牲。取得了成功，拥有了财富，理应回报家人，回报自己，但结果却是自己得到了感官上的快乐，家人得到心灵上的痛苦，这究竟错在哪里呢？

其实，所有的成功都可以分成善、恶两种。恶也能让人成功，甚至有时候它让成功来得还更快。那些造假的、骗人的人也能赚钱，而且，有时还赚大钱。

有时我跟一些小商小贩打交道，他们总是会缺斤少两来做生意。我有时就在想，这些人在什么地方都要占别人一点便宜，那他在生活当中，跟人交往的时候，又怎么会吃半点亏呢？那他就只能让别人吃亏，跟这种极端自私的人相处，谁会有幸福感呢？他这种极端自私、见人就坑的心理，难道在家人面前就会变得截然不同吗？

他们在自己的孩子面前可能会好一点，但在夫妻、兄弟、亲戚朋友面前，又能大气到哪里去呢？也许这就是很多做小生意的，家里头经常会吵吵闹闹的原因。因为这是一群自私的人组成的团队，而且这样的家庭出来的孩子，一定也是极端自私的。这样的人又会有几个真心的朋友和伙伴呢？谁愿意跟这种人整天在一起相处和共事？显然他就失去了成大业的性格和机会。

还有一类人成功不靠奸诈，靠的是一股狠劲，做生意、做管理都是铁腕人物。这种人表面上大气，能做开市场，管好队伍，但他那不可冒犯的强势性格，会种下很深的恶因。

这种人在生活当中，也一定是很强势的，这就会让他的亲人们时刻有压力感，大家在一起处得很不轻松，甚至他会成为一个人人敬而远之的人。但其实，大家也都靠他的钱而活着，这种人就是个冤大头。

他的成功给自己带来了多少幸福呢？这种人往往容易走入另外一个极端，那就是到家庭以外去寻求所谓的快乐。而这样一来，他好像幸福了，家人们却又陷入不幸之中，就如同一开始提到的那个老板一样。

所以，恶也能成功，但恶的成功的代价就是让成功对于成功者而言，只有表面的意义，而且不会成为他们内心幸福的根源，这就是上天对恶的成功的惩罚。佛门说："万法皆空，因果不空"。恶的成功，它的因果也是逃不掉的。

基于善的成功才是真正的成功。因为他一切从帮人出发，他也以周围人的幸福和成长为方向。这种人自己成功了，很多人也因他而成功，家人们也因他而幸福。这种人的成功的过程，感官上往往并不快乐，但内心很充实；表面上付出的很多，个人得到的快乐的回报好像不多，但如果他愿意把这个作为修行对待，这一切恰恰是他的必经之路。

就好像稻盛和夫只拿1元钱年薪去拯救日航一样，他个人得到的财富极少，每天一大早，自己一个70多岁的老人，独自从京都赶往东京上班，路途上想必也是辛苦和无聊。但他是一个修行人，他都能够正常接受这一切，他不以自己的感官快乐为目的，而以帮助他人为目的。日航得救了，重新进入世界500强，他获得了极大的荣誉，成为经营之神。他的阿米巴模式，也成为经营神器，这才是真正的成功。不！应该说是成就！

所以，什么是对的呢？成就才是对的，而成功还有可能是错的。善的成功，持续下去就是成就，这其实也是阿米巴经营模式的本质。

管事和管人区别有多大？

扫二维码　听如是道

很多人擅长管事，但不擅长管人；很多人擅长管人，但不擅长管事。

擅长管事的人，他们的特点，是非常较真，比较关注细节，做事从一而终，计较甚至执着。这种人往往能出业绩，但比较容易得罪人，容易成为冲业绩的工具。

擅长管人的人，他们的特点是比较随和，处事圆滑，有亲和力，比较讲人情，能团结大家，但团队的业绩没有保障，战斗力不强。

这两类人有点像两个极端，他们的本质区别究竟是什么呢？怎样才能做到二者的统一呢？

这两种人的区别本质在于他们用心的方式不同。准确地说，是他们使用注意力的方式不同。

擅长管事的人比较懂得“有对象的注意”，他们能够较长时间地把注意力放在某一对象上。这就使得他们能够深入细节，并且持之以恒地关注一件事，这样当然容易出成绩。

但这种用心的方式在管人的时候会产生障碍，因为人不能老被盯着。我们长时间地注意一个人，一定会让这个人不自在。有些年轻的大学生喜欢玩一些恶作剧，比如说在男寝室的阳台上，一帮男生齐刷刷地盯着楼下走过的某个女生，往往会让这个女生惊慌而逃。

一个人的缺点或者失误，总是被谁盯着，这个人就很容易产生消极对抗的心态；一个人的优点总是被大家关注着，就很容易产生骄傲自大的情绪。所以，“有对象的专注”放在人身上，是有一定副作用的。这样的管理者执着心很重。这种执着心用来管事不是坏事，但用来管人，经常会导致矛盾和对立，搞得大家鸡犬不宁。

所以，在管人上要懂得学会“无对象的注意”，何谓“无对象注意”呢？那就是既要保持高度集中的注意力，又不要把这个注意力执着地用在某个特定的对象上。举个前面讲过的例子，就比如一个人走夜路，这个人的注意力肯定是高度集中的，因为他必须保持高度警觉。但他这种高度集中的注意力不是针对特定对象，因为他看也看不清，听也听不到什么，想也不敢多想，这就是一种“无对象的注意”，或者叫“无对象的警觉”状态。他保持高度注意，是因为他觉得有危险；他的注意没有特定对象，是因为他不知道危险从何而来。这样的注意方式，是他最佳的状态。

我们管人的时候，要有这种“无对象注意”的能力，因为你不知道下面的人究竟怎么样。所以，保持警觉，甚至担忧，都是正常的。但也不能因为担心，而死死盯住每一个人。当然，一个人的精力不可能让他死死地盯住每一个人，他就必然会盯住某些让他特别不放心的人。显然，这就是很多能把事管好的管理者经常犯的错误。因为这样盯人的后果，就是做他的手下是特别累的，能出成绩，但日子过得很难受。下属往往充满了抱怨，并且很容易流失。

靠“有对象的注意”把事管好的人在面对人的问题上，必须学会“无对象的注意”。具体做法是：

一、盯住每一个人做的事，而不是盯住这个人，要把人和事分开来。

何为盯事不盯人呢？意思是：别管这个人以前怎么样，你跟他的关系怎么样，大家对他的印象怎么样，你只盯住他的事情，事情做得好就是好，事情做得不好就是不好。哪怕他是一个大家印象中的捣蛋鬼，事情做好了，就应该得到该得到的表扬和奖励；哪怕他是一个大家公认的优秀的人，事情做得不好，违反了制度规定，就该接受应得的批评和处罚。其实，通俗地说，就是就事论事。

二、离开事情我们注意人的时候，要懂得时常把注意力收回来。

也就是说离开事情不要太注重别人的好坏，不要随便给人贴标签，不要随便给人下结论，不要太在意别人跟自己的关系。遇到不服自己的下属，甚至跟自己对抗的下属，要多在自己身上找原因；自己欣赏和喜欢的下属，不要总是看着他的优点；自己不喜欢的下属，不要只是总看到他的缺点。通俗地讲，这就是平常心和平等心。

一个擅长管事的人，因为他注重业绩，就很容易失去平常心和平等心，这在管人上是大忌。人都是有自尊的，很多做事不行的人，你一旦伤了他的自尊，他坏起事来一定会让你刮目相看。所以，管事厉害的人，对人一定要培养平等心，对业绩要培养平常心。

要重视业绩，但也不能因为业绩的波动而伤害团队。团队是长远的业绩，这个度的把握是要逐渐修炼的。懂得修炼自己，就必然会把注意力经常性地放到自己身上来，检讨自己，改正自己。而这种修行的心态，是管人的关键。有了这种修行的心态，就能在管理中逐渐炼出“无对象注意”的能力。

那么，那些擅长跟人打交道的人，业绩又不行，他们的问题在哪呢？

他们是不是“无对象注意”的高手？其实，准确来讲，他们还不能算是“无对象注意”的行家。他们在管事上其实是不去注意的，所以，他们经常不知道细节，也不知道事情发生的过程，顶多注意一下事情的最终结果。这样管事肯定是很难有真正成效的。

他们在管人的时候，注意力是放在他人的感觉和自己的感觉上的，这种人往往既不会检查别人的错误，也不会检讨自己的错误，有时候活得像个和事佬。

这种人就要学会“有对象的注意”，懂得注意事情的细节和过程。当然，这并不是说要靠自己把每一个细节和过程盯住，这是可以通过一个机制来完成，如下面有专门检查事情的人员和定期的汇报总结机制。

在管人上，要懂得培养自己真正的“无对象注意”的能力。也就是说不要太在意别人的感觉，而要看别人的事情。这后一点，就可以把它归到“有对象的注意”里面去，而不在意别人的感觉，要和不在意自己的感觉一起来练。

不在意感觉，你就失去了一个注意的主要对象，这是训练“无对象注意”的切入点。然后，不要太执着于自己的想法，决定了的事，也不要太在意别人的想法，这又让我们减少了一个非常重要的注意对象，这离“无对象的注意”又更进了一步。然后，遇到问题，要多在自己身上找原因、想办法，少去责怪别人，或者依赖别人。其实，这就是一个修行的状态了。

所以，“无对象注意”最终都是修行。可见，好的管理都离不开修行。所以，曾子才在《大学》中说：“自天子以至于庶人，壹是皆以修身为本。”

其实，这也是佛陀在《金刚经》中所说的“应无所住而生其心”的意思，正是佛门常说的“无住而住”的境界，六祖慧能称其为“无住为本”（《六祖坛经》）。

只有偏执狂才能生存？

扫二维码　听如是道

《只有偏执狂才能生存》是英特尔公司前 CEO 安迪·格鲁夫写的书，其核心思想在书名当中已经得到了酣畅淋漓的表达。

安迪·格鲁夫作为 1997 年美国《时代周刊》的封面人物，并且执掌英特尔公司多年，毫无疑问，是一位非常成功的企业家，非常成功的人。英特尔公司也是一家非常成功的企业。人是生存得非常好的人，企业是生存得非常好的企业，看来安迪·格鲁夫先生总结的生存之道不无道理。因为他以及他的企业就是一个成功的样板，就是一个证明。

但“偏执狂”这三个字怎么听起来都让人不舒服，因为这是一种精神病的症状，所以，这个书名是否可以理解成：如今的世界只有精神病患者，或者要具备精神分裂症人格的人，才能生存得好呢？

看看我们周围好像有很多的现象，的确都在暗示着这个观点，许许多多所谓成功者，都的确有一些偏执的特征。何谓偏执呢？如果不是从精神病学的角度来做专业性的解释，仅仅从字面上来理解的话，显然它就是指极端的执着。我们生活当中许多的成功者都具备这个特征：首先，他们很执着，确定了一个目标就决不放弃；其次，过程中遇到再多的挫折，也会努力克服障碍，达成目标。

其实这样的品性，这样对自我的严格要求，都可以跟一个修行人相媲美了。但他跟修行人还是不同的，因为修行人对自己的要求再严格，都不会把它作为对别人的标准。而一个执着的成功者，一定会把这样的品性强加在他周围人身上。如果是一个老板或 CEO，他甚至会把这样的品性发展为一种企业文化。这样的企业文化能带给企业业绩，但业绩能否成为人以及由人构成的组织——企业的最高价值呢？

前两天，偶尔翻到了多年前看过的美国著名心理学家、精神分析学家弗洛姆的一本书《占有还是存在》。他在书中提出了一个非常重要的概念叫“市场性格”。他认为：具备“市场性格”的人非常的理性，控制欲极强，情感发展水平却非常低下，几乎丧失了情感生活。在情感问题上表现特别幼稚，几乎停留在幼儿发展阶段。弗洛姆用精神病学的术语称这种人的性格是“精神分裂症样人格”。他还特别说明：“精神分裂症样人格这一概念有时会使人误解，因为一个精神分裂症样人格的人，会与其他患者共同生活在一起，他会卓有成效地工作，并且获得成功。”

弗洛姆在他的书中还提到了另外一位研究者麦科比写的一本书《竞赛的人们：新的公司领导人》。弗洛姆介绍麦科比在这部著作里提到：“他对属于经营最佳之列的两家美国垄断大企业中的 250 名经理和工程师做了深入研究。书中许多材料都能证明我所说的那种控制论型人物，以及纯理性思维占主导地位，而情感发展水平低下现象的存在。

在被（麦科比）调查的人中，虽然 5% 的人有温情和体贴人，但是没有一个人可以毫无保留地划入有爱的能力这一类里，其他人则对周围的人没有太大的兴趣，或者这种兴趣只是习俗上的，或者是完全敌视生活和否定一切的。一方面是纯理智占主导地位，一方面是情感的低水平发展，一幅多么可怕的图景啊！”（《占有还是存在》）

弗洛姆认为，“市场性格”的人“所关心的不是自身的生活和幸福，而是自己的销路”，并且说，“具有市场性格的人与任何人（其中包括他自己）都没有紧密的联系”。“日益陷入一种孤立的状态之中，对世界在情感上做出反应的能力越来越弱”。这正是马克思所说的“生命异化”现象。

“异化”的现象在我们生活中已经随处可见了：很多人占有的越来越多，幸福却越来越少，甚至还让自己的亲人都不幸福；拼命地挣钱，尽管这些钱对他已经失去了实实在在的意义，但他依然还在拼命地挣，因为它停不下来，周围的人也不允许他停下来。

经常会听到有些老板说：“我挣的钱已经够花几辈子了。”那他为什么还要挣呢？他的回答是：“为社会。”其实这样的答案，他一说出来自己都未必信。因为他在别的地方显示出来的社会责任感，远没有他标榜的那么纯粹。

其实，他是被一股无形的力量所操控着的，这股力量就是市场的力量。因为他已经完全是一个市场化了的人，具备了弗洛姆所讲的“市场性格”，已经不可避免地归入到了“精神分裂症样人格”中。甚至很多企业家的管理问题、人际交往问题，归根结底都是他们只重控制，不重情感，只重目标和业绩，甚至偏执地看重目标和业绩，而对这个过程当中人的内心体验、人格的成长完善极端忽视所导致。

很多老板都不愿意敞开心扉与下属沟通，与家人沟通，与孩子沟通。有的老板甚至根本就不愿意培养下属，因为他不愿意培养对手，也不愿意培养留不住的人。这不就是弗洛姆讲的“具有‘市场性格’的人与任何人（其中包括他自己）都没有紧密的联系”吗？

他们与自己也不是和谐的，因为他们即便能掌控一切，也掌控不了他们自己。

所以，他们就需要刺激性的生活：可能是酒，也可能是色，还可能是赌，也有可能是情绪的发泄。总之，“市场性格”的人内心是不可能宁静的，内心是不安的。焦虑、多疑、没有安全感、脾气急躁，往往成了他们的个性特征。这些人仍然会在市场中成功，但他们一旦进入非市场的领域，比如说夫妻之间、父子之间、母子之间，他们就显得非常的幼稚，就会犯错误。而一旦他们犯错误时，又试图用钱来弥补，他们又想回到市场游戏里面去。因为他们只会这样的游戏了，结果肯定是失败的，除非他们放弃市场性格，回归到人的性格上去。

其实，在与朋友乃至下属相处的过程当中，非市场化的成分也是非常大的，甚至是更本质的关系。不懂得非市场化的处理方式，或者说完全的“市场性格”，恰恰就是这些关系难以处好的根源。

人与自己的关系就更是非市场化的了，你怎么跟自己做生意呢？不做生意，就不会跟人打交道；不挣钱，就不愿跟人打交道。那你还能爱自己吗？还会爱别人吗？失去了爱的能力，人就必然是孤独的、苦恼的。

与自己和解

有的人注意力容易集中，有的人注意力不容易集中，或者很容易漂移。注意力非常重要，因为任何事情都只有我们注意它才能进到我们心里去，任何事情只有我们全神贯注于它，才能做到极致。我们也只有把注意力持续放在一件事上，才能取得最终的成功。持续的注意力，就是定力，而定力是所有成功者的特质，所以，一个注意力集中不起来的人，或者是注意力容易漂移的人，是一事无成的。

注意力是集中还是分散，还是漂移，由什么决定的呢？由我们的潜意识来决定的。常人在经历很多事的时候，会根据自己的喜好来做选择，对于那些自己不喜欢的，令自己烦恼痛苦的事情，我们是有意无意要回避的，不愿意清清楚楚、认认真真地去面对它、看清它。这一类事情，在我们经历的时候，就会在不被我们清楚意识的情况下，在我们的内心沉淀下来，成为潜意识。因为所有的事情，一旦我们经历了，它就一定会在我们的内心留下痕迹，不管你是否对它有清醒的意识。

不被清醒意识的经历，在内心留下的痕迹，成为潜意识以后，它与我们的意识是矛盾的。它一定会影响我们后续的言行，这就让我们的性格充满了内在的矛盾，也是我们注意力不能集中的根源。

潜意识的力量会比意识的力量大得多，因为它是日积月累的结果，而意识更多的是当下发生的心理活动。就像海上漂浮着的冰山，水面上露出的部分可能只有10%，水面下未露出的部分可能有90%，潜意识就是这水面下未露出的90%。

著名心理学家、精神分析学家弗洛伊德认为：所有心理治疗的最终目的，是让潜意识成为意识。也就是说，他认为一切的心理疾病，根源都在于潜意识与意识的不统一，而消除潜意识与意识的矛盾，是解决一切心理问题的方法，这是他心理治疗几十年得出的切身体会。

如何让潜意识成为意识呢？首先，很显然，我们在经历任何事的时候，不管这件事我们是否喜欢，也不管它是否会给我们带来痛苦还是烦恼，我们都不要逃避，都要勇敢地真实地面对。让我们的意识去清醒面对它，看清这件事的来龙去脉、前因后果。不管是多么糟糕的结果，我们都要真实地面对，不管多痛苦的感受，都不要让我们逃避现场。只有这样，发生的一切，才不至于在我们的意识缺位的情况下，进入我们的内心，沉淀下来成为潜意识，这是从“因”上来解决问题。

已经成为潜意识的东西，我们怎么让它们成为意识呢？这里有两个方法，一种是禅修的方式，如内观禅；二是在生活和工作中时刻保持觉知。当我们在练内观禅的时候，我们两只腿盘坐着，长时间的盘坐，我们一定会觉得疼痛，甚至疼痛难忍，表面上看，这是身体长期保持一个姿势带来的疼痛，但其实不是这样。两只腿盘坐着，身体本身是可以正常接受的，是可以持续保持的，因为有的人就可以持续保持数小时，甚至几天。

疼痛的根源是我们的心理活动，是潜意识和意识的矛盾。意识是我们希望盘着腿坐着，而潜意识与意识是矛盾的，它不会接受意识的安排，它会产生动的欲望和念头。意识会压抑它，潜意识会反抗这种压抑，由此会造成剧烈的疼痛。

最终往往潜意识会取得胜利，我们会挪动双腿或站立起来，至少都会心烦意乱，否定这样修行的意义。这是初练内观禅的人都会经历的过程，这是因为潜意识的力量远远大过意识的力量所致。

我们在生活当中，也会经常遇到这样的情况：我们意识当中想做某件事，比如说达成某个目标或做出某种承诺，但最终结果经常事与愿违，失信自己，或者失信于别人。因为我们很难坚持下去，或者冲破阻碍，尽管我们会找出各种理由来为自己的放弃辩解，但事实是我们放弃了，我们失信了。根源其实是，我们在做的过程当中会生出别的念头和情绪来，而这些念头和情绪跟我们一开始意识所做的决定是不吻合的，也不受意识的控制，它是潜意识的力量，这就是很多人不能做成事的原因。

但此时，如果我们保持内观，比如在打坐的时候，去忍受身体的痛苦和内心的烦恼，去看清楚伴随着这种痛苦和烦恼而来的念头和心理出现的各种情景，你就有可能让潜意识成为意识。

因为这些痛苦、烦恼、念头、心境其实都是潜意识的显现，你只要用意识观照它，它就会从潜意识上升到意识层面来，佛门把这叫消业力。

其实业力就是潜意识里面的东西，消它的办法就是让它浮现到意识层面，佛门把这个过程叫作“观”。观的意思是既不要逃避，因为疼痛而放弃，又不要执着，想来想去，而是注意这些潜意识呈现出来的相。

关注它，而不是思考它。而且这种关注也不是抓住不放的，而是随生随灭的，即它生起来你知道，它灭掉你知道，下一个境相生起来，你又只是知道，这样一直保持着旁观者的心态，而不是去介入，这就叫观。所以，这里有三点：一是不因痛苦而逃避；二是注意而不介入；三是包容自己。这是内观禅的修法。

工作和生活当中，我们也可以这样修。方法就是对一切发生的事情，都保持着觉知。其实潜意识无时无刻不在我们的言行当中流露出来，潜意识绝不会深藏不露的。每当我们有情绪波动时，往往就是潜意识的力量显露的征兆。所以，只要我们别被情绪拖着走，反观自己的情绪，就能看到潜意识的痕迹，从而让潜意识成为意识。

我们也可以从事情当中，看到潜意识的存在：如我们在很多事情上所犯的错误和失败，都跟我们潜意识的干扰有关。只要我们不去逃避问题，勇于承担，我们就能看到这些错误和失败当中自己的责任。然后顺着这些责任，可以找到自己的言行和决策的失误之处，而这往往就是自己的性格甚至人格上的弱点。这背后就是人的潜意识。看清它，潜意识就成为意识。但注意不要过分地责备自己，只需要看清自己，注意而不执着。

有的人以为通过自己的思考可以解决这个问题，其实是做不到的。因为意识无法进到潜意识里面去，只有潜意识显露的时候，意识才能与它相遇。所以，不要过多地思考，看见它、看清它就可以了。

人的智慧从哪里来？

人为什么会思考？也许没有人想过这个问题，甚至没有人会认为这是一个问题，大家都认为人能思考是理所当然的事，是与生俱来的能力，而不去对这种能力的根源进行深究。

因此，我们就很难真正理解智慧的本质，就会把智慧和思考等同起来，甚至认为智慧是一种思考的能力，认为越能想的人越有智慧，或者认为要得到智慧，就要使劲地去想，这样的结果就会导致，大家都绞尽脑汁地活着，一方面算计别人，另一方面自己也活得很累。

过分地算计别人，会让自己经常处在跟人相互对立的状态，从而得不到大多数人的支持和帮助，很难把事情做大。

另外，经常性地思考也会让自己充满压力和焦虑。思考是可以帮到我们，但过分地夸大和依赖它，其实是适得其反的，因为智慧其实并不在思考这个层面。只有弄清楚了人为什么能思考，我们才能找到真正的智慧，因为智慧在思考的源头。

所谓的思考，要么由念头构成，要么由形象构成。前者叫逻辑思维，后者叫形象思维。要理解思考，我们就要了解人脑海中的形象和念头是怎么来的。

我们先看下面一幅图（图1）。

图 1

我们从这幅图中看见了什么呢？我们看见了：中心有花瓶，两边是两个侧面的人像。

但我们要注意的是，其实，我们是不可能同时看到花瓶和人像的。我们的注意力的焦点落在两边的阴影部分时，我们能看到人像；我们的注意力的焦点落在中间的白色部分时，我们能看到花瓶。而人的注意力是不可能同时有两个焦点的，所以我们不能同时看到人像和花瓶，但为什么我们好像同时又看到了呢？那是因为我们的注意力很难一直定在一个地方，总是不由自主在阴影部分和白色部分之间快速移动。我们看下一幅图（图2）就更清楚明白了。

图 2

在图 2 中，我们能清晰地感觉到：当我们的注意力放在左边灰色部分时，我们能看到桥；而当我们的注意力的焦点放在右边的白色部分时，我们能看到船，灰色的部分则成了天空。

可见注意力的焦点在不同的位置，同一个画面，能在我们心里呈现不同的相。也就是说，我们脑海中的相，其实是由我们的注意力所决定的，而不是纯粹由外在的事物所决定。

专注是我们心里成相的第一步，我们的心里成相的第二步跟我们内心的经验有关，我们再看下面这幅图（图 3）。

图 3

很多人从图 3 当中能够轻而易举地看到一个女孩，但就是看不到这幅图中还有一个老太太。但其实，我们如果把注意力调整一下：注意力往左上方，我们就容易看到小女孩；注意力往右下方一些，我们就容易看到一个老太太。当然，还有一些人还是看不到老太太，究其根源，是他过往的经验当中，很少有一个这样的老太太的像，像个巫婆一样。所以，过往的经验对我们内心的成相，也是影响很大的。

其实，在图 1 中，也只有黑色的色块和白色的色块，根本就没有什么人和花瓶，只是这些色块的光影落在我们视网膜上。这个人的眼睛、耳朵和鼻子其实都没有，如果不是我们的脑海中有一个人的概念和印象，其实我们也不可能形成一个关于人的相。假设一个从未见过人和花瓶的人，他看到这些阴影和色块，他就没法形成人和花瓶的相。所以，能决定我们脑海中呈现什么相的第二个因素就是我们以往的经验和概念。

决定我们脑海中成相的第三个关键因素是我们注意一个东西时内心给它注入的能量。

在前面三幅图中，无论花瓶还是人相，或者桥和船的相，以及小女孩和老太太的相，它们其实都是同时成双成对地在我们视网膜上出现的。我们只要看花瓶，那么黑色的人影就肯定也出现在了我们的视网膜上；只要看桥，白色的船也肯定出现在了我们的视网膜上；只要看到小女孩，老太太同样也出现在我们视网膜上。但为什么我们不能清晰地同时看到它们二者的相呢？或者说，我们内心不能同时出现二者的相呢？其实，根本的原因在于能量。

当我们的注意力落在图 2 的左边的时候，它唤起了我们心里桥的概念。我们内心的能量注入这个概念的时候，桥的概念便成为一个栩栩如生的形象；当我们的注意力放在右边的时候，白色的部分唤起了我们内心船的概念，我们内心的能量注入这个概念上，才产生了栩栩如生的船的形象。

正因为如此，当图 1 当中那个黑色的色块进入我们眼中，唤起了我们人的概念。注意力把我们内心的能量，注入这个其实什么都不是的灰色色块以及人的概念上，我们便看到了栩栩如生的人的侧面像。

我曾经做过多次以下的一个心理学实验，我让上百人一起观看以下一个视频。

这是三个穿白衣服的人和三个穿黑衣服的人，分成两个小组各自传球的视频，我让大家盯住穿白色运动服的这个小组传球，准确地数出他们传球的次数。几分钟后，大家纷纷报出他们数出来的数据：少数人准确，大多数人没说准。但关键问题是，我每次做这个心理实验时，都有 90% 以

（视频截图）

上的人没有看到运动员传球时，有一只偌大的人装扮的黑猩猩，从屏幕的右边缓慢地穿过去，中间还停了下来，然后从屏幕的左边消失。

这个大猩猩毫无疑问进入每一个盯着屏幕看的人的眼中，进入他们的视网膜上，但因为他们的注意力完全放在了穿白色运动服的人传球上去了，他们竟然对眼睛里面已经接触到的这么大的东西视而不见，内心竟然没有成相！这只能说明，你的心里不给它注入能量，哪怕你的眼睛已经接受到了这个信息，它也是成不了相。

所以，什么是注意力呢？其实就是人内心能量的发射。人的注意点，就是我们能量的发射点。没有这种心理能量的发射，一切外在的东西都不可能带给我们内在有效的心理活动。

回到我们最初的话题：人的智慧从哪里来？其实智慧就来源于注意力的运用。只有当我们对当下的任何事情全神贯注，我们才能把我们的心理能量调到最大值，而且对着当下我们所注意的点发射出去。这样我们才能既清晰地把握住当下的问题，因为这个点上的一切，在我们内心呈现的相是最清晰的，我们就能看得清。而同时，注意力又把我们的能量高度集中起来，我们一定会快速地做出准确的行动和反应，这就是智慧。

离开对当下的注意，内心不能把能量集中起来，再多的思考都只能让我们在过往的经验里面打转，产生不了鲜活的智慧。因为离开了充满生命力的相和念头，我们的思维就是死的。既不会有新的东西在其中，又不会导致我们快速地行动，很多喜欢想的人往往行动力差，就是这个原因。他们因为内心的能量不聚焦，必然想得多、做得少，因为缺乏能量饱满带来的行动力。

同时，他们可能连做一些最简单的动作的念头都起不来，人就好像是被谁下了魔咒一样，整天在做事，也爱想问题，但就是效果不好，许许多多问题，都重复地发生在他身上。

但其实，你仔细观察他的事情，你会发现他连一些最简单的该做的事情都没有好好去做。他不是偷懒，而是没想到要去这样做。是念头起不来，究其根源，是内心的能量不够。

因为内心的相和念头都是要能量集中和饱满才能产生，那他平时为什么又做个不停呢？甚至还会想个不停？他那都是凭惯性在做，在想，凭惯性做事，凭惯性思考，都是不需要注意力的。

因为注意力就是觉性，活在惯性当中的人是没有觉性的。当然，活在觉性当中的人也是没有惯性的。觉性和惯性的关系就是明和暗的关系，有明无暗，有暗无明。真正的智慧源于人的觉性，源于一个人高度集中的注意力带来的心的能量。

真正有价值的思考，就是从这些饱满的能量当中、觉性当中冒出来的朵朵浪花。

你是谁？

扫二维码　听如是道

问一句：你是谁？

被问的人恐怕都能够毫不含糊地说出自己的名字，甚至还能够详细地介绍自己以及自己的经历。但我们真的都能够了解自己是谁吗？我们就真的是自己认为的那个样子吗？或者只是自己认为的那个样子吗？不一定。

因为很多人都有另一面，只不过有些人以为这所谓的另一面，尽管没有在别人面前显露出来，但自己是心知肚明的。事实是，我们内心有我们自己都不知道的那一面，我们的人生往往会被我们所不知的这一面牢牢控制，这才是很多人一生痛苦的根源。

有的女人一辈子都没有学会跟男人相处，婚姻也总是失败，在婚姻中她总是过得很痛苦。她会不断地抱怨男人的不是，或者是自己命运的坎坷，或者是两人性格等的不和。

但其实，仔细了解这样的女人，你会发现，可能家里是几个兄弟，或者是父母特别地娇惯她。一个在兄弟堆里头长大的女孩子，她会养成一味要求男人的习惯。因为从小她身边的男人就必须迁让她，满足她的要求，她跟男人打交道的方式就是要求。尽管长大了，离开了父母兄弟的家庭，她在自己的婚姻当中是跟别的男人打交道，但是，她从小与男人交往的方式，一定会深深地影响她。

尽管在意识层面，她明白她与老公是互相平等的，她没有理由只提要求而不担责任。但她在跟自己的先生打交道时，意识层面上是平等的，而从小养成的习惯依然会起作用，这就是她的潜意识心理。潜意识并不会区分老公和兄弟，潜意识没有这么强的分辨力，因为潜意识不是意识，它是无明的。它的无明会导致自己依然无条件地要求对方。

所以，人其实活在两股力量的共同作用之中。一股力量就是自己在意识层面所知道的平等交往方式，这股力量是当下的，自己明明白白的、合理的、双方都能接受的；而另外一股力量则是过去的经历所造成的，自己并非十分清楚，因为形成这些习惯时，自己的年龄还很小，没有完全经过意识而沉淀下来的，同时是依赖于特殊的血缘关系而成立的，这就是潜意识的力量。

这股力量会比意识的力量大得多，这就会导致我们总是生活在痛苦当中，因为我们总是在跟婚姻中的男人提要求。当然，我们意识不到这种要求的来源，我们的意识会把这些要求合理化，变成男人应该做到的事，而当自己的老公不能接受时，我们的意识又会把自己遭到的拒绝归因于男人身上。

总之，意识受到潜意识的支配，无能为力并且毫无觉察。意识唯一能做的，是把潜意识的冲动和带来的麻烦归结到对方身上。由此，我们意识和潜意识的矛盾，就变成了自己和另一个人的矛盾，也就是说，一个人与他人的矛盾都是从自己的意识和潜意识的矛盾演变而来。

所以你的意识和潜意识不能统一，你和别人的矛盾也就永远无法解决，只是变换了方式、内容、对象进行而已。我们的一生就会陷入一场永无终止的战斗，表面上是我们与别人的矛盾，实际上是我们自己的矛盾，是意识和潜意识的矛盾。

有的男人一生也从来就没有同女人处理好过关系，仔细观察，你可能发现，这是一个在女人堆里长大的男人。他可能只有姐妹，没有兄弟，从小他周围的女人也会经常让着他，而他跟女人提要求也会成为他跟女人交往的常规方式。

尽管后来他会离开父母的家庭，出去工作、恋爱、结婚，但他在与女人的交往上，同样是两股力量共同起作用。在意识层面，他知道与女人平等相处，但潜意识的力量只会让他不停地跟女人提要求。

然后，他的意识再负责把这种要求合理化，当他的要求得不到满足时，他的意识又会让对方来背上这个“黑锅”，找到对方不能满足自己要求的错误之处和可恨之处。这样就又把意识和潜意识的矛盾，转化成了自己和他人的矛盾，这场战争又会一直进行下去。

有的人则与上两类刚好相反，有些从小父母就离异了的孩子，这一类人，他们从小就不得不接受别人的安排，对别人提要求成了他们很奢侈的事。这种人长大以后，比如放在管理岗位上，则可能出现这样的情况：意识层面，他们知道该去要求自己的下属，但潜意识的力量会让他们这样做的时候很不习惯，甚至会不知不觉地让他们不去要求下属。然后他们的意识再负责把这种状况合理化、常态化，也就是让自己以及他人觉得一切都很正常。当问题出现的时候，他往往会把责任归到下属身上，而不是自己的管理存在问题。

还有的人在一个组织内待着，却习惯于不按领导要求真正去做，而是阳奉阴违，应付领导：你说你的，我做我的。表面上与领导也没有太多的矛盾冲突，这些人其实一直是跟领导唱对台戏的人，但奇怪的是，他会一直待在这个组织中，与领导进行着一场永久的没有硝烟的战争。

这种人的身上显然也是两股力量的作用：一股力量就是意识的力量，它让这个人表面上认同和服从管理，从而让这个人不与领导公开唱对台戏，并且留在这个组织；另一股力量就是潜意识的力量，它往往来源于这个人从小生活的环境，他如果生活在一个非常强势的父亲面前，不服从权威和不公开对抗权威，就一定会成为他与权威打交道的方式。

工作以后，面对他的领导，他就会落入这种既不服从又不公开对抗的模式里头去。只不过他的意识会把自己的行为合理化，找到领导的毛病，然后找到自己不服从的理由，用领导与自己的矛盾来替换自己内心潜意识和意识的矛盾，并且一直这样下去。

我们前面举了四个例子，当然还有很多其他类型的例子。其共同点是：小时候的经历，在未被我们充分意识的情况下，沉淀在我们内心，成为我们人际交往的模式，这是一股潜意识的力量。而当我们长大成人以后，我们在意识层面所掌握的人际交往的原则，必然会与潜意识中的人际交往方式相矛盾。

因为环境、对象、自己都已经变得大不相同，所以，当下的意识和过去的潜意识的矛盾是必然的，但常人采取的措施是用某一个有问题的“对象”——老公、老婆、下属、领导等来替代我们并不清楚的潜意识，把自己内在的意识和潜意识的矛盾，变成正确的自己和有问题的别人之间的冲突。然后，一方面认为人生很苦，因为总会遇到不讲道理的人，所以自己很累；另一方面却又理直气壮地跟别人一直战斗下去。他不知道那个可恶的别人，其实只是自己过往经历的一个替代品而已，一个真正的幻影。

这也就是堂吉诃德这个形象能够深入人心的原因。因为几乎人人都会在扮演着堂吉诃德的角色，都在与内心杜撰出的敌人激烈地战斗，而这个敌人其实不过是一台风车而已。

当一个人的意识和潜意识统一了以后，内心没有了矛盾，心里一片光明，你绝对不会再跟别人有矛盾和冲突，因为你的敌人已经从心里消失了。

一半海水，一半火焰

扫二维码　听如是道

《一半海水 一半火焰》是著名作家王朔写的一部小说。王朔的文学风格曾经成为一种现象，叫“痞子文学”。

其实，所谓的“痞”，就是对当时人们习惯的思维方式、语言方式、生活方式的一种突破，因为他看到了人们意识层面以外的那股力量。尽管这股力量以本能的方式、冲动的方式、欲望的方式甚至性的方式体现出来，但它却更为真实，并且与我们的意识，也就是我们正统的观念发生极大的矛盾和冲突。

王朔的小说取得了巨大的成功，尽管文学界的主流力量是否定他的，称之为“痞”，但读者的热捧却说明人们从他的“痞”中看到了真实的自己。

由此可知，了解真实的自己，看见真实的自己，人们多么渴望，但事实上又是多么难以做到。我认识一些搞艺术的朋友和一些学佛的朋友，我都发现他们会在管理或者经营上遇到很大的瓶颈。究其根源是什么呢？是他们身上的艺术修养或者修行的观念障碍住了他们，使得他们在管理当中，要么不愿意去管别人，要么不喜欢去管别人。总之，管理当中的博弈和对抗是他们想避开的。

尽管从意识层面，他们也知道管理该怎么做，也明白管理必然面临对抗和冲突，但他们就是不喜欢这种对抗和冲突。他们一方面不得不做这种管理，另一方面却总想着逃避，要么想请个人来替代自己，要么遇事就息事宁人地来处理。总之，没办法把这种冲突的处理变成艺术和修行。

其实，对于真正的管理专家来说，处理冲突就是艺术，就是修行。但前提是你要喜欢这样的工作，你要安于这样的工作，心安了才能激发出你的生命力，才能生出智慧，这种智慧就是艺术，就是修行人的开悟。

也就是说，管理跟艺术、修行并不矛盾，那为什么有些搞艺术的、搞修行的却体会不到管理的艺术性和智慧呢？因为他们没有办法忘记过去。

他们在过往的艺术生涯中，艺术是个人化的，是个人与物的关系、与空的关系、与灵性的关系。这样一种艺术创作的形式禁锢了他，成为他的潜意识。当他处在管理当中的时候，当他面对那些难管的人和事的时候，他的潜意识绝对不会把这样的工作，当成一门艺术对待，只会去否定当下的工作。

当他回到个人化的艺术创作当中去，从意识层面来说，他只知道这是在做管理；从潜意识层面来说，他彻底否定了管理也可以是艺术。那当然管理就成了一件让人头疼的事，它永远不可能成为艺术性的活动，他也就永远体会不到管理的艺术，他就会一直受到管理的折磨。

只有当他内心放下过往那种对艺术的单一的理解，不被过往的个人化艺术活动所局限，全身心地投入当下的管理活动当中去，当潜意识不再障碍自己，他一定会发现，所有的充满着生命力的活动都是艺术，也都需要艺术，他在任何一个地方都可以成为一个艺术家。

有些修行人也是一样，当他们在过往的修行方式当中习惯了的时候，他们就会把修行理解成很高尚的事情、很慈悲的事情。而当他们在管理当中看到了很多不那么高尚的人和事，要么他们的高度就会让他们放不下身段，去做那些烦琐的事情，去接触那些讨厌的人，这就让他们不愿意去管人；要么他们就不敢去管人，因为他们觉得，与人发生冲突，以及面对和处理这种冲突，不是修行人所为，这也同样会让他们陷入管理的痛苦当中。

其实，修行是什么？修行就是照见自己的习性。不愿管人、不敢管人都只是习性。如果你以帮人为目的，下属错了，你就应该批评指正、约束、惩戒；下属对了，你就应该表扬、肯定。一切都在觉知当中，这不就是修行吗？放下对某一种修行方式的执着，在一切时一切事当中保持觉知，培养觉性，明明了了，当做就做，拿起放下就是修行。正因如此，佛门才说：一切法皆是佛法。为什么管理这个法就不是修行的法呢？

哪里能够培养觉性，哪里就是修行；哪里能够放下惯性，哪里就是修行。管理是最需要放下惯性、培养觉性的地方，因为跟人打交道稍不留神，惯性就会起来，觉性就会失去。只有时刻保持自己的警觉，才能与变幻莫测的人心打交道。所以，管理是修行最好的道场。

搞艺术的人、修行的人去做生意，也是同样的道理。其实，哪里有障碍，哪里有痛苦，就意味着哪里有过去的东西在起作用，哪里就有潜意识的力量在支配我们，我们就是被动的，就是被过去绑住的。

不要把痛苦和障碍的来源归结到别人身上，他们只是我们潜意识的替罪羊而已；不要执着地认为自己就对，因为你能意识到的自己，都只是真实的自己的一小部分。真实的自己是由意识和潜意识共同构成的，潜意识的力量还大得多，对人的支配还厉害得多，而它又是你所意识不到的。

所以，你去执着什么呢？你去执着你都不知道的东西吗？去执着你看不清的东西吗？所以要放下，放下才能让你看清过往的经历所造成的潜意识是如何在今天左右和支配你的。

形势已经变了，但潜意识还活在过去，它肯定与当下不符。你还对它执着，它就一定会给你制造痛苦。放下执着的目的，是让执着的心从内心离开，从而不给潜意识和过去抓住自己的机会，这样才能自在。

有理走遍天下？

扫二维码　听如是道

工作和生活当中，我们经常遇到这样的事：道理跟别人讲尽了，别人也认同你这个道理，但他就是不按你说的做。由此，我们甚至都会得出一个结论：跟人讲道理是没用的，就得硬硬梆梆地来，定规矩，搞奖罚。但问题又会从另外一个地方冒出来，对抗、冲突就会起来。所以，讲道理究竟有没有用？不讲道理，靠强权又能怎么样？这是我们不得不思考的问题。

前不久，我去了一趟希腊，古希腊出了很多智者，比如亚里士多德、柏拉图、苏格拉底等，所谓的智者就意味着这是一些特别能讲道理的人。

苏格拉底就是因为总是整天在跟别人讲他的那些道理，而被当时的雅典法庭判处了死刑，因为法庭认为他是在蛊惑人心。但在宣判他死刑后，执政官想饶他一命，但条件是他以后不要再四处去宣扬他的学说。苏格拉底说："那你还是毒死我吧。"于是，法庭只好让他饮毒汁而死。可见，讲理对于这些智者而言，比生命还重要。

我在希腊期间，目睹了真实的一幕：这是一部电影的私人首映式，来的人都显得彬彬有礼，彼此热情地寒暄、拥抱。看得出，这是一群非常有教养的上流社会的人士。但突然我听到了争吵声，回头一看，一个 40 岁左右的男人在和一个 60 岁左右的女人发生激烈的争执，为的是争一张座椅。因为主办方并没有安排对号入座，也不是凭邀请函而来，所以，就变成了椅子不够、人太多的局面。

奇怪的是，这两个人激烈地争执了大约有 20 分钟，不停地争辩，旁边竟然没有一个人出面劝他们！他们也只是争辩，这位女士的先生也在旁边，竟然自始至终就没有参与这场争辩；那位男士的太太也在旁边，也没有参与这场争辩；周围几乎所有的人都依然我行我素地继续寒暄、拥抱。

我和我太太，可能是在场唯一的一对中国人，我很想过去阻止他们激烈的争吵。但我同时又很奇怪：大家为什么都能眼睁睁地看着，或者视而不见呢？我只能把它理解成：争辩对于他们来讲可能是不足为奇的事，哪怕这种争辩非常的激烈。因为大家知道，他们会局限在争辩的范围之内，只是在大声地讲各自的道理而已，既不会动手，也不会恃强凌弱。否则，一个文明的社会，怎么会容忍一个中年男子在众日睽睽之下欺负一个老妇人呢？

正因为大家知道他们是在争各自的道理，这是他们各自的权利。在一个对于个人的权利推崇备至的国度，上演这么一幕，也就不足为怪了。可见，这是一个何等强调讲理和尊重个性的国度！

希腊人对个性的尊重，的确是他们文化的特色。那满大街涂鸦得一塌糊涂的墙面，就让你感觉到什么叫个性和自由。的确，这是一个为欧洲社会，乃至整个西方社会的文明奠定了个性、自由等精神元素的国家。可以说，西方的文艺复兴其核心就是复兴古希腊的个性、自由、人权等传统。而文艺复兴又是整个西方社会近代文明的开端，所以，古希腊文明对整个西方社会的贡献是无可比拟的，甚至称它为西方文明的发源地，一点也不为过。

在人们的想象中，这应该是一个充满了智慧、个性和浪漫的国度。的确，我们在圣托里尼岛等旅游业非常发达的小岛上，能体会到希腊人的智慧、个性跟浪漫，他们能将满是岩石的荒岛，打扮成阳光、蓝天、白云、湛蓝的海岸、白色的成片的悬崖建筑构成的美景。在这里看着日落，你会认为希腊人完成了上帝没有做完的工作。上帝创造了大自然，就相当于完成了建筑的主体工程，而建筑的装修部分——软装部分则是由希腊人完成的。这种巧夺天工的美，是我们在任何一个国家都很难见到的，你会由衷地赞叹希腊人的智慧、个性和浪漫。

但到了雅典，除了那几处少之又少的古迹，你几乎见不到在欧洲其他国家随处可见的，充满了艺术性、观赏性的，具有古罗马风格的建筑群。你甚至会怀疑：这是我们传说中的雅典吗？在他们那一栋栋非常普通的建筑物上，希腊人特有的智慧和浪漫去哪里了呢？他们的个性倒是随处可见，只是成了满大街墙壁上的涂鸦，混乱不堪。

想起我们在罗马、巴黎、伦敦、布拉格、布达佩斯等地，随处可见的、极具艺术性的古建筑群，我们不得不思考一个问题：有着悠久历史传统的希腊雅典，为什么在建筑上留下的传统如此之少，几乎都不像是欧洲的一座古老的文明古都？尽管在中世纪至 19 世纪时，她先后被拜占庭帝国（东罗马帝国）及奥斯曼帝国前后统治 1000 多年。但拜占庭帝国、奥斯曼帝国的首都伊斯坦布尔（君士坦丁堡）的建筑风格，她也没有传承多少？这使得她成了欧洲城市的另类，其原因何在呢？

在欧洲，与古希腊齐名的是古罗马，而这是一个跟古希腊风格迥异的文明。古希腊强调的是智慧、个性和自由，古罗马帝国却是一个典型的强权社会。在公元前后的 400 年间，她完全靠武力和强权征服了整个欧洲。我们今天还能在欧洲的几乎任何一个国度，看到 2000 多年前的古罗马帝国留下的痕迹，随处可见的古罗马风格的建筑群和高耸入云的教堂，让你感觉到古罗马的精神不朽。

尽管古罗马帝国在公元 300 年左右，分成了东、西罗马帝国，真正统治欧洲大部分地区的西罗马帝国很快就土崩瓦解了，取而代之的却是以罗马教廷为核心的基督教统治欧洲，达整个中世纪上千年之久。

在这里，我们能看到的是强权和信仰与古希腊的个性和智慧形成鲜明的对比，有时我们会问：强权和个性，谁更合理？信仰和智慧，谁更重要？尽管从今天的西方来看，它们似乎已经合二为一，古希腊人的智慧、个性演变成了今天的科学、艺术。但从外表上来看，罗马人的强权和宗教，留下的痕迹还更多。乃至于你走到西欧或者东欧，你都会流连忘返于这些古老风格建筑群中。逛街成为审美；随处可见的教堂，成为我们逛街疲劳时的休息之所。而你在今天的雅典，的确做不到这样。所以，有时候不得不想：强权也有优于个性之处，而信仰是智慧无法替代的。

其实，当我们的内心由10%的意识和90%的潜意识构成时，我们的个性就只有10%的理性在，而90%的潜意识对于我们的意识而言是无明的、非理性的。也就是说，当我们喊出个性的口号时，或者凭个性行事时，我们90%的行为都是非理性的。这样的个性，怎么可能合理呢？因为有90%的内容已经是不合理性的了。

再来看智慧，对这10%的能被意识清醒觉知的心理活动而言，我们可以是智慧的，而对90%的不能被意识清醒觉知的心理活动，我们是无法做到智慧的。其实，这10%和90%的分别只是力量上的分别，它们总是同时作用于我们任何一个心理活动，也就是说，其实人的内心大多时候是被无明控制的，也就是非理性控制的。

看一看我们随处可见的冲动、欲望、习性，我们还敢说，人们的内心有多么的理性吗？再看一看我们身边那些：戒烟戒不掉，戒酒戒不了，戒赌戒不掉，那些完全被习性所控制的人。我们还敢说，人有多么的智慧吗？

由此，我们也就明白，整天跟人讲道理为什么没用了，因为，人大量的时候是非理性的。支配他的不是道理，而是习性。这实实在在就是强权的基础，因为有那么多人非理性地活着，这就为强权的产生提供了条件和需要。

当所有人的意志不能经过理性地集中成为共同意志时，强权成为产生共同意志的唯一的选择，尽管这种选择是如此的不合理，是如此地扼杀个性，但它至少让一个群体，或一个社会不至于陷入混乱无序和极度的衰败之中。强权虽然扼杀了人类 10% 的意识，但也抑制了那 90% 的潜意识——无明的、非理性的力量对个人的支配。

人类的历史经常上演着这样无奈的场景，也许这是人类进化到现阶段不得不面对的现实，就像一个企业里面一样，强制性的制度虽然不好，但它显然会比没有制度要好得多，因为它起码能带来一定的效益。

强权和个性的矛盾，恐怕只能靠信仰和智慧的结合来解决了。智慧是没有办法进入潜意识的，就像意识没有办法进入潜意识一样。潜意识是无明的、非理性的，信仰也是非理性的。因为信仰是觉性的，只有觉性才能进入无明，进入潜意识，这就是信仰的力量。

所以，当个性泛滥的时候，强权会出现；当强权压抑的时候，信仰会出现；当信仰也会成为强权的时候，觉性的智慧之光就复活了，最终信仰和智慧合而为一，强权和个性均衡发展。这大概是欧洲历史的轨迹吧。

从古希腊的个性时代、古罗马帝国的强权时代，到中世纪的宗教时代，再到文艺复兴后的科学、艺术时代，人类在一刻不停地解决着自身的问题。也即理性、非理性集于一身，意识、潜意识集于一身，无明与觉性集于一身的问题，这条路的终点还远未到来，但所有的人都无一例外地、前赴后继地行走在这条路上。

传统的魅力

扫二维码 听如是道

古希腊的个性、智慧，古罗马的强权、宗教，是欧洲文明的两个源头。但遗憾的是，它们在中世纪以后，通过文艺复兴、宗教改革才达到了统一，强权才与个性相均衡，宗教才与智慧相融通，由此，才奠定了欧洲近现代文明的鼎盛时期。

我们幸运的是，中国人的老祖宗早在2000多年前，就已经解决了这些矛盾的统一。在儒家思想中，个人与集体、个性与服从是统一的。

孔子一生孜孜不倦，所期望的就是恢复周礼，“礼”在孔子的思想中占据着特殊的地位，以至于我们常人都会把孔子的思想，简单地归结为四个字：“克己复礼”。有些人把“克己复礼”理解成摧残人的个性，把孔子的思想简单称为封建“礼”教，可见，“礼”这个概念是足以代表儒家思想的一个核心概念。

我们仔细看一看“克己复礼”这四个字。“克己”代表的是克制、克服或者说是掌控自己的意思，这句话跟佛门里面的“持戒”一词相类似。为什么儒家、佛家都要把“克己”或“持戒”当成一个文明社会的基础呢？就是因为2000多年前的儒家圣人和佛家的成就者，都看到了人的个性的局限，那就是现代西方心理学所直观表达出来的：人的内心10%的意识的、理性的力量和90%的潜意识的、非理性的力量集于一身。

每个人的内心被如此强大的、非理性的、无法意识的、无明的力量所支配，这样形成的个性如果不通过持戒和克己的过程，而任其泛滥，它的后果只能是灾难性的：既无法让社会形成统一的力量来利于每一个人，又会造成彼此的侵犯。因为所有的人都会以弘扬自己个性的名义去伤害，甚至剥夺别人的个性。个性的泛滥，恰恰并不是全社会每个人的个性的极大满足，而是绝大部分人的个性的丧失，这就是克己和持戒的辩证法。

只有当我们懂得理性地约束个性，才能够达成自己的个性，并且保护他人的个性。即便是西方所谓的现代民主，它也是要以妥协为原则来运作的。西方式民主恰恰不能接受的就是极端，而妥协就是个性的克制和放下。

2000多年前的中国先哲们，早已看破了这一层，只不过他们把这个工作交给自己来完成。也就是说，让每一个人懂得自我约束，学会自我约束，不要以个性的名义为所欲为。因为他们知道，这是人与人构成一个群体、构成一个社会的前提条件，是文明的基础。

看看中国的现实，难道我们没有感觉先哲们的话是多么的正确吗？我们现在的GDP排名世界第二，而我们的国民素质排名较靠后。这样的排名准确性如何我们不得而知，无法评价，但我们生活中随处可见的乱相还不足以让我们触目惊心吗？

这些乱相归结起来就是两个字：任性。有钱的任性，有权的任性；没钱的任性，没权的也任性；开车的任性，坐飞机的也任性。总之，这是一个充满了任性的时代和社会。虽然有这么高的GDP，我们也享受不到经济发达带来的优雅的生活。因为文明不是从钱开始的，而是从自我约束开始。

2500年前的孔子早把这个道理告诉了我们，但我们不信，我们不听，我们以为掌握了科学技术，拥有了千万身价，世界就要为我们让路。当所有人都这样想的时候，大家就会挤得水泄不通。有钱的、有权的会因为自己的财富和权力而认为拥有了任性的本钱；没钱的、没权的，却只要凭一句话：“有钱有什么了不起?”“当官有什么了不起?”他就照样获得了任性的资格。于是，就没有人能开心地、舒服地活着。

没钱的、没权的过得不舒服，有钱的、有权的又过得很舒服吗？看看那些焦虑的老板，进去了的官员，以及还没有进去，却时刻担心自己会进去的官员，你会发现，究竟谁做到了真正的任性？谁都没有。

所以，孔子讲得对呀，懂得克己吧！懂得持戒吧！因为克己是成就自己的前提，持戒是产生智慧的前提。有了克己和持戒的基础，社会成员之间就必然会形成一些对彼此都有利的规则，并且大家心甘情愿地去遵守它。这些约定俗成的规则，孔子就把它称为“礼”。

注意，这里的约定俗成很重要，这是“礼”与现代意义上的“法”的区别。它是通过社会实践而形成的，是社会成员彼此的个性反复磨合而形成的，不是任何一方单纯的主观意志的体现。所以它是把每个个体的个性需求包容了进去，同时，又因为习俗的力量，而对个体有很强的外在约束力。

我们在某些偏远的农村，还能看到这些习俗的力量，这股力量甚至是上千年以来，很多中国的乡村能够安定和谐的根源。

我们现在开车，去到某些偏远的乡村，能看到这些农村并非破旧不堪，而是有一些传承了很多年的建筑物，建筑物上都会雕刻着很多儒家的格言。这恐怕就是中国过去只要一个县令加为数不多的官员，就能把一个县管好的原因。因为大量的乡村是靠孔孟之道的传承，传承孔孟之道的乡绅们，以及饱读圣贤之书的读书人在影响和掌控着这些地方。这就是所谓的“礼教”的功劳，它让这个社会能够如此低成本地实现着管理。

国民素养源自文化积淀；而纵览人类历史，唯有中华文明绵延5000年而不断。

去过埃及，去过土耳其，去过希腊，去过罗马，你就会明白什么叫5000年绵绵不断的力量，包括我们有今天的如此快速的经济奇迹，这背后毫无疑问有强大的文化做支撑。

恐怕没有哪一个国家和民族的人，能像中国人一样，十几亿人在短时间内能够如此快速地，并且目标统一地被号召起来，被动员起来，投入一场如此巨大的称作改革开放的运动中去。就像中国运动健儿能够举全国之力，成为诸多项目上的奥运冠军一样。这种举世罕见的、全社会的号召力、动员力、发动力，没有一个根深蒂固的文化基因作基础是不可想象的，是难以实现的。

看看东南亚以及许许多多曾经的文明古国及他们落后的状况，我们就不得不为自己祖先所奠定的文化的力量而庆幸、而赞美！只不过这股力量也几乎要成为我们的民族潜意识，而在意识层面个性、自由，甚至任性、放纵，几乎要成为很多人普遍崇尚的个人价值观，这就是复兴传统文化的使命所在。

我们应该回到孔子的“礼”的概念上来，以“克己”为先导，懂得将个性与服从统一起来。在企业管理当中，懂得将企业制度和个人成长统一起来，因为我们有这样的传统，并且传承了2000多年，以这样的传统为基础，我们才能在经济和道德上都排在前列，才能幸福地享受经济的成果。

信仰的智慧

扫二维码　听如是道

中世纪的欧洲是宗教的世界，罗马教皇成为欧洲名副其实的控制者。各国的君主都必须得到教皇的加冕，才能获得做本国皇帝的资格。历史上，德国皇帝、法国国王都有过与教皇叫板的经历，但最终往往以这些国王的屈服而告终。

德国皇帝亨利四世曾经公开不承认教皇的权力，但最终的结果是被开除教籍，然后不得不在冰天雪地里苦等三天，请求教皇的宽恕。英国国王亨利八世，因为教皇不批准自己与妻子凯瑟琳的离婚，一怒之下掀起了英国的宗教改革，让英国的天主教会彻底地摆脱了罗马教廷的控制，但这已经是1527年的事，此时宗教改革已经成为欧洲潮流。

中世纪的欧洲，不仅教皇拥有极大的政治权力，教会也拥有极大的经济上的财产权。教会通过征收“什一税”、贩卖“赎罪券”等形式聚敛了大批的财富，欧洲大约1/3最好的土地成了教会的财产。所谓的“赎罪券”，更类似于人与上帝的一场交易，世人通过购买教会发行的“赎罪券”，来减轻自己在世俗的罪业，以免自己死后下地狱，这有点像花钱消灾的意思。当人们在世俗间所犯的过错和造下的罪业，可以通过钱来化解的时候，宗教就已经不是信仰了，而完完全全成了一种社会管理的组织和方式，离精神越来越远，离物质越来越近。

中世纪的欧洲，识文断字的人大部分都是与教会相关的人士，也就是说，教会几乎控制了人们受教育的权利。甚至很多的达官贵人都没有受过良好的教育，识文断字的都不多，基督教的《圣经》几乎成了人们学习的唯一经典，而《圣经》也只有拉丁文一个版本。拉丁文并不是社会的通用语言，而是少数的社会精英，尤其是教会的教士才能掌握的语言。由此，对《圣经》的解读和传播，就理所当然地只能由传教士们来完成了。人们失去了与上帝直接对话的权利，而只能通过教士们来与心中的上帝沟通，教士的话就代表了上帝的话，人们彻底失去了精神的自由。

所以中世纪的欧洲，无论从政治、经济，乃至文化思想领域，教会都掌控了一切。宗教成了强权，战争也多以宗教的名义来进行，多次的十字军东征就是例证。

我们想表达的是宗教本身并不是坏事，无论从基督教的教义，还是公元 300 年左右罗马帝国的皇帝君士坦丁大帝签署“米兰敕令”，宣布基督教为合法宗教，从而让西罗马帝国在 100 年后解体，但仍然可以依靠宗教的力量，维持了社会的组织和稳定等来看，宗教对社会的贡献都是巨大的。

但当宗教成为一种强权时，它对社会发展的阻碍仍然是显而易见的。以至于在公元 14、15 世纪东罗马帝国（即拜占庭帝国）被奥斯曼帝国逐渐灭亡，大量的社会精英带着古希腊以及古罗马遗留下来的文学艺术作品，从君士坦丁堡（即伊斯坦布尔）回到意大利时，让当时身处中世纪教皇统治下的意大利人十分惊讶。他们没想到自己的祖先们，还创造过如此灿烂的文化，因为他们已经被禁锢了将近 1000 年。他们狂喜！他们愤怒！于是一大批歌颂人性的、矛头直指教会的作品应运而生，伟大的文艺复兴开始了！觉性的智慧之光刺破了中世纪宗教统治的黑暗，让宗教向信仰回归！

公元 16 世纪初，德国教士马丁·路德，因为对“赎罪券”的抵制和批评，而引发了席卷整个欧洲的宗教改革。宗教改革的主题并不仅仅是人们想从经济上摆脱教会控制，而是他们想表达更高的权利诉求，那就是：人与上帝可以直接对话，而不需要教士乃至教会的中介。教士或者教会，并不是上帝在人间的代言人，而只是为人们更好地与上帝对话提供服务的人。由此，各种语言的《圣经》版本开始出现和流行。这样，《圣经》而不是教士，就成为人们与上帝沟通的唯一桥梁。教会的神权受到了批判和下落，众生的人性和权利被高举，由此，才带来整个西方文明的进步。

基督教在今天、在欧洲只是作为信仰而存在，甚至它连作为特殊的修行场所的价值，都已经基本失去了。因为大量的修道院都已经不存在了，而只有高耸入云的教堂还巍然屹立，这是信仰的象征，而不是权力的象征，西方的宗教、科学、艺术、政治走向了内在的和谐。

人是必须要有信仰的。因为人的内心10%的意识是理性的，是我们自己所能觉知和掌控的。而90%的潜意识是非理性的，是我们不能觉知和掌控的，怎样摆脱这股巨大的非理性的、自我无法掌控的力量，一直就是人们必然面临的难题。

强权的出现，也只是解决这一难题的方式而已，因为它可以在短时间内，不让每个人内心的无明，也就是那股非理性的力量去制造混乱，从而给社会带来兴盛和强大，古罗马帝国就是一个典型的例子。但它的副作用也是显而易见的，因为这是一种把洗澡水和孩子一起倒掉的方法，人们个性的压抑，一定会导致社会活力的下降，使社会走向衰败，古罗马帝国后期的崩溃和衰落又是一个例子。

宗教本身其实并不是强权，基督教的圣经充满了智慧，它的本义是探讨人类痛苦的起源以及解脱的方式。只看《圣经》旧约的前三章，我们便不得不心悦诚服地认同它讲的是真理。

几乎所有的西方现代心理学者，无论是荣格，还是弗洛姆，都对《圣经》旧约的第三章《亚当夏娃的原罪》进行了解读，其解读就是：人的自我意识是一切痛苦的根源，自我意识既是最大的善，也是最大的恶。毫无疑问，人与世界本来就是一体的，但我们把自己与周围的一切割裂开来的自我意识，是造成我们自己与外界对立的心理根源。

所以，只有放下自我，与外界一体，才能解脱烦恼和痛苦，这既是现代心理学家们治疗心理疾病的方式，也是他们对《圣经》立意的解读。准确地讲，这也正是《圣经》作为千古经典而不朽的根据。2000多年前的西方圣人就已经对人类苦的真相进行了揭示，真理已经被找到，那就是：凡是执着于自己的人，必然就是痛苦的。

而怎样才能够不执着于自己呢？“臣服”显然就是方式之一。

“臣服”于一个自己内心认同的远大的目标，或者超越了自己私利的目标，这毫无疑问有助于我们放下对自己的执着，有助于我们把自己交出去，融入一个更大的群体和事业中去。我们的痛苦和烦恼也许并不会减少，但我们的内心会强大得多，强大的内心足以抵御一切的痛苦和烦恼，这就是信仰带来的解脱。

基督教的创始之初，包括它的今天，都毫无疑问是为人们提供这种方向的。遗憾的是，在中世纪，它成了世俗社会的工具。信仰变成组织，组织产生需要，需要违背了信仰，宗教变成了强权，这就是中世纪欧洲宗教的困局。而文艺复兴和宗教改革让宗教重新回归了它信仰的本质，成为与科学、艺术等一起服务社会的力量。

如何“平天下”？

扫二维码　听如是道

人的苦恼的根本源于内心的结构：由10%的意识和90%的潜意识所构成。10%的意识是可以被我们觉知的、理性的，90%的潜意识是不能被我们所觉知的、非理性的。这样，当我们强调自我意志的时候，我们的自我意志必然有90%的非理性的力量。也就是说，我们以为按自己的自我意志行事，我们是主动的、明白的，但其实这90%的非理性的力量，就让我们的主动被一股巨大的，我们自己都搞不清楚的力量所左右和控制。由此，就导致我们自以为是地做出很多愚蠢的害人害己的事来。

生活当中那么多意气用事、情绪、冲动所带来的破坏性后果，都是这样的原因。只不过我们把它简单地归结为人的情绪、脾气、性格等原因，其实这背后都是那股巨大的、无明的力量的驱使，这就是佛门讲的修行的缘起。

佛门讲修行的十二因缘就是从无明的概念开始的。当然，无明的概念会比潜意识的概念宽一些，也深一些。这也是儒家提出“自天子以至于庶人，壹是皆以修身为本”（《大学》）的根源所在。

由此，作为四书五经之首的《大学》的作者曾子才旗帜鲜明地提出了“修身、齐家、治国、平天下”的逻辑，在曾子的逻辑中，修身是治国平天下的前提，因为一个不能掌控自己的人，哪有资格掌控别人？而掌控自己的方法又是“格物、致知、诚意、正心”（《大学》）。

格什么物呢？如果按照弗洛伊德的说法，就是让 90% 的潜意识成为意识。让这股无明的、非理性的、习性的力量不再左右我们，让我们能获得真正的自由。因为，当我们内心这股无明的力量消掉时，我们就会清晰地看到我们与万事万物，与他人的浑然一体，会看到我们与外界的相互依存关系。我们做任何事情，都既能考虑自己，又能兼顾别人，我们的想法就不会遇到障碍。相反，我们还会得到各方力量的支持，因为我们的行为也是对大家有利的，是自利利他的。

老天所做出的一切，都不是彼此对立的。树木的生长需要牺牲小草的利益吗？人们呼吸的空气会影响动物的呼吸吗？阳光、雨露、空气是老天给予每个生物的，同时，也是每个生物都可以尽情享用，不需要争夺的。人类的争斗，乃至动物界的争斗，都是贪欲的驱动，而不是生存的必需。

至少我吃素 4 年下来，我不需要杀死任何一个动物，我就能活得很健康，很有力。就像有些人说：“抽烟有利于思考。”所以，他不得不抽烟。但我恰恰在戒了烟以后，写了 25 本书，而抽烟的时候，一本书都没有写。也正像某些人说：“做生意不得不喝酒。”而我公司发展得最好的这 10 年，我恰恰戒了酒，滴酒未沾。我的感受就是人太喜欢找借口。

人最喜欢的也是最擅长做的事就是：用 10% 的意识去修饰和美化那 90% 的潜意识给人带来的冲动和行为，让自己不理性的行为合理化。就像我们把自己的意识和潜意识的矛盾，变成自己和别人的矛盾一样。尽管我们这样做，我们内在好像获得了统一，因为我们内在的矛盾消失了。但我们与外在的矛盾，却尖锐了，我们做什么事都会障碍重重，甚至我们会认为，很多人都站到了我们的对立面，我们必须不断地奋斗，努力地去冲破和征服一切阻碍我们的力量。

因为职业的原因，我经常要处理企业里面人与人的矛盾，我发现绝大多数人之间矛盾的起源和恶化都是误解造成的，都是把别人设想成敌人造成的。自己可能是遇到了一些问题，但我们很快把这些问题归结到别人身上，然后认为某些人在故意为难我们，然后以他为敌，进行无休止的斗争。

而事实上，双方根本就没有真正的利害冲突，可能只是某一句话引发了一个人的情绪，而这个人受这种情绪的驱使，又讲出了足以让另外一个人产生更强烈的情绪的话。随着语言的升级，情绪的升级，争斗变得不可调和。然后每个人的意识心都去努力地把自己的行为合理化，把对方的行为妖魔化。实质上是两个人都成了情绪的奴隶，都被身上的那股自己不能掌控的非理性的力量所驱使。这样的悲剧可能发生在某一次争吵中，也可能发生在历时多天，甚至几个月，乃至几年的对抗中。

我有时候把这些冲突的双方约到一起，让他们看到彼此在真实状况下的相互依赖，让他们避免陷入情绪的讨论而看到互利的真相，他们便就放弃了争执。因为，争执是愚蠢的，合作是明智的。这些例子就说明人与人之间的互相依存关系是事实上的，而人人之间互相对立关系大多数是情绪、习性、非理性的因素所导致和强化的。

因为人与人走到一起来，总是因为有些事情需要他们一起来做，从理论上来讲，这些事情也应该是对他们都有利的。就像两口子，婚姻是他们双方都希望，也是对他们双方都有利的，但有多少夫妻之间，不把一场本来对大家都有利的婚姻变成无休无止的战场呢？究竟谁逼着他们走到一起去？究竟有什么样的深仇大恨让他们不得不争？不得不吵？都没有。大多数时候，只是因为脾气、性格、情绪和习性。

人的非理性，无论在婚姻中、工作中可以给我们带来多大的麻烦，这简直是一件无可估量的事。只不过我们习惯了过这种跌跌撞撞的生活，不去深刻觉知其中的原因。

因为我们认为人生就是这样，周围的人不都是这样活着的吗？大家都在受苦，我们就不会觉得自己的苦那么难以接受。而这时，又有一些外部的原因和人，能成为我们怪罪的对象，我们的苦会立马变得崇高起来，合理起来！

去吃这些苦，去抗争别人，反而变成了让我们很有正义感的事，这时候谁还想真正的解脱呢？谁还想把那个导致这一切的罪魁祸首——自己身上这90%的潜意识的、无明的、非理性的力量给找出来呢？你把注意力放在这个罪魁祸首身上，你就会去修行，你就会“格物、致知”（《大学》）。

让90%的潜意识成为意识，就是格物致知。你就不会再去针对别人，你就会活得明白！因为所有的因缘让大家走到一起，所要达成的事本来应该是对大家都有利的。企业好了，会害企业里面的哪一个人呢？家庭好了，会害家庭里面的哪一个人呢？唯一“害”的，是我们每个人身上的这股无明的、非理性的力量。“害”的结果，就是我们不再情绪化了，脾气变小了，习性变少了，人变得随缘了。

有些人马上会说：“生活当中有些好好先生，结果一事无成呀！让他们做管理也管不住人。”其实，这是误解，这样的好好先生，没脾气，没个性，并不是缺点，他们身上的习性照样很多。什么习性呢？不觉知！他们对很多事情，无论是下属的，还是客户的，都懵懵懂懂，不能随时随地觉知真实的情况，才是他们一事无成的根源。这与脾气的有无、性格的强弱没有丝毫关系。

管理可以是强硬的，也可以是柔弱的，或者说管理，既需要强硬，也需要柔弱。就像家里既需要父亲，也需要母亲，但这都不是关键。单亲家庭的孩子，也能有成就，只不过需要这个单亲具备父母的双重身份。重点是人一定要有觉性，对什么事情都要能保持觉知，这样才能该硬就硬，该软就软。

觉性从哪里来呢？觉性来自习性的消除。习性是由我们身上90%的潜意识为主形成的。当潜意识成为意识时，每一个念头我们都能觉察到它的因果，这就叫“诚意”（《大学》）。

有了诚意的功夫，我们就都能根据因果规律做事，就可以做那些利人利己的事。因为大家走到一起来共事，这些事本来是可以利益大家的，我们按事情的本来去做，排除了习性、情绪等的干扰，有什么做不成的呢？这样的心，是正确的心。有了“正心”（《大学》）修身的功夫，就能齐家治国平天下。

人人心中的秘密

扫二维码　听如是道

每个人内心都有一些不为人知的秘密，这些秘密有的是这个人有意形成的，按照西方现代著名心理学家荣格的说法：“心灵会在人类产生罪恶思想时，做出掩饰性举动，也可以说是出现了潜抑现象。”他认为：“所有个体的秘密都包含着负罪感。”

“潜抑”是弗洛伊德精神分析学派所提出的一个专用概念，也是弗洛伊德认为的人的心理疾病的根源。所谓的“潜抑”，就是潜藏和抑制的意思。人们把自己不愿暴露的想法和情绪压抑下来，隐藏起来，就是“潜抑”。而我们很多的心理疾病，都跟这种“潜抑”有关，都只是被我们“潜抑”了的负能量产生的作用而已。所以，弗洛伊德用“潜抑”以及“潜抑”导致的冲动来解释一切的心理疾病。

“潜抑”是心理学的说法，通俗地说，就是我们每个人内心的秘密。西方的心理学认为，人内心的秘密是我们内心痛苦、烦恼，乃至产生心理疾病的根源。荣格提出：“天性会因我们内心有其他人没有的秘密而对我们发火”，“我们秘密做出这种举动时，天性会让我们生病”，“从天性角度说，如果人们隐藏自己的不足是一种罪恶”，“任何事物，只要被隐藏起来，必然是秘密的，若继续维持这种秘密，便会推动心灵逐渐生成某种有毒的液体，让持有秘密的人远离社会”。

人内心的秘密，有的是自己知道而别人不知道，有的却是自己都不一定清楚和知道的。因为我们在“潜抑”的时候，在压抑和隐藏的时候，我们对自己要隐藏的对象并非十分的了解，对这些念头、情绪背后的原因，我们更是一无所知。我们往往只是从这些念头和情绪表达出来对自己是否有利，来决定是隐藏还是表露。

功利性的目的往往是决定的因素。我们很少会从内心是否健康的角度来看问题，而只在乎眼前的得失，加上人的理性本身的局限，因为我们有90%的非理性存在，导致我们做出的很多自认为对自己有利的决定，可能都是错误，是最终伤害自己的。

不论是有意识或者无意识形成的内心的这些小秘密，其实都是有害于我们的身心的，它会造成我们人际交往的障碍。经常性地口是心非，一定不是一件让人愉快的事；欲言又止式的谈话是无法让人兴奋的；天天觉得自己是在从事地下活动，一定会焦虑和紧张。卧底的日子是最痛苦的，好在他还有派他去做卧底的组织的认可，失去了组织，或者无法获得组织认可的卧底，生不如死，除非这个人有超坚定的信仰，内心坚信自己与自己的组织同在。这是经常发生在战争年代的事情。

但在实际生活中，尽管他压根儿就没有组织，也没有人派他做卧底，就因为他内心总有很多不愿告人的小秘密，并且整天还在习惯性地积累这些小秘密，他把自己活成了一个卧底，而且永远不可能得到组织承认的卧底。因为这个组织从头至尾压根儿都不存在，他把自己派到自己的生活中做卧底，他既是那个卧底，又是卧底的上级和组织。

当一个人这样活着的时候，他的痛苦、焦虑、压力有多大？我们只要回忆一下香港电影《无间道》里面梁朝伟扮演的那个角色就能感觉到。国内的很多影视剧都对打入敌人内部的特工有过描述：在他们高大、坚强的背后，是他们所承受的常人难以承受的痛苦和压力。因为组织的存在，或者信仰的力量，才让痛苦和压力没有把人逼疯。因为对他们的组织而言，他们的秘密是对组织有巨大帮助的情报；对组织而言不是秘密。

生活当中，对于心里总有点小秘密的人，他们的秘密是没有组织共享的，由此带来的痛苦和压力，只能造成他们与社会的脱节和心理的问题。这恐怕也是“闺蜜”“知己”，这些现象普遍存在的原因。这是人为了维护自己的心理健康，所变通出来的办法。

心里秘密带来的问题，是否会因为这些小小的补偿行为而消失？显然是不可能的。因为，人仍然有大量的秘密，是小圈子之类都不能分享的，更何况人内心还有更大量的秘密，是人自己都不清楚的。那些秘密只能在我们受它影响和支配的时候，才能感觉得到。这些东西，大量来源于它进入我们心里的时候，不能被我们清晰地觉知所种下的祸根。

举个简单的例子，我们与父母的争吵和不孝，这可能在当时我们经历的时候，有点不以为然，因为我们跟父母难免争吵。而且，哪家孩子跟父母之间都会有一些这样的事，父母又能原谅，我们就很容易把不孝带来的愧疚、自责等情绪轻易地放在一边，既不会深究，也不会去向父母表达这种愧疚。这些愧疚和自责，就会“潜抑”在我们的内心，一辈子折磨我们，让我们不得安宁。

这种人往往跟领导处理不好关系，因为领导和父母都有同样的身份，他在潜意识中积累了对权威的叛逆，一定会在他与领导的相处中表现出来。而他在跟下属相处中，又会扮演另外一个角色：他会成为他所叛逆的权威的那一方。对自己原来所扮演的叛逆者的角色进行惩罚。遗憾的是，他现在把叛逆者的角色，给了下属来扮演。这种人在下属面前，一定是非常武断和强权的。

他在自己的孩子面前也会如此。这种人在上司面前，会是一个让人讨厌的下属；在下属面前，会是一个让人难以忍受的上司；在儿子面前，会是一个冤大头式的父亲，因为给孩子再多，孩子都不会领情，而这一切却是源于自己跟父母的关系。

讲到这里，中国人把孝看成人的第一品德，认为“百善孝为先”，这其中的道理，就很明了了吧。其实，孝不仅仅是义务，孝是一个人处理一切社会关系的基础。在“孝”这个地方产生的问题和背离天理良知的行为，会害人一辈子。当我们深受其害的时候，我们并不会知道，“因”原来在这里。此时，如果我们再去怨天尤人，我们就会无可救药。

对待这些有意、无意形成的秘密，我们的办法是什么呢？

其实，千百年来，这些方法早已经被我们人类广泛使用，几乎所有的宗教都把忏悔看成一种非常重要的仪式。基督教的牧师几乎都担当着代表上帝接受世人忏悔的角色，并且，他必须严守忏悔者的秘密，因为忏悔是忏悔者向上帝说的话。这种宗教形式巧妙地把人与人该进行的沟通，而又不方便进行的沟通，变成了人与上帝的沟通，这让人的内心放下了秘密，人会轻松很多。甚至很多罪恶的念头和行为，都会因为这种沟通，而变得不再折磨自己。

当然，这只能局限在自己能意识到的这部分，佛教、伊斯兰教都有类似的忏悔方式。有的人千万别认为通过忏悔，可以减少罪恶感对自己的折磨，那会不会一而再、再而三地没有压力地持续犯罪呢？这种情况也的确可能存在，但更多的情况应该是，通过忏悔，人们不断地觉知罪恶，内心的良知会逐渐地起来，成为他下次作恶的障碍。

除了忏悔，倾听和沟通便成了人与人之间消除内心小秘密的常规的有效方式。尤其在管理当中，听人倾诉，频繁沟通，就成了管理者必备的技能之一，因为这是消除每个人内心小秘密的重要手段。

每个人内心的小秘密，是团队一体的最大障碍。可以说，没有秘密，才能一体。为什么在组织建设中，思想的整顿和统一如此的重要呢？因为只有通过思想整顿，才能把每个人内心的小秘密打破，团队一体才能形成。

为什么领导者的率性很重要呢？只有一个内心坦诚、心胸开放的人，才能让别人觉得是没有小秘密的人，也只有在这样的人面前，人们才能放下自己的小秘密。松下幸之助所赞赏的企业领导者的第一品性，就是率真。

当然，我们在生活当中，千万不要继续做“卧底”了！“卧底”的日子既不好过，又害人害己。儒家《大学》把“诚意”看得很重，儒家经典《中庸》提出“诚者天之道也，诚之者，人之道也”，“惟天下至诚，为能尽其性”，“至诚如神”，“诚者自成也”。那么多的“诚”字告诉我们什么呢？告诉我们：心里没有小秘密，我们就能与万物一体，心想事成，这就叫心诚则灵。

人在做，天在看

扫二维码　听如是道

著名心理学家荣格遇到过这样的一个病例：有一个年轻人，一直觉得自己的内心有问题，有“神经症”的症状。他因为读过不少的书，就想办法从一些心理学的书上，运用一些方法来解决自己的心理问题。这些心理问题让他很苦恼，常常让他焦虑、失眠。他奇怪的是，为什么他按照这些心理专家给的方法，不能让自己的问题得到缓解呢？他认为他对这些心理治疗方法的理解和掌握都没有错，他也的确是一个很聪明的人，但他就是拿自己没辙，不得不来找荣格请教。

荣格听完他的陈述，也询问了他自我疗愈的一些做法，发现他的问题不出在他使用的心理治疗的手段，而出在他没有真正了解自己问题的根源。

这个年轻人受到了一个年长但不富有的女教师的喜爱，这个女教师不惜倾其所有，满足这个年轻人的需要，让这个年轻人过着一种逍遥自在的生活。但一段时间后，年轻人反而发现自己心理上过得并不幸福，相反，还烦恼和焦虑丛生。

年轻人也想到过跟女教师的这种关系是否是一个病因，但他认为自己没有欺骗女教师，女教师是心甘情愿地做这些事。而且他们双方都没有婚姻的约束，所以，无论从法律还是道义上，年轻人都不认为自己有错，所以，他就没有把自己的心理问题再归结到与女教师的关系上来，而往其他方面去想办法。

荣格一方面观察他，认为他并没有明显的神经症的症状，也就是说并没有明显的心理疾病；另一方面他发现，其实这个年轻人与女教师的关系才是问题的根源。

表面上看，这个年轻人在与女教师的关系上不用承担法律和道义上的责任，世人也奈何他不得。但这个年轻人内在的良知却不这么认为：一个贫穷的女教师，倾其所有让你活得开心，你的良心一定是不安的。不管法律和他人怎么看，良心的评价就是如此。

人内在的良知评价一件事情有它自己的标准，不以外在的法律和大家的评价为转移。是持续的、强烈的良心的不安和自责，让这个年轻人认为自己的心理患上了疾病，这就是荣格得出的心理诊断结果。

西方心理学家做出这样的心理诊断，有点出乎我的意料之外，因为用良知理论分析心理问题，是中国传统文化从孔孟之道到阳明心学所强调的，但最后竟然殊途同归，东西方思想在荣格这里合为一体。的确证明良知理论是普遍的真理，并不是中国人的一厢情愿，也不是道貌岸然的道德说教，因为它是治疗心理疾病的良方。

我们有必要重新审视一下现在很多人不以为然甚至认为假大空的良知学说了。究竟何为良知？要理解良知，首先要强调另一个中国人非常看重的概念：天理。

王阳明说“良知即天理”，“天理”是一个中国人经常挂在嘴边的事。如“天理不容”“伤天害理”等，都是中国人惯用的指责人的话，甚至是带有诅咒性的话。只不过现在很多的知识分子，喜欢把它理解成没文化的人讲的话。

知识分子倒真不这样去说人了，因为他们认为“天理”这个东西无形无相，看不见，也摸不着，纯粹是民间遗留的、落后的、唯心的观念。

对于相信物质决定一切的现代知识分子而言，拿“天理”说事，既没文化，又很迷信。然而，事实呢？这些知识分子的心理问题就开始层出不穷了。

以前媒体报道过的深圳某公务员，北大毕业，殴打谩骂自己的父亲，以及类似这样的举动能够发生就不足为怪了。其实这个人是病了的，是得了心理疾病的。我不相信他被媒体曝光后没有过痛苦。因为，媒体上的评论员直接骂他“禽兽不如”。我也不相信他真想打自己的父亲，或者在打的过程当中能获得快感。我宁愿相信他是真的病了，病的根源就是现代知识分子对天理的否认，因为天理还不在科学的范畴之中。

社会上发生的很多荒唐的事情，都跟人们对天理的存在忽视和否定有关。媒体上报道过的某女市长既是上级的情人，又跟下属通奸的事的确让人匪夷所思。无论作为女人的尊严，还是母亲的尊严，还是妻子的尊严，还是领导干部的尊严，都没办法让人理解这样的事。如果说做上级的情人是她往上爬的无奈之举，那她跟下属通奸又迫于什么压力呢？只能说她的羞耻感完全被欲望淹没了。

人的羞耻感其实是人的一道防火墙，越过了这道防火墙，既会为所欲为，又会受到惩罚。他们最后被曝光、倒台就证明了这一点。只不过他们当初做的时候，以为没人看见就没人知道，这也是不相信天理的，不相信“人在做，天在看”。

我经常会听到一些某某朋友、某某熟人快退休了，或刚刚退休就病逝的消息。而前两天遇到一个客户，说他的父亲是一个老领导干部，现在80多岁了，还很健康，说明那时候人心正对身心的好处。他也谈到了现在一些朋友熟人过早病逝的事。看样子，即便不出事，如果经常做一些见不得人的事，也会让自己的身心健康受到极大的影响，这也是天理存在的证明吧。

“天理”究竟是什么？其实，每一个人在出生之前，都有一些因素是已经存在了的，它会决定这个人出生以后的走向。如人的高矮、长相绝对跟他的父母有关，甚至人的性格都会受到父母性格的极大影响。这在生理学上叫遗传，一个人未出生之前的那些决定因素，对这个人而言就是“天”，因为是他的先天因素。

生理学或者生物学上有这些先天的因素存在，为什么我们就否认人的心理没有诸多的先天的决定性因素存在呢？这些因素在个体出生之前就已经存在了，并且将决定个体出生以后的心理的发展，这些都是事实，我们为什么视而不见呢？

尽管我们的心理还会受环境和教育的影响，但这些先天因素的影响之大，是我们每一个人都无法逃掉的，弗洛伊德称之为“群体无意识”，荣格称之为“集体心理”。他们都认为，人出生之前的这些已经存在的社会心理因素，会以“遗传”的方式进入这个人的内心，并将在这个人的心理发展中产生深远的影响，这就是一个人内心的“天”，因为这是他逃不过的，会决定和伴随他一生的力量。

所以，天理的“天”不是自然的天，只是借用了自然的天的概念，意思是无处不在、无法左右，而又先于你而存在的力量。这股力量当然存在，只是你形象地去理解它，你看不到它而已。是我们的理解力不够，而不是它不存在。

那么，“理”又是什么呢？“理”是指这股力量的结构、功能、特性。任何事物都是有结构的，动物、植物如此，宇宙万物都是如此。宇宙是从混沌起源，经过大爆炸而向有序发展的。人出生之前，这所谓的“天”也是有结构、有功能、有特性的。

中国古语说“上天有好生之德”，的确，我们看周围那充满勃勃生机的世界，我们一眼就能看到“天”的力量的方向——让生命绽放。《道德经》里也说：“天之道，利而不害。”也即是上天善利万物而不害。那我们人未出生之前就已经存在，并会决定我们的心理发展的那些先天的因素和力量，也必然是有利于我们个体的身心发展的，并且对我们个体生存和发展的环境也是有利而无害的。

也就是说，人未出生之前，就有一股力量存在，并且会在我们出生以后一直存在于我们身上。这股力量是保护我们的，也是保护我们所处的环境的，并且它在我们的一生当中，会经常起作用。说它是“天”，因为它先于我们而存在，并且无时无处不在；说它是“理”，是因为它既对我们自己有利，又对我们所处的环境有利，能让我们和周围非常和谐地相处，这就是“天理”。这样的天理，谁能逃得掉？谁又看不见呢？只要你不被狭隘的、自私的欲望遮住了双眼。

其实，这就是王阳明下面这段话的意思：“以其理之凝聚而言，则谓之性；以其凝聚之主宰而言，则谓之心；以其主宰之发动而言，则谓之意；以其发动之明觉而言，则谓之知。”很显然，王阳明认为天理凝聚在人身上，就是人性；它有强大的主宰作用，就是人心；它有潜伏和发动两种状态，潜伏的时候就是心之本体，这是没有善恶的。所以，王阳明说“无善无恶心之体”；它发动的时候，被称为意，人的意念就开始活动，念头就会生起，念头生起，即生善恶，所以王阳明说“有善有恶意之动”。意思是：善恶的区别，是源于人的念头，但不管人的念头如何发生，也就是不管我们如何动念，我们内心对于这些善念、恶念的知，是一直都存在的，所以，王阳明说“知善知恶是良知”。

因为，我们动的念头背离天理，我们知道；符合天理，我们也知道。当它符合天理时，就像两个齿轮，能够咬合起来，当然能够顺利地运动，把动力和能量传递出去；当两个齿轮不能咬合，一定发生碰撞和破裂，能量就会消耗在相互的冲撞上，齿轮怎么会不“自知”呢？

所以，与天理合则有利，利则生；与天理不合则不利，不利则灭。由此，我们判断是善还是恶，这个知善知恶的“知”就是良知。它既是人对自己顺从还是背离天理的判断和觉知，也是对天理本身的知。王阳明说

“良知即天理”，就是说有天理，就有良知。

天理是从人出生之前，先于人而存在的角度来讲；良知是从人出生之后，会根据天理的作用而调整自己的行为，顺应天理，和谐生长。从个体的角度来讲，先于个人，称为天理；为个人所用，称为良知。违背天理、良知，人们就失去了老天给我们的最大的保护伞，就会被个人的欲望驱赶着满世界奔波，辛苦一生。

传销为何会让人疯狂？

扫二维码　听如是道

传销这种营销方式在国外叫直销，或者叫人际关系营销，它的特征是无店铺销售，主要是通过人际关系的网络来销售产品，让网络中的人或获得利益，或得到产品。这在国外是一种正常的销售方式，但在中国却遭到禁止。究其根源，是它那非理性的、让人发疯的激励方式。

国外的传销并没有和这样的激励方式捆绑，所以，它的运作是相对理性的，也局限在商业的范畴之内。但在中国，传销这种商业模式和疯狂的激励进行了结合，事情就变得面目全非了。人们在传销组织中，想成功的愿望达到了巅峰状态；商业行为乃至产品成了无足轻重的道具；一种商业模式变成了具有宗教色彩的狂热行为。

人们的热情被传销的组织者所欺骗，欺骗性、疯狂性就成为它的特征，政府的制止和干预就会理所当然地发生。欺骗和疯狂，这几乎是所有邪教组织的特征，政府当然不会任其发展。我们想探究的是，光天化日之下，朗朗乾坤之中，是什么原因让那么多意识清醒的人走进了欺骗和被骗，乃至疯狂的陷阱？产生这个问题，我们不得不提到一个词：潜能（遗憾的是传销将潜能用错了地方）。

“潜能开发”是伴随着传销而进入中国的名词。20 世纪 90 年代，传销能够火遍大陆各地，就跟潜能开发有关。“潜能开发”也称为“潜训”，这是在一个相对封闭的环境下进行的一种训练方式，其特征是培训师引导着大家无限地肯定自己的潜力，然后疯狂地、声嘶力竭地把这种自我肯定呼喊出来。短时间内，几百人，甚至是几千人进入一种疯狂的呼唤自己“灵魂”的状态。

想象一下这是一个什么样的情景？当几千人同时狂热地喊出“我是最棒的”“我一定要成功”“我一定能成功”，这样的铺天盖地的声浪，会让每一个置身其中的人，像招魂一样地把自己的潜力给召唤出来。

现场的训练师还会配合一些让人忏悔的活动，例如，在昏暗的烛光下，一个人冥想自己对父母的不孝，然后大声地忏悔，这样具有宗教色彩的场景，会让置身其中的人彻底地放下自己，而听从训练师的引导，平时在意识清醒状态下的自我评价将彻底地崩溃。老师说什么他就会认为自己是什么，并且疯狂地、坚定地去实现，这和催眠状态下的患者所发生的事情几乎一样。

心理医生可以告诉我们，人在催眠状态下会发生许多匪夷所思的事。例如，催眠师拿一杯干净的冰水，放在被催眠的人的鼻子下面，然后告诉他：“这里全是辣椒，闻闻！”被催眠的人就会立刻像真的闻到了辣椒水一样打喷嚏。如果催眠师跟被催眠的人说他是狗、猫或者拿破仑，被催眠的人都会惟妙惟肖地开始展现相应的行为特征。

而当催眠师说他全身瘫痪，不能正常活动，被催眠的人马上就会不能活动。更为神奇的是，催眠师如果暗示被催眠的人鼻子出血了，或者体温急剧下降，被催眠者的身体都会开始毫无缘由地、实实在在地表现出上述特征。

看一看心理医生在催眠状态下对患者所做的这些事情以及患者的反应，再回顾一下我们在传销潜能开发训练课上所描述的情景，你会发现，他们如出一辙。只不过心理医生是通过专业的治疗手段，让人进入催眠状态；而传销的潜训师们，却是通过强大的气场、持续的疲劳和良心的自责、疯狂的呼唤，让人失去理智，进入催眠状态。这些招式现在还被用在不少火爆的培训师的课堂上。

了解一下这些培训师的背景，你会发现，他们绝大多数都有做过传销或者为传销组织做过潜能训练的背景，而且在传销组织中他们也很有“名望”。如果不是因为政府的严令禁止，他们也不会摇身一变而成为许多常规企业家的心灵导师的。

现在的培训界，很多风光的培训老师，都有着这样的过去，他们之所以无论在传销组织还是常规培训下，创造一个又一个奇迹，是因为他们掌握了催眠的力量，以及人在催眠状态下身不由己的秘密，说到底就是潜意识的秘密，他们都是开发人的潜意识的力量的高手，这就是他们立于不败之地的秘诀。

我们说过，潜意识是非理性的，它非常有力量，但却没有方向感，不会做价值评估，甚至也没有人格，因为人格是意识层面的事情。所以，一般人的意识丧失，潜意识被别人所掌控，人就会做出没有人格的事。而又因为潜意识在人的内心占到90%，所以，它一旦被开发出来，就会比意识的力量大很多，这就是为何潜能开发能够成立的原因。甚至很多的宗教狂热行为，都跟这种力量有关。

所以，人的内心的确潜藏着一股巨大的能量，一旦把它开发出来，就能让这个人做出前所未有的事。难怪很多西方的成功学导师们，都由衷地感慨：“这世上最宝贵的财富不在别处，而在陪伴我们一生的心灵之中。”美国心理学之父威廉·詹姆斯说：“19世纪最伟大的发现不是在物理学领域，而是在精神领域，那是人类的潜意识在信仰的触动下所产生的力量。在每一个人身上，都储存着无尽的潜意识力量，它可以战胜一切困难。”（《潜意识的力量》，约瑟夫·墨菲著）

遗憾的是，潜意识的力量只是一股能量而已，它不知道对错，它也没有善恶。你叫它杀人，它会全力以赴去杀人；你叫它救人，它也会全力以赴去救人。传销在潜能训练的配合下把人的潜意识力量开发出来，让人去欺骗，人们就会疯狂地欺骗。现在的很多企业培训师，将销售人员潜意识的力量开发出来，他们就能创造销售的奇迹，这样的课程叫巅峰销售，这是合理合法的、对企业非常有帮助的销售培训课程。国内的保险业几乎都导入了这样的训练课程。

如果把很多老板放到这样的课程下，老板们平时自以为是的心理能放下，很多老板又会像追星一样地跟着老师去世界各地修行和悟道。老师的功夫如果到位，还真能普渡不少的企业家，而如果老师的功夫欠火候，那这些老板们就得和度他的老师一起在苦海里挣扎。一般老师会很快上岸，因为他有自知之明。他把别人的意识搞没了，操控了别人的潜意识，但他自己的意识还在，苦的只能是信他的那些老板们。

真是成也萧何，败也萧何，但不管怎样，潜意识的力量绝不可以小视，它比我们意识的力量要大很多倍。它能成事，也能坏事。开发好了，能成伟业；开发不好，能成恶业。

这里的关键取决于什么呢？取决于良知。意识是进不到潜意识里面去的，意识没有办法去，在潜意识没有发生作用之前，就对潜意识的力量即将带来的后果做一个善与恶的评价，然后引导潜意识发挥作用的方向，这是人的自我意识做不到的。

我们前面讲的人在催眠状态下的引导者，都不是被催眠者自己，都是心理医生。所以，寄希望于意识来为潜意识把关是徒劳的。意识只能在潜意识发生作用以后，才能判断和评价潜意识行为的善恶、对错，纯粹是个马后炮，亡羊补牢而已。当然，亡羊补牢，为时未晚。

我们人是可以通过意识来不断地审视潜意识所导致的行为，从而修正自己的潜意识。讲得通俗一点，就是看清自己的习性的后果，从而改掉坏习惯，培养好习惯，这是意识所能做的。但是要防微杜渐，防患于未然，意识是无能为力的，必须靠良知。良知是人的内心比意识和潜意识更深的层面。

人的内心有三个层面，意识是最表层的，潜意识是意识层面以下的，良知是最底层的。这有点像弗洛伊德讲的自我、本我、超我三个层面。可以这样说，意识是理性的，它提供方向；潜意识是习性的，它提供力量；良知是觉性的，提供取舍，它为我们的内心把关。

王阳明说："知善知恶是良知。"良知的作用就是对潜意识的起心动念是善是恶进行甄别的。潜意识起心动念就是意识，谁来对它起心动念是善是恶进行把关呢？意识是做不到的，因为意识就是来源于潜意识，是潜意识浮现出来的那一部分。那么要对潜意识生成念头之时的善恶进行把关和甄别，只有良知才能做到。

良知起作用时，善的，我们就会让它发生；恶的，我们就会让它不发生。这里的善恶，是指既对自己，又对别人而言的。也就是说，所谓的善，是利人利己的，是自利利他的，而不是单方面地利益别人或者利益自己。

因为良知源于天理，王阳明说"良知即天理"，"天之道，利而不害"(《道德经》)，天道善利万物而不害。这样的善，是利人利己的善，是"上天有好生之德"的善。所以，良知在把关，是善利万物的。良知把关的恶也绝不是单方面害别人的恶，人与周围的一切都是一体的，是相互依存的。害人终归害己，所以，良知杜绝的恶，是损人损己的恶，是自欺欺人的恶。

良知为什么这么神奇，有如此功用呢？这是上天的造化。古之典藉，无论《圣经》还是佛经、儒家经典，都在告诉世人这个秘密，这就是它们流传几千年的原因。

现在的很多人不信良知，也不信潜意识，只信一个自我意识。西方心理学从 19 世纪开始，对人的潜意识进行了大量的研究，既形成了专治人的各种心理疾病的心理分析流派，又形成了以潜能开发为特征的教育培训系统。既为企业个人服务，又给培训师个人带来巨额财富，甚至让他们短暂地享受到了教主般的荣耀，尽管这并不长久。到了后期，尤其在我们社会，这些西方心理学开发潜意识力量的工具和方法，被心怀不良的人所利用，玩起了一个又一个骗人的把戏，这都是西方心理学自身的局限所致。

他们开发了潜意识，就像是打开了潘多拉的盒子，他们的研究和体证并没有到达良知层面。尽管他们其中有很多负责任的心理学家，都在意识上窥见到了良知，但他们并未真正到达那里。因为，那是要靠修行才能到达的。单纯的病倒式的研究是到达不了的，除非你把自己当病人，去证悟良知的存在。

由此，缺乏良知的西方心理学既很厉害，又很可怕，出路在于向圣人的经典回归，无论《圣经》还是佛经、儒家经典，都是在良知层面来谈的。

良知人人相同，因为它是天理；潜意识各不一样，因为它是个性；意识是按类别来分的，因为它是理念。在意识上，人们分成了不同的类别，这叫物以类聚，人以群分，分开他们的就是所谓的价值观和理念。

在潜意识层面，人们又受强大的习性的力量的支配，是个性化的，所以他会经常跟团队的价值观形成矛盾和冲突。这也是管理的难点，团队打造的难点。良知，是这一切最终的归宿和答案。它让意识和潜意识层面的问题，最终能够化解，是人的幸福的根本，也是人类社会得以稳定发展的根本保障，是上天的福音。

我的地盘“谁”做主？

扫二维码　听如是道

“我的地盘我做主”是一句很流行的广告词，它彰显了人的个性，甚至是任性，有的人也把它理解为率性。不管是正面还是负面地理解这句话，我们的问题是：你的地盘，你真能做主吗？或者说，我的地盘真的是我在做主吗？

其实人的一生有若干的经历，这些经历，都会在人的内心沉淀下来，成为潜意识，成为习性。这些人生不同阶段形成的不同的习性，就是一个一个不同的“我”。

很小的时候，我们可能是一个胆小怕事的人，或者是一个温顺乖巧的人，让我们的内心有了一个胆小怕事的“我”，或者是一个温顺乖巧的“我”；若干年后，我们长大了，叛逆可能会成为我们的特征，那么这时，我们的内心又会有一个到处惹事的“我”，或者是一个桀骜不驯的“我”；再过若干年，我们可能成熟了，我们内心又可能多出了一个成熟稳重的“我”，或者善解人意的“我”；又或许过了若干年，我们遭遇了意想不到的人生挫折和打击，乃至人生变故，我们的内心就又会生出一个看破红尘的“我”，或者玩世不恭的“我”。

这么多的“我”，哪一个是真正的我呢？哪一个又是当家做主的我呢？其实，他们都是，又都不是。因为他们都在我们的现实当中起作用，也因为内在的不统一，而谁也主宰不了谁，从而使得“我做主”变得实质上搞不清“谁”做主！就看潜意识里头，哪个“我”的力量更强大；或者说看当下的因缘，更适合过去的哪个“我”出现，也就是把那个过去的“我”呼唤出来。

所以，生活当中，有的人有很多的面孔：一会儿是温和的，善解人意，这是他处在一个平和的环境和平和的人面前；一会儿这个人又是暴躁的，毫不讲理的，这可能是他遇到了一个跟他对抗的人和事，并且没有办法理性地说服对方，于是他的那个叛逆的对抗的“我”被呼唤了出来。也就是说：所谓的“我做主”本质上是不同的“我”，在不同的因缘下出现而已，并没有一个一以贯之的我在做主。

所以，现代的人越活越让人琢磨不透，越活越让人难以信任，因为他们连你是个什么样的人都无法判断，无法理解，人们怎么可能去放心地跟你打交道呢？去找到与你交往的稳定方式呢？对于这样任性的人，是朋友不多的，也是无法带领团队的。因为尽管这个人的任性，给他自己带来一些好处，因为会让他适应各种环境，但却会让周围跟他打交道的人无所适从，诚惶诚恐，这就是很多老板带不出团队的根源。

有的人说“我的地盘我做主”，是指一个人根据实际情况，根据利害关系做出决策的意思。人凭理性做出了判断和选择，结果怎么会对自己不利呢？这是夸大了自我意识的作用，忽视了潜意识的力量。自我意识是理性的，是懂得利害关系的，这个“我”是不会故意做出对自己不利的决定的。

但潜意识的力量是非理性的，习性的力量是无明的。你遇到一个难缠的人和事，意识层面的“我”会告诉自己：不要激怒对方，别让矛盾恶化。但潜意识当中的那个桀骜不驯的“我”冒出来，就会脱口而出呵斥对方，从而给你造成难以收拾的局面。

我多年以前的一个客户，就因为一怒之下而损失 50 万元。他对着准备离职而不把他放在眼里的财务经理，狂吼了一句：“再闹我把你丢到河里去。”一句痛快过瘾的话，让他损失了50万元。尽管他一吼完就知道问题麻烦了，因为它伤人了，但他就是控制不住地把伤人的话吼了出来，甚至他自己都觉得莫名其妙，为什么要讲出这种话呢？因为他不可能把那个人丢到河里去，尽管他的办公室就在河边。

但他就会身不由己地吼出这句话，这是他的习性反应。他创办企业之前就是这样的性格，从不怕事，甚至敢跟人玩命。这就是他身上曾经年轻时候的一个“我”，这个“我”其实是不受意识支配的，只要曾经的类似的因缘出现，比如：有人敢不把他放在眼里，他那个“我”就会被召唤出来，这就是潜意识的无明性、非理性。怎么办呢？

修行吧！把过去那么多的潜意识中的我统一起来吧。当这些“我”一个一个现前的时候，用良知去觉照他们，让他们一一地现前报掉。但记住不要去责备那一个个不讨人喜欢的“我”，也不要去排斥和否定那些讨厌的“我”，要接受他们，因为那都是过去的因缘造成的，过去的因缘已经过去了，自责也没用。何苦自责呢？

当这些过去的我给你的今天带来麻烦和痛苦的时候，也没必要责备自己，因为这不是你今天的错。不是你的意识所能主宰和决定的，是你内在的潜意识这股盲目的、非理性的力量在起习性反应。你除了接受它又能怎么样呢？你越恨它，它越给你制造麻烦。

所以，接受、承受是与它相处的第一步。然后是“明白”，不要排斥，不要抗拒，但也千万不要去掩饰它。很多人喜欢把自己遭受的痛苦和麻烦，转嫁到别人身上，以此解脱自己。就会让自己的潜意识永远潜伏在那里，一有机会就给你捣乱，就会让人一事无成。

正确的做法是：接受他、看清他、明白它，最终放下它。太阳光照在冰雪上，冰雪一定会融化，因为太阳光有能量。良知照在潜意识上，潜意识也一定会净化，因为良知也有能量。这就是放下，佛门把这叫“消业”，儒家把这叫诚意。

当然，这种做法是从结果上来消“业力”。那么，怎样从源头上来防止这一类事情的出现呢？怎样从源头上来保证我们的内心经历了那么多事的时候，不要留下一个个互相矛盾，又蕴含负能量的“我”呢？这就是中华几千年孔孟之道所辛勤耕耘的内容。

孔孟圣人们把“忠”“孝”“悌”“仁”“义”“礼”等符合天理的人际关系原则，从小就通过人的反复诵读和记忆，打入人的内心。意识的东西，一次两次是进入不了潜意识的，但在意识支配下的言行如若反反复复地发生，重复一千次、一万次、无数次，这些言行当中所蕴含的“天理”，就一定会植入人的潜意识当中，并且形成这个人今后潜意识发育的母体和框架。

这样在我们今后的人生经历当中，不管发生什么，遇到什么，形成的潜意识都不会背离这些“天理”原则。因为潜意识的生长已经有了“天理良知”的土壤，框架已经固定的东西就不会乱长。这就是中国文化能够让中华民族保持几千年持续生存和发展而不间断的奥秘，这才叫培养。

现如今，我们反对死记硬背，特别不强调对忠、孝、礼、义等人伦的灌输，凡事强调理解，其实这是教育的一个重大失误。因为这样的教育思想完全作用于人的自我意识，而人的自我意识的力量其实并不是根本的力量。潜意识的力量才是根本的力量，而这一块却没有人真正关注。

结果就是让每一个人的潜意识野蛮生长，最终的结果就是：道理人人会讲，事情却没有人做；评价个个都会，但大多数坐而论道，行动力、服从性极差；人人是条龙，合起来是条虫，因为谁都不服谁，谁都要做老大，结果一盘散沙，没有团队。

企业一大，细节就没法把控。那么多国产大品牌，产品的质量问题、安装问题层出不穷，本人就在国内一线家电品牌的三家企业的产品上，接二连三地遭遇了面板翘起、安装漏水、压缩机爆裂等一系列荒唐的质量事故。这肯定不是技术问题，几乎都是员工的操作问题。

一个拥有几万人的企业，如果只是靠制度约束，或者严格检查，而没有员工发自内心的责任心、服从意识做保障，那么，我们期望所有的制度都能在每一个基层员工的身上实现，简直就是做梦。技术上再怎么突破都没用，制度上再怎么完善都没招。

当人从小就不知道，或不相信忠、孝、礼、义为何物的时候，当人从小就被家长和学校教育得只懂得出人头地的时候，忠诚和服从就绝对不会成为人的品性，团队就无从打造。企业再大都是虚胖，管理的成本就只能居高不下，制度就只能成为摆设，执行力就永远不可能提升。

所以，唤醒中华民族传承了几千年的忠孝仁义的传统美德吧！它是我们民族的魂，把它一代一代地打入我们潜意识当中去吧，它会让我们的企业能够拥有团队，个人拥有清净、拥有能量、拥有成就、拥有幸福，这是历史，也是现实。

人的内心植入了“忠”“孝”“仁”“义”“礼”等“天理”，人的一生当中，无论经历怎样的坎坷，产生怎样的感知，心都会有所“止”，止于这些天理，这叫“知止”；我们的内心才会“定”，这叫“知止而后有定”；内心才会宁静，潜意识才会清净，这叫“定而后能静”；我们才会“安而行之”（《中庸》），内心才会“安”，这叫“静而后能安”；心中才能生出自利利他的智慧，这叫“安而后能虑”；天理才会真正成为我们内心的良知，这叫“虑而后能得”（《大学》）。

人有“原罪”吗？

扫二维码　听如是道

“原罪”是一个西方人的概念，源自《圣经》中亚当、夏娃偷食禁果的故事。但很多中国人把这个“原罪”的概念和“性本恶”的概念等同起来了，好像人生下来就有罪恶。这种与生俱来的罪恶，西方人称之为罪，叫“原罪”，中国人把它叫恶，叫“性恶”。但事实上，读了《圣经》你就会明白，西方人认为的“原罪”其实并不是与生俱来的，而是后来发生的。

《圣经·创世纪》第三章是这样讲的：上帝造出了亚当、夏娃，然后让他们在伊甸园里无忧无虑地待着。上帝跟他们说：园中树上的果子，你们都可以吃，但园子中间那棵善恶树上的果子，你们不能吃，吃了你们会死。等上帝出去了，蛇诱惑夏娃说：上帝不让你们吃园子中间善恶树上的果子，是怕你们吃了以后，像上帝一样的聪明，能辨善恶，心明眼亮。在蛇的诱惑下，夏娃偷吃了善恶树上的果子，顿觉心明眼亮。于是她又劝自己的男人亚当也偷吃了善恶树上的果子。两人突然意识到自己赤身裸体，一丝不挂，顿觉羞耻。于是他们找了无花果树的叶子把自己遮掩了起来。而他们未食禁果之前，他们眼睛也是看得见的，也知道自己一丝不挂，但不觉羞耻。上帝知道了这件事，便把他们逐出了伊甸园，让男人从此遭受劳作之苦，让女人遭受生育之苦，这就是所谓“原罪”的故事。

看完这个故事，我们至少知道，“原罪”并不是人生而有之的，而是吃了禁果以后发生的事。那么究竟什么是禁果呢？那棵善恶树上的果子为什么会被称为禁果呢？善恶树又被称为智慧树，吃了树上的果子，人能分辨善恶，也就拥有了智慧。这就是善恶树被称为智慧树的原因。令人不解的是，人知了善恶，怎么就是有“原罪”了呢？这的确是一个不太能够让人理解的事。

《圣经》能流传2000多年，西方那么多人信仰它，肯定有它深刻的道理，只不过一般人不太能够理解而已。我们今天试着去解读一下，解读这个故事，不要仅从字面上去理解，而要看借着这个故事，隐喻了一个什么道理？《圣经》的很多故事都是在做比喻，故事表面所描述的事情很直接、很简单、很形象，但它其实所蕴含的真理非常深刻。

我们先注意一下这个故事当中的一个细节：那就是亚当、夏娃未吃禁果前，他们一丝不挂，但不觉羞耻。注意，他们此时的眼睛也是看得见的，而他们吃了禁果以后，为何看到自己和对方一丝不挂，却产生羞耻感了？他们难道多看到了一些什么吗？没有。但究竟这里发生了什么呢？这是个入处，我们好好觉知一下。

一个人看自己的身体，会不会有羞耻感？不会。如果人看着自己的身体也有羞耻感，那洗澡冲凉就麻烦了！要么就得穿上裤衩洗澡，要么就不好意思看自己的身体，那所有人的浴室里头就都不敢在墙上挂镜子了。当然，这在现实当中是没有的事。

所以，人面对自己的身体，哪怕一丝不挂，也不会有羞耻感。这就是亚当和夏娃在未食禁果之前，面对彼此的一丝不挂，不会产生羞耻感的原因。他们看对方就像看自己一样，他们内心把对方和自己完全视为一体，是这种一体感取代了羞耻感。

而当他们偷吃禁果之后，他们面对彼此的一丝不挂产生羞耻感，说明他们看对方的身体，已经不觉得是在看自己的身体了，这种一体感没有了，就像我们在澡堂里看到自己的同性的一丝不挂的身体，心里头多少都有一些不好意思、难为情等害羞的反应。这种羞耻感的产生，是我们知道我们在看别人的身体，把自己和别人分开来看，当成两个不同的个体，这就是自我意识的产生。也就是说，《圣经》无非告诉我们：人的自我意识的产生，才是人的原罪。

显然，人的自我意识并不是与生俱来的，9 个月以前的小孩是没有自我意识的，所以那个时候的小孩经常谁都可以抱。睡在床上，陌生人进他的房间，他也不会哭，他甚至分不出自己的手臂和妈妈的手臂的区别。但一般 9 个月以后，小孩的自我意识就会逐渐产生，陌生人进房间，小孩就会哭了，也不是谁都可以抱的，开始认人了，因为他有自我需要保护，这就是自我意识的出现和开始。

接下来，人的自我意识会越来越强化，但痛苦也会越来越多。所以美国心理学家斯科特·派克在其著作《少有人走的路（四）》中说："我们之所以感到焦虑、恐惧和痛苦，是因为我们的心中始终有一个自我"，"许多人为了逃避这些痛苦，宁愿放弃意识的发展"，"有自我意识本身就意味着会与他人发生矛盾和冲突，这是在所难免的"，"自我意识越强的人，与外界的冲突越强烈，焦虑和痛苦的程度也就越深"，"我们的意识既是祝福，也是诅咒"。

这让我想起著名心理学家、心理医生荣格在其著作《寻求灵魂的现代人》一书中所说的一段话："个人意识是离别和背叛的代表"，"意识不仅是最大的善，还是最大的恶，所以一旦拥有意识，人类的灵魂中便会有分裂扎根"。其实荣格这两段话和斯科特·派克前面所讲的几段话，都是在对《圣经》当中亚当、夏娃偷吃禁果的故事进行剖析后讲出来的。斯科特·派克甚至在对《圣经》当中亚当、夏娃偷吃禁果的故事分析后，明确得出以下结论："当人类有了自我意识之后，觉察到自己是分离的个体，便失去了与大自然万物合一的感觉，并为此感到失落，这种失落以被逐出天堂作为象征。”

无独有偶的是，著名心理学家弗洛姆在其《占有还是存在》这本书中，也对亚当、夏娃偷食禁果的故事进行了剖析。他说道：二人在偷吃禁果之前，“虽然男女一丝不挂地站在一起，但他们并不觉得羞耻，他们之所以不觉得羞耻，是因为他们彼此都不觉得对方是陌生的、互相隔离的个人，因为他们是‘一体’的”，“他们的罪过是彼此都变成了分离的、孤立的和利己的人”，“只有一种办法能拯救我们，使我们免受地狱之苦，这就是从自我中心的禁锢中挣脱出来，伸出手，‘与世界结为一体’”，“解脱必然意味着重新获得失去的整体，即重建人与上帝那种超自然的整体统一，同时也是一种重建人与人之间的整体统一”，“宽恕（atoned）从词源上说，这个词来自英语‘at－one－ment’（结为一体）”。

居然有那么多的西方现代心理学家对《圣经》进行了这样的解读。我们再来看一看中国的智者们又是怎么理解“自我”与“一体”这些事的。明朝的王阳明先生应该是没有看过《圣经》的，他解读的是中国距今2500年前的孔孟之道，但结论却异常得相似，甚至用词都几乎一样。

我们看一看王阳明先生在其专解曾子《大学》的一篇文章《大学问》中的一段话：“大人者，以天地万物为一体者也。其视天下犹一家，中国犹一人焉。若夫间形骸而分尔我者，小人矣。大人之能以天地万物为一体也，非意之也，其心之仁本若是，其与天地万物而为一也。”这是王阳明先生解《大学》的第一个字“大”字所说的话。

翻译成现代文就是：“所谓的大人，指的是把天地万物看成一个整体的那类人，他们把普天之下的人看成是一家人，把全体中国人看成一个人。如果有人按照形体来区分你和我，这类人就是所谓的小人。大人能够把天地万物当作一个整体，并不是他们有意去那么做，而是他们心中的仁德本来就是这样，这种仁德跟天地万物是一个整体。”（《大学问》译文）

我们把古今中外的经典、思想放在一起，发现真是令人惊讶的相似。

《圣经》讲的是一体感以及它的破裂和整合；曾子《大学》讲的也是一体感的修复和整合。东西文化同根同源，人性的真理只有一个，只是西方现代的心理学家破解了《圣经》的密码和智慧，用它来治疗人们心理上、精神上的疾病，形成了心理分析这门科学的治疗方式，为现代人解除精神的痛苦。

而在中国，我们却把阳明心学、曾子《大学》乃至孔孟之道，当成了空洞的、虚幻的道德说教。执着于强烈的自我意识，天天高喊着“爱拼才会赢”，还美其名曰“务实”“奋斗”。面对心里无法排遣的焦虑和痛苦，还只当成一种情绪和感受，而浑然不知这已经是严重的心理疾病，靠酒、靠色、靠争、靠吵来试图让自己内心平静，生活幸福。

但现实是怎样的呢？现实就是人们在疯狂地挣钱，疯狂地购物，疯狂地消费，疯狂地体验，疯狂地痛苦和焦虑。实在受不了了，有的人便往庙里跑，有的人就往国外跑，有人试图用更大的疯狂来摆脱当下的疯狂，但其实这有什么用呢？

那些西方的心理专家们、心理医生们，已经告诉世人：自我意识把自己与外界分隔开来了，人就注定是痛苦的。他们得出的这个结论，并不仅仅是因为解读了《圣经》。他们都有多年的心理治疗的从业经验，他们也是从无数心理疾病患者身上得出来的结论。他们的患者都是有钱人，也就是中国人常讲的成功人士或者他们的家人。

因为心理治疗在国外的收费是很昂贵的，普通人看不起这样的病。所以，他们的结论至少可以告诉我们：人的精神痛苦并不是因为穷，而是因为强烈的自我意识，以及由此造成的人与外在的对立。任何一个有钱人，不管你有多少钱，也不管你花多少钱，都不要试图把2000多年前的《圣经》《大学》，以及现代的心理医生得出来的结论给推翻和否定掉。真要有这样的人，那他一定是疯了。出路何在呢？理论性地讲，就是两个字：“一体”，或者叫“同体”。我们在哪里出的问题，就要在哪里修复，具体的做法听一听心理医生的建议吧！

斯科特·派克在《少有人走的路（四）》一书中说道："那些讨厌的东西，会躲藏在潜意识，因为我们的意识拒绝面对它们。如果我们能面对这些不愉快的事物，那么我们的潜意识就能成为充满喜悦的乐园"，"心理治疗的过程就是使潜意识层面的内容浮现到意识层面的过程。换句话说，心理医生的职责就是扩大患者的意识领域，使其范围和方向与潜意识领域更为接近。当意识与潜意识融为一体的时候，我们的心就是宇宙的心，宇宙的心就是我们的心，我们可以用宇宙的心来思考，来倾听"。

读过《传习录》的朋友，会不会觉得这句话有点耳熟呢？王阳明在《传习录》中说："夫人者，天地之心，天地万物本吾一体者也。""心无体，以天地万物感应之是非为体。"

我想，斯科特·派克应该没看过《传习录》，但他们怎么都能讲出这样的话呢？因为人的心只有一个。让潜意识层面的内容浮现到意识层面来，这在佛门叫内观，叫觉知；在儒家，叫格物、致知。(《大学》)

让意识、潜意识融为一体，就是诚意、正心（《大学》)。心理医生要收取很高的费用来治疗人的疾病，而中国的传统文化却不收一分钱来让我们疗愈内心的伤痛，我们却嗤之以鼻，不以为然。这是为什么呢？估计古人看不懂，那些西方的心理医生们也未必看得懂。

现在很多人以为，自己蔑视的只是中国的传统文化，但他不知道，他其实蔑视的是整个人类的文明。这样的蔑视是什么结果呢？结果就是自己不把自己当人。再有钱，再成功，还是要在"人"的概念上富有和成功呀！

定个目标给“谁”看？

扫二维码　听如是道

企业的人都知道，工作要有目标。从长远来说，企业要有战略目标；从年度来说，企业要有年度经营目标；从短期来说，企业要有月度生产目标、月度考核目标；从更短期来说，企业每天都应该有日计划、日考核，用于衡量目标的达成。

那么多的目标，企业的人不是不知道它的重要性和必要性，但却往往让它们流于形式。企业的战略计划简直就是海市蜃楼，好看却几乎没有任何实际意义。

我碰到一个家具厂，请上海交大的一位管理学教授做了一套企业未来5年的战略规划。企业花了200万元，得了几本厚厚的文本。我遇到他们的时候，距离他们定出这个战略规划两年了，企业不仅没有达到战略计划当中的5年做到20个亿的初步战略目标，只比定目标时的两个亿，增加了1个多亿，而利润率甚至利润额，都比两个多亿时还少。3年以后是肯定达不成20个亿的目标的。按他们现在的利润率的趋势，他们即便做到了20个亿，也一定会亏损。这样的战略计划有什么意义呢？充其量只是一首企业的幻想曲而已。

企业的年度经营计划呢？看起来没有战略计划那样虚无缥缈，信口雌黄，要显得实在一点，数据目标上也没有那么假、大、空。有的企业还把这些数据目标分解到各个部门以及每个月，但最后到年底盘查，你会发现年度经营计划里的目标基本上没有实现，也没有对谁产生很强的约束力。老板也不会对相关的部门和个人进行究责。因为有的企业连月度的绩效考核都没有，更谈不上将月考核与年度经营计划进行挂钩的行为，这样的年度经营计划肯定也是没有意义的。但第二年他们又会继续做年度经营计划。

我们再看一看企业的月度目标绩效考核，你会发现大家又是在走形式主义，目标定的很好看，考核的数据结果也很好看，但老板就是不肯兑现。因为他从实际的出货量和回款额上来看，很清楚业绩究竟做得怎么样，但他又不知道究竟假在哪里？

我们再看企业的更短期目标。大多数企业，也说他有生产的日计划，但就是不敢考核，就算考核也不敢实施奖罚。因为很多企业的生产日计划，要么就松了，要么就紧了。松了的，老板不愿意奖钱，因为出货并没有增加；紧了的，车间不干，因为无法达成。所以，这又是一个作秀的地方。

有的企业干脆就不搞日计划，甚至月计划都是拿来参考。所谓的参考，其实就是随心所欲。最终企业的人都在没有目标的状态下生活着、工作着。有的人甚至说搞这些东西干什么呢？大家都是一群有良心的人，都在凭良心做事。面对着有良心的人，你这么定目标、搞考核，不就明摆着不相信我们吗？于是，没有目标，变得理所当然，变成了很有正义感的事情。这恐怕要让所有的管理学大师们瞠目结舌。

我们欧博的管理理念就是“唤醒良知做管理”，但我们绝不是不要目标的管理。恰恰相反，我们认为目标是唤醒良知的有效手段，至少是调动和引导潜意识的有效手段。我们多次讲过，人的潜意识只是一股能量，它没有方向感，也不知道对错，但它的能量比意识的能量大很多倍。它的能量一旦被调动起来，既能成事，也能坏事。

像传销那种搞法，或者某些培训老师的搞法，他们就是把人的潜意识能量开发出来了，调动起来了，所以大家发了疯一样地去做一件事，结果因为这是一件伤天害理的事，而让潜意识的能量被错误地利用。

如果了解他们开发的过程，你就会发现，“目标导引”是这种开发方式的核心之一。他让每个参与者给自己定一个致富的目标，甚至很不现实的目标，然后他让定目标的人，充分地相信这个目标。把它贴在自己的床头，写在自己的本子上，不断地去看这个目标，甚至大声地喊出来。最终的结果，不管目标是否达成，人是一定会“发疯”的，人会疯狂地追逐致富目标，焕发出巨大的潜力，奔向目标。

当然，这几乎是很难实现的，因为这就是一个骗子的游戏，但他利用目标导引，并且频繁地自我暗示和强化这个目标的做法，的确是开发人的潜意识能量的一种方式。用错了地方不代表它就都是错的，如果把它用在正道上，那就是对的。

真正成功的人士都是有追求的，并且百折不挠地坚持这种追求。这些追求有些是数量化的，有些是形象化的，有些是理念化的，但它们都是目标。明确的目标和对这些目标反反复复、持之以恒的追求，是所有成功人士成功的秘诀。因为只有靠目标明确，以及反复地自我暗示，这些目标才能进入我们内心的潜意识当中，给潜意识一个明确的方向。既把潜意识的能量充分地呼唤出来，又让这些能量集中在目标这个点上，形成巨大的、持续的冲力，以克服一切障碍，实现目标，这既是心理学的规律，也是被无数人证明了的现实。

所以，如果没有明确的目标，人就生活在意识层面。想做好事、想成功、想讲良心，但却未必做得了好事，未必就能成功，未必就真的讲了良心，因为意识的能量是很有限的。意识里面又有那么多妄念，那么多胡思乱想的时候，一定会把我们的意识当中仅有的一点能量消耗得一干二净，个个就都会成为坐而论道的人，天天把良心挂在嘴上，却没做几件真正对大家有帮助的事。

企业里面那么多低级的错误和坐而论道的现象，难道不是事实吗？成功做了500多家企业的变革后，我们发现企业的很多问题都不是什么高、尖、精的技术难题，或者管理难题，大都是一些只要认认真真地、反反复复去做就能解决的问题。

那为什么没有解决呢？根本原因不在于没有知识、没有经验，而在于没有能量。意识层面的能量，都被妄念消耗掉了；潜意识层面的能量，又因为不懂得合理有效地开发，而以习惯的形式慢慢地流淌出来。就像被污染的山泉水，变得毫无价值，这就是没有明确目标进行导引的结果。

有些人说，我们企业也有战略目标、有年度经营目标、有月度考核目标，甚至有每天的日计划目标，我们的目标还少吗？为什么没用呢？很简单，这些没用的目标其实都是企业的人“想”出来的。既没有根据实际来制订它们，又没有严格地把它们分解到每个人、每一天，然后反反复复地去抓。这样“想”出来又不反复抓的东西，就只是个意识层面的东西，根本进不到潜意识里面去，哪有能量呢？

如果你能像海尔一样，利用“台账”的方式，层层分解，然后，狠抓落实，你就一定能进到人的潜意识里面去，潜意识的能量就一定会被激发出来，目标就一定能达成。而且还不需要像传销分子一样，整天喊口号。但前提是，你要能够实事求是地定出每天可执行到位的目标。这不是很容易的事，想是想不出来的，要靠一套数据系统、表单系统、检查系统、激励系统和持续改善系统反反复复地运作才能达成的。

所以，科学地管理能通过目标来开发人的潜能，而且绝不需要整天让人发疯似地喊口号。所以不论那些跟传销有瓜葛的老师，在社会上的培训如何的火爆，那些常态的品牌企业，绝不会去请他们做培训的，因为他们懂得科学地开发潜能的方式，那就是一套科学的管理体系。还只有一些病急乱投医中小企业的老板，才会不惜代价地掉在那些人设的陷阱里，这是不懂管理的科学所造成的新的迷信，看着让人难受。

“执行力”为何低下？

扫二维码　听如是道

“执行力”是企业管理者非常关心的一个话题，企业的所有事情都要靠执行到位才能实现，而现在企业的执行力差几乎是一个普遍的现象。

很多企业都有大量的制度、流程等文件，但真正被执行的恐怕不到30%，而且这30%还执行得很不到位，大量的流程制度被企业的人束之高阁。经常是来一个老总搞一套制度，换了几任老总下来，流程制度便堆了不少。后来的老总很少有去推行原来的东西，自己搞的东西下面的人也没有认真去做，导致流程、制度都成了摆设。企业的人本质上都是在凭自己的经验随心所欲地做，按照自己的习惯做事。

ISO流程是企业里面最形式主义的东西，有的企业甚至还非常认真地把它做出来，且内部有内审员，外部也有专门的外部机构的审查，但大家实际做事就是我行我素，不按流程文件走。有的企业在员工的操作动作上都有《作业指导书》，甚至图文并茂，非常清晰。但员工真正严格按《作业指导书》进行操作的并不多，导致出现大量的产品品质问题。

我们做了500多家企业的管理变革，结果发现，大多数的产品质量问题都跟工人操作动作不规范有关。严格地规范操作，就能让产品合格率得到较大提升。因为企业的品质问题往往并不是真正的技术问题和生产工艺问题所导致的，如果是企业的生产技术和工艺不成熟，那么它的质量问题应该是大面积的。

而事实上，他们的合格率能达到百分之八九十，甚至更高，就说明绝大部分产品的生产都是没有问题的，也就说明技术和工艺是相对成熟、完善的。那么，这极少数有质量问题的产品从何而来呢？显然是跟员工操作的动作有关，要么就是新员工不熟练，要么就是老员工太随意，都会导致产品的质量问题。而生产的标准是有的，他们完全按标准行事，顶多只是效率会受影响，但东西是能做好的。

大量的东西都做好了，极少量的东西凭什么做不好？当然，生产的外部因素的不稳定也是一个因素，比如说，材料偶尔出现异常、设备出现异常等，都会影响产品品质，但人为因素的影响仍然是主要原因。而这一部分因素不像材料和设备，是我们努力抓就可以抓到位的，是完全可控的，所以，理应成为我们关注的重点。

上面讲的这些例子，归结起来都是有标准难执行的问题，甚至有的人认为中国人的执行力就是差。像ISO体系，是国际流行的质量管控体系，在发达国家的企业里头，他们绝不是拿来看的，而是拿来做的。而在我们这里却成了写了不做、做了不写的现象，其根源难道真是我们中国人的特性吗？显然不能这样讲，那根源究竟何在呢？

要搞清楚这个根源，我们首先要弄清一个问题，执行者究竟是谁？或者说，究竟谁在执行？表面看起来执行不执行，都是正在做事的这个人的问题，按规定做就是执行，不按规定做就是不执行。但如果按照这样的思路去看待这个问题，我们恐怕找不到答案。

很多企业不是在执行力问题上已经下了很大功夫了吗？比如说我们加大培训力度，请专家来给员工讲解执行力的重要性，想办法提高员工的责任意识，也对流程文件和《作业指导书》进行了培训和讲解，有的企业甚至还实施了奖罚。说实话，效果很不理想，可能就是奖罚还有点用，上的那些课和讲的那些道理，基本上打了水漂。这的确是一件让人很沮丧的事，老板和领导也不知道问题究竟出在哪里，执行力成了个老大难的问题。

问题出在我们把员工这个人当成了一个完整的个人对待，但其实每个人的内心都有三个层面，表层的是意识层面，内层的是潜意识层面，底层的是良知层面。心理学家认为，意识和潜意识之间的比重，一个是10%，一个是90%，也就是说潜意识的力量比意识的力量大得多，常人基本上受它的主宰。

我们心里的最底层是人的良知，佛门叫“觉性”；孟子称为“良知”“良能”；弗洛伊德把它称为“超我”。弗洛伊德把意识称为“自我”，把潜意识称为“本我”，把良知称为“超我”。

心里的三个层次各有特色：意识是明白的，它能进行对错的评价，以及一件事做了对自我是有利还是不利的评价；潜意识是盲目的，它只是一股能量，它并不受意识的支配，它源于过去的经历，是过往的因缘所导致。当过去的那些因缘一出现，潜意识就会起习性反应。意识引导不了它，也主宰不了它，是因为它的力量比意识的力量大很多倍，所以一旦它起作用，人的言行就会被它所控制。意识也无能为力，只能被动地成为它的帮凶，替它辩解，并且对因它而导致的那些冲动的行为、习惯的行为进行合理化，这就是我们经常看到的强词夺理和巧言令色的现象。

正因为如此，企业在进行培训时，我们讲的那些道理和培训的内容都只是一些语言。语言就完全是意识层面的事，一般人在接受培训时，都不会认为你讲得不对，你定的流程文件和《作业指导书》，他绝没有理由反对，但这都是意识层面的事。而让他真正做起来，他的行为并不是受意识支配的，而是受潜意识支配，也就是习性支配。只要他所处的实际工作环境还跟原来一样，他的潜意识就一定会让他按原来的方式行事。

我们前面讲了两点：第一，潜意识只认因缘，不认对错。过往的环境就是他的因缘，只要这样的因缘一出现，相应的潜意识就一定会起作用。

第二，潜意识的力量比意识的力量大很多倍，所以哪怕他意识到了这样做是错的，也几乎是没有用，因为他做着做着就会做到原来的习惯上，这就是习性的力量，也就是潜意识的力量。看看那么多戒烟戒不掉的人，你就能知道，人究竟是被意识控制，还是被潜意识控制。看看那么多戒酒戒不掉的人，你就能知道，影响其意识的所谓的因缘（环境）的力量有多大！

戒酒根本不是个人想不想喝酒的问题，而是到了酒桌上，跟那么多曾经喝酒的老友在一起怎么吃饭的问题。他们就是你喝酒的因缘，他们坐在你身边，你喝酒的因缘就具足了，潜意识就会让你喝。你就会把酒杯端起来，不论你的意识怎么反对，反对都无效，这叫身不由己。除非你不去吃这个饭，或者敢于跟大家翻脸，否则你就会成为潜意识的傀儡。

我们讲抽烟、喝酒，只是想通过生活中的例子，来让人们觉知到我们在工作中所出现的这些问题并不奇怪，并不是谁的良心好坏问题。我们只是想说，人究竟被什么所支配？人大多数时候都是被潜意识所支配。当意识和潜意识不吻合的时候，我们不会听意识的，哪怕是自我的意识，我们会听潜意识的，只要潜意识被因缘（环境）唤醒。

所以我们在解决执行力的问题上，要把注意力放到潜意识上去，具体怎么做呢？

第一，要改变他原有的工作环境。比如说，把制定好的一些工作标准贴在他的岗位旁边，时时提醒他，并尽量图形化、简单化，文字不用太多，这样便于他时时观看。

第二，必须有人频繁检查。通过频繁的检查，管理者的信息是可以逐渐地进到被检查者的潜意识里面去的。因为你频繁检查，让他的动作不得不按要求来做，这些重复的动作会进入他的潜意识，因为潜意识就是这样形成的。

第三，把检查的结果公之于众，进行执行好坏的评比，营造一个有利于大家执行的环境，也就是改变它的因缘。

第四，适当地奖罚。单纯地靠奖罚肯定解决不了执行力的问题，就算有用也是暂时的，并且还会导致对抗。但在前面的基础上，适当地奖罚是有用的。因为此时的奖罚针对性很强，都以事实为根据，目的也只是为了提醒和帮助这个人而已。这样的奖罚是慈悲的，是从良知出发的，这就回到我们要讲的人心的核心层面上来了，即良知层面。

别把良知理解成一个单独的、与意识和潜意识无关的东西。好像去掉了意识和潜意识才是良知，这是形而上学的理解。我们把它分成三个层面，只是为了说话的方便。实际上良知是渗透在意识和潜意识当中的，当意识和潜意识里的东西符合天理时，意识和潜意识就是良知；当意识和潜意识里的东西不符合天理时，意识和潜意识就不是良知，而是妄念。因为王阳明讲过："良知即天理。"（《传习录》）

什么是天理呢？"天之道，善利万物而不害。"（《道德经》）所以，利益生命就是天理。我们频繁检查别人，如果是为了帮助别人成长，检查和奖罚都在天理上，都是良知；如果我们的检查和奖罚，是为了惩戒员工，教训员工，我们就不在天理上，检查和奖罚就不是良知，效果一定不好。

事实也是如此，我们做了500多家企业的变革，都充分证明了这一点。

有钱能使鬼推磨？

扫二维码　听如是道

前面我们谈了管理当中计划和目标的问题，也谈了执行力的问题，下面我们聊一聊人员激励的问题。谈到激励，我们马上会想到钱，的确没有钱是没法做激励的，员工出来打工，不为挣钱又为什么呢？老板投资办厂，不为挣钱又何必那么辛苦呢？大家做生意不为挣钱，谁愿意整天在酒桌上喝的酩酊大醉呢？钱能提供动力，钱能满足需求。难怪中国人流行一句："有钱能使鬼推磨。"很多人以此证明钱能解决一切。

但我自己也是办企业的，也办了 16 年的企业，公司员工也有 100 多人，而且为 500 多家工厂进行了管理变革。管理变革都会牵涉员工激励这一块，所以，对钱在激励当中的作用，不可谓不知。平心而论，我认为"有钱能使鬼推磨"这句话，即便不能说错，但至少不能把它引申为"有钱能使人推磨"。

因为钱的激励作用是一个比较复杂的话题，绝不是有钱就能搞定一切的概念。有的企业和老板也舍得在员工身上花钱，但问题并未见得就能得到多大改善。在企业里，拿钱多的人未必就是积极性最高的人，有时候可能只是企业离不开这个人而已。但你要想让这个人有很好的工作状态，而未必就是加钱这么简单，因为他就是工作状态一般，你也得给那么多钱，否则他就会走人。

所以，钱变成是留人的了，而不是用来调动积极性的了。最后导致很多企业面临这样一种状况：不给钱不行，给了钱未必有用。钱成了激励当中的一块鸡肋，食之无味，弃之不行，对于很多只懂得用钱做管理的老板而言，激励就成了他们的一个老大难问题。

有的人立马会说，这主要是因为给钱的方式有问题。比如说，没有很好地将钱与员工的工作业绩挂钩，给钱给的不公平，没有体现多劳多得原则，或者说没有体现业绩导向原则。这种观点有一定道理，因为很多企业数据严重缺乏，没有办法每天对每个人的工作业绩进行衡量，也没有日计划、日考核、月计划、月考核等，薪资标准也是凭感觉定的。在这样的企业实施绩效考核，甚至建立科学的薪酬体系，是能带来一定的激励效果的。

但有的企业搞了绩效考核以后反而产生副作用，挫伤了大家的积极性，这往往是考核的基础工作没有做到位造成的。比方说，连基本的一些表单都没有，真实的考核数据就没有办法及时从原始数据当中统计出来，虚假的数据、主观的数据，就会让考核变得失去意义。有的企业由于生产环节的瓶颈很多，并且没有得到很好的理顺和突破，往往前工序的工作影响到后工序业绩的达成，这样也会使得对后工序的考核无法进行；有些则是因为企业没有客观的、真实的业绩标准，考核就很容易变成普遍的加工资，而业绩其实并没有增加，这样的考核也跟调动积极性无关。

所以，单就考核的公平性而言，都不是那么轻而易举实现的。何况企业里面很多的工作也没有办法靠量化解决，靠考核解决。事实上，很多企业并没有通过绩效考核把员工积极性调动起来，而成了流于形式的东西。这里面的原因，除了考核的方式以及基础条件存在问题以外，恐怕对考核理念的过于执着也是一个问题。

阿米巴是日本的稻盛和夫先生提出的经营管理模式，稻盛和夫先生用这种经营管理思想创建了两个世界500强，拯救了一个世界500强。他的阿米巴管理思想，事实证明是有效的，现在中国的很多企业都在学习和应用阿米巴，但效果应该说不太理想。这里面的原因何在呢？

我们细细地品味一下稻盛和夫先生在他的《活法》一书中讲的一句话，可能就会明白很多。他在书中说："让收入和业绩挂钩是十分危险的。"这句话可能对我们执着于绩效考核这种源自西方的管理思想，以及认为激励一定跟钱有关的习惯思维，无异于一声棒喝。好在稻盛和夫有三个世界 500 强作证明，否则我们很多人会认为他这句话是一个不懂管理的人讲的话，会认为这是一个理想主义者的痴人说梦。

为什么在整个亚洲，能与西方企业管理思想相抗衡的，只有日本式的管理，包括精益管理、阿米巴经营等企业管理模式？并且从企业的实际来看，能让西方人佩服的亚洲企业，包括产品，也大多集中在日本？因为人家没有人云亦云，不会因为美国的企业或者教授讲了什么，就照搬什么，就奉为经典，一味追随，而是敢于做出自己的探索和创新。

西方人搞规模化流水线生产方式，日本人就敢于提出以多品种、小批量为特征的精益管理模式；西方人强调收入和业绩挂钩的绩效考核，稻盛和夫先生就敢于说出收入跟业绩挂钩十分危险的结论，并且身体力行，独创阿米巴经营管理模式。这成为继精益管理之后的，又一被全球企业界认可的企业管理思想。所以，没必要人云亦云。

管理是可以不断创新的，因为它是基于文化以及个性的东西。西方人的个性和东方人的个性就有明显的不同，他们的社会文化背景也有很大差异，不研究这些，一味地照搬，再好看的企业管理思想都未必能落地。

那么具体而言，阿米巴的经营管理思想有何独特之处呢？稻盛和夫先生究竟是看到了东方人的什么特点，而大胆地做出收入和业绩不挂钩的决定呢？收入和业绩不挂钩了，是否意味着我们就可以不在乎每个人的业绩了呢？人的积极性靠什么来调动呢？这些都有待我们好好地觉知和思考，否则，人家三个世界 500 强怎么来管呀？

阿米巴经营管理模式绝不是不在乎、不去管每个人的工作业绩，恰恰相反，它是每天将每个工作小组，甚至每个人的工作业绩都快速地统计出来。不仅如此，还要把每个人或者每个工作小组（阿米巴小组）每天的成本损耗统计出来。成本的细分项目可能会有几十项之多，如此详细的业绩量化工作，每天进行公布，不可谓不重视业绩。

所以，我们要明白，阿米巴模式是比西方的绩效考核管理模式更细化的一种管理模式。因为绩效考核一般是以月为单位，以部门为单位；而阿米巴是以天为单位，以阿米巴小组（不能再细分的核算单位）甚至个人为单位。它在考核的细化上，远远优于绩效考核。

也正因为如此，他才能拯救日本航空公司，之前的日本航空公司实行的就是西方绩效考核方式。而稻盛和夫先生进驻日航以后，进行了多项改革，其中最核心的一项就是对航班进行单架次的考核。也就是每一趟航班从起飞到落地立马就可以算出这趟航班的收入、费用以及盈利，让大家立马知道哪趟航班赚钱，赚了多少，哪趟航班亏钱，亏了多少。这样的一种管理方式，让日航不到一年就起死回生，成为全球最盈利的航空公司之一。

所以，阿米巴管理是非常重视业绩的，但它不与个人收入直接挂钩，也就是有考核、不奖罚。

我们姑且不论这种方式在中国企业是否行得通，以及在日本企业是否能全面开花，我们要面对的是，稻盛和夫先生为什么要这样做？以及他在三个世界500强企业里面，为什么做得成？

其实，稻盛和夫先生认为一个人的业绩是跟团队有关的；一个小组，乃至一个部门的业绩也跟整个企业有关；甚至一个人的成长都离不开团队的力量和他人的帮助。所以我们要觉知每个人每一天的工作业绩，但如果我们就把这个工作业绩当成是这一个人的劳动成果而实施奖罚，我们会隔离了这个人与周围人的相互依存关系，既可能刺激他的贪念，也可能让他盲目自大或盲目自卑。总之，让他看不到团队的力量，强化了个人意识，而弱化了团队意识，这对企业团队建设是有害的，也是危险的，甚至也是不客观的。

我们现在在很多企业里看到很多业绩较好、收入较高的员工往往狂妄自大、不服管理，不就说明了稻盛和夫先生的担心不无道理吗？何况日本企业的雇用方式，还是存在大量的终身制的特点，以及与此相应的随工龄而上涨的年功工资。也就是说，他们把个人和企业视为一体，个人收入会随着他在这个企业的工作年限而上升，以此培养员工的归属感和整体感，强化团队意识。

这是他们对待员工收入的态度，当然，收入也会跟对企业的创新和改善相关，这是鼓励员工改善和创新的行为。那么他每天统计员工的工作业绩起什么作用呢？既为了刺激员工的良知，让做得好的员工产生成就感，做不好的员工产生羞耻感；同时也是为了引导员工的意识和他的注意力，完全放到工作的成果上来。注意力所在就是能量所在，时时关注自己的工作业绩，能量就会注入与工作业绩相关的事情上去，事情必然会发生改变，业绩必然改善。

我们多次说过，人的内心由意识、潜意识、良知三个层面构成。当你用业绩牢牢抓住意识和良知的时候，潜意识就无处可逃。人的行为主要是由潜意识决定的，因为它是习性和习惯的力量，非常强大。如果没有意识和良知的引导，乃至捆绑潜意识，人的习惯就会主宰人的行为，人们就会日复一日、年复一年地重复着自己的错误和工作方式。我们在那么多企业不就看到了这些现象吗？

有的企业成立一二十年，简单的品质问题重复出现，客户的投诉永远就是那么几个点，企业内部也天天开会讨论，但就是一二十年如一日地犯错而不能解决。其实你到现场一看就会明白，根本的原因是工人的操作方式一点没变，管理者的管理方式也一点没变，完全都是习惯性的，个个都是习性的奴隶，都是潜意识的傀儡。

与此相应的就是工作业绩、工作过程没人关注，工作好坏决不会刺激任何一个人的成就感和羞耻感，企业弥漫着的是比上不足比下有余的盲目的自我感觉。没人认为需要改变，以及能够改变，大家恨不得就这样长此以往地下去，这就是现状。这个时候，用钱去刺激他们，当然也有效，但不会长期有效，钱一旦到手，有的人就会认为理所当然该那么多，只能更多，不能更少，好坏都必须如此，激励的效果当然就没有了。

所以，核心还是要向稻盛和夫先生学习，把人的注意力和良知（成就感、羞耻感）与业绩挂钩，来以此钳制、引导和改变潜意识的方向和力量，也就是逐渐改变员工的工作习惯，这是一项改人的工作，它的作用和价值才是真正长远的和巨大的。

日本企业，无论丰田还是京瓷（稻盛和夫先生的企业）都是非常注重对人的改造的。我在丰田总部的大厅就看到一句话：我们不生产汽车，只生产制造汽车的人。这句话就是一个证明。西方的企业强调用人，所以他重视绩效考核，这是以个人主义为社会文化背景的企业管理方式，而日本企业重视育人，这是以集体主义为社会背景的企业管理方式。

中国的企业管理该选哪一个呢？我想答案应该是很清楚的，那就是以育人为本，以用人为用。以业绩引导员工注意力和开发良知，以适当的奖罚来促使员工习性的改变。

日本的文化是从中国学过去的，我们向稻盛和夫先生学习，稻盛和夫先生向王阳明先生学习，向中国的禅宗文化学习，最终是用我们自己的“道”与外来的“术”相结合，中学为体，西学为用，方能见效。尤其在学校教育和家庭教育并不十分理想的情况下，我们放弃企业的教育职能，将无人可用。

以人为本，以事为先

扫二维码 听如是道

以人为本是一个大家普遍接受和认同的管理理念，但怎样实现以人为本的理念呢？一味地迎合人的需求，是否就是以人为本呢？显然不能这样理解。

一个吸毒者的需求，我们能满足吗？从他自己的感觉来说，只有毒品才能满足他的需求，而且这种自我感觉的需求之强烈，会让他不惜付出生命的代价。这样的自我需求，我们不仅不能满足他，而且还要彻底地改变和治疗他。

但其实这里还有另外一种需求，只是他意识不到，感觉不到，那就是他的生命对于健康的需求。这种需求毫无疑问是客观存在的，而且更为本质和内在。因为任何一个生命都有一个内在的动力，这个动力也叫生命力，它的方向和作用，就是让生命健康地存在、持续以及发展。

生命力的绽放是生命体内在的需求和方向，这是天道。这种需求，即便对于一个吸毒者而言，也是客观存在的。但遗憾的是，它不会时时刻刻地呈现在吸毒者的内心，不会时时刻刻成为吸毒者的感受和念头。因为吸毒者的感受和念头，以及他的意识，已经完全被毒品带来的感觉和念头所屏蔽，甚至取代了。

吸毒者毫无疑问地存在对生命健康的需求，但他没法在意识层面呈现，而只能在良知层面隐蔽地存在着。存在但无法显现，这就是吸毒者的悲剧。我们帮他戒毒，其实满足的是他在良知层面的需求，而不是感觉层面的需求。

可见，以人为本并非简单地满足人的需求，精准的表述应该是：以人的良知为本，满足的应该是良知的需求。

吸毒是个极端的例子，有些人会觉得与自己无关，让我们举一个常人容易遇到的例子，那就是喝酒。

在酒桌上很多朋友喝酒，喝到快要醉了的时候，往往会处在一种很特殊的状态。这时他的身体会有一个反应，那就是不能再喝了，因为他的内脏器官无论肝、胆、脾、胃都不可能接受过量的酒精。也就是说，当酒精过量进入身体里的时候，他的内脏器官应该会有排斥反应的，这些反应进入人的意识当中，就会让人产生不能再喝的念头。所以，正常人喝酒喝到一定程度的时候，是会产生不想再喝或不能再喝的感觉，这就是人身体的良知，是生命体的本能。

但为什么又还有那么多醉汉呢？而且很多喝醉酒，乃至喝酒致死的人都还有一定的身份。我的一个朋友，他们学校的校长就是喝酒致死的。所以千万不要认为人们控制不住自己喝酒，是因为素质太低，身份卑微。其实，人在酒桌上喝得酩酊大醉，与身份和素质无关，与良知的被屏蔽乃至丧失有关。

我们生命的本能、自我保护的良知是怎么被屏蔽和丧失的呢？

其实，是因为现场的气氛和压力。一般醉酒都是在人多的时候，单独一个人把自己喝醉的，少之又少。人多的时候争强好胜、不甘示弱、盛情难却等心理都会自然而然地冒出来，喝酒已经不是人的身体跟酒之间的物质层面的事了，而是成为与身份、颜面、感情甚至利益相关的事情。这些都是自我意识层面的事，人们在这个层面产生的需求，会远远盖过良知层面的需求、身体层面的需求。

有的人在众人的推波助澜下，很快就会越过身体绝对不能再喝的坎，立马进入越喝越兴奋的状态。而一般进入这种状态当中之后，就不是觉得为别人而喝，为面子而喝，为利益而喝了，而是真的想喝了。这时他不能再喝的良知会彻底丧失。他喝酒的欲望和需求，会狂热地表现出来。这种人，已经不需要别人劝了。他会成为使劲劝人喝酒或逼人喝酒的好战分子。

同样，我们在这里看到的人的两种需求，一种是基于良知的生命对健康的需求，身体的自我保护需求，这是天理，是天性；另一种是人的自我意识、社会关系、利益驱动及神经兴奋产生的欲望和需求。

很多基于良知的需求，尽管对健康有利，对生命有利，但在感官上，却往往表现为郁闷、不快等情绪体验。如此一来，单就感官的感受来说，良知的需求也很容易被埋没和忽视，这恐怕就是古语所讲："人心惟危，道心唯微。"人心，就是这里讲的感官的欲望，它很强烈，很迷惑人，所以很危险；道心，就是这里讲的良知，它符合生命健康的需要，符合天理、天道。但它发出来的声音很微弱、很微小，稍纵即逝，很快就会被我们的感官带来的欲望所掩盖，所以叫"惟微"。

面对这两种需要，我们又应该怎么办呢？毫无疑问，我们应该杜绝一个需要，杜绝感官刺激的需要，因为它有害生命和健康，这叫"持戒"。满足另一个需要，也即良知的需要，不再喝酒，这叫定慧。宋明理学把这两者合起来称为："去人欲，存天理"。

所以，以人为本不是一味地满足人的需求，而是要在"去人欲，存天理"的前提下去满足人的需求。否则，以人为本就会成为很多人我行我素、唯我独尊、习性泛滥、欲海难填的借口，这样的"以人为本"是害人害己的。我们在很多企业看到的事实就是：越是个人凭经验、凭个性、随意而为的企业，企业的效率和效益就越差，而个人的能力、素质、待遇也普遍的低下，最后导致两败俱伤的结果。

所以，以人为本是要抓住对人的成长有帮助这个主题和方向来做的。有时候阻碍一个人成长的，往往是他自己的坏习惯和不良的嗜好，以及一些错误的观念。这时候的以人为本就要体现为严格要求、频繁检查、奖罚分明，让他的坏习性和错误观念在企业严格的管理中和强大的氛围下发生改变。让他的帮人之心和服从意识、组织观念、敬业精神等被迫养成，最后成为他自身的习惯。让他在新的好习惯的驱使下，发挥出巨大的能量，为企业创造高效的业绩，也让他自己的收入从中获得极大的提升，同时让他看到自己的潜力和价值，进一步唤醒他的良知。

在这个过程当中，有两点是比较重要的。

一是要相信人的良知的存在。有良知，就必有良知的需求。也就是说，员工内在成长的需求和工作成就感的需求一定是存在的。不管它在员工的内心潜藏多深，不管它在平时员工的言谈中显得多么的微不足道、虚无缥缈，都要敢于直奔这个主题而去。不要被员工天天把钱挂在嘴上，以及贪图享受所蒙蔽；不要动不动就说九零后、零零后怎么怎么样，要相信所有人内在自我成长的愿望和让生命力绽放的愿望，是任何事物都阻挡不住的，因为它是天理、天道。

为了让员工成长，让员工的生命力和创造力充分释放，你去改变员工的不良习惯，不管遇到多大的阻力，他的良知都会站在你这一边，来帮你改变他。他自己未必知道，甚至未必接受，但他一定会在你一心帮他的动机的感召下生起惭愧心，让自己跟你对抗的声音降下来。当然，前提是你改变他是为了帮他。

我们要注意的第二点，就是道理不要讲太多。因为道理都在意识层面，人的行为习惯主要是潜意识支配。我们对人的改变，往往直接到达不了人的良知，必须从人的潜意识入手，也就是反反复复地去改变人的行为。这就要求我们从事情入手去改变人的习性，而非总是从思想入手去改变人。

思想也还是在意识层面，它不太容易进到人的潜意识里。所以，过多的思想工作和培训工作对于改变人的习性往往作用并不明显。而从做事的方式入手，改变他做事的方式，以此改变他的行为，反复强化，就一定能改变他的习性。当然这需要时间，需要持之以恒，需要我们对事情进行详细的分析和了解，以及重新规划员工有效的操作动作，并反复检查。

表面上看，人是思想的产物，其实本质上而言，人是行为的产物。人的进化包括直立行走以及火的使用，这都是行为动作的改变。良知是从动机上来说的，行为是从操作上来说的，思想是从宣导上来说的，三位一体，缺一不可，但最终的结果真的在于行为上的反反复复，这是我们对500多家企业进行变革的切身感受。

创造力为何低下？（上）

扫二维码　听如是道

中美贸易战当前是个热门的话题，不少经济学家都在发表各种高论，企业家们却已经实实在在地感觉到了这场没有硝烟的战争给自己带来的影响。我的不少客户，特别是以出口为主的工厂老板，都已经为企业的未来开始担忧起来。有些老板已经考虑在东南亚的国家建厂，来避开美国对中国产品的高额征税。但当下所受的损失，估计已经是避免不了的了。所以，这场贸易战对我们而言，就已经不是一个理论性问题了，而是一个非常现实的生存问题。由此，也就把我们卷入了对这场贸易战的思考和关注。

各类专家在谈到中美贸易战时，更多的是从国际金融和国际贸易的角度来剖析利害得失的。也有的人关注到了这场贸易战的一个核心焦点，那就是企业创新能力问题。美国人对中国企业的指责，其中一项就是其产品技术被我们抄袭、模仿和复制。而美国人肆无忌惮之处以及我们比较担忧的地方，同样是技术问题。因为我们知道很多产品和服务的核心技术，还是掌握在美国人手里。随着贸易战的升级，这些核心技术的掌控权，将对我们大量的企业生产和经济运行造成威胁，这恐怕也是我们在贸易战中非常被动的地方。

一场贸易战让我们突然看到了繁荣背后的虚弱。我们没想到的是，我们有那么多千亿级的企业，核心技术竟然都掌握在别人手里！很多的非核心技术还被别人说成是仿冒和抄袭！搞了半天，中国企业的聪明才智都放在了市场运作和品牌炒作上！

这些年，百亿级的企业，乃至千亿级的企业，如雨后春笋，层出不穷。我们脑海中还充斥着价格大战的喧嚣，我们的培训市场上仍然还是那些谈市场策划、谈如何抓住消费者心理大做文章的老师在大行其道。十大策划人的出炉仿佛还在昨天；策划学的书籍仍然还在书店热销；“点子大王”还有市场；“策划大师”们还在拿着自己如何忽悠人的成功案例给企业家指点迷津；大量的企业家也还在把这些大师们奉为座上宾……就在这一切热闹正酣的时候，美国人对我们敲起贸易战的警钟，我们企业界仿佛才突然醒过来、突然明白：企业的根本是产品！产品的根本是技术！技术的根本是创新！

这本来是个显而易见的常识，现在却成为一个需要思考才能明白的真理。我们这些年，企业界的注意力放在了市场上，放在了业务上，放在了价格上，放在了成本上，甚至放在了质量上，却唯独没有真正放在创新上。即便有一些创新，也主要是营销上的创新，以及那些产品外观、造型等非核心技术的创新。

我经常收到一些课程邀请的短信，内容竟然是：产品的时代已经过去了，产品的同质化已经非常严重，所以，消费者对你的认知才是决定生存的关键。我就直接问过这些发短信的人，我说：“进口宝马车和国产宝马车，它是同质化的吗？如果是，价格怎么会相差几十万元？”他无言以对。

以家电行业为例，当我们的家电企业大打价格战，某些家电品牌的策划人甚至都被奉为“战神”的时候，多少国际家电品牌都面临了市场生存危机，老百姓在翘首以待，等着这些国际大腕的跳水，但遗憾的是，他们就是没跳，哪怕在市场上坐冷板凳。但又过了几年，我们那些“战神”

们制造的一个个空调、冰箱、彩电等家电品牌，就已经在市场上开始门庭冷落了，而那些曾经坐冷板凳的国际品牌却依然在高价位上风光起来。这无非证明了品牌背后真正的支撑是技术，而不是营销，技术创新成为我们这几十年经济发展的短板。

其实不用等美国人打贸易战，我们就应该心知肚明，当那些所谓的策划大师、品牌大师、营销大师叱咤风云的时候，我们就应该知道，悲剧是迟早要发生的。当我们说产品的时代已经过去了，产品的同质化现象已经成了企业营销的主要瓶颈的时候，我们就应该知道，悲剧迟早要发生。因为这就是自欺欺人。我们的产品核心技术与别人的差距之大，都足以让我们无法生存，我们还嚷嚷着已经跟别人“同质”了，你跟谁“同质”啊？“同质化”的声音已经是很多大学 MBA 课堂上《营销学》老师的主流声音，现在在书店随便拿一本谈论市场营销的书籍出来，都能看到这样的论调。我们竟全然不顾自己在产品及技术上与别人的差距。

我举一个简单的例子，我在日本就亲眼看见过两个外观、材料、功能几乎一样的产品，原产地日本和原产地中国，其价格相差一倍左右，这就是差距。

讲了这么多，我只是想说，这些年，企业界把太多的精力用在了表面文章上，沉下心来把产品做好、做精，的确没有成为我们企业界的主流思想。做大做强成了我们的目标，殊不知做大做强的背后一定是做好做精，而做好做精的前提就是创新。那么我们就不得不面临一个现实：中国企业这几十年的创新能力，尤其是技术创新能力为何如此低下？怎样才能提高我们的创新力？

其实，创新是相对于守旧而言。旧，就是已有的东西；创新，就是超越已有的东西。诸葛亮有两句话可以给我们以启示：“淡泊以明志，宁静以致远。”“志”是指志向，也就是我们的发心，或者叫起心动念，诸葛亮告诉我们，只有淡泊，才能有远大的志向。

那些影响世界的科学家，如果执着于名利，就无法在人类对世界的认知上去创新。陈景润进行数论研究，取得了哥德巴赫猜想上的巨大突破，是因为他淡泊到连吃饭、睡觉都已经毫不在意的程度，何况名与利？物理学家爱因斯坦提出相对论，全世界当时只有12个人能够理解，哪来的名与利？但他依然去进行这样的思考。科学精神，其核心就是创新精神，是容不得贪欲的，甚至过分地在意形象，都会让这种精神大打折扣。所以，我脑海中的爱因斯坦的形象，一直是一个满头蓬松着白发，双目圆瞪，嘴吐大舌头的形象。这哪是什么大科学家的形象？但他就是最伟大的物理学家。

科学家给人的感觉大多不修边幅，但科学家是最有创新力的代表。我们要理解创新，就要从他们身上去找答案。现在我们在市场当中，还能找到几个可以称之为"淡泊"的企业家呢？逐名逐利几乎成了企业家的名片，很多成功企业家都与明星无异。他们也在创新，但他们的创新，永远跟"市场"两个字连在一起，永远跟"名利"相关，永远跟别人羡慕的眼光汇合。在这里，你看不到半点"淡泊"的影子。所以，他们怎么可能会像科学家一样地去为整个人类发明创造呢？他们是典型的实用主义，甚至是拿来主义。他们绝不会抛开人去与大自然做灵性的沟通，去探索其中的奥秘。他们自己做不到这种淡泊，他们自然也欣赏不了这种淡泊精神。

要让他们巨额的费用花费在那些有这种淡泊精神的研究者身上，他们是不乐意的，因为他们看不到回报。所以，准确地讲，现在人的科学创新精神，恐怕比20世纪80年代都还差。我是20世纪80年代初的大学毕业生，我记得那时报告文学作家徐迟以陈景润为题材的报告文学《哥德巴赫猜想》激励了当时多少的中国人，应该不亚于50年代作家魏巍的那篇散文《谁是最可爱的人》对社会的影响。

现在的人不是没有创新精神，而是没有了科学的创新精神。市场化的创新精神，商业化的创新精神前所未有地浓烈。我们现在经常讲到的新“四大发明”，都是这种商业创新精神的结果。

那么商业创新精神和科学创新精神的区别在哪里呢？一个是“用”，一个是“知”。商业的创新精神强调“用”，一切的创新都要归结在“用”字上，有“用”才行，没“用”就是成本。自主创新更有“用”，就自主创新；拿来主义更有“用”，就拿来主义。一切从“用”字出发。

而科学的创新精神是“知”，甚至是替整个人类去“知”、去探索、去创新：大家都不知道的，我要去知道；大家都做不到的，我要去做到，不管有没有用；大自然的奥秘我知道了，这就是我所期望的最大的回报；前所未有的东西被我创造出来了，我从中看到了自己的智慧和创造力，这是我最大的满足。

这样的创新与“用”没有直接关系，而人类的进步和发展，实实在在地是与这样的创新紧密相连的。由此，社会才会对有这种创新精神的人永存敬意。

具有这种创新精神的人，有的生活得并不好，有的甚至累累失败。但历史记住了他们，在这个一切以自己的名利为导向的市场化社会，想要让这种创新精神根植于人们的心田，真有点像水泥地板上撒种子，怎么浇水施肥都没用，因为已经失去了土壤。

当那些具有商业创新精神的英雄们几乎大获全胜的时候，几乎受到全民族崇拜的时候，讨厌的美国人，惊扰了这些人的好梦。20 世纪 50 年代，中国经济百废待兴，但中国人敢打美国人；今天，我们已经成了世界第二经济强国，我们却只能被动应战。因为我们今天崇尚的已经不是 50 年代钱学森、钱三强等科学精神的代表了，也不是 80 年代陈景润这样的对生活要求极低的科学家，我们崇尚的是在纸质媒体、电视媒体、网络媒体频频曝光的商业奇才了。

我们富有了，我们幸福了，但美国人挑起了争端，我们才突然发现：

核心技术在别人手里！这就是把商业精神推崇到极致的悲剧。所谓的核心技术，只不过是一系列科研活动的结果，这里面的科研费用的投入，其回报的周期和可能承担的风险绝不是商业利益的驱动就能达成的，有的甚至需要几代人的努力才能实现。

研究者如果不具备科学的创新精神，而只是一些商业天才，是断然不可能实现的。它一定是极具科学创新精神和极具商业创新精神的人的完美结合。这需要我们像20世纪50年代乃至80年代一样，重新把那些具有科学创新精神的人，奉为我们的民族英雄，大力地宣扬出去。让更多的年轻人以他们为楷模，而不要让那些“商业英雄”们在社会上横行霸道。由此来看，中美贸易战不管结果如何，都不是坏事。

创造力为何低下？（下）

扫二维码　听如是道

人的创造力来源于哪里呢？我们说过人的内心有三个层面：意识、潜意识、良知。意识是人的内心最表层的部分，用心理学家的说法，它与潜意识的比重约为1∶9，它就像浮在水面的冰山露出来的很小的那一部分，潜意识就相当于水面下巨大的未露出的那一部分。

我们的意识想创新，能够生起创新的念头，但它没有足够的能量做支持。所以，很多人都有很多好的想法，却没有真正去实现，因为他们没有足够的能量把想法化为行动。这就是我们经常见到的知而不行的现象。那我们内心的能量在哪里呢？主要在潜意识这里。所以，很多人的行为都是被潜意识支配的，也就是被习性所支配。

习性，只不过是潜意识的一种通俗的说法，我们经常讲"行为的背后是习惯"就是这个意思。习惯，就是重复过去的东西，它是没有创新力的。所以，掉在潜意识中的人，被习性所支配的人，是没有创造力的。

那么，现在的问题就出现两难了：意识想创新，但因为没有能量的支持，就会变成知而不行，坐而论道，这的确是我们在生活中看到的一类人；我们在生活中看到的另一类人，则是根本就不想改变的人，是一群因循守旧、故步自封的人。而且这一类人占的比重比前一类人还要大很多，这群人就是被潜意识、被习性所支配的人。生活当中、工作当中的人群大体就由这两类人构成，这恐怕就是从微观层面来看创造力低下的根源了。一类是知而不行，一类是浑然不知，创新从何谈起？那么，要提高我们的创造力，该从哪里入手呢？

显然单纯从意识入手，空谈而已；单纯从潜意识入手，他连改的欲望都产生不了，何谈创新呢？他只希望你别去打扰他，他觉得自己活得还不差，比上不足，比下有余，这就是我们在企业做变革的时候经常遇到的现象。那么，创新显然只能从内心的良知上入手了，事实上，良知的确是人类创新的永恒动力。

科学家的创新精神就来源于良知。爱因斯坦就是一个非常有良知的科学家，他提出的相对论推导出的质能转换公式，是原子弹制造的理论依据。当年，德国纳粹想胁迫爱因斯坦为他们研发原子弹，爱因斯坦远走美国。美国政府也想让爱因斯坦帮助研发原子弹，爱因斯坦也推辞了。因为他知道原子弹的威力，他不想利用他的理论去大规模地杀人。弗洛伊德是精神分析理论的奠基人，他也拒绝跟德国纳粹合作，离开了奥地利，他的两个妹妹因为来不及离开而被纳粹杀害。这些只是科学家的良知在战争中的体现。

其实，科学家的良知是他们从事科学研究的原动力，也是他们灵感的来源。因为“良知即天理”（王阳明《传习录》），科学研究只不过是对自然规律的探索和认知，也即对天理的认知。怎样来完成这种认知呢？

表面上看，我们要进行很多的科学实验，对自然界各种各样的现象进行数据化的、模型化的比较、归纳、分析、总结，好像是一种纯客观的活动。但实际上，我们能够从这些客观的现象当中，找到它们的规律，也就是认知这些天理，绝对不是一种纯客观的研究活动就能达成的。

我们举两个例子，一个是天体物理学中最有名的万有引力定律，就不完全是一个实验定律，或者是一个通过观察就能归纳总结出来的定律。学过物理的都知道，通过对天体运行的观测、总结，我们得出的是开普勒三定律，这是天文学家开普勒通过对围绕太阳运行的行星观测总结出来的三个结论。其中包括行星围绕太阳运转的轨道是一个椭圆，而太阳处在这个椭圆的一个焦点上，以及行星围绕太阳运转时，其与太阳的连线在相同时间扫过相同的面积等描述，才是我们通过观测所能直接看到的客观现实。这里面并没有万有引力的概念，更没有对万有引力跟什么因素有关的量化的描述。

所以，如果人类的认知仅仅停留在开普勒的层面上，我们顶多能够预知太阳系的行星在什么时间、在什么地点出现，我们今天绝对上不了月球，发射不了卫星。我们今天能上月球、能发射卫星，是因为科学家牛顿在开普勒三定律的基础上，提出了万有引力的概念，以及推导出了万有引力与物体的质量和相互间距离的公式。万有引力定律严格讲来，并不是实验直接得出来的，所以，就不是一个纯客观的发现，而是牛顿敢于提出万有引力的概念，再根据开普勒三定律进行推演而得出来的。

提出万有引力的概念，既是天理，因为它是事实上的存在；更是良知，因为这种天理并非显而易见。两个人坐在一起就没有吸到一起去，你也没有感觉到对方在“吸”自己。所以，按常识来说，没有人会意识到任意两个物体间都会有吸引力，但牛顿提出来了，并不是因为牛顿发现了任何两个物体之间都在相互吸引，因为这一点根本发现不了。

所以开普勒得出了行星运行三定律，也得不出万有引力定律，只能为牛顿作嫁衣裳。辛苦的是开普勒，光环却戴在了牛顿的头上。论对客观实践的研究，开普勒所做的工作要比牛顿大得多，但为什么功劳归了牛顿呢？其根本原因在于牛顿敢于颠覆常识，不受常识的困扰，敢于做出任何物体之间都相互吸引的判断。

他是用良知直通了天理。他并不是完全依靠无数物体相互吸引的事实，来归纳总结出万有引力概念的。因为就没有这样的事实呈现在人们面前，所以万有引力概念的提出和定律的推演，都不是一个客观的事实导致的结论。而是一个主观上的突破，牛顿敢于突破常识给我们造成的心理障碍，提出一个众人甚至包括他自己未必看到的事实，那就是万有引力，或者说，万物相吸。这个突破和发现是在主观上、内心里完成的，客观上什么都没发生，什么都没改变。

所以，创新，真正伟大的创新，是从内心的自我突破开始的。突破的焦点在哪里呢？第一要突破我们意识层面的东西。对于牛顿来讲，就是要突破开普勒三定律的局限。不要认为开普勒三定律就是真理的全部了，要相信里面还有更为深刻、更为简洁、更为广泛的真理存在。许多科学家都靠这么一个简单的信念，而比前面的科学家做出更大的贡献，包括我们后面要讲的爱因斯坦也是如此。

相信真理（天理）的简洁性、普遍性，往往是科学家们伟大和常规的分水岭。常规的科学家做出了大量的事实观测、数据整理、问题分析、归纳总结的工作，但真正的成果要靠伟大的科学家来帮他们完成。伟大的科学家不仅仅相信事实，不仅仅懂得分析、归纳，更有对真理的信仰。仿佛他们认识真理的样子，就是简洁、普遍，这一点是不可能通过事实来直接导出的。

对真理（天理）的这种认知、感觉和信仰，就是人的良知。因为它几乎没有太多的依据和道理。但那些伟大的科学家就深信这一点，所以他们就能突破常识的障碍，也就是习惯性思维的障碍，也就是潜意识的局限，而直通真理、直达天理。

我们再举一个爱因斯坦的例子。在爱因斯坦提出相对论前，大量的与相对论有关的事实和数学描述，就已经被很多的科学家收集到，或者提出来了。与开普勒和牛顿一样，这里也有一个类似于开普勒的科学家叫洛伦兹，他所提出的洛伦兹公式已经为爱因斯坦准备了一切。但他自己就是不能提出相对论的理论来，因为他也缺乏对真理（天理）的简洁性的信仰。他的数学公式非常之复杂，他当时也被局限在常识当中，这个常识的确是一般人无法突破的。

这个常识的突破与时间和空间相关。简单来讲，就是要相信一个物体的空间大小是不确定的，就像一个人的高矮，可能是一米八，也可能是一米六，这一点谁能接受、谁又想得通呢？看一场电影可能是两个小时，也可能是 20 分钟，这一点同样让人没法理解和接受。我们常人都认为一个物体的空间大小是确定的，一个事件的时间长短也是确定的，这叫作空间和时间的确定性，或者叫绝对性。在这样的常识基础上，洛伦兹的公式就只能是复杂的。

爱因斯坦深信真理（天理）是简洁的、普遍的，一定可以找到非常简单的定律来解释一切的现象，但要推翻时间和空间的绝对性。爱因斯坦颠覆了常人脑袋中的时间和空间概念，颠覆了我们关于时间和空间的常识，提出了时间和空间的相对性，否定了时间和空间的确定性、绝对性，立马从洛伦兹公式当中导出了非常简单的相对论公式，由此带来了物理学革命。

我们提出这两个例子是想证明真正的创新有两个前提：

第一，从意识层面，我们要深信事情还能做得更好。深信这个世界本来就是完美的，如果我们做得很不完美，那是我们的问题，我们要去寻找真实存在的完美。

第二，阻碍我们找到完美的障碍并不在外面，也不需要历经千难万险。障碍我们的往往就是我们一直以为正确的、习以为常的常识。我们只要敢于放弃这些常识，并且承受这种放弃给我们带来的不习惯、不适应，我们就能发现更完美的存在。

我们在很多企业做变革的时候，开发员工的创造力就是这样进行的：我们往往会通过现场的一点一点的小改善，来让他们看到自己的力量，来逐渐颠覆他们认为事情只能做成那样的常识；让他们看到事情在自己的手中真的越来越好时，他们过去的潜意识形成的习惯的力量，就会慢慢地冰雪融化；他们的良知良能，也就是他们本来就具备的、能把事情做得更好的那股力量就能起来；他们的这种认知越来越强，改变的动力也会越来越大；很多年来未解决的问题就会迎刃而解。也就是说，员工的创造力关键在于他们要自我突破内心的障碍，最大的障碍就是认为事情只能这样，难以更好；其次就是要承受突破障碍时带来的不适应。

但要触动员工去做这样的改善，首先还是要让员工在意识层面看清自己真实的工作状态。很多员工不做改变，是因为他认为自己做得还不错。例如，他认为订单的准时交货率还过得去，其实他们并没有真实的数据来支撑自己的感觉。包括执行力，他们认为自己的执行力是比较低，但究竟有多低呢？他们也不知道。所以就会认为也还过得去，从而不去真正地改善。包括品质问题都是如此，某些主要的品质问题点所导致的不良比例究竟有多高？他们往往并不清楚。我们把真实的数据统计出来，放到员工面前，很多员工往往很惊讶，甚至很惭愧。

所以在意识层面，让他们产生真实的认知，是激发他们创造力的第一步。在引导他们改善的过程中，让他们逐渐看到自己的力量，颠覆他们认为自己只能做得那么好的常识是第二步。将意识的改变和常识的改变，以及习惯性思维的改变结合起来，就能渐渐到达良知。最后靠良知层面所涌现出的知行合一的能量，来成就员工的创造力。

唤醒良知做业务

扫二维码　听如是道

我们的理念是“唤醒良知做管理”，那在业务上我们可不可以一以贯之“唤醒良知做业务”呢？

业务这个领域更接近生意的本质，没有业务企业就没法生存。很多老板不一定是管理的高手，但一定是做业务的高手，做生意的高手。所以，很多把企业做大的老板们身上，有可能缺乏管理者的严谨，但一定不缺生意人的豪气、激情、智慧甚至狡诈，因为生意场上尔虞我诈的事情并非罕见。至少买家都希望付出低价格，买到高价值的产品和服务；而卖家却总希望卖出更好的价格。双方之间的博弈，是生意场上永恒的游戏。

所以，在这样一个领域来强调良知，恐怕会被很多生意高手认为是不务实的表现。因为，“生意场上只有永恒的利益，而没有永恒的感情”，这是很多生意人的口头禅。感情都靠不住，何况良知呢？这恐怕也是中国传统文化里头把商人的位置摆在士、农、工后面的原因。

那么我们今天来讨论一下“商”的本质究竟是不是良知。王阳明说：“良知即天理。”天理当然是这个世界最根本的道理。可见，良知是人从事一切活动的根本本质，那么在商业或者生意这种活动中，又怎么可能例外呢？

的确，我们在生意场中看到了太多坑蒙拐骗、以次充好的现象，而且这样的人还往往成了所谓的成功人士，开豪车、住别墅。有这样的示范效应，谁还会相信生意场上成功背后的良知呢？即便认真做生意的人不坑人、不害人，也会讲一些言行不一的话。比如说：明明不能准时交货，也要答应客户的交期；你接下订单明明做不到那么高的质量标准，也要拍着胸脯说没有问题；生意场上讲一些过头的话，许下一些不能完全兑现的承诺，几乎成了大家习以为常的潜规则。在这种情况下强调良知，恐怕会让人觉得生意都做不下去。

还有的人在生意场上靠吃吃喝喝、舍命陪君子来做业务、拿订单，他们觉得“宁可伤身体，也不伤感情”才是真正的生意之道，如果大家都能凭良知做事，不用再这样拼身体、拼感情地挣钱，那当然是好事，但别人跟你这样玩吗？

的确，生意场上的这些现象，大家都是司空见惯，也是习以为常的，但它是否真的就是事情的本质？我这里举一个自己经历过的例子来分享一下切身体会：

欧博公司是专做工厂管理咨询的，做了 16 年，为 600 来家工厂做过驻厂的管理变革，总结出了一套行之有效的管理模式。分为四个板块：一是生产计划运作板块；二是品质、成本现场改善板块；三是执行力提升板块；四是员工激励板块。

我们的业务大量的都是由客户转介绍，当然有一部分业务是由我们的业务部门联系一些陌生客户，主要是进了我们欧博工厂群但还没有跟我们欧博发生业务关系的企业。联系的目的是让我们的老师可以去这些企业进行宣讲，把我们的管理模式主要是四个板块的具体运作向客户做介绍，也就是说宣讲是我们整个业务活动的第一个动作。

我记得有一段时间，业务部门反馈很难约到客户宣讲。尽管宣讲是免费，但有些客户并不乐意接受咨询公司的产品推销，所以，他们的业务工作遇到瓶颈和障碍。他们也想了一些办法，但效果并不明显。我知道这件事以后，用良知理论对这种现象进行了分析。

我首先问大家："良知是什么?"我们公司很多人都知道王阳明那句话："良知即天理。"那"天理"是什么呢？他们也都知道《道德经》里面的那句话："天之道，利而不害。"也就是说利益大家才是天理，才是良知。而我们现在很多做业务的人，遇到了业务的瓶颈和障碍，首先想到的是自己的业绩和利益，并没有真正站在你所服务的客户身上去考虑。只有利己心，没有利他心，这就不符合天理，就没有生起良知。

这就只是在自我意识层面打转，只是为了自己挣钱而去做事，遇到困境，当然走不出来。而如果站在客户的角度想一想，他不了解你，他认为你是做推销的，拒绝你不是很正常吗？所以，你真有利他之心，就应该先理解别人，把我们的很多案例、做法、思想，摘取一些重要的、符合对方企业行业特点的内容，陆陆续续地发给对方。这样，既便于对方了解我们，又能给到对方一些帮助，哪怕我们不做他的生意，甚至不上门宣讲，都能帮到他。有了这样的利他之心和帮人的举动，我们的阻力一定会小很多。

大家接受了这样的思想。但也有人说：我们的确一直是抱着帮人之心来跟客户打交道的。我又继续问一句："良知是什么?"我说："王阳明对这个问题，还有一句回答叫'知善知恶是良知'，也就是说良知的重点不是善或者恶，而是对善、恶的知，重点在'知'。"我们现在发心帮客户，这是善，但其实这并不是良知的重点。因为我们想发心帮客户，但遇到这么多的瓶颈，就证明单单有帮客户的善良的发心是远远不够的，因为良知的重点在"知"。

那么，我们除了在帮客户的发心上是善以外，在"知"这个问题上，我们做得怎么样呢？以我们出去宣讲的产品四个板块为例，有多少人知道，在生产计划板块中我们有多少个动作？这些动作究竟是怎么做的？我们为什么要做这些动作？这些动作能解决工厂的什么问题？企业在实际运作的过程当中有哪些动作是没有做的？有哪些是做了做不到位的？后果又是什么？这一连串的问题，我们的业务员都能回答得清吗？答不清，能叫“知”吗？

你连我们究竟有什么，是什么，哪些地方能真正帮到现在的工厂，现在的工厂大量地是在生产计划上的哪些动作上存在问题都不是十分清楚。这样的帮人之心就是空谈，不是真正的良知，因为我们在“知”上下的功夫远远不够。

欧博做了16年，变革了600家工厂，不仅仅是因为我们有一个帮人的愿望，更重要的是，我们通过600家工厂的现场改善，了解了他们在哪些动作上存在问题，哪些是该做而没做的动作，是什么原因没做，怎样才能做到位，等等。这都是我们实际解决的问题，这才是我们公司生存以及出去宣讲的原因。

以企业生产的日计划为例。很多企业要么没有日计划，要么有日计划但不考核，要么有日计划的考核，但不敢奖罚。其实，根本原因在于他们没有频繁地做产前排查，尤其是物料的排查和对单动作。这就是为什么我们要在欧博的生产计划模式中重点设计车间的周生产计划及账面排查、工序的三天冷冻滚动计划及实物备料排查、车间的实物领料排查以及对单动作，包括我们要进行严格的采购管制，推行由计划部与采购部共享的《采购管制表》和《采购日计划》，这一切都是为了把生产管理的重心从产中提到产前。

只要严格地做好了许多的产前排查动作，生产日计划是一定可以考核和奖罚的，车间也是完全可以按日计划走的。这样就避免了生产打乱仗，又能调动大家的积极性。

这些事情在很多中小工厂都是做得很差的，我们做了600来家，90来个行业的工厂，我们是有这个发言权的。

基于这样的认知才能叫良知，有了这样的良知，你就不仅仅是有帮人之心，而且是非帮不可。因为大量的企业都在苦海当中，你去帮他们，不是求他们，而是救他们。有了这样的使命感和慈悲心，你跟客户沟通的语气，就不是业务员想赚钱的语气，而是想帮人的语气，你说话就不会顾虑、不会胆怯，因为你真的知道能帮到他。

以真知为基础的良心和善，才叫良知。既不了解自己，又不了解对方，空有一颗帮人之心，就一定会障碍重重，然后你还会左思右想而不得其解。离开了真知，所有的想都是没用的，都是痛苦而多余的；回到真知上，根本不用想就知道怎么做。

中国人提出良知的概念，就是因为我们发现了人心的这么一项了不起的功能，那就是不用想而能知，并且知了以后就能行。这一人心的奥秘，孟子把它称为“不虑而知，谓之良知；不学而能，谓之良能”。意思是真正的良知不需要思考。凡是绞尽脑汁，左思右想的时候，你都离开了良知，因为良知是不虑而知的，是直接看到的。就像我们欧博的业务人员，如果对我们四个板块的每一个动作都能了如指掌，并且对客户实际存在的问题也都了如指掌，那还需要思考什么呢？知道以后就能行，立马就是知行合一，这就是用良知做业务的妙处。

管理有道？

扫二维码　听如是道

“道可道，非常道”，《道德经》里的这句话，就让“道”蒙上了一层神秘的色彩，变得扑朔迷离。其实，“道”就是路，“道”的意思就是我们的行为都遵循一定的规律，就像我们开车或者走路要到达某地方，一定有一条确定的路径，而不可能是完全无影无踪、毫无轨迹可循地神出鬼没，有路径、有轨迹，这就是“道”。

那么，人的行为的路径和轨迹是由什么决定的呢？是由念头决定的。古语说：“心念一起，必着一道。”意思是：一个念头起来，必然会导致某一种行为。人的念头和行为之间有确定的因果关系。这种因果关系，就像一条道路，把人给框住了。这个人就活在这样的因果当中，按老百姓的说法，这就叫“着道”。意思是有一股力量会把人给框住，就像一条路，能够把人行走的方向和轨迹给框住一样。这股力量就叫“道”，其实，“道”就是因果。所以，“道”并不神秘，只是因果规律的神秘性的表述而已。

每一个念头的生起都有一定的因，每一个念头的生起，也都有一定的果。人就是在这种因果的念头中不由自主地前行着。说不由自主，是因为人的内心有三个层面：第一个层面是自我意识层面；第二个层面是自己都搞不清的潜意识层面；第三个层面是良知行为。人是被这三种力量挟持着往前走的。

自我意识层面，人是理性的，有选择的，人可以根据当前的认知，选择对自己有利的道路来走，这是意识层面的，这条“道”往往体现在我们的计划、目标、想法等方面。但这只是人内心的一股力量，并不是全部，并且这股力量并不是最强大的。因为潜意识的力量要比它大若干倍，这就是为什么我们很多人计划定得很好、想法也不错、目标也很远大，但往往实现不了的原因。

因为人的内心还有一股更强大的力量在支配着自己，让我们的行为走在另一条道上，这条道是从过去一路延伸过来的，是过往经历的一切在我们内心积累的结果。我们人经历的过去，虽然已经过去了，但它在我们内心却绝非了无痕迹，它一定会累积成一股力量存在于我们的记忆中。这股力量就是我们今天行为的主因，我们今天的行为就是它的果。我们看一看那些抽烟、喝酒、打牌、赌博的人，你就知道这都是“着了道”的。他们不需要意识的提醒，到那个时间或者到了那个场合，他就会做那件事。有时会精准得像身上装了生物钟，规律性非常强，老百姓把这叫作“瘾”，“瘾”就是“道”。

这些由“隐”而成的“道”是不受主观意识支配的，是过往习惯的累积。习惯的因果力量，会比主观意识的因果力量大很多。一个是内在的，一个是外表的。当人在这两股力量不相吻合的时候，就像是两股道上跑的车，一定是痛苦的，乃至分裂的，其实常人大都会处在这种状态中。

那怎么样消除这种痛苦和分裂呢？是不是只要把这两种力量合在一起就可以了呢？赌博，就一心一意地赌博；喝酒，就一心一意地喝酒。人完全按照自己的习性走，痛苦和分裂是否就消除了呢？如果真能够如此，人生就没有那么多悲剧了。酒鬼或赌徒，就会成为世界上最幸福的人。但事实显然并不是这样。

因为世界上还有一个更为根本的“道”存在，那就是“天道”。大千世界，姹紫嫣红、生机勃勃，花鸟鱼虫，千姿百态。这些动物、植物内在结构之精妙，远非我们人的智慧所能企及，这其中的因果规律，足以让人类赞叹。

生命的来，生命的去；生命的成长、发育；生命与环境的相互依赖，生物链条的环环相扣，这是一种什么样的力量在主宰呢？不管你把它叫作上帝还是佛、天，总之，一股生生不息的力量，无始无终地存在，它让一切的生命不停地演变着。这股力量，这其中的因果才是最大的“道”，是天道。与这股力量比起来，人的意识的力量、主观意志的力量或者潜意识的力量、习惯的力量，又算得了什么呢？天道的力量也照亮在人的身上，因为人也是生生不息的生命体，当我们依照天道的力量活着，我们就在良知上。这就是人心最内在的层面。

烟鬼、酒鬼、赌鬼不可能幸福。即便他们的主观意识和习性的潜意识这两条道完全吻合，他们也不可能真正的幸福。因为，他们与人心最内在的那条道——生命之道，也就是天道，是矛盾和冲突的。所以，要么就是他们的身体会受到伤害，要么就是他们的亲人会受到伤害，结局一定是不好的。

要让意识、潜意识、良知这三股力量，这三条“道”都统一起来，我们要怎么做呢？我讲一个具体的例子。

最近一段时间，我见了一些老板，他们跟我谈得比较多的是人的问题。有些老板抱怨说：有些员工跟着他们十几年，随着企业的发展壮大，这些老员工变得越来越消极，越来越没有工作的积极性。他也想了很多办法，包括送这些老员工去外面学习，花了不少的费用，但就是效果不大。他问我该怎么办。我说：“你为什么能够容忍他们处在一种消极的状态里呢？为什么不可以通过下任务、搞考核等方式，去逼出他们的业绩呢?”这些老板往往会说：“我就是下不了手啊！因为他们跟了我这么多年，我不忍心看着他们难受，我这个人就是心肠太软了。”

我听出他的言外之意了：因为我是一个好人，所以我做不好管理；要做好管理就不能做好人，而我做不到。这段话的言外之意，听起来真的是冠冕堂皇，好像懂管理会管理的人都不是好人似的，而他不会做管理，只是因为他是个好人。这么荒唐的结论，也能从他的脑袋中冒出来？

可见人的意识心有多么的厉害，竟然能够把一个人不会做管理的现象，归结为一个人善良的品性？恐怕没有比这更荒唐的事了！难道《管理学》是写给坏人看的？是培养坏人的学科？善良的人不适合学？那大学教管理的老师该坏成啥样呀？显然，这是不成立的。但这些人真是这样想的，他们错在哪里呢？错在他们不明白什么叫真正的善。

曾子在《大学》中把真正的善称为至善。何谓至善呢？与生命的方向相吻合的善才是至善。一个人的生命从生下来到发育、成长、壮大，这就是生命的方向。也就是说，有利于生命成长的善，才是真正的善；有利于生命力绽放的善，才是至善。

我对这些老板说："我们内心对员工如果真是善的，我们就必然要关心员工的成长。这些员工跟我们 3 年、5 年乃至 10 年，他除了挣到了一些钱以外，他成长了多少呢？他哪一天要离开我们了，出去找一份工作，他的工资能比现在高多少呢？能比 3 年以前、5 年以前、10 年以前，甚至刚刚跟随我们的时候高出多少呢？

"工资是一个标志，代表他的能力受到市场的认可。如果一个人跟着我们 3 年、5 年乃至 10 年，他走出去以后，工资都不会得到大幅度的提升，那我们就是犯罪，因为他没有得到真正的成长。如果他只能在我们这里挣到较高的工资，出去了就不行。那只是因为我们的感情，而不是他的能力，这样的感情终究也是廉价的，因为他的能力并没有真正地提高。

"一个干了十几年的人，整天消极地工作，他的能力能提高吗？他的生命力能绽放吗？他在工作当中会有真正的成就感和兴奋度吗？这样的工作状态表面上是舒服的，本质上是郁闷的。一个年轻人跟着我们这样干几十年，哪怕能挣到钱，他的生命都是极大的浪费！何况企业里面充斥着大量这样的老员工，这个企业一定是缺乏活力的，效率会越来越差，成本会越来越高，因为新员工一定会以老员工为榜样，企业是很难持续发展的。

“大家还得重新走向市场，但那时已经晚了，因为青春不在了，生命力也衰退了，而能力和经验不能远远高过年轻人的话，他们将会面临生存困难。这就是我们某些善良的老板所造成的下属的悲剧。

“所以，何为善呢？让你的下属真正地成长，让你的员工生命力、创造力充分地绽放，才是真正的善。而为此我们可能要采取很多让他难受的措施，如定目标、搞考核、给压力、搞 PK 等。”

有些老板可能会说：“我也想搞考核，但搞了没用。”我说，单纯的考核当然没用，我们的经验是“先帮后考”。你要考他，必须先要帮他，帮他解决完成任务、达成目标所可能遇到的瓶颈和异常。因为有些异常因素、瓶颈问题，比如说工厂里面经常遇到的物料问题、品质问题、设备问题、工人的技能问题等，就不是一个普通管理人员自己所能解决的。

企业或者老板必须帮助被考核的管理者，疏通这些瓶颈，协调解决了这些异常，考核才能正常进行，压力才能给得下去，而这是很多老板所不愿去做的事。他们既想考核别人，又不想自己搞得太辛苦，不想带着人去很麻烦地疏通瓶颈，协调解决异常，那当然就只剩一条路了，那就是：我对你好，你冲着我对你好的份上，为我好好工作吧！有用吗？事实证明没用。

搞了半天，我们很多老板对人好，其实，本质是对自己好，是不想自己太难受，也不让别人太难受，然后，我们就把管理做好了，这简直就是异想天开。这样的老板不是善人，而是幻想家。最终的结果就是：员工得不到成长，自己也得不到成长，企业也得不到成长，这样的“道”，与生命成长的天道完全背离。这是我们贪图好受、投机取巧的心理在作怪，是习性在支配我们。

我们走在习性的道上，然后我们用意识的力量去美化它，让我们自己觉得自己是善良的人，还不去为失败的管理承担责任。所以，这个例子提醒我们要走在天道上。

心在良知层面，我们内心就要敢于承受麻烦和痛苦。因为，去逼迫别人成长和进步，别人是难受的，我们也并不好受，何况我们还要去深入地做很多细节性的工作，为他们的成长扫平障碍，这些过程对于我们而言都未必是快乐的，但它能带来大家的成长，是符合天道的。

所以，如何让意识、潜意识、良知三股力量合而为一呢？一个字：苦。老百姓常说“吃苦是福”，诗人们说“梅花香自苦寒来”，都是这个道理。而要主动地去吃这些苦，必须用修行的心态来做管理，这就是曾子在《大学》里面所说的“自天子以至于庶人，壹是皆以修身为本”。

所以，说到底，管理没做好，归根结底是修行不到位，有了修行的心，一切的方法才用得上；没了修行的心，一切的方法都用不上。修行为本，方法为末，本末不可倒置。

西方的月亮有多圆？

扫二维码　听如是道

中美贸易战让很多人开始重新思考东西方文化的矛盾和冲突。表面看来，中美之间是一场经济冲突，是国家利益的矛盾，其实背后隐含着的、更深层次的是价值观的冲突，是文化的冲突。

美国人对特朗普的支持率现在呈现上升趋势，这其中既有美国人站在自己的角度看问题的因素，也有价值观的因素。也就是说，从他们的标准而言，他们认为中国企业的很多做法就不是真正的市场行为。以市场为导向的价值观是美国人乃至整个西方世界一种最基本的社会文化。尽管经过罗斯福新政和凯恩斯主义，西方的市场经济已经给予了政府介入以很大的空间，但市场经济的基本原则并未改变，依然是西方社会经济运行的基本原则。

自从亚当·斯密在《国富论》中系统地提出了市场经济的思想，指出了市场这只看不见的手的力量以来，市场化的思想和原则就成了西方经济甚至是西方政治的基本原则。而亚当·斯密的市场经济思想，是以社会分工为基本前提的。

分工带来了效率的快速提升，带来了资源价值的最大化。产品的使用价值被它的交换价值所替代、所掩盖，产品商品化了，人类的劳动生产力得到了前所未有的快速发展。用马克思的话说就是："资产阶级在它的不到 100 年的阶级统治中所创造的生产力，比过去一切世代创造的全部生产力还要多，还要大。”

如此大的成效，当然足以让西方人对市场经济顶礼膜拜，对市场这只看不见的手的力量顶礼膜拜，并且执着迷恋。在他们的观念中，凡是市场化的，就是好的、正确的、先进的；凡是非市场化的，就是坏的、错误的、落后的。这就是他们的价值标准，他们用这样的标准衡量一切的企业行为，乃至人的行为。

这种观念现在被中国社会的精英分子们所逐渐接受，尤其是在西方接受过教育的经济学家们广泛认同，并且奉为真理。但遗憾的是，这种价值观，这所谓的真理，其实是还有待时间检验的。因为它出现的时间在人类历史上不超过 300 年，与几千年的人类文明史相比，它还是很短暂的，所以，也就值得我们去审视。

我们先说一说一位美国学者、精神分析学家埃里希·弗洛姆对市场化社会的评价，他提出了“市场性格”的概念。他通过自己的心理治疗实践，得出如下结论：“从资本主义的早期到 20 世纪后半叶，社会性格发生了巨大的变化。形成于 16 世纪至 19 世纪末，至少在中等阶层中一直占着主导地位的那种独裁的、强迫性囤积性格，逐渐与‘市场性格’融合，或者前一种社会性格为后一种社会性格取代。

“我之所以选择‘市场性格’这一用语，是因为个人把自身体验为一种商品，而并没有体验到自身的价值，或自己的‘使用价值’，他是把自己体验为一种‘交换价值’。人成了‘人格市场’上的商品，其价值标准如同在商品市场上一样。唯一的区别是这边待价而沽的是‘人格’，那边是货物。对于两者来说，重要的都是‘交换价值’，而‘使用价值’只是一个必要但不充分的先决条件……

“人所关心的不是自身的生活和幸福，而是自己的销路……他们的自我是伟大的，不断变化着的，他们从没有一个真正的自己、一个核心以及一种对自我的体验……‘市场性格’既不爱，也不恨。爱和恨这些过时的情感，与这种性格结构不符。或者更准确地说，这种性格的宗旨，就是按照‘机器’逻辑在运转，具有这种性格的人只是这架机器的部件……

“事实是：具有‘市场性格’的人，与任何人（其中包括他自己）都没有紧密的联系……具有‘市场性格’的人，在情感问题上表现得特别幼稚……‘市场性格’并不是描述这类人的唯一名词，也可以用马克思的概念称为‘异化的性格’。这种类型的人与其工作、自身、周围的人以及自然界的关系，都是一种异化了的关系。用精神病学的术语来说，这种人的性格是‘精神分裂症样人格’。”

弗洛姆是美国20世纪70年代著名的心理学家，他得出的这些结论，更多的是源于他的心理咨询实践。在他的眼中，这是一个病态的社会，是一个人成了机器和商品的社会，是人作为“人的价值”丧失了的社会。甚至在他的分析当中，他把“市场性格”归结为“精神分裂症样人格”。

我不知道，一个美国精神分析学者，根据自己的实践提出的对美国社会的看法和描述，怎么就可以让我们熟视无睹呢？西方社会经过了几百年的市场化的发展，在物质财富上取得了巨大的成功，但它的弊端也是显而易见的，那就是“人的异化”。从马克思开始，有良知的社会学家就不断地在批评市场化社会对人精神层面带来的困惑和障碍。

但迄今为止，我们还只是看到市场经济带来的物质财富和感官刺激，而它带来的人们精神层面的人格异化甚至分裂，以及情感的普遍丧失甚至爱的能力的丧失、爱心的丧失，我们还在熟视无睹！

每一个从20世纪五六十年代过来的人对此都有切身的感受：现代的人是越来越富裕了，但人与人的关系也越来越冷漠了，人心也越来越冷酷了。五六十年代我们很穷，但我们有大家庭的温暖，有组织的归宿感。而今天，我们即便拥有了很多财富的人，在精神层面拥有的感觉也是孤独的、压迫的。不知道有多少人值得信任，也不知道究竟该信任谁，不知道依靠谁，只有靠自己努力地打拼，但又不知道何时是个头，完全可以停下来，但你却又不敢停下来。尽管很多人的命运受自己的主宰和影响，但是实实在在感觉到的自己却是在狂风暴雨、惊涛骇浪中漂流的一叶小舟。

很多中国人，尤其是一些所谓的成功人士，都有这样的感受，却还仍然认为市场经济的原则是毋庸置疑的，还把自己的苦难当成个案对待，而不敢深刻地思考游戏规则本身的问题；还被眼前物质的繁华所遮蔽，还不敢扪心自问一句：我究竟要什么？人活着究竟为什么？很多穷过、富过而人生又快走完的人，还不得不带着一脸的迷茫走向终点。真的可悲！

假如没有中美贸易战，中国人也许还会沉浸在物质的繁荣当中，而对精神的贫困睁一只眼闭一只眼。但中美贸易战一打开，当我们物质的繁荣也岌岌可危的时候，当某些经济学家喊出“苦日子要来了”的时候，我们仿佛被惊醒。但我们惊醒之后的第一个反应却是：怎样让物质的繁荣继续下去？而当这种可能性面临问题的时候，我们开始惋惜、开始愤怒，甚至开始准备忍受，忍受苦日子的到来。

但其实这是真相吗？真相为什么不可以是我们原来就不一定对呢？美国人的那种经济模式本身就不一定对呢？市场经济本身就存在很大的弊端呢？弗洛姆对美国社会的批评和抨击，难道没有根据吗？难道不是事实吗？更早一点，19 世纪马克思对西方社会的批评难道就没有根据吗？没有根据，怎么会影响大半个地球？我们自身这几十年的变迁给我们带来的感受难道也是假的吗？现在社会物质发达、人格沦丧的现象，难道只有少数人能够感受得到吗？只有少数人是受害者吗？如果这一切的问题都是事实，那我们为什么不可以对“市场经济”四个字重新审视一番呢？

市场经济是建立在分工基础之上的，社会分工带来劳动生产力的极大提升，并且随着交换成为常态，而让人们各自拥有的物品的价值最大化的同时，也密切了人与人的经济关系。但分工本身也在强化着人与人之间本来就已经出现的差异。

这个世界因为差异而变得丰富多彩，但却因为一体而变得生生不息。

差异只是生命的表象，一体才是生命的本质。孔子在《论语》当中讲的“和而不同”就是这个意思。“和”是指一体，它是世界的本质。所以中国人都知道“和为贵”，中国生意人都知道“和气生财”。因为它是世界的本质，我们本质上就是一体的，是相互依赖、相辅相成的。孔子提出的“仁”，其核心表达的就是一体。在《论语》中，樊迟问仁，孔子答道“爱人”，这就是“仁者爱人”的说法。

“爱”就是一体的方式，也是一体的体验。古语说“仁者无敌”。无敌，就是没有对手，没有对立，与万物一体，哪来的对立呢？王阳明在解曾子《大学》的“大”字时，言简意赅地说道：“大人者，与天地万物为一体者也。”(《传习录》)

所以，一体是中国传统文化的核心思想。正因为人与万物本来一体，我们才能对万物有恻隐之心、仁爱之心。孟子说“恻隐之心，仁之端也”，就是这个意思。人与万物本是一体，我们才能对万事万物能够“不虑而知”。孟子把这称为良知。就像脚上踩了钉子，我们的脑袋和心必然知疼一样，因为他们是一体的；就像我们的孩子冷了、饿了，我们必然心疼一样，因为我们的心与孩子必然是一体的。

推而广之，我们只要让自己的心毫无障碍地与万物一体，我们就能了知一切的事物变化，并且很好地应对，我们就能活得很好。这里，既不需要我们过多的思虑，也不需要我们拥有太多的物质财富，好山、好水、好空气，这才是我们生活质量的根本保证，而这是大自然已经为我们准备好了的。按照西方基督教《圣经》的说法，这是上帝在创世纪的时候就已经完成了的。

《圣经·创世纪》第三章讲了亚当、夏娃被逐出伊甸园的故事。这个故事估计特朗普忘得一干二净了，我们有必要给特朗普解一解《圣经》中的这段故事。

这是一个关于亚当、夏娃吃禁果的故事。亚当、夏娃被上帝造出来以后，无忧无虑地待在伊甸园里，上帝跟他们说：伊甸园里树上的果子你们都可以吃，但园中间那棵善恶树上的果子，你们不能吃，吃了会死。上帝走了后，夏娃受蛇的唆使，吃了善恶树上的果子，又动员亚当也吃了善恶树上的果子。上帝回来，发现他们吃了善恶树上的果子，便把他们逐出了伊甸园，从此人类过上了有苦有难的日子。

为什么亚当、夏娃吃了善恶树上的果子能够分辨善恶，上帝反而要惩罚他们呢？《圣经》当中此处有一个细节的描述，是被很多人忽略了的，那就是亚当、夏娃没吃禁果之前，他们一丝不挂，但不觉得羞耻；而吃了禁果以后，仍然一丝不挂，却顿觉羞耻。

这个细节描述是领悟《圣经》的关键。人看自己的身体时，才能一丝不挂而不觉羞耻。也就是说，在未吃禁果之前，亚当看夏娃和自己一丝不挂的身体而不觉羞耻，说明在他的心里，他看夏娃好像看自己一样，夏娃看亚当也是如此。而吃了禁果以后，他有了分别心，把自己和夏娃不当成一个整体看，一体感消失了，自我意识生起来了，看对方不再像是看自己，羞耻感便油然而生。

《圣经》告诉我们什么呢？这个故事告诉我们：人们本来彼此之间乃至与万物之间都是一体。这时候的人是幸福的，他们无忧无虑地待在伊甸园中，这是人的本来面目。后来人有了分别心，有了自我意识，人与人乃至与万物的一体感破坏掉了，尽管人很努力地活着，创造发明无数的物质财富，都不可能再回到伊甸园中那无忧无虑的状态。

它告诉了我们世界的真相：一体感才是世界的本来，一体感才是人类幸福的根源，分别心不是。这就是《圣经》故事为什么能流传2000多年的原因。

市场经济是建立在“分”的基础上的“合”。所以，不管怎么样，它不是究竟的，不是根本。没有“和”的文化做基础、做土壤，它运作得再好，都只会让社会的人格从“市场性格”演变为“精神分裂症样人格”。

西方社会的发展，其实既有市场经济的力量，更有基督教信仰的力量作为社会文化的基础，否则西方社会是难以维系的。特朗普今天的做法绝对是背离了基督教一体化的信仰，这样的一个生意人出身的政治家，把政治也当成生意做，用市场经济的原则来处理人类种族的关系，这是违背基督教精神的。离开了一体化的信仰，市场经济是走不远的，因为社会不可能由“精神分裂症样人格”的人来主导。

我们要反思的是，这几十年的经济改革，市场化得到了极大地发展，但作为其基础的一体化文化并没有同步发展。也就是说，现在是我们弘扬中国传统文化，用孔孟的仁义道德思想来强化人们在精神和心灵层面一体化的工程的时候。失去了这种基础的市场化发展，我们置身其中的人会富而不贵，同时还会被美国人牵着鼻子走，所以还是中国那句老话讲得对：打铁还需自身硬。

制度为何难落地?

扫二维码　听如是道

西方的管理思想和管理工具，在中国大量的中小企业都遇到了无法落地的现象。很多的中小企业制度不少，流程文件也很多，但就是流于形式，执行力很差，以至于现在在咨询培训界，“怎么提高执行力”都成了一门收费很高的课程，或者是咨询项目。

但这样的培训课程和咨询项目，并没有能真正提高企业的执行力，因为讲这些课程的老师和做这种咨询项目的顾问，并没能真正了解企业执行力低下的本质，他们给出的方案也只能从“术”上来解决，而不能从“道”上去解决，所以没用。

那么，企业执行力低下，企业的各项管理制度以及流程文件落不了地的根源究竟是什么呢？这是我们接下来要探讨的问题。

我们在前面探讨中美贸易战的时候，谈到了中美之间的贸易之争，其本质是东西文化的冲突。因为美国人把“市场经济”的价值观奉为至高无上的价值观，而我们也谈到了，市场经济是以社会分工为基础的，是建立在“分”的基础上的“合”的文化。

以“分”为基础的“合”，不是世界的本质，不是世界的本来面目。因为《圣经》告诉我们：亚当、夏娃无忧无虑地生活在伊甸园中，他们在未食禁果之前是幸福的，他们赤身裸体，但不觉羞耻，他们看对方就是看自己，所以不会害羞；而吃了善恶树上的果子以后，他们能分辨善恶，分别心起来了，看对方不能再有看自己的眼光了，自我意识起来了，在意识当中，把自己和对方分开来看了，一体感没了。上帝便把他们逐出了伊甸园，他们过上了有苦有难的日子。

这个故事告诉我们，人类原本的状态是一体的，原来的心态是一体感和一体心。在这种状态下，人就是幸福的，一体心变成了分别心，是人类痛苦的根源。

所以，必须回到以一体为基础的状态当中去。西方倡导的市场经济，强调的是分工基础上的整合，是以“分”为基础的“合”。它在西方社会能创造经济的奇迹，是因为西方社会有2000年的强调一体文化的基督教做基础。也就是说，市场经济的价值观绝不是至高无上的，它借了社会普遍存在的宗教信仰的力。

西方人建立在基督教信仰基础上的一体化思想，才是西方社会最根本的价值观。离开这种根本的价值观，西方人试图把市场经济的价值观当成绝对真理，来让全世界接受，这是行不通的。因为只有根本的东西、本来的东西，才能成为普世的真理。

中国的传统文化无论儒释道哪一家讲的都是一体的概念，儒家讲“仁者爱人”，是讲一体；王阳明讲“大人者，以天地万物为一体者也”，是讲一体；佛门《金刚经》讲“无我相、无人相、无众生相、无寿者相”，是讲一体；禅宗六祖慧能讲“无念为宗，无相为体，无住为本”，讲的是回归一体的修法。

道家讲“无名，天地之始，有名，万物之母”，是在讲一体。因为“无名”的状态就是世界的本来状态，这时候，万物是一体的；而有了名以后，世界才呈现为万般模样。当然不是说没有名字时，我们就会把所有的东西看成一样，而是说没有名之前，我们会把所有的东西，看成是一个整体。就像未食禁果前，亚当看夏娃，不会觉得两个人长得一模一样，但他觉得夏娃是他身体的一部分，他们是一个整体，他看对方就像看自己，所以不会害羞。

《道德经》讲的“无名”和“有名”两种状态的区别，并不是“无名”状态下世界的一切都一模一样，没有差别；“有名”以后，事物才变得各不相同。《道德经》讲的不是这个意思，“无名”和“有名”两种状态下世界是一样的。“无名”状态下，我们看这个世界是一个整体，是王阳明讲的“以天地万物为一体”的状态。这时候，我们的心是一体心，我们的感觉是一体感。而“有名”的状态，是我们的分别心起来了，自我意识起来了。我们把自己和世界区别开了，甚至对立起来了，然后我们把世界的万事万物都互相区别分开，这叫“有名”。

这样理解我们也就懂了《道德经》讲的“道生一，一生二，二生三，三生万物”是啥意思。因为“道”就是我们“以天地万物为一体”的状态和心态。所以，“道”不在外面，“道”在心里，没有一个客观的物质性的神神秘秘的“道”。

我们的一体心就是“道”，“道”就是我们的一体心。而当我们的分别心起来，自我意识起来，把自己和外界分开，便生出了二和三，乃至万物。但这并不代表万物原来不存在，而只是说，原来这些在我们心里都是一体的，现在我们心里把它们割裂开来，分别对立了，而这是一切问题的根源。

所以儒释道三家和《圣经》一样，对世界本源的看法都是一体。一体心才是最高价值观。在这种价值观下，东西方文化就是统一的，相通的；偏离这种价值观，任何其他的价值观都难以整合世界。西方的“市场经济”价值观，整合不了全球经济；同样的，西方的管理思想，以及建立在这种思想基础上的制度、工具，也整合不了全世界的企业管理。

西方的管理思想和方法，也是建立在“分”的基础上：无非就是分工、分责、分权、分利。这种“分”的思想的确能给企业管理带来极大的效益，让西方的企业涌现出了非常多的全球性样板，从而让他们的管理模式成为世界的模板。但这些管理模式和工具在中国的中小企业几乎都遭受了“滑铁卢”式的遭遇，有而无用，或者有也用得很差。什么原因呢？因为我们又忘了一个前提，那就是西方的企业管理，也是建立在西方的社会文化的基础之上的。

基督教的社会文化，既为西方的市场经济模式提供了前提条件和基础，同样也为它们以“分”为标准的企业管理模式提供了前提和基础。也就是说，他们有了一体文化作为基础，他们强调分工、分责、分权、分利等，以“分”为特征的管理模式才能行得通。

我们现在的中小企业是一个什么状况呢？大家根本就不把自己和企业当成一体来看，认为自己只是短暂地待在这个企业，打一份工，挣一份钱，仅此而已。员工看老板的眼光，不觉得跟自己有钱以外的关系；老板看员工的眼光也是如此，只有利益关系，没有人与人之间的一体关系。没有一体心，只有分别心；没有信赖，只有使用。在这样的心态背景上，西方这套管理模式就失去了基础和前提，所以没用。

有人可能会说，利益也是纽带呀！利益关系是相互依赖的关系，但这种关系是短暂的，是随时可能被取代的。所以，企业才会出现那么多不稳定的现象，因为利益能够让人走到一起，也必然能够让人分道扬镳。团队因利益而产生，团队也会因利而消亡。这样的团队是不稳定的，支撑不了一个企业的稳定发展。

真正做大的企业有几个没有经历过艰难坎坷呢？走过来靠的是利益吗？靠的是彼此的认同和对目标的认同。这种认同感是先于利益而存在的一体感，有了这样的一体感和一体心做基础，利益共同体才能形成。否则，所谓的利益共同体就是无源之水，无本之木，就是海市蜃楼。中国的很多企业起起落落、跌跌撞撞，其根源就是如此。

何况，即便为了钱，很多企业的人也可以不认真执行企业的规章制度。现在钱已经成了一块企业管理的鸡肋，没它不行，有它也未必有用。因为现在在企业打工的人，普遍都没有归属感，没有归属感，就不会心甘情愿地去执行。你可以处罚张三，你可以开除李四，但你能把所有有这种心态的人都开除、都处罚吗？你会发现你将无人可用，这也就是他们敢不执行的原因。因为大家都一样，法不责众，你只能妥协。何况我们很多企业还根本搞不清谁没有执行。就算万一被你逮住了，他也会找若干个理由为自己辩解，然后让你没辙。

我们的结论是，只要员工认为企业跟自己无关，他就一定有足够的办法摆脱你的制度约束，而又让你拿他毫无办法。

我们可以看一看极端的例子，就是那些决定立马离开企业的员工，你看他对企业的制度和领导是个什么态度，你就明白了企业的制度和领导平时在他心中是个什么东西，那就是：这一切与我无关。你此时就能看到一切事情的真相，管理就会演变为一场博弈。当然它会有一个不算太差的平衡点，那就是我们中小企业现在这个样子，彼此妥协，彼此无奈，彼此苟且。想靠制度解决这个问题是不可能的，相反，只有解决了这个问题，制度才会变得有用。

所以，不是靠制度来让我们一体化，而是要靠一体来让我们制度化。只有能培养员工一体感的企业家才能带团队，才能让制度管理这个团队，才能让企业健康发展，这个顺序是没有人能够改变的。做大了的那些企业，其实都是从小做过来的。我们研究任何一个企业的成功经验，都能发现，给员工一体感是这些优秀的企业家身上共同的品质和能力，在他们的企业有了一体的文化做基础，制度就变得有用了，利益的激励，也就变得有用了，而不是相反。

企业家唤醒大家一体感的能力，或者说给团队注入一体感的能力是分水岭。而企业家具备这个能力，源于自己的修炼和良知。这就是《大学》下面这段话的含义："古之欲明明德于天下者，先治其国；欲治其国者，先齐其家；欲齐其家者，先修其身；欲修其身者，先正其心；欲正其心者，先诚其意；欲诚其意者，先致其知；致知在格物。”格物致知，就是致良知，良知就是一体的知。

2000 多年的经典，传到今天，不可能因为市场经济而被颠覆，也不可能因为西方的管理制度而被否定。相反，只有按照经典的思路走，在自身的格物致知下足功夫，培养自己的一体感、一体心，唤醒大家的一体感、一体心，才能引入西方的各种先进的管理模式和工具，才能创造中国特色的企业管理思想模式和案例。

在这一点上，日本的企业家比我们明智，他们没有盲目地崇拜西方的管理模式，而是通过实践去构造一系列的、富有东方特色的企业管理思想。

如稻盛和夫的“阿米巴经营”。他的经营哲学就是打造一体化的企业文化，这是基础和前提，这是稻盛先生非常看重和反复强调的。他的管理会计就跟西方的管理工具非常类似，而他的企业肯定也上了 ERP，肯定也有 PMC 的运作和表单，也有一套 QC 管控系统。但因为他的经营哲学，解决了团队一体化和人心一体化的问题，那些管理工具无论源自西方还是东方，才有了落地的根本。他的经营哲学其实更多的源自王阳明心学和中国的儒释道思想，所以解决团队的一体化和唤醒人的一体心，是制度落地的关键。

怎样带团队？

扫二维码　听如是道

我每次跟一些中小企业老板见面交流的时候，都感觉到“人的问题”是他们最关心的问题。他们也会关心事情层面的东西，例如，工厂内部生产计划不合理、订单总是延期、产品品质经常遭到客户投诉、生产成本越来越高、采购的物料不能准时回来等问题，一个工厂老板当然是关心的，但更让他关心的还是人的问题。

因为他知道，这一切的问题之所以长期存在而得不到解决，关键还是人的问题。造成这些问题，是因为人，解决这些问题，还是要靠人。对于“人的问题”怎么解决才是一切问题的关键。

而在人的问题上，很多老板又认为是员工的知识不够、素质不高等原因造成的问题。所以他们大量采取的措施是招人、挖人、换人，中小老板也敢于花比大企业还高的人工工资请大企业有经验的管理人员来自己的企业，也舍得花大价钱送自己的人出去培训。但“人的问题”依然让这些老板们很失望。

有一个老板曾经跟我说，他 10 年差不多换了 10 个厂长；生产计划部前几年建立了，运作了 1 年左右又撤销了；技术部门目前也只有试做一些非核心技术的研发工作，核心技术还是一直沿用早年购买的技术。我了解了一下这 10 位厂长的经历，其中大部分人都是从外面直接挖过来。他们原来所成立的 PMC 部（计划部）经理其实就是企业原来就有的跟单员转了一个身份而已。

我问，这个跟单员懂得 PMC 的运作吗？他说，不懂，只是根据以往的经验。我问，那谁能教他呢？他说没有人教。由此，我又发现，其实这个老板带团队的一个主要障碍是自己并不能培养下属：培养不出厂长，培养不出计划部经理，也培养不出专门的技术人员。说到底是他对自己的企业一些关键部门和岗位的工作究竟该怎么做，怎么才算做到位了，做好这件事有什么难度，等等，他是没有概念的。这样，他当然无法去培养这些岗位的优秀的人。因为他没法改变他们的工作，没法教他们，没法让他们成长，甚至都没法真正地理解他们，这就是他哪怕能招到各个岗位的专业人员也用不好的原因。他的内心没有办法与这些企业里面关键岗位的人和事一体。

所以我劝他，老板要办好企业，首先要学会带队伍。而带队伍的前提是，在老板的内心，要能把一个企业基本的框架装到心里去。这个框架内一些关键部门和岗位的运作方式，老板的心里应该是清楚的；部门和岗位之间是一个什么样的关系，老板的内心也要清楚。

就像下棋，我们得有一些基本的棋谱才行；一个乐团的指挥，不一定什么乐器都能演奏，但他指挥整个乐队的乐谱是肯定有的，而且还会进到他的心里去。什么时候什么乐器该发出声音，该发出怎样的声音，该表达怎样的情绪，这些声音和情绪是什么样的演奏导致的，这些，乐团的指挥都是清楚的。

交响乐团的指挥家可不是打拍子的，而是艺术情感的再现大师。所以，在交响乐的艺术家的排序中，作曲家毫无疑问是第一位的，因为它是乐谱的创造者、设计者。有他，我们一切才有谱。指挥家是第二位的，有他，一切的谱才能变成现实，音乐艺术才变成我们普通大众所能感知的。也许他任何一种乐器都演奏得不如乐团中的任何一个演奏者，甚至很多的乐器，他都未必真正懂得演奏，但他的音乐地位是高过任何一个乐器演奏者的。

真正的音乐都是乐手演奏出来的，指挥家只是在台上舞动着双手而已，这双手没有接触任何乐器，也发不出任何悦耳的声音，但他为什么就如此重要呢？有的人可能认为没有他，大家难以整齐，你这又是把指挥家当成打拍子的了。你去到交响音乐会的现场，就会发现，整个的演奏过程，乐手们并没有从头至尾盯着指挥家，因为每个人面前都有一个乐谱。

那指挥家真正的作用是什么呢？是在平时训练的时候，他把整部音乐，从整体到细节，从声音到情绪，都装在了心里，然后变成了针对每个乐手的要求去训练他们。也就是说，整个乐团演奏出的效果已经存在于他的内心；各个乐手，如何演奏才能达到这样的效果，也已经存在于他的内心。这才是他心中真正的“乐谱”。有了这样的谱，他才能指挥大家，训练大家。尽管他根本就不是哪一样乐器的演奏高手。

有谱才能训练人才，有谱才能带好队伍，这个谱就是团队运作的整体概念和模式。有了这个谱，大家才能一体。所以，一个老板对企业各个环节的不了解，是他带队伍的巨大障碍，因为他带队伍就会“心中没谱”。他的心中没有这个“整体”的概念，大家又怎么可能在现实当中呈现出一体的相来呢？佛门说“相由心生”，心中没有一体，境上就很难一体，这就是我们看到的中小企业的现状。

所以老板首先要解决“心中有谱”的问题，才能解决团队一体化的问题。当然，也绝不是要老板们既能做 PMC 经理，又能做研发经理，还能做车间主任，还要能做业务经理，这当然是强人所难。就像你要求指挥家既是小提琴演奏家，又是钢琴演奏家，还能把小号吹得很棒，这是不可能的，也是不必要的。

但指挥家对他乐团任何一个乐手的工作，都绝不陌生，都绝对具备欣赏、理解、判断、调整任何一个乐手工作方式的能力，否则他就没有资格做一个指挥家。因为他在训练乐团的时候指挥不了这些乐手们，因为他训练不了他们。所以，我们讲的老板带团队，要对团队的各项工作心里有谱，也讲的是能欣赏、能理解、能评判、能调整的能力，而不是说你样样都要能做，并且做得很好。

懂得欣赏艺术的人，未必都是能创作艺术作品的人，而只是与艺术能心灵相通的人。心灵相通，就是一体。所以我们讲的老板的这个能力，说到底，是他与团队一体的能力。

幸运的是，交响乐团演奏时的指挥只能有一个，而我们企业的老板，却可以有几个，甚至更多。只要大家能够彼此分工协作，完成一体化的这件事，相比交响乐团的指挥来得容易。当然，把几个股东整合起来，也并非易事，需要整合者以及各个股东具备彼此欣赏、理解、判断、调整的能力，这也是合伙经营的最大障碍。解决这个问题的方式，跟了解团队中各个部门各个岗位的工作是一样的。大家心中必须有一个整体的谱，才能很好地合作。

刚才我们谈的是老板带团队要完成的第一件事，叫“心中有谱”。谱，就是整体的框架，有谱就是有一体感、一体心。

第二步，我们把它称为“心中有爱”。其实企业里面有很多事情，员工不按要求做，不认真去完成，并不仅仅是他不会做，而是他不愿做。也不是有多难做，或者做得有多辛苦，但他就是不愿意做。

有一个老板跟我说：我真是搞不懂他们，明明他们做得到，他们就是不给你好好做，这究竟是为什么呢？我说：你想知道答案吗？他说：当然想。我说：其实答案很简单，因为他觉得，你及你的企业与他无关。这位老板被我这句话深深地震撼了！因为他仿佛看到了企业里这些让他头疼的人内心的目光！我这句话其实没有任何高深，但当时他的表情给我留下了很深的印象：冷漠的人心、办企业的孤独感，无意当中被我一语道破。这的确是很多企业的悲哀、老板的悲哀、管理的悲哀。

在彼此无关的人心上做管理，无异于把沙漠变成绿洲，不容易！这几乎是一件明知不可为而又不得不为之的事情，但我们能抱怨谁呢？怪员工吗？他们也是一路被人冷漠地对待走过来的。

想一想富士康跳楼死了的那十几条人命，谁又给了他们一个说法？到现在为止，有关于富士康员工接二连三跳楼的最终报告吗？责任给谁了？怎么担责的？十几条人命，不也就被一个世界级企业的光环遮蔽得无影无踪了吗？这是极端的例子。

那些发生在各个企业的不重视员工的行为，甚至伤害他们权利的现象，则构成了佛门所称的“众业”。这个“众业”是要所有的企业来承担的。也许我们今天并没有得罪或伤害过我们下面的员工，甚至我们还培养和成就了许许多多的下属，但这改变不了承担“众业”的因果。什么意思呢？就是说我们的员工在别的企业受到的那些不公以及漠视，会成为他在你这个企业冷漠的根源。

谈恋爱曾经受过伤的女人，不是喜欢讲“天下没有一个好男人”吗？那你可以想见，抱着这种想法的女人，会对她后面遇到的男人有多好吗？她后面遇到的男人肯定会觉得自己很冤，因为他并没有伤害过这个女人，为什么这个女人如此地不信任自己呢？自己的爱为什么得不到相应的回报呢？在这里，一对一的因果规律好像失效了。这也是很多人喜欢到庙里问法师“为什么好心没好报”的原因。这都是不懂得“众业法则”的缘故。

我们要有一体感，要知道众生是一个整体，这个老板和这个员工曾经见过的别的老板，也许根本就不认识，这个企业和他曾经工作过的企业也许毫无关系，但在他的心中是一类，都是他打交道的老板和他工作的企业，你认为的不同，在他那里变成了相同，这就是人心的作用。

所以，王阳明说“心无体，以天地万物感应之是非为体”。过去的事与今天的事，会在他心里相互感应；过去的人也和今天的人在他的心里相互感应；很多老板看员工的眼光，不也是这样吗？有几个员工背叛了自己，他不照样开始不相信别的员工了吗？

所以，首先我们要接受这件事，不要认为自己有多好，就可以有等量的好报；要有不管对方好不好，我都一直好着去的想法。这的确有点冤，但除此之外，也别无他法。你要防，防不胜防；你要算，算来算去，误了自己。

我们对孩子是什么态度，就只能对下属是这个态度，这才是真正的一体心、一体感。所以古语才说“打虎亲兄弟，上阵父子兵”。这句话的意思并不是说一个人一定要有多少血缘兄弟，父母一定要生多少孩子，而是只有在你心里把大家都看成这种兄弟关系、父子关系，你才能够真正达到一体。这就是曾子在《大学》里讲的“亲民”的意思。

一个“亲”字把中国式管理的根本点透了。西方人讲领导学要讲无数的方法，中国人讲领导力，只要讲一个“亲”字就够了，“亲”就是一体。

为什么全天下的人做父母都不要考证？父母是一个恐怕比世界上所有的职务都重要的岗位，难度系数也是最大的。但既没有培训，也没有证书，个个都能无证上岗，人类的那些圣人们、智者们为何不去解决这天大的问题？因为不需要人们去解决了，上天已经给我们解决了，一个“亲”字解决一切。所以，人当父母的，只要搞清楚是不是自己亲生的就够了，其他都不是问题。

一个基于血缘的“亲”字，只解决了怎么当爹妈的问题，没有解决怎么做管理的问题。中国的儒家思想解决了这个问题，方法就是“推己及人”，把一个“亲”字延伸，这就是曾子提出的“亲民”思想，也是孔子提出的“仁者爱人”的思想。有了“亲”和“爱”的心态和眼光，你就会发现“四海之内皆兄弟”（《论语》）。

儒家思想2600年来成为中华民族社会管理的主流思想，就是因为它孜孜不倦、生生不息、一代又一代地完成着一件事：让人与人之间通过“仁爱”和“亲民”成为一体。我们在企业里面，按这样的思路照着做就是了，几千年都是成功的，我们在企业里面怎么会做不成呢？

怎样管人心？

扫二维码　听如是道

我们在《怎样带团队》一文中，谈到了中国传统文化儒家思想提倡“亲民”和“仁爱”来解决团队一体化的问题。因为，团队的一体化是我们每个团队成员看对方的眼光，或者说，是看待自己与他人、与企业相互关系的一种态度。当员工觉得自己与团队其他成员无关，与企业无关的时候，管理是很难做的。因为大家的内心是冷漠的。

我们只有用曾子讲的“亲民”和孔子讲的“仁者爱人”的精神，才能融化这种冷漠。只有当员工觉得这个企业是关心他的，关心他的成长和未来的，他才会认为这个企业与他有关。因为这个企业成为他成长的土壤，他才会心甘情愿地接受企业的管理，制度也才有用武之地。所以，我们的观点是，一体化先于制度化，就像一家人，是先有一体，后有分工、分责、分权、分利。

我们也谈到了如何实现一体化的两个步骤：第一个步骤叫“心中有谱”。就是企业老板对企业运作应该有一个整体的概念和框架，就像棋手要有棋谱，乐团指挥要有乐谱一样。一体化的第二步是做老板的要“心中有爱”，视员工为家人，而不仅仅是劳动力。

“爱”这个词总有点让人觉得唱高调的感觉，虚得很。有些老板会问：那员工犯错误呢？业绩不好呢？我是“爱”还是“不爱”？这让我想起《论语》当中的一段对话。有人问孔子："以德报怨，何如?"孔子说："何以报德?"然后孔子提出："以直报怨，以德报德。"孔子在这段对话当中，并不要求我们无差别地对待一切。

其实无差别地对待一切，本身就不公平，人家做得好，做得不好，你都是一个态度，那不严重挫伤了做得好的人的积极性吗？所以，对于做得不好的人和事，就应该批评教育，甚至处罚，因为这是他应该得到的。给他应得的评价和结果，这叫"直"。意思就是，让他"种瓜得瓜，种豆得豆"，承担因果，不要添加人为的修饰。这就是孔子"直"的意思，因为因果是天理。

有些人可能会说，我们依然强调批评、处罚，那"仁爱"和"亲民"去了哪里呢？其实，从表象上看，我们是根据员工的业绩来奖罚员工，但行为背后的动机，还是可以截然不同的。

因为员工业绩不好，而影响到我们的利益，或者员工犯的错误，造成了我们的损失，基于这样的动机，我们会处罚员工。这样的动机是从老板的个人利益出发的，这样的现象我们见得很多，有的老板甚至一气之下就让员工赔偿几千元、上万元，但客观效果却非常糟糕。有可能是罚不下去，最后言而无信，影响老板自己的权威；也有可能罚了下去，员工走人，企业业绩受更大影响，损失的还是老板；就算员工留了下来，他会带着很大的怨恨工作，要么就低效率，要么就以其他的错误来回报企业。

总之，靠罚把员工罚怕了，罚服了，罚出高效团队的现象，我们做了500多家企业的变革，没看到这样的管理奇迹。看到的是老板的无奈和疑惑：为什么他们明明错了，并且给企业带来了不小的损失，为什么就罚不得呢？

其实，不是罚不得，而是处罚的动机有问题。套用一句毛主席说过的话："惩前毖后，治病救人。"你处罚别人，如果是为了治他的病，救他的人，你当然可以"惩前毖后"；如果你只是因为自己的利益受损而惩罚别人，这在动机上就已经与他人对立的了，动机上不能一体，是对立的，当然制度就会失效，就会不罚也错，罚更错。因为我们已经多次谈到了一体是制度有效的前提。因私而处罚他人在行为上已经是对立了，那么我们必须寻求动机上的一体，否则，就是彻头彻尾的对立，结果当然不好。

什么叫动机上的一体呢？就是抱着为他好的心态去看待他的错误。

员工在企业里面业绩不好，或者累累犯错，要么就是他的工作能力有问题，那你就得想办法提高他的工作能力，培训学习或进行工作指导；要么就是他的工作方式有问题，那你就得指出他的问题所在，让他调整自己的工作方式；要么就是他的工作心态有问题，或者专注力不够，那你就得了解他这种工作心态背后的原因，能帮他解决的帮他解决，需要他改正的向他指出来，要求他改正，并且要告诉他，他这样的心态给他自己带来的后果；如果他是遇到了自己没法解决的瓶颈，我们就要帮他去疏通这些瓶颈。

总之，所有这些问题既会造成他不好的工作业绩，以及他的工作错误，从而给企业和老板带来损失，也会阻碍他自己的成长，影响他的收入和心情。也就是说，企业和老板是他这些行为的受害者，他自己更是这些行为的受害者。企业还可以通过换人来避免受害，而他到哪个企业去做事，都会深受其害。很多人跳来跳去，一事无成，不就是这个原因吗？

所以，作为这些人的老板，为什么不可以跳出自己的利害关系来看待下属的错误或者业绩呢？老板跟员工本来就是命运共同体，但从自己出发的管理举措，就会导致彻头彻尾的对立；而从员工出发的管理举措，却会有不同的结果。

我的很多客户经常会觉得奇怪，他们会说：为什么我们罚几百元钱都没用，而你们欧博老师罚几块钱，却有用呢？

我说：第一，我们罚员工也是为员工好，罚他一点钱是让他知道自己做错了，或者做得不好。这种处罚更大的含义是提醒，而不是为了收拾他，是帮他，而不是整他。第二，我们尽管处罚金额小，但频率会相对较高，因为我们会频繁检查，发现问题就予以提醒，避免小错累积成大错。第三，我们都是针对非常具体的过程当中的错误来进行奖罚的，而不是只针对一个最终的结果。所以，员工行为的对错几乎是无可争辩的，罚也罚得心服口服。第四，我们处罚以后都会在员工该怎么改进上做指导。企业的处罚往往只针对最终结果，员工的改进还是要靠他自己想办法，而我们的处罚是针对员工具体的行为做出的，该怎么改我们也都清楚，自然处罚就伴随着帮助的动作。

总之，有了帮人的发心和帮人的动作，就有了彼此的一体。这样，罚和不罚就都可以根据实际情况来实施了，该罚就罚，这就叫“以直报怨”。就像我们对待孩子，有了父爱母爱做前提，“骂”也骂得，“打”也打得，因为这都是爱的方式而已。哪个孩子的成长没有被父母责罚的经历？但又有几个孩子长大以后会记恨父母？因为他知道你是为他好。

而这一套做法，其关键并不在于有爱心，而在于你能不能清楚地知道他犯的是什么错？什么原因犯的错？他的业绩不好究竟是什么原因？客观原因是什么？主观原因又是什么？并且当他的错误出现的时候，你要快速地知道，因为时间一长，犯错一多，事情就很难追溯了，就只能眉毛胡子一把抓，笼统地去批评或者处罚人。这样的批评和处罚既容易伤人，又不可能让他真正心服口服。因为他也想不起究竟错在哪里了，你也没法具体地帮到他，你失去了帮他的机会，自然也就失去了罚他的机会。

我们有的管理者寄希望的就是罚他一次，然后让他自己想办法去，这样的甩手掌柜谁都想做，谁都能做，又有谁真正做到的？所以，我们讲的一体化的第三个步骤叫“心中有知”。“心中有知”，不代表什么都要你去了解，我们可以靠系统来解决这个问题。其实西方所有的现代管理工具和方法，解决的都是一个“知”的问题。

ERP 解决的是整个工厂生产运作过程当中每个环节的数据问题：物

料的数据、产量的数据、成本的数据等。理论上来讲，ERP 系统可以把整个企业任何一个环节发生的事情，都通过数据呈现出来，这就是 ERP 被很多企业奉为神明的原因。但遗憾的是，我们大量的中小企业因为异常的频发和表单的大量缺失，以及表单填报的及时性和准确性问题重重，从而让 ERP 几乎陷于瘫痪，而只能起到物料计算的作用。起不到对生产过程的监控和指挥作用，这是无奈的现实。国内大的 ERP 供应商都已经不再把中小企业当成实施的重点，就是证明。

另一个现代的管理工具就是 ISO，它对企业运作的整个流程和各个细节的动作都做了详细规范，如果它能有效运行，那么企业的运作过程和细节当然都在领导的掌控之内。但事实是流程文件写得很好，大家也都心知肚明，但就是写而不做，这也是无奈的事情，过程又在这里成了黑洞。

第三个比较常用的管理工具就是 KPI 考核，它是企业了解管理人员工作业绩的觉知系统。如果它能有效执行，管理者每个月的工作业绩都能被领导觉知。但很多企业在 KPI 考核上，要么因为假数据很多，要么因为标准定得不合理，过紧或过松而处境尴尬。但是实际上，以月为单位的考核周期已经够长了，很多过程当中的问题已经得不到改善，过程还是容易成为黑洞，这就是“阿米巴”每日核算工作业绩的魅力所在。

综上所述，怎么了解过程当中的员工业绩和行为是管理见效的制高点。我们欧博通过 500 多家企业的变革实践，发现以日计划、日考核为特征的，以天为单位的管理模式和对过程行为频繁检查的稽核模式，是能将企业的大大小小问题充分曝光的。

也就是说，计划部（PMC）和稽核部的有效运作，能让企业的领导和老板真正做到“心中有知”。有了“知”，我们就能及时改正别人的错误，帮助别人提高自己。在这个过程当中，为了提醒和督促他们，适当地处罚是正常的，也是行之有效的，这是我们 500 多家企业变革的切身体会。没有帮人之心，没有频繁觉知，不罚不行，罚也不行，这就是孔子讲的：“人而不仁，如礼何?”（《论语》）意思是没有“仁爱”做基础，“礼”又有什么用呢?

孔子讲的“礼”，跟我们讲的制度相类似，都是约束人的。只不过，“礼”更内在一些，制度更外在一些，更强制一些。但不管怎样，离开了“仁”这个一体化的基础，强硬的制度和不那么强硬的“礼”，都是没用的。那些不明白制度为何没用的人，可以在孔子这句话里找到答案，孔子被称为圣人，就是因为他的话不会过时。

企业如何知“天命”？

扫二维码　听如是道

前几天跟我的一位下属聊天，他是一位项目组长，进我们公司也有五六年了，按道理讲，应该是一个很厉害的项目组长了，八九十万，甚至上百万元的项目都应该拿得下来，但是实际上每次跟他分派项目的时候，我们还是不放心把大项目安排给他，基本上还是让他做一些相对较小的项目。

这个老师其实是很敬业的一个人，专业能力也没有问题，但在他以往的项目中，我却发现这是一个不太能跟“麻烦”打交道的人：如果项目的老板很好处，人际关系也不复杂，人员的对抗性不大，那么，他能把项目做得很好，因为他做事还是一把好手；但如果项目老板不好打交道，强势而善变，或者项目企业的股东特别多，人际关系复杂，企业方意见本身很难统一，他往往就会陷入被动当中，自己痛苦，事情又难办。

最近我找他做了一次沟通。我问他：“自己想过导致这种结果的原因是什么吗?”他跟我说：“因为自己在工作当中过于执着，不会变通，不懂妥协，情商不够。”我跟他说：“你看到的是表面现象，我们做管理变革，既要改变企业的事，又要改变企业的人，没有坚持的精神，肯定是改不了的，但一味地对抗，也肯定是走不下去的。

“所以，不能简单地拿执着还是妥协说事，关键在于你是否透彻地了解事情的本来面目。如果你能透彻地了解事情的本来面目，那么该坚持的，你就会坚持，因为这件事情本身需要你坚持；该变通的，你就会变通，因为这件事情必须我们变通，否则就做不下去。坚持还是变通，或者说，执着还是妥协，都不应该成为我们的个性，而应该成为我们透彻了解事情之后的应对方式。

“透彻地了解事情，把这些人和事在心里融会贯通是很辛苦的。因为这不仅仅是做的问题，还是一个‘知’的问题，要进行系统的、深层的觉知和思考。但如果我们省去了这段辛苦的过程，而是轻易就拿出一个态度来，我们就必须面临是执着还是妥协的选择，因为这时我们的意见和态度，很容易跟别人的想法相碰撞，我们就会陷入痛苦之中，因为我们没有找到对大家都有利的那个点。所以，要想不痛苦，就要先辛苦；要想不辛苦，就会有痛苦。

“辛苦是事情造成的，而痛苦是选择造成的，是人造成的。所以，我们作为企业管理变革的负责人，对任何事情有明确的态度之前，都应该尽可能地把事情想透，让自己的心与这些人和事浑然一体。多去现场，多跟大家交流沟通，多了解以前的做法，这是与大家一体的方式，当然这样做是辛苦的，但这样做了以后，我们更容易找到对大家都有利的点，方案拿出来以后，阻力肯定会小很多，就不会经常面临坚持还是妥协的两难选择。

“当然，前提是我们平时就要对企业的问题有系统的思考，有充足的把握，把握事情的天理和规律，我们就不会处处为难和被动了。所以，凡是在人和事上经常两难的人，都是理上不通的结果。理上一通，心上必通。所以我劝他注意力不要放在是执着还是妥协上，而是要放在怎么把事情的理彻底地弄通上。”

通过与这位下属的对话，我感觉到要想做到管好人心，我们自己必须做到“心中有理”。

前面我们讲了带团队的三个条件：心中有谱，心中有爱，心中有知。今天我们重点谈一谈“心中有理”，因为这是处理我们人与人之间矛盾的一个关键切入点，处理不好，我们必然面临两难：一味妥协，我们很难成事；一味坚持，我们就会天天对抗，最终也很难成事。

那“心中有理”的“理”究竟是什么呢？很多人把它理解成我们张口就来的“理”，有的人还特别喜欢，又特别擅长讲出各种各样的“理”来。但我们发现，越是能讲这些“理”的人，越是容易跟别人闹对立，越是成不了事，因为他的“理”在跟别人对立，别人不可能配合他，他当然成不了事。可见，我们讲的“心中有理”的“理”，应该不是人人嘴上的“理”，那它究竟是一个什么样的“理”呢？它是“天理”。何为“天理”？《道德经》讲“天之道，利而不害”。也就是说，老天的理是对一切都有利的，是“善利万物”（《道德经》）的。

《道德经》讲的“道”，曾子《大学》讲的“至善”，王阳明讲的“天理”，其实都是在讲一个东西，就是这个世界上有一股力量存在，这股力量是有利于一切生命的，它绝不会造成生命的彼此对立；这股力量是世界最本质的力量，因为世界本质就是一体的，绝不是彼此对立的。我们只要回到良知这个层面，就能找到这股力量，看到这股力量。所以，王阳明讲“良知即天理”。

所以，判断我们的“理”是不是“天理”，就看我们的“理”有没有对立面。有对立面就不是“天理”，因为天理没有对立面。“天”涵盖了一切，它跟谁去对立呢？天理是利益一切生命的，我们要找到有利于一切生命的这个点。

事情本身有一个理在，它不是我们人为加上去的，不以我们的主观意志为转移，我们需要做的是去发现它。因为一件事情，把诸多因缘放到一起来，那这件事情从长远来看，应该是对各种因缘都是有利的，否则，这种事情就持续不下去，就不可能长期存在。

就像一个企业由老板、管理者、普通员工所组成，那就一定有一个对这三方都有利的解决方案存在，就是企业的发展。只要三方不各自执着于自己的利益和想法，他们一定能找到对三方都有利的方案。这个“理”一定存在，否则，企业就不可能成为一个常态。现在企业里面各方面的矛盾重重，说到底是因为各自都站在自己的角度看问题，也就看不到那个对大家都有利的“理”了，所以禅宗六祖慧能讲“无念为宗”就是这个意思。

我们要相信，事情本来是对大家都有利的，因为有一个这样的“理”在。但我们过分地看重了自己，我们就不可能行在“理”上。也就是说，如果企业的人，无论老板还是管理者，或者是普通员工，都不把自己看成是主宰，而只把自己看成是整体当中的一个因素而已，都深知自己与其他因素的彼此依赖性，都知道还有一个更大的整体存在，那就是企业本身，并且把企业看得在自己之上，那我们的一体感就会起来。

破坏企业一体感的，首先是我们把自己放在企业之上，如老板认为企业是自己的个人财产，我想怎么做都是我的事，那他必然就会把企业的另两拨人管理者和普通员工，看成是自己的附属物。这样的老板，也强调一体，有些老板在企业里面搞“家”文化，就是按这个思路来完成团队一体化打造的。但事实往往很让人失望，因为这种“家”文化的一体化，老板就已经凌驾于企业和其他人之上了。老板成了“天”，他的想法成了“理”，这样的“天理”，不是真正的“天理”。因为“天理”的“天”是全体，而不可能是全体中的任何一个部分。

大自然当中任何一个物种都不能够统治其他的物种，鲜花不能统治小草，老虎可以吃斑马，但统治不了斑马。所以王阳明讲的“天地万物为一体”（《传习录》）是指万物平等为一体，因为这是宇宙天地真实的状况。所以，老板背离了“万物平等”这个前提，把自己凌驾于企业和其他员工之上来打造一体，是不可能实现的。这样就会出现老板带头违反制度、不受流程约束等特权现象，企业里面其他人也一定会效仿，最后都我行我素，随意而为，把自己的个性和感受凌驾于企业制度之上。这就是老板不把自己放到企业之下，不平等看待管理人员和员工，最终承担的后果。

所以，稻盛和夫先生给中国的企业家送字的时候，特别喜欢送“敬天爱人”四个字，意思是：“敬天”先于“爱人”。我们爱员工，把他们当自家孩子一样爱。但前提是先要知道，我们和员工都是靠企业这个“天”来生存的。企业又是靠市场这个“天”来生存的，这叫“天外有天”。

我们不可以把自己凌驾于企业这个天之上，把自己当上帝。我们也不可以因为爱员工而把自己凌驾于员工之上。我们要懂得“敬天”：敬“市场的天”，不要随意而为，要符合市场的需要；要敬“企业的天”，遵守企业的流程和制度。尽管企业名义上是自己的，但绝不可以为所欲为，因为企业比自己大。

我们老板其实都很清楚，绝不可以把企业账上的钱随意直接地揣到自己兜里，必须要经过企业所得税和个人所得税两道程序，才能变成纯粹的个人财产。所以，哪怕纯粹的私人企业，也首先是社会的，其次才是完全个人的。企业所得税和个人所得税都能高达40%～50%，这就表明企业的社会属性并不是一个很小的概念；其次，来企业工作的这些人，更不可能成为老板的私人财产，他们说走就走，用他们的话说就是“此处不留爷，自有留爷处”。

所以，如果谁要把自己凌驾于整体和对方之上，那么对方也一定会凌驾于整体和自己之上。这样的一体怎么可能实现？这就是稻盛和夫劝我们“敬天”的原因。有“爱”先要有“敬”，才能打造一体。

很多父亲认为儿子是自己生的，甚至一切都是自己给的，而且自己充满了对孩子的爱，把自己凌驾于儿子之上，结果经常会成为倒霉的父亲，一体实现不了，甚至彼此的怨恨比陌生人还强烈。问题出在哪里呢？还是出在一个“敬”字。当然不可能是去“敬”儿子，而是要“敬”既“生”了自己，又“生”了儿子的那个“天”。

表面上看父子之间是因果关系，但实际上父子又都是大自然的产物。吃喝拉撒都与天地万物相关。所以，做父亲的千万别认为你给了孩子的一切，你就真给了一切！孩子时时刻刻呼吸的空气是你给的吗？孩子生命不可或缺的水和食物是你造的吗？如果真是，那你就是上帝了。

我们有些做父亲的，真就把自己当成了孩子的上帝。他把上帝的权利都给剥夺了、取代了，他能不遭惩罚吗？我也是个父亲，个中滋味当然明白。所以，任何时候我们不论是在企业，还是在家庭，都不要扮演上帝的角色，都要假设还有一个上帝存在。其实，上帝是不是真的存在，一点都不重要。重要的是你假设他存在，你就知道你不是上帝。否则，你会错把自己当上帝，这样的团队一体感是打造不了的。

从父子关系来讲，孩子的精神体、情绪体跟父亲之间，就更没有必然的因果关系了，因为他的精神世界，可能受别人的影响更多，情感世界可能对别人的依赖更大。这样，他与你的关系就越发变成同一个屋檐下的关系。意思是做父亲的，别太把孩子当成自己权力的对象，当然也别太把孩子当成自己责任和义务的对象。

无论权力、责任还是义务，都要懂得适可而止，止于天理，止于至善。一切符合他根本的需要、成长的需要就好，而不是要让他如何如何地比别家的孩子快乐一千倍，幸福一万倍，以此证明自己做父亲的能耐。总是在证明自己，这对孩子、对父亲可能都是痛苦。

我想这样适可而止的关系才是父子人格平等的本义！才是父子互相尊重的关键！因为在这里父子找到了一个他们生命的共同源头，也就是“天”，他们之间的“理”才能是真正的“天理”。

企业内部也一样，老板和员工要找到一个真正的源头，老板不是员工的源头，员工也不是老板的源头，他们共同的源头是市场、是客户，以及为了满足市场和客户需要而存在的企业和产品。找到了这样的源头，老板和员工就真正平等了。

对于这样的源头充满敬意，就是老板和员工都必须履行的职责和使命。有了这样的使命感，老板管好员工是“替天行道”，员工要求老板也是“替天行道”，违背市场和客户需求这样的天道，谁都不会有好果子吃。这样的道理天天讲，月月讲，年年讲，毫不为过。所有人的良知也必然会与之相应，因为这是天理。

所以，老板千万不要为了自己去管员工，就像父亲不要为了自己去管儿子，也不要简单地说成是为了员工而管员工，因为员工也不信。唯一让大家相信的事实就是：失去了市场和客户，我们都得下岗。也就是说，按照市场和客户的要求管员工，并且管自己，才能真正地知“天理”、行“天道”，因为你找到了“天”。

要打造一体，必要承认独立。孔子在《论语》中说“君子和而不同”就是这个意思。“和”表示一体；“不同”表示差异，表示独立。只强调一体，不承认独立，不接受差异，一体感成为强权，不会是真正和谐的一体；只强调差异和独立，只会四分五裂。只不过西方人更看重差异和独立，他们从差异和独立出发来谈一体，所以他们讲“对立统一”；东方人从一体出发看待差异和独立，所以，我们讲“道生一，一生二，二生三”（《道德经》），“道”就是一体，“二和三”就是差异和独立，儒家讲“和而不同”，也是把“和”放在前面。

东西方思维方式在顺序上有所差异，这代表着侧重点的不同。但既承认一体，又承认差异和独立却是相同的。因为一体就在差异和独立之中，差异和独立也是一体的不同表现而已。所以，准确地表述，佛门用“不一不异”是准确的，“不异”代表一体，“不一”代表差异和独立，这就是世界的本质，也是打造团队应有的世界观。

管理怎能不难受？

扫二维码　听如是道

做管理，很多人并不是不懂得怎么做，而是过不了难受关。例如，在我们欧博的生产计划模式中，我们要求计划人员必须天天组织车间班组之间、工序之间以及前后车间之间进行对单，以此搞清楚生产的实际进度，以及产品的配套状况。防止后工序急着要的，前工序不急着做；前工序正在做的，后工序不急着要；或者前工序不配套生产，导致最后没法组装，造成大量的在制品堆积在车间，而客户的订单却又做不出来，这实在是许多中小工厂的现状。

工序对单是解决这些问题非常有效的方法，同时也只有这样做了，计划部门才能把准确的《生产日计划》下给各个工序。除此以外，我们还需要计划部门每天组织仓库的物料排查，对于车间未来几天要执行的生产计划所需的各项物料，进行实物排查和备料，发现欠料就频繁跟催，直到上线前物料回来为止。

有了这样的对单和排查动作，我们的《生产日计划》就能够准确地下下去，并且实施考核，以调动大家的积极性，以提高企业效率和员工收入。这项举措我们在500多家项目企业进行了实施，事实证明是非常有用的，能明显提高订单准交率，缩短生产周期，大幅提升生产效率。这样一种生产计划模式，曾经被中欧商学院的学术刊物《中欧商业评论》2013

年第 11 期评为生产管理的“球赛模型”向社会推广。

但就是这么一个既被专家认可，又被企业广泛证明有效的管理动作，在项目企业实施时，却总是会遇到不小的阻力。有的人只在电脑系统上做账面排查，而不愿意去做实物排查，被迫做一些实物排查，发现了欠数，也不去频繁跟催，或者把责任推到采购员头上。

总之，排查备料动作很不到位，车间对单也不会对到工序，对到具体的加工零件，而只在生产协调会上，车间主管之间大致地对一下，动作也不到位，不知道细节。这样的对单，也无法对下达具体到达工序的《生产日计划》有实质性的帮助，生产计划的管控没法到达细节。结果就是：我们生产计划模式中的车间对单动作也有，仓库排查动作也做，但准交率的提升和生产周期的压缩却不能明显地发生改变。有些企业的人还以此为借口，说这些动作没用。

在这种情况下，往往只有靠加大稽核检查的频率和力度，让动作真正地做到现场去，才会让效果明显地显示出来。

其实，在这个过程当中，没有谁会认为欧博的做法是错的。当然也有少数迷信 ERP 的人员反对这样干，而认为通过 ERP 的系统运作能解决这些问题。但其实大多数中小企业的管理者都深知，中小企业有那么多的异常出现，包括供应商物料的异常、品质的异常、设备的异常、人员的异常等。极端不稳定的中、小工厂，试图依靠 ERP 来彻底解决生产管理的问题并不现实。

因为 ERP 真正的有效运作，需要相对稳定的生产条件。事实也证明，绝大多数中小工厂的 ERP 系统，只能提供物料需求的静态计算，根本没法保证车间物料的及时供应，更无法自动生成车间可有效执行的《生产日计划》。这样的 ERP 只相当于一个进销存软件，或者是 MRP 软件而已，真正在企业做管理的人都明白这些道理。所以，他们很少旗帜鲜明地反对我们欧博的做法，但他们很多人也不会老老实实地就按欧博老师要求的去做。

明明对的，为什么不做呢？因为麻烦，因为难受，麻烦也是难受，所以归根结底是因为难受。难受的事情谁愿意做呢？所以管理的效果，不在于对错，而在于如何突破难受的关卡。这个道理就像一个小孩子读书一样，要想成绩好，方法其实很简单，天天认真听课，认真做作业，成绩能差到哪里去呢？但你要那些成绩差的同学天天那么认真，他就是做不到。原因绝不是因为你的要求是错的，而是因为他按你的要求做，他难受。

所以，打造一体化的团队，最难打造的是打在大家的“难受”上，并不是打在对错上，也不是打在利益上。如果是按照我们的排查、对单动作做到位了，企业效益起来，大家的利益也会提高，但难受还是会成为一道迈不过去的坎。

从理论上来讲，解决问题、打造团队要靠一体；我们去做排查、去对单，就是为了让前后工序一体，让车间和仓库一体，让需求和供给一体。彼此清楚了解对方的实际状况，肯定能更有效地互相协调和配合。所以，动作的有效性是毋庸置疑的。大家面对面，不用去猜，不用去想，不用去“以为”，问题肯定能清清楚楚，这就叫“不虑而知，谓之良知”（《孟子》）。

通过面对面一体的动作，我们的良知就能起来，知行就会合一，解决问题的有效动作就立马可以拿出来。只要我们频繁跟进，检查不断，让执行者的状况和企业的要求一体、让执行者的动作和他应担的责任一体，效果就肯定会出来。所以，一体是解决问题的方法，这肯定没错，但上述这些一体的动作，都让人难受啊，怎么办呢？这才是关键。

禅宗六祖慧能讲过一句话叫“无相为体”（《六祖坛经》），六祖慧能又解释了这个“无相”的意思是“于相而离相”（《六祖坛经》）。也就是说，六祖慧能讲的“无相”，并不是没有“相”的意思，而是要离得了“相”。总之，六祖慧能告诉我们：要真正的一体，核心在于“离相”。离什么“相”呢？痛苦的“相”，舒服的“相”，习惯的“相”，不习惯的

"相"，等等。

很多人，特别是一些取得一定成功的人，都容易掉在某一类特殊的"相"中，例如，有些做讲师的讲课讲得不错，就只愿意在讲台上讲，跟人讲起管理来一套一套，全是真理，但全没用。因为他把这类东西讲出来，你听着不难受，他讲得也兴奋，但你真按他的要求去做，你一定不那么舒服的。

因为他讲的能让你兴奋的东西，一定是你没有做到的。你都做到了，那你早就知道了，你会花那么大的价钱去听他讲吗？然后你又很兴奋？这不可能。你认为他讲得对，讲得好，就是因为你觉得按他这么做，真的会很好，但前提是你现在没有按他这么做。

其实，到这一步，关键的时刻还没有到来，就像我们请客吃饭，还只是上了一些餐前小吃，正菜还没上，有些老板就已经听得兴奋不已了，几万元、几十万元的听课费就已经交出去了，仿佛收获满满了。就像人家请你吃饭，你吃点餐前小吃，就觉得吃饱了，吃好了，就被别人隆重招待了，然后心满意足地抹抹嘴，享受了一顿大餐的感觉，但其实正菜压根还没上。正菜是什么呢？正菜是你真的按照他这样去做的过程，把他讲的变成你的实践。

你吃"正菜"的时候，那些讲课的老师，是不会陪在你身边的。因为那时，你的难受和不习惯就会起来，而且会愈演愈烈，这个过程能否顺利走下来才是关键，才是正菜。那些只知道在台上把人讲兴奋的人是不会参与你这个过程的，因为那时你难受，他也难受。如果他也不习惯难受，他就不会陪你难受，他讲的东西对你就没用，因为你不可能真正地发生改变。

而他不愿意陪着你难受，说明他所讲的东西他自己也没做到，如果他真正做到了，他陪着你，他是不会难受的，反而会有真正的成就感和度人的慈悲心。所以，为什么儒释道三家的大成就者都会努力地去带弟子，度他人？因为他们是践行过来的，他们自己所讲的东西、所信的东西，是实践过的。

这些东西给人带来的难受，他们自己是经历过的，是有办法面对这种难受的，是不会被这种难受所障碍的，这种人才会带着你去把自己讲的东西和行的东西，跟你一起去实践，陪你一起去难受，然后一起走过去，直到发生真正的改变。真正堪称“师”的人都是这样的人。而不是那种：我讲的都是对的，你按照去做就好了，做了是你的福报，不做也不是我的错。这种人是演说家，而不是真正的“师”。

其实这种人也是不可能真正透彻的，因为他自己都不身体力行，不去承受改变的痛苦，他哪能确信自己讲的就一定对呢？当他沉湎于在讲台上风光的“相”，而排斥实践当中难受的“相”时，他就还离不了“相”。没有了“离相”的功夫，他哪能见到真正的“体”呢？他的心就不可能与他所讲的东西真正一体，也不可能让听他讲这些东西的人，与他们所听到的东西真正一体，改变，就不可能发生。

这也就是现在的培训大师层出不穷，收费极高，而真正改变的老板和企业微乎其微的根源。也是欧博一定要坚持驻厂咨询，与众多企业一起朝夕相处至少半年或一年，或更多时间的原因。只有一起经历，才能真正改变；只有敢于一起经历，才证明你曾经真正走了过去；你指的路径才不会踩空，才能真正引导人们走过去。这是一条艰难的路，但也是唯一的路。

只有既能高高山顶立，能讲能说，又能深深海底行，能做能改，在这两极之间自由穿梭的人才靠谱。因为要一体，就要“离相”；要“离相”，就要能在不同的甚至反差极大的“相”之间来去自由。能这样自由去来的人，才是有“离相”功夫的人，才是真正“悟体见性”的人。这样的人才能与万物一体，才能回到“体”上。

为什么一个成功者总是要经历磨难？因为成功和磨难就是两个极端不同的“相”。只有在这两个极端不同的“相”上，你都进得去，还都出得来，你才具备“离相”的功夫，你也才具备了与万物一体的能力，你才能得心应手地调动一切力量，因为万物与你一体，一切为你所用，你能不成吗？

有的成功者，一生经历的波折甚至还会有若干次，其实，这每一次都能让他“离相”的功夫大增，让他与万物一体的境界更高。“离相”和一体都不是一步到位的，都是层层推进。所以，佛门经常讲“修行开悟之人，也要若干个回合才能真正证果”，就是这个意思。遗憾的是，很多有所开悟的讲师因为执着于讲台上的风光，不愿意去经历实践当中的痛苦和难受，最终离相和一体的功夫，局限在了台上风光的层面，而不能真正帮到信他的那些学员。

所以，要带团队就要懂得一体；要懂得一体，就要培养“离相”的能力。就要敢于在自己不习惯和难受的时候，坚持对的东西，承受得起企业的起起落落，坦然接受企业经营管理过程中的不同的“相”：享受是好的，难受也不排斥；成了是好的，败了也能从中得到成长；对了，我们高兴，错了，也能总结经验教训；一切都是对我们有利的。

这就是曾子《大学》里讲的“止于至善”；而一切都敢于经历，这就是曾子在《大学》里所讲的“亲民”；保持“至善”的心，去经历一切的“相”，最终就能达到曾子在《大学》中所讲的“明明德于天下”的境界。

企业家的天下就是市场，占领市场要靠“明明德于天下”，只不过企业家的“明德”是以产品和服务为载体的。“明德”就是“良知”，企业的产品和服务，就是企业家的良知。所以，曾子在《大学》中所讲的“格物、致知、诚意、正心、修身、齐家、治国、平天下”的道理，对企业家来讲是千真万确的。佛门把它浓缩为“无相为体”四个字：在难受当中培养自己和团队“离相”的能力，在不习惯当中去经历一切该经历的事。这是我们通俗的总结。

我们在前面的文章中谈到了打造一体化团队的四个步骤：心中有谱，心中有爱，心中有知，心中有理。我们现在可以加一句：心中无相。四个“有”加一个“无”，也称得上是在“有”“无”之间穿梭了。“离相”的功夫就在其中。

到底害了谁？

扫二维码　听如是道

前几天跟一位大学教授聊天，他谈到他们学校有一位教历史的老师，在课堂上发表了一些自己的观点，立马被学生在校方打了小报告，结果这个老师受到了校方的警告。

这位朋友谈到这件事的时候，并不是说他一定赞成这位历史老师的说法，也不是反对那位同学的观点，而是觉得这位同学如果不赞成老师的说法，为什么不可以公开地在课堂上讲出自己的观点呢？或者课后约老师做一个讨论，以阐明自己的观点呢？以打小报告的方式来对待老师的讲课内容，表示不同意见，这种行为太不友善，太缺乏诚意。

因为你如果只是不赞成老师的意见，那么采取前面两种方式，就可以表达你的想法了；如果争执不下，再到校方也还讲得过去，因为这起码是真诚的。而私下报告给学校，这显然只会造成老师的被动。如此，他感慨：现在的人真的缺乏诚意呀！

最近网络上传得多的新闻，其中有一条是吉林长春的“疫苗事件”。这件事真让人对现代的某些企业有多少良知表示担心：为了挣钱，竟不怕害死别人，造假能造成这样，真也挺吓人的！

前几天在网上还看到了几则关于某知名地产公司建筑工地连续出现建筑物倒塌，已造成几起死人事件的新闻。这家地产公司已是今日世界

500 强的企业，2017 年已达到 5000 亿元的销售规模，在世界 500 强企业里头，成为增长最快的企业。快速地成长，当然给他们的内部管理造成了压力，由此才发生了接二连三的事件，他们集团总部已经决定进行整顿。

看起来我们讲的这三个例子彼此毫不相干，但归结起来都是一个“诚”字。

在学生告老师的这个例子中，如果学生的目的只是纠正他认为的老师的错误，他显然面对面指出老师的错误，这是诚恳的；双方意见不一致，再向上反映也是诚恳；而显然，他现在的目的变成了监督老师讲课。面对这样的学生，老师的课还真不好讲，因为下面都是随时监督你的人。

在第二个例子中，这些造假的人显然是没有诚意的，因为他既欺骗了病人，又欺骗了医生。

后面那家房地产公司接二连三地发生质量事故，显然那些受害者都是被欺骗了的人，因为谁会想到这么大品牌的地产公司，在设计、施工、监理等处都会有这么多的漏洞？最终，导致建筑物的倒塌。

当我们看到这一系列缺乏诚意的事件发生时，我们都看到了缺乏诚意的一方和受害的另一方，但其实，缺乏诚意的一方，也是受伤害的一方，这才是问题的关键。

以第二个案例为例，制药厂造假显然是他们认为受害的只是病人和受连带的医生。他们如果不被发现和追究责任，他们就不会受到伤害。但果真是这样吗？他们为什么会造假？是因为他们认为社会上造假事情太多了，而被发现的、被追究责任的只是少数。有了这样的侥幸心理，他们才会堂而皇之地做这样的事。他们甚至会认为：这年头没几个正儿八经做生意的，社会上不经常流行“无商不奸”“马无夜草不肥”等。也就是说，在很多生意人的观念中，搞点名堂是很正常的，诚恳地做生意是发不了财的，这才是这些造假事件发生的根源。

在第三个案例当中，一家这么大的房地产公司，竟然为了快速发展，接二连三发生这样的事故，这又是为什么呢？一个企业已经上了几千亿的年销售额的规模，老板还缺钱吗？高管还缺钱吗？恐怕普通员工的日子都不会过得很差。但大家为什么要这样干？他们的经营好像在跟谁比赛一样，大干快上到把建房子都当成了一场竞赛，而没有想到这会人命关天。直到连续发生几起倒塌死人的事故，企业的领导们才好像突然意识到建房子不仅仅是钱的事，而且也与性命相关。当然，这家公司的股票受到了很大影响，这肯定也是他们的领导者所未曾意料到的。但事实上，建筑行业就一定存在这样的风险。

我们讲的这些例子当中，每一个人出事之后，都会觉得自己倒霉，好像这样的结果本不会出现一样。其实，造假药会被抓，房子质量不牢靠会倒塌，这是小孩子都知道的常识，他们怎么会不知道呢？

一个常识被自己忘记了，或者不去相信它，不把它当回事，这就叫自我欺骗。所以，这些事件的肇事者，表面上是欺骗了受害人，但其实他们自己首先成为被自己所欺骗的人。因为他们没想到这样的结果会降临到自己头上。

尽管事实上，面对这样的结果，一点都不应该奇怪。有人把这说成是侥幸心理。其实，侥幸心理就是自我欺骗行为。一个明知造假会被抓而为之的人，一定会时常告诉自己：我是在造假，但大家都在这么干，很多人都没被抓，我不会那么倒霉的。这种自我安慰就是自我欺骗。

因为，造假的人究竟有多少？其实谁又有这样的统计数据，被抓的比例又是多少？自然也就没有这样的统计数据了。所以说“造假的人多”，这就是一种主观感觉，这种主观感觉出现在你的脑海中，并没有准确的事实依据，是因为你要造假了，需要这个感觉而已。也许只是听说过，或者看到过一两家企业这么干，你就认为行业内的人都在这么干，这种观点就是一种自欺。因为，真没有太多根据，而且你知道的那一两家什么时候被抓，你怎么清楚呢？

我的意思是：在很多这样的犯错乃至犯罪的人里头，都有一个自我欺骗的心理活动发生，他们以此来为自己壮胆。

那家房地产公司，难道不知道快速的发展和建设导致建筑质量出问题的概率一定会大很多吗？但他们同样有侥幸心理，认为一直都没出什么问题，现在也不会出问题吧！但事实上，这种侥幸心理就是一种自我欺骗。因为一直没出问题，绝不可能推导出现在就没有问题的结论。只有时刻抱着随时可能出问题的心态，才能防止真得出问题，这恐怕是设计、施工、监理的基本思想吧！放弃了这个思想，就是自欺。

所以，曾子才在《大学》中说“所谓诚其意者，勿自欺也，如恶恶臭，如好好色”。很显然，曾子认为不诚实的人，首先是欺骗了自己，其次才是欺骗了别人，也就是说自己才是不诚实的第一个受害者。一个人只有骗过了自己，才能去欺骗别人。

那个药厂的领导们难道不知道这样做的后果？他们当然知道，但他们先把自己给欺骗了，告诉自己说：没事的，那么多人都没事，我们又有那么多社会关系做保障，会有什么事呢？

他们要靠这样的自我欺骗获得安全感，才会“心安理得”地去做。当然，在获得大量的利益回报以后，会忘记了危险，利令智昏地去做。就像一个酒鬼，刚开始有点喝得过量，身体是会有点不舒服，但看着大家都在兴奋地喝，他不会把自己这种不舒服当回事，然后越喝越兴奋，直到把自己喝醉、喝倒。

人犯大错小错，其实都会经过自己“知道错了”这个点，只有把自己给骗了过去，走过了这个点，人才会去大张旗鼓地骗别人。曾子讲“如恶恶臭，如好好色”，就是这个意思。

意思是你刚闻到恶臭的时候，你一定会厌恶，这就是所有人都具备的那一念良知。但如果你因为什么原因而过了这一点，你可能就觉不出这个臭了。就像吃臭豆腐，你咬一口可能就会觉得真香；就像喝酒，你在大家的鼓噪下喝过一个坎，你会越喝越想喝。恶恶臭是人的良知起来的关键，但这一念良知稍纵即逝，而一失去它，人的自我欺骗过程就完成了，后面的错就很难把控了。

所以，曾子在《大学》当中提醒我们：要把握好自己的一念良知，听到内心的声音，讨厌就是讨厌，喜欢就是喜欢，不要自欺欺人；犯错就是犯错，犯罪就是犯罪，害人就是害人，绝不要因为有人没被抓，而把自己的那一点良知给泯灭掉。

可以肯定的是，今天，无论那个制药厂还是地产商都会很后悔。药厂的领导可能会说，其实也想到过可能会出事，但因为侥幸而没有刹住车；地产商可能也会说，我们也想到过这么快速的发展容易出问题，但没想到会这么严重。他们的良知都曾经帮助他们刹过车，但因为自欺而致刹车失灵，结果让社会给他们来个急刹车。

曾子的《大学》既是智慧，又很慈悲。他告诉我们：上天给了每个人一个自我保护的机制，那就是“良知”。它能让你像闻到恶臭立马就厌恶一样，能够让我们消灾避难。但关键是我们不要自欺啊，自己用一些自以为是的理由欺骗自己。如用“大家都这么干”“一直都没出事”等是是非非的理由，来遮蔽自己的一念良知，你就会久而不闻其臭，堂而皇之地干出伤天害理的事，然后又害了自己。

曾子那么简短的一段话，就告诉了我们诚意的本质是保护自己，是上天慈悲给人的自我保护机制，是我们的立身之本；又告诉了我们不诚意的人，是自欺欺人的人，因为他们首先欺骗的是自己；同时告诉我们诚意的方法，不要自欺，要真实地面对自己的内心，当我们内心那原本最初的一念起来的时候，千万不要错过它，不要遮蔽它，而要看清它，顺从它，就像这几个案例中的人一样。

如果那个药厂的领导能够在自己觉得会害人的最初一念的警示下，不去再动别的念头，他不至于走到害人害己的田地。因为毕竟还有那么多药厂的人在奉公守法，自利利他地挣着钱。那个地产商，也不至于在股票大幅下跌、网媒频频曝光的现实下，采取硬刹车，因为毕竟他们已经每年都有几千个亿的销售规模了，那么多的钱，普通老百姓想都不敢想。心如果没那么贪，稳健健康地发展，也不至于让那几条人命成为冤魂。

懂得持戒，仅此而已。用曾子后面的话来说就是“君子慎其独也”，意思是谨慎地与自己的内心独处。谨慎就是持戒，与自己的内心独处，就是听到良知的声音，观到让自己不会犯错的最初那一念。佛门把这称为“活在当下”。

不带队伍更累

扫二维码　听如是道

带队伍累人，这是所有老板和高管的切身体会。因为一个团队是由形形色色的人构成的，这形形色色的人各有背景，把一支队伍带出来，就意味着把这些不同背景的人要同化到一个方向上来。制度只能起到约束的作用，它只是同化大家的一个外部条件。真要把队伍带出来，就要把大家的心整合起来成为一体，这个一体化的过程当然是非常辛苦的。

但我前一段时间遇到一个朋友，却让我生出这样的感慨：带队伍累，不带队伍更累！

作为朋友，我们也相识十几年了，他也是一位非常有名的培训师，更是一位知名的管理学者，他写的管理书畅销全国。但前一段时间，我们在一起聊天，他对我十几年下来，一直拥有一支100多人的咨询师团队很是赞赏，因为他自己更多的还是依赖个人品牌和整合社会资源来实施项目。这当然既影响经营的盈利水平，也会给自己带来较大的工作量，因为为了对客户负责，很多事情的整体设计和把关，都需要自己亲自参与。所以，真要帮客户把项目做好，自己其实还是挺辛苦的。由此，我便生出这样的感慨：带队伍很累，不带队伍更累！

我们很多企业的老板其实也是这样，特别是一些先做生意后办工厂的老板，都会经历带队伍的痛苦阶段。做生意出身的老板，往往更多的是靠自己的人际关系和与人交往的能力来赚钱的。一个人或者十几个人就已经可以开一家年经营额几千万元或几亿元的贸易公司了，但要办一个同等销售额的工厂，往往没有几百人，是做不到的。

公司几个人或者十几个人，而且又都是做业务的人，管理方式相对简单。因为大家工作的性质比较类似，而且很容易以业务提成为主的方式来确定各自的报酬。

但工厂却不一样，部门繁多，工作的方式又各不相同，并且往往还是彼此相互制衡的关系。比如说计划部制约生产部，生产部制约业务部，品质部制约生产部，技术部制约品质部，采购制约仓库，仓库制约车间，等等，各不相同，而又相互制约，形成了一支错综复杂的网状团队。这张网哪个环节都会影响全局，又都会受全局之影响。哪个部门都觉得自己重要，而又都不想受到别的部门的管控。

面对这样的团队，有的老板就觉得自己面对一团乱麻：剪不断，理还乱。每一件事情都很重要，因为你不处理好它，它就可能给你造成很大的麻烦；每一件事情又都不重要，因为处理好了它，也不代表就可以一劳永逸；处理完了一件事，又还有无数个类似的事情，天天等着自己处理，没完没了，又还都不能掉以轻心。

做业务，谈订单，有时候一顿酒下来，上百万乃至千万的订单，也就签合同付款了，未来的日子至少可以轻松一段时间。所以，它有关键的动作、关键的时刻、关键的人物。两次关键的动作之间，总有一些时间可以让我们松口气，就像一个演员在台上的时候，努力地去表演，这就是关键时候。下了台之后，就可以稍稍地放松自己，做个闲人。当然，平时客户也是要维系的，但它的难度相对要轻松一些。

所以，做业务或者做生意，做惯了的人有点像演员或一个运动员，在舞台上或者赛场上，他会集中全力地把能量喷发出来，完了之后他就可以获得长时间喘息的机会。很多培训师也是这样，只要上台能放光，下了台怎么懒散都没关系。这些人是很难适应一个工厂管理者的角色的，因为带队伍做管理，没有这种泾渭分明的台上台下，你会感觉到时刻在台上。

因为工厂里的问题就没有消停的时候，出了货你刚想松口气，又得投入新订单的生产。这简直就像一台停不下来的机器，真要停了下来，那就是没订单了，又会让人内心焦急。总之，想停下来，又怕停下来，简直就像被事情绑架了一样，不由自主地天天打着冲锋。

但又像天天在台下一样，因为没有哪件事情是天大的事，都是日常的每日司空见惯的事，不出问题又没人关注你。所以，也没有在舞台上，或者讲台上，又或者赛场上万众瞩目的兴奋，也就得不到别人的关注给你带来的能量。

所以，很容易乏味和疲惫，往往做着做着，就想应付交差了事。因为事情本身往往提不了神，所以就会越做越没劲。而一旦事情出了问题，又会影响全局，所以责任又很大，这就让我们很多的管理者处在一种有责任、缺能量的状态。最后，这样的状态，又会让很多的管理岗位平衡在上级能够容忍，自己还能接受的点上。

总之，这绝不是一个能让人兴奋的点，绝不是一个能让人的潜力、创造力、生命力极大绽放的点。由此，我们也就知道工厂很多的管理岗位究竟是在什么样的水平上运转，以及它还有多大的提升空间。单单让一个人兴奋起来，就足以让他的效率和工作效果提升 50%，甚至更多。我们做了 500 多家中小工厂的变革，这样的“奇迹”经常发生。其实核心就是一点：让大家兴奋起来。

有的老板可能说：我都天天骂，他们怎么就不兴奋呢？骂是一种刺激，偶尔也会让人兴奋，但长期是肯定没用的。有的老板可能说：我很舍得钱，干好了，我可以拿大把的钱奖励他们，为什么也不兴奋呢？这样的老板忘记了一件事：大把的钱奖励他们，是需要他们做大把的事，而他们在每一件小事上都兴奋不了，又怎么可能做好大把的事呢？又怎么可能拿到你那大把的钱呢？因为你并没有在他的每一件小事上，去给他大把的钱呀！因为你也给不起。

所以，在每一件小事上，都能让大家兴奋起来，这是一件让老板非常头疼的事：给钱不行，处罚没用，真让人头疼。

所以，有很多老板要么就后悔自己办了工厂，怀念自己单纯做生意的时光；要么就总想着找个人来做替罪羊，让他替自己没日没夜、没完没了地跟工厂里的这些人和事打交道，让自己能够高枕无忧地挣点钱，哪怕少挣点都无所谓，关键是别整天烦着自己。

所以，想挣钱的工厂老板没有几个想带队伍、想管工厂的。但很多老板都在这种想又不想，但又不得不做的被动状态下，艰难地熬着。整天想办法，试图摆脱这个状态，但收效往往不大，好一阵、坏一阵。大量的中小工厂就是在这种状态下苟延残喘着。老板们其实也陷入了带队伍很累，不带队伍更累的两难之中。

解脱之道在哪里呢？我们还是从怎样让人在小事上兴奋入手来谈论这个话题。

小事，因为小而没人关注，就会降低做这种事的兴奋度；小事又因为是企业里面天天重复发生的，今天解决了，明天又有，这一类的事情，的确容易让人麻木，因为你下了决心都没有用，需要你天天下决心。就像读大学的时候，男生习惯于把衣服、袜子都攒起来去洗，而不愿意每天洗一样。每天洗就洗成了日复一日的小事，集中起来一起洗就变成了可以下个决心的大事，下决心就变得有意义了，事情大干起来也觉得有意思。

估计很多管理者，把他的工作当中要解决的事情，还在当成衣服、袜子一样地对待，不愿意把它作为小事来做。因为那样枯燥乏味，而愿意把它累积起来，当成大事来解决，因为这样会有些成就感。

针对这些心理，解决之道其实也很简单。要让企业的注意力像探照灯一样地横扫企业的每一个角落。就像电影里面夜晚碉堡上的探照灯来回巡视一样，注意力所到之处，小问题想累积成大问题就不那么容易了，因为大家天天看着谁解决了问题，谁没有解决问题，都放上了台面，大家还是有压力的。就像大学男生宿舍，那些能藏脏袜子、脏衣服的地方，经常被人拍照曝光，人们还是会不好意思的。而又因为企业的注意力照到了那一件小事，干这件事的人便会获得一种众目睽睽的感觉；既有压力，也有动力；干好了有人欣赏，干的人会获得能量，这会让他兴奋起来，这是我们在500多家企业变革的经验。

其实整体思路很简单，就是让工厂由一个大黑箱变成一个“人生大舞台”。老板把这个舞台搭起来，把这些聚光灯挂起来，然后经常性地看看企业这出戏，一会看左边，一会看右边；一会看前面，一会看后面；一会鼓掌，一会喝彩；一会儿全神贯注、屏住呼吸。

做一个这样的观众，难度系数不算高吧？只要你愿意把心静下来、定下来、坐得住，愿意欣赏，把自己的企业当一台自己每日必看的一台大戏一样欣赏着，管理就会好做得多。台上的演戏大量的时候又不要老板亲自演，老板演多了，其他人有时还不好演，但要懂得欣赏。

所以，老板带队伍核心也就两件事：第一搭台，第二看戏。搭台就是建制度、建流程；看戏就是要成立一支专门的队伍，我们欧博把它叫稽核部，每天要去查看企业的各类事情。当然，这里头有一套系统，包括工具、表单、动作等的详细规定。然后，把检查结果每天公布，每周汇总，统计数据，既让大家知道，又让老板看到。

老板就是通过稽核这样的一盏聚光灯和眼睛来看戏的。当然，企业正常的流程运作出来的各种表单数据，都是老板和管理者看戏的聚光灯和眼睛。很多企业的问题，或者说很多老板带团队的问题，往往出在老板建好流程、制度以后，就撒手不管了，就以为可以当甩手掌柜了。这就像把舞台一搭好，你就不看别人唱戏了，台上的人爱怎么演就怎么演。没了核心观众，这出戏演的还有什么意思呢？

如果老板能静得下心，能定得住自己，有一定的欣赏能力，然后把大家组织起来，既做表演者，又做欣赏者，各自分开做事，彼此欣赏加持，互相给予能量，企业不就成了一个巨大的能量场吗？这股能量并不是老板个人给予大家的，而是大家各自绽放的。有了这样的能量和动力，大家就有了工作的兴奋度，事情就会好办得多。这是我们变革的经验，也是我们内部管理的经验，也是我们带队伍的经验。

当一个老板，要能把心静下来、定下来，懂得欣赏自己企业的这出大戏，也并非易事。企业的事情纷繁复杂，心要静、要定、要安，都是要修行的。所以，带队伍的过程就是一个修行的过程。

曾子在《大学》中系统地总结了这个方法，他把它称为格物、致知、诚意、正心的过程。通过这个过程，我们的心就能到达止、定、静、安的状态。

既然带队伍很累，不带队伍更累，那么这条修行之路，就是企业家绕不过去的一道坎。所以，曾子在《大学》中才说："自天子以至于庶人，壹是皆以修身为本。"

执着对的，便是错的

扫二维码　听如是道

前几天，我收到一位学佛朋友的短信，他问我寄给我的一些佛学资料我看了没有。我说还没有看。他马上说：你要抓紧看，一门深入实修，一定会往生西方极乐世界的，真实不虚。

我说：谢谢你的好意，但我目前还是有很多具体的事情要处理。这些事情也是关联到周围的很多人，有的牵涉客户企业的生存，有的牵涉自身团队的建设和发展，有的跟家人的成长和幸福有关。所以，目前的确还做不到放下手头的一切来一门深入地求往生。

最后，我引用了孔子的一句话："不知生，焉知死。"意思是一个人得先活明白，然后才能考虑怎么死。活都没有活明白，整天想着死个明白，我总觉得有点对不住老天给我们的这条命。

如果一个人的一生想的就是如何死去，甚至为此放下手头的一切，我想只有两种人可以这样：一种是病入膏肓之人；一种是垂垂老矣之人。如果一个人身强力壮，或者才思敏捷而整天想着死了以后怎么样，并且为此放下手头的一切，包括放下自己的社会责任去追求这个目标，我多少觉得生命的意义就被死亡的意义替代了，这与"好生之德"的天道能否吻合，我就不得而知了。

反正，我眼中看到的世界是千姿百态、姹紫嫣红、生机勃勃、生生不息的。它们都会死，也都会灭，但它们不会因为会死会灭而不去绽放自己的生命力，或者让所有的生命力都投入准备死亡的工作中。活着就为了迎接死亡的来临，这一点我不太能接受。

我认为活着有活着的意义和精彩，那就是将老天给我们身体注入的能量时时刻刻地绽放出来，这是宇宙万物、大自然的一切都必须完成，而且也正在做着的事，这就是天命。

不管你有多痛苦、多抗拒，你都在天命的规定之中，扮演着自己的角色，唱着自己人生的戏。快乐、忧愁、成功、失败等内心的体验，或者外在的形象，都类似于大自然的鲜花、绿叶、小草、大树，尽管各不相同，但都是生命力绽放的不同方式。

我们人想要的和不想要的，喜欢的和不喜欢的，在老天的眼中是没有区别的，有区别也只是花和草的区别。就这一点来讲，老天充满了生命，但却又是无情的。所以，毛泽东才说“天若有情天亦老”。意思是生生不息的生命，是不受人间情感障碍的，正因为如此，它才生生不息。

所以，活得精彩是老天给每个生命体的使命。个体生命结束了，整体生命还在精彩。我们活着时的这股生命的能量，又会在别的个体生命当中绽放出来，这就是生生不息，这就是不生不灭。

所以，不生不灭肯定不是对个体生命来讲的，往生和极乐世界应该站在整体生命的角度去理解，如果站在个体生命的角度理解往生，仿佛死了以后，又能在哪里活过来，甚至一直活着，这的确是有点执着。

因为《金刚经》讲“无我相，无人相，无众生相，无寿者相”；《六祖坛经》讲“无相为体”。相都没有了，哪有一个自己死了以后又在另外一个地方活了过来？甚至一直活下去？这样的说法，我把它理解成佛门的方便之法，是为了对那些理解不了“无相”概念的人和生不起整体生命概念的人所说的话，就像你跟小孩说话要打很多比方一样。

当你真的理解了无相的概念和树起了整体生命的概念，你把生命当成整体的而不是个体的现象，就像王阳明说的“与天地万物为一体”了，你对“往生”的理解和“不生不灭”的理解就不会那么形象了。你就知道：活着，你就在不生不灭当中；死了，你也在不生不灭当中，这就叫不来不去，不增不减。

你只要从个体的生命看到整体的生命，把个体的生命看成整体的生命，你就立马往生西方极乐世界了，这就是六祖惠能在《六祖坛经》当中的说法：“移西方于刹那间，目前便见。”这也应该是孔子提出“不知生，焉知死”的本义。

你努力地在当下做好每一件事，从这些事情当中去戒掉自己的贪、嗔、痴，把自己的心量打开，从个体到整体，你这就是修行，而不必离开生活当中的事情和烦恼去成就。这就是六祖惠能讲的“不离世间觉”的意思。禅宗与儒家、道家心心印心，构成中华文化的三条相辅相成的主线，道理可能就在此了。

没想到我的这位朋友听到我讲了孔子的那句“不知生，焉知死”以后，立马追问了一句：“你认为孔子到了西方极乐世界了吗？”我只好说：“我们不要谈论这个话题好吗？因为我觉得这是我们没有资格谈论的一个话题。”

孔孟思想滋养中华文化2600年，孔子在山东曲阜的孔陵躺了2600年，无人敢动，历朝历代的统治者敬仰有嘉。我想他在不在我们常人理解的极乐世界已经不重要了，因为他的个体生命已经化成了我们生生不息的整体生命。这就是不生不灭，“无相为体”。

我知道我的这位朋友跟我讲这些是很善意的，但我也看到了对善的执着。他在事业上一直不太顺利，但其实他是一个非常好的人，很努力，也很有能力，但就是整合不了团队。我想其根本原因就是因为他对“善”的执着障碍了他。

“善”，也不可以执着。因为我们常人认为的善都是局限于自己的理解能力和认知水平的。就比如对“往生”和对“西方极乐世界”的理解。如果你一定要从相上去理解，你会放下手中的一切事情去达成。大家都不做生活当中该做的事了，恐怕穿衣吃饭都成问题了，社会还能正常运转吗？特朗普发起的中美贸易战我们又怎么接招呢？

所以，应该从离相、无相的角度看到自己与万物一体的本质来理解。那这就需要修行了，而且是拿世间的每一件事情来修。

我们人活一生，哪一件事不是在跟外界发生关系呢？吃喝拉撒是如此，教育、成长、工作、挣钱、恋爱、结婚、生子，哪一件事情不是将个体的生命与周围的生命相互关联，成为一体呢？这个过程，既会培养和强化我们的自我意识，又会突破我们的自我意识和强化我们的整体意识。

如果你的内心被这种过程当中升起的喜怒哀乐等情绪所捆绑，也就是说，如果你内心的注意力完全放在这个过程当中产生的喜怒哀乐上，或者是利害得失上，你一定会强化你的自我意识，你就会越活越自我，只看到自己的个体生命，看不到由这些关系而形成的整体生命。然后，你就会整天想着如何解脱，想着如何摆脱这些社会关系，因为你把这些关系当成了你的障碍。

其实，它们既是障碍你的，又是成就你的。而如果你能把内心的注意力从自己的喜怒哀乐和利害得失中离开，像一个旁观者一样地看着自己和周围的这一切的关系是怎么形成的，又怎么断开，看到这些因缘的聚散离合，你会感悟到生命的整体性、关联性。你不会再盯着自己个体生命的喜怒哀乐和利害得失，你立马就会轻松，就会心安：一切的好坏都能让你喜悦，这不就在极乐世界当中吗？

把极乐世界叫西方也只是一个比喻。六祖惠能讲得很明白：“东方人造罪，念佛往生西方，西方人造罪，念佛往生何国？”意思很明显，西方不是一个地理方位概念，而是你内心的一个状态。你不执着于自己了，认为有一个比自己更大的存在，你从属于它，顺应它，这就叫顺天意。而后你又能发挥自己的主观能动性和生命力，这就叫尽人事。

顺天意、尽人事地活着，然后又不被这个过程当中的情绪和得失所捆绑，欣赏着一切，包括自己的倒霉相，你不在极乐世界当中，也离它不远。

本来活着就能到极乐世界，干吗非把它当成死后的事呢？拿一生的时间来为临死前的一刻做准备，是不是唯一的选择呢？可不可以活也活得好，死也死得痛快呢？你是对的，干吗别人就一定是错的呢？干吗不可以你对，我也对，大家都对呢？

鲜花绽放了，绿叶就都得掉下去吗？大树长高了，小草就必须无地自容吗？大自然显然不是这样。大自然的一体是通过百花齐放来达成的。每一个生命个体都跟别的生命不同，哲学上有一句话叫“没有两片树叶会一模一样”。这就是生命的个性，生命的个性让我们觉得世界真美。

这种个性的存在就意味着没有任何个体的生命具有绝对的权力和价值。它们都是大自然那生生不息的生命力在不同的时间、不同的地点、不同的个体上的展现而已。这生生不息的生命力才是这一切有生有灭、各不相同的个体生命的母体。基督教称它为“上帝”，道家称它为“道”，佛家称它为“佛性”，儒家称它为“天理”，老百姓称它为“老天”。名称各不一样，但表达的意思是一个，那就是生命既是个体的，更是整体的，它们彼此依赖、相互转化、互为因果。

我们既要悟到生命的整体性、一体性，又要面对生命的个体性，尊重生命的个性。在人际交往当中，尤其在企业管理当中，对个性的尊重往往是我们形成一体化团队的前提。

很多人、很多老板喜欢用一体性来取代个体性，家长作风泛滥，把自己看成企业的主宰：顺我者昌，逆我者亡。结果往往事与愿违。这种人的失败之处在哪里呢？他们的失败之处在于他们知道了团队一体性的重要，但他们把自己这个个体凌驾于这种一体性之上，这就破坏了真正的一体性。

孔子讲："君君臣臣，父父子子。"并不是说君可以凌驾于君臣关系之上，父可以凌驾于父子关系之上。的确，君可以凌驾于臣之上，父可以凌驾于子之上，因为事实就是如此。但君臣关系、父子关系却比君还大，比父还大。这种关系就是整体，它是大过整体当中的任何一个个体的。所以"君君臣臣，父父子子"才被解读为君要像君，臣要像臣，父要像父，子要像子。因为君臣关系、父子关系对我们每个个体都会提出它的要求，这些要求就会成为每个个体的职责和本分，也就是每个个体在社会关系中的定位，这也就是孔子提出的"礼"的来源，也就是我们现代企业制度和职责分工的雏形。

"礼"是社会整体性的表现方式，它大于任一个体，包括君，包括父。所以当颜回问孔子："何为仁?"孔子答道："克己复礼为仁。"意思是个体服从整体，整体保护个体，就是他最崇尚的价值观"仁"。所以，他又说："一日克己复礼，天下归仁。"

"礼"是强调整体和秩序的概念，但它绝不是否定个体的概念。孔子说过："知和而和，不以礼节之，亦不可行也。"意思是"和"为一体固然好，但如果没有对个体的尊重，不能够让每个个体有明确的定位，并且让他在这个定位上发挥它的价值和作用，这样的"和"，这样的一体，是不可能真正实现的。这就让我们很多在企业管理里头和稀泥的人，应该有所醒悟。"和"并不是没有分工，没有职责，不去较真地一团和气，而是分工明确、职责分明、制度严谨的运作状态。

大自然尽管五彩缤纷、千姿百态，但并不混乱，一年四季，节气分明，日出日落，绝不乱套。这么多的科学定律，严谨得让我们赞叹。宇宙万物中的每一个个体都遵守着这些定律的支配，没有谁是"老大"，没有谁能够违背自然的定律，而凭自己的个体意志去支配其他个体，一切都在自然规律的掌握之中。

这种凌驾于所有个体之上的规律就成了"老大"，这些规律就是万物之“理”，这个“理”和人类社会的“礼”是相通的。所以，《礼记》中才说：“礼者，理也”，意思是人类社会的“礼”是宇宙万物的“理”在人类社会的表现方式。

“理”是宇宙万物的主宰，“礼”是人类社会的主宰。遵循这些“礼（理）”是每个个体自我发挥价值的保障，认知这些“礼（理）”是个体生命回归整体生命的路径。所以，儒家就把工作和修行统一起来了，把烦恼和解脱统一起来了。用六祖惠能的话说就是“烦恼即菩提”。

所以在生活当中烦恼的人，不要急于解脱，也不要苦于解脱无门。孔子说自己：“三十而立，四十而不惑，五十而知天命，六十而耳顺，七十从心所欲，不愈矩。”这是孔子对于自己的人生总结，一个智慧如他的人都要70岁才能解脱，我们急什么呢？急又有什么用呢？把生活当中的一切都丢掉，都抛弃，都甩开去求解脱，万一走偏了呢？

所以，还是孔子的方法稳靠：天天“克己复礼”，从“而立”走向“不惑”，从“不惑”走向“知天命”，从“知天命”走向“耳顺”，从“耳顺”走向“从心所欲，不逾矩”，你就一定能解脱，这才是百分之百稳妥的解脱之道。

我还没到六十，尽管生活当中、工作当中烦恼有很多，想一想离七十岁还有十几年，心立马就安下来了。为什么呢？孔子比我聪明多了，都要熬到70岁才彻底解脱。我却想明天解脱，或找个什么方式快点解脱，现在看来都是投机。

踏踏实实地去应对每一天的事情，每一天的烦恼，把人生这出戏看够70年再说吧。喜怒哀乐，利害得失，都只是这70年当中起起落落的风云变化而已，70年才是硬指标，修到70岁不成就估计也很难！不解脱，我看他还能往哪里去！难道还能活成个老怪物不成？

反正什么也没耽误。如此，心便释然了，觉得人生真好。

中国企业的“老大”现象

扫二维码 听如是道

中国的很多知名企业都有它的领袖级的人物，例如，美的的何享健、格兰仕的梁庆德、海尔的张瑞敏、华为的任正非、阿里巴巴的马云等。这些人在企业不管他们在组织架构中的职务如何，他们都具有无可替代的领袖魅力，因为他们在企业的运作团队中拥有极大的影响力。

尽管国内的很多管理学者都对企业的这种领袖现象颇有微词，甚至认为这会阻碍现代企业制度的建立。因为现代企业制度的核心是依“法”治企，制度化、标准化、数据化是现代企业制度的一些表现形式。这与充满了个人魅力的企业领袖现象并不吻合，一个强调人治，一个强调“法”治。所以很多的管理专家都认为，企业领袖的存在，对企业建立现代企业制度是有阻碍作用的。

企业领袖能否顺利实现交接班，对企业是一个巨大的考验，这种担心不无道理。因为科龙就曾经由于前掌门人潘宁的退位，而引发了持续不断的风波。健力宝也因为李经纬的退位，而引发巨大的业绩波动。不论专家们怎么看待企业领袖现象，这一现象对企业的影响都是客观存在的。可以说，没有这些领袖式的人物，这些企业未必有今天。企业失去这些领袖级人物，很难说不受影响。

所以，这并不是一个理论问题，而是一个现实问题。那就是：为什么大量的企业需要这些领袖式的人物？他们在企业的发展过程中起到什么样的作用？思考这些问题，比简单地否定企业领袖的存在重要得多。因为大量的中国中小企业，也都存在着类似的现象。只是对于这些中小企业而言，称之为企业领袖会夸张了一点，称之为企业“老大”更为准确。

可以说大量的中小企业，如果只有所谓的管理制度，而没有这些老大，这些企业立马就得停摆。这不是一个企业内部人治和法治的理论之争，而是生存还是死亡的性命之争，或者说是赚钱还是亏钱的利害之争。在生存和利害面前，理论从来是苍白的。

所以，尽管学者们高喊企业管理要法治，不要人治，但老板们要么就我行我素，一方面搞制度建设，另一方面又依然是人治为主；影响赚钱的时候，把制度放在一边，赚到钱再说；理论上认同企业管理要制度化、标准化、数据化，实践当中，又经常会带头违反制度，强化个人权威，强化效益导向，绝不会因为流程和规定而牺牲效益。

无论是知名企业的领袖现象，还是中小企业的“老大”现象，本质上是一回事。因为很多知名企业的领袖，就曾经是企业处在中小状态下的老大。所以对于这一问题的探讨，不能仅仅以西方管理的原则为背景，而更多的应该以中国传统文化为背景来进行思考。

以西方管理学原则为背景，毫无疑问，这是一个落后的现象；但从中国传统文化的角度来看，这种现象的出现却有很大的合理性、有效性，甚至短时期内都未必能够改变。

德国哲学家黑格尔讲过一句话：现实的就是合理的。这种老大现象的合理性是基于怎样的现实呢？这个现实就是我们现在企业的人。老板因为想赚钱而创办企业，员工因为想赚钱而来打工，大家纯粹因为钱而走到一起，就必然出现孟子所讲的“上下交征利”的现象。

孟子见梁惠王时，梁惠王问：老先生，你不远千里而来，一定是对我的国家有一些有利的建议吧？孟子回答说：王啊，何必言利呢？我只有仁义而已。现在为王的在想怎样对我有利？大夫们也在想怎样对我有利？士人和老百姓也在想怎样对我有利？大家互相争利，国家不就危险了吗？如果大家都讲仁义，那事情就好办了。因为没有讲仁而遗弃自己父母的，也没有讲义而轻慢自己君王的。所以王啊，讲仁义才是重要的，而不是言必谈利啊！

这是孟子见梁惠王时的一段对话的大意。很多人看完这段话，肯定会不以为然，认为孟子是个幻想家，开口闭口跟人讲仁义，人家会听吗？的确，孔孟那个年代的君王们，听到这些仁义的腔调，应该都只是听听而已。就像今天的老板们，很多人听到这样的话，也只会当高调听听而已。但孔孟之道，却在其后的2000多年当中，成为社会的主流文化。这就说明他们讲的是对的，就像很多老板整天拿钱说事，最终发现人心不能靠钱解决问题的时候，就不得不更为深刻地思考人性的本质和管理的本质。

孟子跟梁惠王讲“上下交征利”的时候，提出仁义思想。他是想说明什么呢？他是想说：当我们大家把注意力都放在各自的利益上的时候，大家一定会互相争斗。因为都从自己出发，就一定会斗；而都盯住既有的利益就一定会争，企业的现实也是这样。

有的企业老板以及跟随老板的“老臣子”，大家其实都是既得利益者，都比当初创业的时候好得多，但却偏偏互相抱怨，明争暗斗，说到底就是因为大家承认自己得了利益，但认为对方得的更多。这完全是一个争的思想在作怪，再多的钱都解决不了这个“争”字，相反会让大家更“争”，因为总有人认为别人得到的更多，总想自己得到的更多。这就是“争”的根源。

贪念是不可能靠贪到的东西来满足的。贪到的东西往往会激发更大的贪念，这就是俗话讲的“人心不足蛇吞象”。以为人们对利益的欲望可以靠对欲望的满足来平息，这是人的错觉。人们在欲望满足之后，往往产生的是更大的欲望，佛门称其为执着。正因为如此，曾子在《大学》里面才讲“知止”，佛门才讲“持戒”。

人的欲望是靠“止”和“持戒”来刹车的，而不是靠满足。自己不懂得“止”和“戒”的人，他的欲望会一直膨胀的，直到外界的力量强行止住他。

其实一个人内心生起贪欲时，没有止和定的力量，他就必然往下滑，贪官如此，赌徒如此，酒鬼如此……这就是孔子大声呼吁“克己复礼为仁”“一日克己复礼，天下归仁”的原因。“克己”就是持戒，就是知止。

何为“礼”呢？孔子的弟子林放问老师：“礼之本？”孔子说：“大哉问！礼，与其奢也，宁俭。”意思是问得好啊。那么什么是“礼”呢？孔子的回答是宁俭勿奢。意思是节制为“礼”之本，凡事懂得节制，也就是懂得控制自己的欲望，懂得兼顾别人的需要，懂得考虑大家的利益，我们才能构成一个整体。这就是“礼”的价值。

而为所欲为，只凭自己的好恶行事，或者单凭自己的力量行事，不考虑别人，不考虑整体，最终大家只会相互争夺、互相伤害、社会动乱、人人自危。这就是孔子为何如此看重“礼”的根源。

子思在《中庸》中讲的“礼仪三百，威仪三千”，归根结底是让人做到“节制”二字。因为处在春秋时期的孔子，深知一切的乱象源于人的欲望的膨胀和泛滥，唯有“克己”，自我节制，才能从根本上改变这种混乱的局面，这就是他提出“克己复礼为仁”的根源。

“仁”既可以当一种心态讲，因为孔子说过“仁者爱人”，意思是：有仁心的人，也就是有爱心的人。人与人之间的和睦相处是以仁心、爱心为基础的。而仁心、爱心是人人都具备的，只有把这样的仁心、爱心唤醒，人与人之间才能和睦相处。而不是靠每个人的欲望都得到满足，来让大家和平相处。

欲望的满足是无止境的，“和”是不可能建立在这个基础上的，这也是孔子说“知和而和，不以礼节之，亦不可行也”的原因，他的意思是：

只有懂得自我节制，人们才能真正地和。

“仁”的第二个含义是“仁者人也”，意思是只有大家都懂得自我节制，每一个人才能真正活得像个人。这是孔子对人生的大彻大悟，他告诉我们何为人，以及怎样做一个人，也就是“仁”“礼”二字。懂得克制自己，懂得照顾别人，这是人之为人的根本，也是社会稳定的根本、团队打造的根本、组织建设的根本。面对欲望，克制而不是满足，这是孔子思想的灵魂。

怎么克制呢？谁更要克制呢？我们再看孔子的另外两段话。一段话是，子贡问孔子“贫而无谄，富而不骄，何如？”子曰：“可也，未若贫而乐，富而好礼者也。”第二段话是“君使臣以礼，臣事君以忠”。

我们先看第二段话“君使臣以礼”，也就是说，君在使用臣子的时候要注意礼节。这话初听起来好像不太容易理解，因为礼节更多的应该是下属该注意的事情，为何这里要对君王来强调呢？这就要深刻理解孔子提出“礼”的本意：“礼”的本质是节制。

在君臣之间或者是企业老板和下属之间，更不容易自我节制的是谁呢？是老板，老板更容易随心所欲、为所欲为，而一个下属不到一定份上是绝不敢放肆的。老板容易任性、容易放肆，所以孔子才说：君要节制，要强调礼。他这个话是有针对性的。你自我节制了，下属任性和放肆的概率会小很多，而对下属来讲呢，他们的身份会天然地让他们有所节制而不敢放肆和任性。

但对下属要防止另外一种倾向，也就是因为不敢冒犯上司而把“礼”做成了一种形式：溜须拍马、阿谀奉承。最后，表面上是“礼”，其实，只是谄媚。这也就是孔子在前面所说的一句话——“事君尽礼，人以为谄也”。这里讲的“人以为谄”，并不是别人的误解，他实质讲的是：如果我们只是怕得罪上司而讲求礼数，就必然做成形式主义，就是谄媚。

所以，孔子对下属更强调“忠”，而不是“礼”。因为下属在心态上更要节制的，不是对上司的冒犯，而是以谄媚的方式表现出来的欺骗。这些现象在古往今来随处可见，讨好上司，拍老板马屁，表面上彬彬有礼，实则欺骗别人的现象屡见不鲜，这就是孔子要求下属节制的地方。

我们再看第一句话，子贡问："贫而无谄，富而不骄，何如?"孔子答："可也，未若贫而乐，富而好礼者也。"孔子在这里为何又把"礼"用在富人这里呢？因为相比于穷人，富人更容易任性放肆，因为他们有这样做的本钱。所以，孔子认为他们更应该懂得节制，控制自我的欲望。所以孔子说富人要知礼。

表面上看富人好像更容易知书达理，因为他们更容易得到良好的教育。孔子偏偏强调他们要知礼，是因为"礼"的本质不是条文，而是自我节制。富人的欲望显然比穷人要多得多、大得多，他们的自我节制对社会的影响也才重要得多，这就是孔子的良苦用心。

现在读来真是有巨大的现实意义，因为现在富人们自我节制的太少了，欲望膨胀的太多了，社会的乱象何其多，就是这个原因。这恐怕也就是中国的企业界需要"老大"以及领袖现象的根源。

很多中小企业创业初期，乃至发展阶段，都没有太多的制度，因为一切都在变化之中。繁杂的制度约束，对企业的发展未必有利。而创始人的品行、仁厚往往是一个决定因素。企业可以没有多少制度，甚至企业也可以没有太大的利益诱惑，但企业的创始人必须是一个有人格魅力的、有中国传统文化理念、讲义气、讲仁义的"老大"式人物。只有这种人才能感召别人跟他一起打拼，渡过创业期的各种艰难，这也就是中小企业创业及发展时期"老大"现象的原因。

但并不是每个老大都能变成企业领袖级人物，因为有的老大在创业成功后就会自我膨胀、目中无人、唯我独尊，不懂得自我节制，不愿意自我节制，指挥下属不再讲礼，为人处事不再讲礼。失去了自我节制的礼，也就失去了做人的根本，自然失去了团结大家的亲和力、整合力。团队的存在就失去了基础，现代企业制度就失去了落地的根基，企业就没法做大。他到哪里去做一个企业领袖式的人物呢？就只能做一个不上不下的“老大”。

也就是说，真正的企业领袖级人物，一定都是掌握自我节制艺术的人，也就是真正的知书知礼之人，“克己复礼”之人，一定是真正的修行人，是个“仁者”，这才合天道。

欲海难填？

扫二维码　听如是道

现在的社会人的欲望都在膨胀。有钱的想挣更多的钱；爱玩的变着花样在找更好的玩法；追求刺激的，有的不惜拿自己的生命来享受刺激带来的快感。

现在的夜生活就越来越多，娱乐行业也越来越火，明星们的报酬都成了政府不得不设定上限的事情，但明星们受到的热捧，却绝不会因此而降温，因为明星的价值在于他（她）满足了粉丝们追星的欲望。在张学友最近的几次演唱会上，接连几次都发生了罪犯冒着被捕的危险来追星的现象。可见，人们内心追星的欲望有多强烈，有多么的不惧风险。

房地产热其实也是人们的欲望在推波助澜，现在买了房却不住的人恐怕不在少数。显然，这些房子对他们来讲，已失去了住房本身的含义；要说房产带来的增值，好像人们也看不清楚，那么大家把房地产曾经搞得那么热的原因是什么呢？膨胀的欲望！我们的心像一匹脱缰的野马，去追逐一切能给我们带来满足的东西，这才造成了无数的经济“热”象。这样的热，那样的热，后面都是人们急速膨胀的欲望，以及人们为满足这些欲望所做的努力。

的确，没有这些欲望，经济就没法发展，有了这些欲望，经济发展就有了动力。欲望换成经济学的术语叫“需求”，刺激需求，扩大需求，满足需求，甚至创造需求，是搞经济的人非常熟悉的语言。企业经营的核心就是发现需求和满足需求，这也是企业生存和发展的关键。而搞经济工作的人，在经济低迷时，首先想到的就是刺激需求，无论是通过加大投资，还是宣传攻势，把人的需求刺激激发出来，是保持经济增长的关键。

可以说，无论从消费层面来讲，还是企业这种微观经济活动来讲，或者是经济运行的宏观层面来讲，对需求的重视以及满足这些需求，已经成为当代社会人们认为理所当然的价值观。因为个人努力的目标是它，企业盈利的目标靠它，经济增长的速度也是靠它。

所以，没有人会认为刺激需求的增长和努力地满足这些需求有什么错。当这一切被人们毋庸置疑地奉为价值取向的时候，与这些价值观不和谐的现象开始出现了。

首先是城市人口的快速增长，导致很多大城市都成为不适于居住的地方，堵车、雾霾等城市病开始抵消人们的豪华生活的幸福感，有钱人正在逃离城市，城市的繁华成为他们只愿意偶尔体验的世相。

成功的人正在与不成功的人交换场地。偏僻的农村，因为开着小车的城市人大量地光顾，而变得富裕起来。这当然是好事，因为这比政府主导的扶贫来得更快。但它的另外一个含义却是：人们快速发展经济的结果，只是为了获得原来就可以拥有的大自然给予我们的生存环境。

通俗地讲，就是在城里打拼了半天，成功了，富有了，却只是为了回到乡下，去呼吸乡下的空气，喝乡下的清泉，吃乡下的大米、蔬菜，晒乡下的阳光。而其实，他们中的很多人原本就在乡下。这有点像大家熟知的一个笑话，但不可笑的地方是，我们好像回到了本来，但被我们破坏掉了的东西，却再也无法复原。

据 2018 年很多地方的报道，包括北欧、英国等地，都出现了有记载以来历史最高温的纪录。英国有些地区 2018 年 6 月降雨量只有去年同期的 1/10，全球气候变暖已经让我们感觉到这是我们身边的一个话题。而我们身边的水污染、空气污染、环境污染，每天都在影响我们的睡眠。

偶尔，我们开车跑到山上住一下，会真实地感觉到自己就在吸氧，心情轻松，面色红晕，就像是在山上进行一次疗愈活动。当我们不得不开着车从山上下来的时候，内心会有些许的不舍和无奈。而我们开车要去的城市，虽说是我们的成功之地、荣耀之地、财富之地，但我们的生命却渴望着隔三岔五地逃离它。这的确具有讽刺意味。

经过若干年的打拼，我们小时候很多都不敢想的需求被激发了出来，并且获得了极大的满足。然而，我们却要逃离了，回到了并不繁华的乡村、山林、寺庙，去寻找能满足我们生命的最基本需求：阳光、纯净的空气和水及食物。

如果仅仅满足这样的需求，我们用得着大动干戈地折腾人生、折腾生命吗？到了我们检讨价值观的时候了，否则我们自以为得到一切的时候，却是我们一无所有的时候。拥有的可能只是疾病和烦恼，以及人比人比出来的自我感觉。

现在社会的价值观，说到底就是市场经济的价值观："需求"以及满足"需求"是人类经济活动的基本动力。从古至今都是如此，只不过经过了西方近几百年的发展，咱们的经济活动变得越来越科学、高效，越来越成为人们所有社会活动的主体，并且大有压倒一切之势。

尽管我们今天在欧洲的很多国家，比如说在英国，经济活动不再像它的所谓资本主义早期的情境一样那么疯狂，摧毁着人性，就像狄更斯小说《雾都孤儿》当中所描述的那些情节一样。

今天的英国人显然已经悠闲很多，大批的乡村小镇，那田园般的宁静的生活，成了更多人的常态。到英国旅游，你的确会发现英国的村镇很美，既发达，又生态。发达的是它的基础设施和它屋内的设施；生态，是指它周围的环境完全是田园风光。

你跟英国人做生意，可别以为他们有钱就挣，你就是花钱请人做事，第一，态度要客气，第二，他们不还价。你会觉得英国人为什么有钱不挣，为什么为了钱不可以放低身段，或退一步接受我的条件，因为多少都有得挣。这些思维方式是我们在国内经常使用的，但在英国却行不通。

这不是因为英国人都很有钱，也不是因为英国人很厉害，是因为他们不打算为挣钱而放弃太多东西，或者通俗地说，他们大多数人不愿意玩命挣钱。因为他们知道，钱是用来为自己生活服务的，而不是生活为钱服务。当然，这样的理念，前提是他们在生活当中的欲望和需求的确是相对简单的，而不能是贪得无厌和刺激搞怪的。

在英国，大量的地区夜晚是比较宁静的。伦敦这座世界级大城市当然是灯火辉煌，但大量的中小城市和城镇，却充满着安宁和静谧。夜晚 9 点来钟，街上的人就很少了，我们经常可以透过人们的窗户，看见一家人各自拿着一本书，或者大人带着小孩的温馨情景。这就是后工业化时代的英国喧嚣之后的宁静。

在伦敦有很多的画廊和小剧场，而不是大量卡拉 OK 和夜总会在充实着人们的精神生活。我的意思是：一个所谓老牌的资本主义国家，也就是市场经济的样板式的国家，人家已经从刺激走向平和，从增长走向和谐。过去为了挣钱而不择手段，看看电影《百万英镑》就知道，而今走向了追求好好地活着。但我们却依然在步工业化国家的后尘，还拼命地刺激需求，并竭尽所能地去满足这些需求，甚至不惜牺牲我们的环境，动摇我们生存的根基。

这是明智的吗？我们真有那么多需求需要满足吗？哪些需求才是我们真正需要的呢？哪些需求又是我们人为营造出来的，只是感官的刺激，而并没有实在的意义，甚至对我们的身体反而是有害的呢？

中国古代的圣贤们对人的需求做了一个简单的区分，把它分为天理和人欲。“天理”这个词容易让人误解，以为跟人无关。而宋朝理学家朱熹的一段话，却让我们很容易理解天理和人欲的区别。朱熹说：“饮食，天理也；山珍海味，人欲也。夫妻，天理也；三妻四妾，人欲也。”显然“天理”也是人的需求，因为人也是天的一部分，只不过它是人的本质需求。

什么叫本质需求呢？就是生命的需求。让生命活下来，并且绽放生命力，就是天理、天道；而吃山珍海味，或者拥有三妻四妾，却是为了满足人的感官刺激，与生命无关。就像是没有水，人就活不下去，所以喝水是天理；总不能说，没有酒人就活不下去，真有这样的人，也是个酒鬼。这些与人的生命无关的东西，就称为人欲。其实它是指人的贪欲，是生活的需要，而不是生命的需要。

有的人产生一些需要，甚至与感官都无关，而纯粹只是炫耀的需要。那么多女士喜欢名牌包包，既有感官的需要，但更多却是为了炫耀。只有这一类的需求，为感官刺激，或者为炫耀自己，才会让人不择手段去追逐，而且永远没法满足。现代社会上干尽伤天害理之事而挣钱的人，都是受这种需求的驱动而去害人的。

因为人生命的需求是很容易满足的，并且你只是在生命需求的层面上追求满足，你的心是慈悲的。贪欲才会让人成为魔鬼，所以刺激贪欲的结果就会让人变成魔鬼。如今社会上那么多令人发指的现象，不就是一味刺激贪欲的结果吗？

好了，我们可以做一个小结了。人的需求应该分成两种：生命本质的需求和感官刺激的需求。前者称为天理，后者称为人欲，或者叫贪欲。一味刺激贪欲，并且满足这些贪欲既是愚蠢的，又是有害的。

说它愚蠢，是因为很多所谓成功的人把身体搞垮了，把亲情搞淡了，最后跑到山里去，舍掉一切的贪欲，去追求生命本质的满足，吸新鲜的空气，晒灿烂的阳光，喝甘甜的茶水，费那么大的劲，图的也就是这些，不有些愚蠢吗？

有害，是说在贪欲被激发，并且追求满足的过程当中，多少人成了魔鬼，或像个魔鬼，或与魔共舞，或被魔所伤，在这样的一种价值观占支配地位的社会中活着，累呀!

所以宋明理学提出“存天理，灭人欲”，是让我们回归生命的本来。而更早一些孔子提出“克己复礼为仁”，更是语重心长，“克”即是节制，“礼”也是节制，节制自己的贪欲。“仁”是天理，是生命的本质需求。孔子说“仁者爱人”“仁者人也”，就是这个意思。他老人家语重心长地告诉中国人：按人的本质活着，节制自己的贪欲，我们才能活得像个人，才能活出人的品位和精彩。

而这一点其实不难做到，因为人的本质需求要求很低，大自然几乎为我们准备了一切。只是千万别去刺激人的贪欲。这些贪欲，大自然满足不了，人类自己也满足不了，地球都满足不了。

所以孔子为中国人找到了一种生生不息的活法，既与大自然和睦共处，又能让人的生命力充分绽放，这种和谐生存模式，是中国儒家思想对全人类的贡献，通俗地说叫“天人合一”模式。它让中华民族绵延几千年而不散，只是当下遇到了挑战，遇到了来自西方却正被西方人所修正和检讨的经济发展模式的挑战。

我们应该警惕，应该在西方式的满足需求模式和东方式的节制需求模式两者之间，寻找到平衡点，既发展经济而又不破坏环境，既让人的本质需求得到满足、绽放生命力，又不去一味地刺激人的贪欲，并让它泛滥成灾。

找到这样的平衡点，是摆在我们面前的课题。答案就在问题中，在问题当中活着，答案就一定会出现。

扫二维码　听如是道

君子和小人

君子和小人仿佛是两个泾渭分明的概念，在中国人的潜意识里，这是有一定分量的概念。说人是君子，总是在赞美；说人是小人，则是在鄙视。但如今好像把人分为君子和小人，已经不太流行了。

人们逐渐按照钱来把人分为穷人和富人；或者按照权来把人分为当官的和老百姓；又或者按照名来把人分为明星和无名之辈；还有按修行来把人分为成就者和凡夫；也有以成败来把人分为成功者和失败者。

与这些流行的方式相比，君子和小人的这种分类已经不太被人们常用了，甚至有的人为了成为富人、名人，都不惜做一个小人了。因为他们觉得做个君子没有实际的利益，而做个小人能带来实际的好处，做又何妨呢？并且有了钱、出了名以后会受到人们的礼遇和追捧，也自然摆脱了小人的尴尬。

所以，现在社会上许许多多所谓的成功人士，都以自己曾经如何地忍辱负重，不惜做个小人，而终于取得成功沾沾自喜。有的人甚至已经成为所谓的成功人士，却仍然还会干着小人的勾当。我们听到过的北大博士毕业的公务员殴打父亲的现象，以及某女市长上下通奸的现象，都是光环下的小人行为。

之所以发生这样的事，是因为他们不以自己的言行为羞耻，只要不被发现和曝光，他们自己不会因为这些行为而小看自己，他们评价自己的标准就是大众的止于外表的评价。他们的学历、权力、身份是让人羡慕的，他们也就认为自己始终是让人羡慕的，不会因为不孝和偷情而鄙视自己。这就是当今社会很多丑闻发生的社会心理背景，尽管有些丑闻发生以后，我们会觉得不可思议，但这些丑闻却仍然会频繁地发生在这些有身份的人身上。

原因何在呢？就是因为现在的人都是拿一些外在的标准来对人进行分类，如财富、学历、权力、名声等。而中国几千年用内在的标准对人进行分类的模式，已经逐渐被淡化甚至抛弃了。这就让人内心失去了自律和自觉，而完全要依赖外在的法律、制度、曝光等监督机制来约束人。

一方面，这样的成本相对较高，因为很多事情都要等到法律、制度的介入，这些事情就会积累得非常严重，处理的成本当然较高，对于社会的破坏和影响也相对较大。

另一方面，因为法律、制度甚至新闻不可能到达每个角落，而让这些丑恶的事情，蔓延为一个普遍的现象，会形成一个恶劣的社会风气，让人心向下，滋养出一个个丑闻事件。这就是一切以外部标准对人进行分类的弊端。

中国几千年以来，我们一直有一个以人的内在为标准来区分人的模式，这就是“君子、小人”模式，这个模式可以让人自己掌握做人、做事的标准，从而能够靠自律和自觉防止人在错误的路上越走越远，这种把刹车机制装在人的内心的做法，的确是中国传统文化的魅力所在。这样可以直接降低社会的管理成本。

“君子、小人”这样一种人的分类模式，通过从小到大的教育机制和人人皆知的舆论机制，进到每个人的内心，人们的内心就有了基本的自律。在此基础上，再加上外部的约束机制，人的管理就会变得轻松很多。

究竟何为君子、何为小人呢？孔子在论语中说："君子怀德，小人怀土；君子怀刑，小人怀利。"意思是：君子内心看重的是道德、品行，小人内心看重的是土地；君子看重的是社会的规矩，小人看重的是自己的利益。很显然，君子强调自我修养，自我节制，因为道德和品行都源于此。小人看重的是外部的占有、欲望的满足，因为他占有，就是为了满足欲望。君子替别人考虑，所以，他们会遵循社会的规则。小人替自己考虑，所以他们会不顾社会的规则，而追逐个人的利益。

所以，孔子分出这两种人的区别标准就是：一个重内在，一个重外在；一个重自己，一个重群体。孔子还说："君子喻于义，小人喻于利。"这又是在说君子与小人的另一个区别：所谓的"义"，也就是"理"，是天理、天道。孔子认为，君子行事不是从眼前的利害得失出发的，而是从"义理"出发的。

也就是说，君子考虑的是这件事究竟该不该做，该做的，对自己没好处，让自己难受，也要去做。过去那些义士就是按这样的标准来行事的，"舍生取义"也是这个意思。因为人的良知是有一些基本的判断标准的，人凭良知所行无不在"义"上，这也是孟子讲的"集义"的意思。意思就是，我们的行为都凭良知而行，就会处处落在"义"上，落在"理"上，这也叫"中"。河南人将这个"中"读成"中"（第二声），意思是打中了，打中了什么呢？都落到了良知上、义理上，这就叫"中"（第二声）。

其实，就是凡事不要只考虑得失，还要考虑心是否安。凭良知做事，利上未必有好处，但心是安的。这样的活法是坦荡的、宁静的、轻松的、有利于身心的，也是有利于周围人的。

所以，《四书》的作者曾子、子思、孟子、孔子都能活到七八十岁，就是这个原因。尽管他们生活很颠簸，孔子十几年周游列国，犹如"丧家之犬"（孔子自语）。但因为他们内心是和谐的，从而是快乐的、长寿的。他们比当时社会人的平均寿命高了一倍以上，这就是做君子的现实好处。

所以，别以为做君子没好处，做君子能长命，而且长很多，这恐怕比挣钱重要多了。一心赚钱的人，前半生拿命赚钱，后半生拿钱赚命。赚不赚得着还不知道，但起码天天受着病痛的折磨和烦恼的煎熬。

所以孔子说："君子坦荡荡，小人长戚戚。"坦荡，是因为一切符合天理、天道，符合良知、良心，自己心安，别人高兴，不用防人，能不坦荡吗？而不凭良知、良心做事，为了自己的利益总在伤害别人，能不担心别人的报复和进攻吗？天天防着别人，心情哪能轻松？身心怎能不疲惫？能活得好吗？所以孔子说：圣人他做不到，做个君子已经很不错了。君子长命啊！内心又阳光，谁不想做？

讲了那么多君子和小人的区别，以及做君子的好处，我们是想说：君子不是拿来看的，是拿来活的，是一种有价值、有意义的活法。人人都想做个君子，社会能安定和谐，个人也能心情舒畅、体面尊严。现在不讲君子之道了，个人好像富有了，但活得开心的人并不多。开心也是寻求刺激，而不是心安祥和地快乐着。刺激带来的快乐往往并不利于身心健康，酗酒、吸毒、赌博也能让人因为刺激而快乐，但它们都会残害人的身心。

但君子并不是想做就能做的，是修出来的，它要靠人的自我节制和利益众生来修炼，这也就是孔子讲"克己复礼"和"修己以安人"的意思。所以儒家里面有"君子儒"和"小人儒"的说法。

真修行的儒者，日日"克己复礼""修己以安人"的儒者，真正做到"非礼勿视，非礼勿听，非礼勿言，非礼勿动"的人，才能让自己的一切言行落在"义"上、"理"上，才能"集义"（《孟子》），这是很不容易做到的。这样学儒的人，才能真正称为儒者。孔子把他称为"君子儒"（《论语》）。

也就是说，儒学传的是功夫，传的是"克己复礼""修己安人"的功夫，传的是自我克制的功夫，传的是秉承天理天道的功夫。做不到这一点，生活当中不修行，讲起儒家经典来却又滔滔不绝，一套一套，这就是“小人儒”（《论语》）了。

为什么称这种学儒的人为小人呢？因为他们不实修、不“克己”、不改自己的毛病、不持戒，拿儒家经典当学问做，目的其实是图学儒给他带来的功名利禄。这是形式主义的学儒，当然是小人了。

把学儒当成是学问，而不是功夫，当然只能称为“小人儒”。所以孔子说：“文质彬彬，然后君子。”“文”代表着形式上的东西，这是学问和知识，“质”代表着本质上的东西，就是指功夫和修行。只有两者吻合才能叫君子，这是孔子的定义。

很遗憾，孔孟之道自孟子以后，学问在传，功夫却几乎失传。所以朱熹才感慨地说：“孟子没而其传泯焉。”（《大学章句序》）意思是：太多学儒的人只做学问，不修身，不持戒了，只把学儒当成了博取功名的工具，功利主义成了很多学儒人的心态。

孔子在《论语》中说“君子不器”，就是告诉学儒者要拿儒学当功夫练，修身养性，明心见性，去与天地相应。而不是只把它当成饭碗，当成谋生之道。

因为，孔子提出君子的概念，是他看到了人在天地间真正的价值不是吃喝拉撒，而是可以“赞天地之化育”，可以“与天地参”（《中庸》），这是对人性价值的最高评估。

我们都知道天长地久、不生不灭，而人也可以做到与天地一样，这就是“与天地参”的意思。人与天地一体的境界是学儒者真正应该达到的境界，也是学儒真正能得到的最大利益。只有从这个角度来理解儒，才能明白学儒的真正含义，以及做君子的真正价值。其实过去的王者，都把自己当作“君”，想表达的就是与天地共存的意思。

一个君子的概念解决了人的生命从哪里来、到哪里去这些问题。关于生命的疑问，一直是东西方哲学思考的核心问题。儒学的高明之处是它把抽象的哲学问题变成了日常的生活问题，把思考跟活法统一起来了，把修行跟事业统一起来了，这才在中国的千百年间，涌现出了一大批由儒学传承的既有修行功夫，又能建功立业的人。

张载的那句话——“为天地立心，为生民立命，为往圣继绝学，为万世开太平”才能成为一代又一代儒生心中的理想。如此完美地统一在古今中外的思想体系中是罕见的，也是难得的，我们应该常怀感恩之心，从自身修行开始，将儒学发扬光大。

人心为何这么狠？

扫二维码　听如是道

最近从网上看到几则消息。

第一则消息是云南昆明两个刚结婚的年轻人去医院看外婆，路上遇到一个醉汉，相互碰撞了一下，便争吵起来。随后双方大打出手，混乱中醉汉拿起一把刀，朝这对年轻夫妇中的女子身上连捅两刀，致其当场毙命。后又追赶夺命狂奔的小伙子，在他人的制伏下，小伙子身中三刀，但捡了一条命。

第二则消息是，一对恋爱中的年轻人在餐馆吃饭，旁边一桌也在吃饭的几个男士，趁着酒兴对这桌的女孩讲了几句轻佻的话。这对恋人中的男士劝女孩不要计较，反被女孩骂为怂包。女孩骂完自己的男朋友，又跑到邻桌去指责那几个喝酒的男士。结果双方开打，女孩的男朋友被几刀捅死，女孩自己也受了重伤。

第三则消息是在云南丽江一家餐馆内一女子独自吃饭，旁边一桌几个男士的学了一下这位女子说话的腔调，该女子便走过去质问他们，结果该女子遭一顿暴打，面部严重毁容。

看完网上的这些消息，我的内心非常的难受。因为这都是些年轻的生命，风华正茂，大好年华，却无端地夭折了。我们大可以指责杀人者的凶残，但他们并不是杀手，也不一定就是恶贯满盈之徒，也可能就是一群无知懵懂的年轻人。杀人肯定不是他们的本意，因为他们的青春岁月也会在他们杀人的一瞬间终止，这是任何一个正常的人都不会轻易去做的选择。

有的人可能会说，是酒乱了他们的性。但喝酒的人都知道一句话：酒醉心里明。酒可以让人失态，但不会让一个人精神失常。否则法律上就不会追究醉汉的法律责任了，国家也就可能早就禁酒了。也就是说，喝多少酒都不会成为一个人杀人的原因。

其实将这些信息在网上曝光的人，他的本意是让大家不要争一时之气，免得殃及性命。应该说他的心是善良的，但如果在一个暴力横行的环境下，大家完全靠忍让来求得平安，这样的生活岂不是让暴力者痛快，而忍让者压抑吗？正如第二则消息中那个送了命的男孩，不就是因为被他的女朋友骂成怂包，才不惜以命相拼的吗？

我当然不赞成他去送命，但我也认为此时的一味忍让是否真的有效？因为很多人其实知道了也未必做得到，那么类似的惨案还会频频发生。我想要思考的是：究竟什么原因让现在的人，尤其是年轻人动不动就要拿命来跟人拼？

我们年轻的时候，20 世纪 70 年代，是社会上的年轻人无所事事的时候。那个时候也没有大学可读，很多人中学毕业后又不愿老老实实做知青，跑到农村去接受贫下中农再教育。结果很多年轻人就混在城市，成帮成派地打架，一打就可能几百人，而且打得也很凶。

这么大规模的械斗时有发生，为什么很少死人呢？原因只有一个：大家不想出人命。尽管手里拿的家伙有刀、棍、砖，但他们一般不会往人的要害处下死手。他们只是为了打架逞威风，宣泄无聊的情绪，争夺一下所谓的地盘，灭一灭对手的威风。那种时有发生的械斗，如果换成今天的这些年轻人去玩，真不知会死伤多少。

那时候的打架是调皮，现在的打架是杀人；那时候的人有脾气，现在的人有杀气。这些人心中的杀气从何而来呢？

前面几起案例中，那些年轻人应该不是杀人的惯犯，事先他们也绝不会想到要杀人。应该杀了人以后，他们也非常后悔，甚至害怕。但为什么就杀人了呢？杀一个跟自己无冤无仇的人，仅仅只是因为双方的争执伤了自己的脸面而已。

现在的人的脸面怎么就这么伤不起呢？以至于要让别人拿命来赔。这股子杀气从何而来？藏在这些年轻人内心的什么地方？什么时候这股杀气会像脱缰的野马横冲出来？我们有办法对付它吗？如果就靠面对它时的忍让，尽管这样做能保全忍让者的性命，但这是最好的选择吗？是对前面三起杀人事件最合理的解读吗？

我想，如果我们把自己当成旁观者，可以这样去劝别人。但如果这些事情真落到了自己头上，你恐怕不会只去责怪自己没有忍住吧！如若这样，我就真觉得自己窝囊。仿佛错在了被害方，这种逻辑只有实用性，没有正义感。

杀人者肯定被绳之以法了，其实他们又何尝不是受害者？年纪轻轻，一气之下，自己也把性命搭了进去，他们难道不是输家？我们可以说这帮年轻人脾气都不好，落到那样的结果都是自找。

这还是把自己当旁观者在看，是看客心态，真要哪天自己遇到这样的事了，我们的心才会真正的痛，才不会去仅仅规劝别人，或者指责别人，而是心痛：人为什么成了魔？人身上的人性去哪里了？我们只有如此心痛，才能真正地检讨，才能给出扭转这种现象的根本方案，让我们带着心痛去思考吧。

在这几起事件中，有一个有意思的细节是：三个受害方都有女性。常规来讲，有女性的场合，男性是不太容易吵架升级的。因为女孩怕事，她会劝自己的男人，关键时候，也会跟对方男性求饶。一般男性又多少都会给女性一点面子，因为中国人讲的是“好男不跟女斗”，所以一般情况下事态不至于失控。而我们看到的这三起事件中，女性的表现却不是这样，有怂恿男士去争斗的，有直接冲上去与男士争斗的，总之，她们显得不怕事，甚至不怕死。

她们都是受害者，我很同情她们，但她们在这几起事件中的表现，我既不赞成，也不理解，因为明摆着双方力量悬殊，为什么一定要鸡蛋碰石头呢？吵不赢也要吵，明知不可为而为之，究竟是什么在起作用呢？脾气？意气？总之是一股气，这股气让她勇敢地冲了上去，不畏强暴，不惧生死地去讨说法、讲道理。

的确就是情绪的作用。只能说这些女生平时遇到了自己的情绪生起来的时候，习惯的处理方式就是让它发泄出去。哪怕会有灭顶之灾，这股子气也一定要冲出去。这恐怕就是导致她们遭受如此伤害的根源。显然，这个根源后面又还有根源，那就是，平时她们在生活当中对待自己情绪的方式是宣泄，而不是节制。

一味地宣泄，总有遇到危险的时候，就像一匹狂奔的马会遇到悬崖一样。只是她们没想到危险会如此之大，悬崖如此陡峭，而且猝不及防。光天化日之下，竟然隐藏着致命的杀机。她哪里会想到对面的那几个人会杀她呢！她们不知道对面那些人也跟他们一样，平时的行为方式也是一有情绪就宣泄的人。如此恶性的杀人事件，其根源就在人们毫无节制的宣泄情绪的行为模式之中。

一个人不懂得节制自己的情绪，从没想过要节制自己的情绪，他就与魔鬼无异。泛滥的情绪就是恶魔。小到人与人的日常相处，大到社会的重大事件，不受节制的情绪和欲望，往往都是元凶。

2600 年前的孔子正是悟透了这一点，才对中国人进行了人心设计。他所在的年代也是一片混乱，诸侯国之间，诸侯国的内部，整天进行着你死我活的争斗。孔子看了几十年，最终得出来的解决方案是：从人内心的自我节制入手。

学会克制自己的情绪和欲望，这是人成为人的第一步，也是最关键的一步。所以孔子说："克己复礼为仁。""克己"就是克制自己；"复礼"就是符合社会规范。"礼"也是对人的性情的节制。

《礼记》中说："礼者，因人之情而为之节文。"意思是"礼"这个字是用来表示人对自己的情欲进行节制的，懂得节制情绪和欲望才叫知礼。知道很多礼仪条文而不懂得，或做不到节制自己的情绪和欲望，都不是真正的知礼。所以，"克己复礼"都在反复强调自我节制。节制什么呢？节制自己的情绪和欲望。西方的管理学把这叫"情绪管理"，但孔子却认为它是人之为人的根本，这比管理方式重要千万倍。

孔子说："克己复礼为仁。"又说："仁者人也。"意思是懂得"克己复礼"的人才是真正的人，或者说真正的人是靠"克己复礼"培养出来的。人不是自然成长就能称之为人的，自然成长的人不懂得节制自己的情绪和欲望就会伤人、害人、杀人。只要谁阻碍他的情绪宣泄和欲望满足，他们就会不顾一切地往前冲，哪怕付出生命的代价。这几起事件中，双方不都是这样的人吗？

我不相信他们平时有多坏，思想有多肮脏，之前对社会会多有害。仅仅只是因为他们不懂得自我节制，不善于自我节制，没有从小到大就接受这样的严格训练，结果都送了性命，真是不值得，但原因并不复杂高深。

我们现在很多的家庭教孩子的时候，不是教他们如何节制自己的情绪和欲望，而是相反。我曾听到一个奶奶跟孙子说：他下次欺负你，你就跟他打。我不知道这样的小孩大了以后会怎么样，他要遇到事，恐怕是进攻型，而不是节制型。

再看看我们平时对待小孩的需求和欲望是满足的多，还是节制的多呢？那么多的父母，不管是贫穷的，还是富有的，都想给孩子最好的生活。什么是最好的生活呢？就是孩子喜欢的生活，想要的生活。这样的孩子长大了一定是任性的。产生需求和欲望了，也一定是想尽办法去满足，而不是自我节制；产生情绪了，更多是宣泄，而不是克制。这样的一群人长大了，遇到一起吵架、争斗、伤人甚至杀人，又有什么奇怪的呢？他们的行为模式就是如此。

孔子让我们从自我克制入手，来完成人成为人的训练。这没有现实意义吗？很多人没把“仁者人也”和“克己复礼为仁”连起来看。其实连起来看就是：克己复礼为人。意思是：只有懂得自我克制，人才成其为人，否则，与畜生无异。

这跟现代提倡的个性解放、自我满足等西方传入的价值观是大相径庭的。我们还要在错误的路上走多久？难道还要等我们在哪里吃着饭、走着路，莫名其妙地旁边就打了起来、杀了起来，要让这些现象随处可见、随时可见，我们才能警醒吗？

我自己就已经遇到过好几起这样的事：一次在三亚海边的五星级酒店吃早餐，突然旁边就一人拿刀叉，一人拿盘子，双方大打起来，一群保安冲了进来，制止了这件事。而起因只是早上人多，他们相互碰了一下，一个骂别人眼瞎，另一个就去拿刀叉，荒唐至极。这样的事例生活当中多得很，只是我们不去想它深刻的根源而已。

想起孔子吧！从家庭教育、学校教育、社会教育全面入手，让人从小学会节制自己的欲望、情绪和需要。懂得节制，而不仅仅是懂得满足，这是中国人必须从小接受的一场训练。否则，再好的生活，再多的物质，我们都没法享受。因为稍有不慎就会落入与人争吵、伤害的旋涡之中。

小时候没有这样的严格训练，长大以后的忍让是根本做不到的。再加上现在社会享乐主义的思想影响，没有人会认为忍让是理所当然的，而只会认为那是自己无能和窝囊的表现。这样的忍让，忍得了一时，绝对忍不了一世。这一辈子要想平安，还是个问题。

只有深刻理解孔子的克己复礼为人的思想，明白克制自己是人的标志，是人性的特征，并且从小接受这种教育，我们才能以此为美德，一生去实践，创造一个和谐的社会环境。节制自己的需要、欲望、情绪，并不是对人的天性的压抑，相反，这是对人的天性的张扬。起码在前面三个事件中，他们双方如果是从小就懂得节制的人，他们就都能活下来，难道活着是违反天性的吗?

我们说过人的需要分为生命的需要和生活的需要。生命的需要很简单，也很容易满足，满足这些需要才是符合天性的。天性指的是与人的生命相关的东西。而人生活的需要却五花八门，很难满足。

喝水是天性，是生命的需要。喝酒是生活的需要，有的人还非要喝茅台酒，或者是洋酒，显然这不是生命的需要，因为那么多人喝不起茅台酒，他们的生命就不应该存在吗?所以喝水是天性，是天理;喝酒是习性，是人欲。不能节制这些人欲，社会资源就会大量浪费，环境就会遭到破坏，人的身体也会受到摧残。你看那些整天喝酒的人，有几个能够真正品尝到粮食和菜蔬的美味呢?经常因为酒精而兴奋得脑袋发着烧，能不伤身体吗?这样的人欲能合天理吗?

而长期不懂得自我节制，则更容易让人做出各种各样的危险的事情。所以别把“克己复礼”当成是压抑人的天性的事情。懂得什么是天性，真正关注自己的天性，你就会克制自己的人欲，好好地爱自己、爱家人、爱他人，你就回到了一个真正的人的概念上，这才是孔子提倡的克己复礼为人的本义。

人生没有过不去的坎

扫二维码　听如是道

最近从网上看到的一些关于某中国首富的消息，是说该首富最近的麻烦比较多：国家点名批评、银行断贷、股债双杀、资产大缩水、贱卖资产，等等。遇到这一连串的麻烦，竟然还能让一个千亿级的企业屹立不倒，倒也是一件非常难得的事。用网上很多好心人的说法，这些事情如果落在别的私企头上，估计 95% 的企业都垮掉了，这当然证明了该企业本身的实力。但我更感兴趣的是：为何如此庞大的一个“商业帝国”，会突然就走到了一个坎上？以及它对中国民营企业家有何启示？

该首富讲话一贯是敢想敢说的风格。他在企业管理上，就曾经旗帜鲜明地说过：企业管理靠制度，不靠忠诚度，忠诚度是靠不住的，（员工）今年有忠诚度，明年也许没有了。企业管理要制度，这是毫无疑问的，但旗帜鲜明地说“不靠忠诚度”，这却是非常少见的，因为任何一个企业老板应该都希望员工对企业有忠诚度，不管忠诚度是否能得到，或者能得到多大的忠诚度。

企业老板放弃了员工的忠诚度，这样的言论是不多见的。或者是因为他找到了比忠诚度更好的、更有效的力量，或者是因为他们对于人心的忠诚度就根本不再抱以希望，因为很多老板也有过类似的经历：花很大的心思和精力培养下属，结果却非常让人失望，要么就出去成为竞争对手，要么就在企业处在关键岗位而不尽心尽力，甚至欺上瞒下。

企业员工忠诚度的确是一个谈起来不那么让人开心的话题，但像他这样旗帜鲜明地宣布放弃，倒也很少有人这样去说。因为说这句话并不代表我们还要不要员工的忠诚度，而代表着我们对人性的看法和对人与人关系的态度。

企业的管理完全按规则行事，人与人的关系完全按利益来链接，这样的管理思想和模式，的确可以带来企业快速高效的发展，但企业内部的团队文化却是有缺陷的，因为它缺少了对人的生命的关注。

人的确是需要钱才能活着的，但人也不是为了钱而活着，相反钱是因为人而需要的，失去了对人的生命的关注，把人当成了企业发展及盈利的工具和手段，这样的管理思路，是迟早会遇到坎的。这个坎，就是天理、天道。

何为天理、天道？《道德经》说“天之道，利而不害”，古语说“上天有好生之德”，说的都是天理、天道的本质，那就是利于生命。无论是企业，还是任何一种社会组织形式，都是为人的生命服务的，而不可能是其他。

有的企业家以利为先，说到底只不过是把自己的生命凌驾于别的生命之上而已，为生命服务这一点其实并没有改变。那么少数人的生命凌驾于多数人的生命之上，这样的模式能最终成功吗？答案是否定的，因为所有生命都是平等的。

我们忽视了其他生命的价值，而把他们视为实现自己目标的手段和工具，我们就必然会做出一些对人和社会不负责任的事。如在这个企业里面，高管的流失率非常高，很多创业的元老，也纷纷离开企业，甚至还发生了子公司总经理坠楼身亡以后家属向企业讨说法的现象，最后发展到与代表国家利益的央企在境外的投资项目上“撞车”。

这一连串的事件让我们看到的是一个企业家以自我为中心的逐利导

向和一个企业家理应承担的社会责任之间的矛盾，以及这种矛盾激化所带来的结果。

这位企业家的商业信誉是非常之好的，曾经为了信守商业承诺而损失上亿元。因此他曾经说，与此相比，海尔通过砸冰箱来维护品质信誉的事算不得什么了。这种对商业信誉的坚守的确是一种美德，但这是否就代表了一个企业家完全的社会责任呢？

就像这个企业快速发展，达到了几千个亿的规模，无论对内部员工还是外部消费者，或者是合作伙伴，都一定带来了巨大的利益，那这是否意味着：他就给这些相关的人都带来了真正的福报呢？

现在的很多企业家，其实也都深陷在这种商业道德和社会伦理的冲突之中，甚至很多企业家为此而痛苦和困惑。一方面，他们把企业办得红红火火，企业的发展和盈利毫无疑问会给跟企业相关的人都带来利益；但另一方面，这些企业家内心往往是孤独的，是不被人理解的，甚至是招人诟病的。

曾经的合伙人明明靠自己赚了大把的钱，但反而会说他们该赚的远不止这么多，甚至指责给他带来财富的这个人的强势、霸道；离开的那些获利者，更愿意谈的是他们内心的痛，而不是他们手中的利；下属和员工也一样，尽管他们在企业里面拼命地干，并且绝不敢冒犯自己，而一旦他们离开，则倒的大多是苦水，他们记忆当中亦是痛多利少，而客观上他们同样是获利者；甚至在朋友和家人当中，自己都会经常是一个费力不讨好的人，很多人得到过自己利益上的帮助，但却未必经常地向自己表示感恩，相反，经常会让自己觉得帮人行为有点自作多情。

为什么从商业上来讲，这种人很成功，而做人上却很失败？当然这种失败是相对于他商业上的成功来讲的，这就是我所说的商业道德和社会伦理的矛盾。有的人把这种矛盾归结为中国社会的特殊现象。就像老百姓说的，这是仇富心理在作怪，甚至有人认为这是中国传统文化在作怪，因为中国传统文化当中商人的地位是不高的。士、农、工、商，商排在最后。但他们恰恰不知道的是：商为什么会排在最后？

中国传统文化既然是一个传统，并且传承了几千年，我们就必须正视它，而不是轻言改变它或抛弃它。

中国传统文化的核心价值观是什么呢？是“和”。“和”就是一体。所以中国人对统一是非常看重的，对分裂是非常反感的，几千年我们能够保持大一统的格局就是这个原因。别的文明都没有办法以统一的国家形态延续几千年，而中国人做到了，这一点是事实，我们每个中国人都必须面对和尊重。这样的核心价值观是谁都动摇不了的，无论西方的市场经济价值观有多厉害，都撼动不了中国人与生俱来的，以“和”为标志的一体化的价值观。

表现在人与人的关系上，或者叫社会伦理上，就是一个“仁”字。“仁”是人与人相处的时候，我们评价一个人的标准。通俗地说，一个人是否讲仁义，是否有仁爱，是我们认为他是好人还是坏人的标准。

什么是“仁”呢？孔子说“仁者爱人”“己所不欲，勿施于人”，意思是你把大家看成是跟你一体的、一样的，彼此像是家人一样，人家就认为你是仁者。否则，你给人家再多的好处，人家都未必领情。因为你不断地逼别人，压别人，人家就会认为你是把他放在对立面看的。你不把他看成是一体的，他得了你的好处，都会恨你。

所以做个好人其实很容易，那就是多让别人感觉到你对他的一体心，多让人感觉到你把他当成自己人看，这就是中国人为什么特别讲老乡、同学的原因。因为，这些标志会让人觉得天然的是自己人。而一旦他觉得你不把他当自己人看，你对他的一切管理举措，哪怕能给他带来利益的管理举措，他都会曲解。他得到利益，他都会认为是自己挣来的，而对你没有感恩之心，家人或朋友会认为你是心甘情愿送的，与他无关。也就是说，中国的企业家仁者形象的塑造是非常重要的。

而怎样塑造仁者？孔子说“克己复礼为仁”，所以，“克己”是塑造仁者形象的第一步。

口无遮拦地说话，肯定是不利于塑造仁者形象的。中国企业家因为口无遮拦说话而倒霉的，已经不在少数了，只是他们不知道原因而已，因为中国人往往认为滔滔不绝的人，离“智”比较近，离“仁”比较远。

孔子的学生司马牛问孔子：“何为仁?”孔子说：“仁者，其言也讱。”意思是仁者说话是迟钝的。司马牛很惊讶，他不理解为什么说话迟钝是“仁”。孔子说：仁者的事，做起来不容易，说话怎么可能那么快呢？孔子还说：“君子欲讷于言，而敏于行。”意思也是说话木讷一点，才像一个君子、仁者。

孔子还说过：“刚、毅、木、讷，近仁。”我们可能不喜欢做这样的人，尤其是现代社会，但你想让别人认为你是一个仁者，你最好这样去做，否则你心直口快的结果就是惹是生非。对一个企业家来讲，惹是生非就会给自己造成一个一个的坎，没事找事，又何必呢？而这就要学会“克己”“修己”，控制自己痛痛快快说话的欲望。

有的人不喜欢这样，习惯于我行我素，并且说：我也能把事情做大。但关键是把事做大以后，你的人际关系和谐吗？有些人说：我无所谓。

时刻紧张、对立、冲突的人际关系，你能幸福吗？你周围的人又能幸福吗？你给周围的人带来了财富，但也给他们带去了痛苦的人生，他们能不恨你吗？帮了别人而又让人恨自己，这是圆满的人生和圆融的做法吗？为什么不可以把企业做大，利益上帮到别人，关系也让人感觉到仁爱呢？

商业道德和社会伦理的统一，恐怕就在两个字上：“克己”。如果把商业道德看成今天的礼，那么社会伦理为今天的仁。很显然，“克己”就是这两者的交汇点和纽带。而很多成功的人，尤其是给他人和社会带来贡献的人，最容易犯的错误就是放任自己。因为他认为自己有了放任的本钱，所以不会“克己”“修己”，后果就是他会功亏一篑。做了那么多的好事，带着无数的光环，都会被那些不克己、不修己的言行毁灭掉。

中国传统的力量藏在人心，藏在民间，无所谓对错。顺应它，事半功倍；违反它，事倍功半，甚至成为悲剧人物。有的人可能会说，我要是顾忌这么多，我就不会有今天，以此作为不“克己”、不“修己”的借口。

但我们可以看一看，国内的另一位企业家任正非。华为一年营业额6000个亿，他却能在半夜12点拎着行李箱在首都机场等的士；把华为98.6%的股份拿出来分给大家。华为的管理也很严，但它是建立在一体基础上的。任正非没有“克己”的思想，就不会有这样的股权结构和做法。所以，他的企业遇到问题都能得到政府的支持和力挺。

国外也有一个很知名的企业家，日本的稻盛和夫创办了两家世界500强企业，但他的经营管理思想是由经营哲学和管理会计两部分构成。经营哲学的核心就是修行，稻盛先生称为六项修炼。这是一位佛教徒，修行是他的本行，所以他能够凭一元钱的报酬，去拯救日航，也能在他的第二个世界500强企业里占有极少的股份。

任正非、稻盛和夫都是符合仁者形象的人，稻盛和夫是中国传统文化的信徒。他们为什么能将商业道德和社会伦理统一起来，企业也能做那么大？应该说，与他们“克己”“修己”的心态是息息相关的。

所谓为人的低调，其实是修行的境界。我们谈论这些事情，只是为了给网络评价企业家的行为轨迹，提供一个传统文化的视角。用这样的评价，或许能帮到他们。因为中国的企业家真不能跟着美国企业的价值观走，还是应该回归到中国传统的价值观上去，因为中国传统的价值观一直活在中国人的身上。这里没有对错，你活在中国人当中，就得看到这个事实和力量。

退一步海阔天空

扫二维码　听如是道

上一篇文章，我们谈到了人生的坎，其实，退一步海阔天空，也是我们中国人非常赞赏的消除障碍的心态。因为很多的坎和障碍其实都在我们的内心，你只要在心里化解这些障碍，就能过这些坎，而“退一步”就是化解这些障碍的办法。

何为“退一步”呢？就是不执着而已。不要执着于一个绝对的标准，不要执着一个绝对的对错，不要执着于一个绝对的好坏，你就能退一步，就能“海阔天空”。

本来这个世界上就没有绝对的标准，绝对的好坏和绝对的对错。赚钱对不对？当然对，不赚钱我吃什么、住什么？但唯利是图对不对？不择手段地赚钱对不对呢？肯定就错了，因为你就会造假药，最终害人害己。一个长生公司疫苗事件牵扯了多少人？伤害了多少人？不就是因为一个唯利是图的念头吗？所以儒家才说：“君子爱财，取之有道。”孔子才说：“君子喻于义，小人喻于利。”

别把义和利对立起来。《中庸》说：“义者宜也。”意思是：义就是恰到好处。那么“君子喻于义”显然是指君子做什么事情都能恰到好处，包括挣钱追求利益，都能恰到好处。何为恰到好处？是指不伤害别人，能利益别人而获利。这样的利，也是义。所以，讲“君子喻于义”并不是讲君子排斥利，不要利。君子也要活，而且还要活得体面。

没有利，怎么活？和尚都还需要众生的供养，好端端地去排斥利干什么呢？去跟钱结仇干什么呢？但君子获利是有原则的，这个原则就是义，也就是宜，称为适宜。既要考虑自己的利益，更要考虑他人的利益，整体的利益，你就要有一体心，有了一体心，你就会去做对大家都有利的事，你从中获利不就理所当然吗？

而小人则不是这样，“小人喻于利”，是指小人会唯利是图，为了自己的一己之利，不惜损害他人。他们对利的态度是完全从自己出发的，是不择手段的，是执着的。所以，小人的问题不出在他需要利益上，而出在他不择手段的执着上，出在他纯粹利己的动机所带来的损人上。

所以，孔子讲的这句话，不要把它理解成要利和不要利的区别。如果这样理解孔子，君子就会成为假清高、穷书生甚至是伪君子。这样的现象在历史上多有出现。当今社会，也有人以义为借口，为自己在市场化社会中无所作为，甚至无所事事来开脱。这些人是孔子讲的“小人儒”。

能为大众带来利益而又能为自己带来利益的人，当然是君子，佛门称之为自利利他，是行菩萨道。小人的问题出在内心执着于一己之私或者一己之见，对自己与周围人群的彼此依赖关系视而不见，只看到自己的需要和利益，把自己从人群当中“摘”了出来，失去了本来的一体心，以分别心看待一切，最后成了小人。

所以，钱并不会障碍我们，对钱的执着才会障碍我们。钱也不是君子和小人的分水岭，对钱的执着才是君子和小人的分水岭。所以孔子说的“君子之于天下也，无适也，无莫也，义之于比”意思是君子没有什么非做不可的事，强求的事，也没有什么一定不能做的事，做与不做就看是否适宜，是否合于道义。也就是看是不是大家都有好处，当然这个大家当中也包含了自己。

所以，君子没有什么从自己出发一定要做的事，他就不可能执着，就一定会随缘。他只是引领着大家而已，而且，还是要在大家接受的情况下才去这样做。所以，孔子才会说："忠告而善道之，不可则止，毋自辱焉。"意思是君子跟朋友交往的方式都是用心来交，但也绝不强求，不能因为自己的忠言而强行要求对方接受，就会自取其辱。

所以，孔子眼中的君子是绝不强求任何人的，他对当官的态度都是这样。他说："天下有道则见，无道则隐。"意思是天下有道则出来做官，天下无道则归隐乡里。当官是好的，不当官也是好的，一切看因缘，这个因缘就是道。

孔子还说："邦有道，贫且贱焉，耻也；邦无道，富且贵焉，耻也。"很显然，孔子并不反对富贵，相反，他认为天下清明的时候，你还那么贫穷，这是值得羞耻的事，因为说明你很不努力。所以，认为孔孟之道就排斥利益，岂不天方夜谭吗？利不是孔子排斥的对象，当然也不是他追逐的对象，利和不利就看是否在道上，所以，他才说"朝闻道，夕死可以"。他是把道看成最高价值，其他的一切都是随缘而为之的，绝无执着。

所以，《论语》中说："子绝四：毋意、毋必、毋固、毋我。"意思是孔子绝不是一个执着自己的主观想法，然后强求别人的人；也不是一个执着于自己的利益而不择手段的人。《论语》当中，我们能够处处看到孔子这种不执着的心态，孔子一生既有远大抱负，却又毫不执着，这才是一个大修行人之所为。

有人可能会说，那孔子是不是执着于这个道呢？可以这样讲，但这个道你弄明白了，你就会知道，他只是"执着"于修行而已。孔子曾经对自己的弟子曾子说："吾道一以贯之。"其他人就问曾子：老师讲的这个道究竟是什么呢？曾子回答："忠恕而已矣。"意思是：孔子的道，一个是忠，这是修己；一个是恕，这个是安人。所以，"修己安人"就是孔子的道。

孔子在回答子路问"何为君子"时就说了：君子是"修己以安人"。

所以，君子对外是随缘的，是“成人之美”（《论语》）的；对内却是严于律己、克己修行的。你也可以理解成孔子对人生最大的感悟就是：修行是唯一重要的事，而其他的事都是随缘而来，随缘而去，随缘而行的。因为人生真正唯一能把握的就是一个自己；唯一能下手用力之处也就是一个自己，唯一能感受动念之处，也还是一个自己。

所以孔子又说：“古之学者为己，今之学者为人。”学就是修学的意思。他的意思是过去的那些智者都是在自己身上下功夫的，这才是正道，这也的确才是孔孟之道。所以要说执着，恐怕这是孔子唯一“执着”的东西了，佛门把这样的“执着”叫精进。

回到我们起初的话题，我们就明白了什么叫“退一步海阔天空”。其实，我们的意思是：凡事要在自己身上找原因、想办法。遇到问题不要怪罪别人，而要在自己身上找原因，眼光要收回来向内观。也就是曾子讲的“吾日三省吾身”（《论语》），这就叫“退一步”；遇到事情不要总想着投机取巧，或者别人的帮助，而要脚踏实地从自己做起。《道德经》里讲“千里之行，始于足下”，就是这个意思。

我们在企业里面帮企业做变革，就是按照这个思路在走的。当企业的人认为他们的品质问题是行业难题，不更换设备，不请高人，不进行大的技术改造，是没办法解决的时候，我们却带着大家去观察自己的动作，去把员工的操作过程拍下来，然后大家共同审视，共同研讨，结果发现：很多品质问题都跟我们的操作不当有关。找到了这些显而易见的又立马可以改正的原因，我们马上定目标搞激励、搞检查，制定有效的动作规范，然后狠抓落实，结果大量的质量问题都得到了明显改善。我们 500 多家企业的变革，都证明了这个思路是正确有效的。

日本的持续改善也是这样的思路，他们的指导思想就是，不要把注意力总是放在设备、技术、高人等大的外部条件的改善上，而要把注意力收回来，在员工自己身上用力，在员工的操作动作、手法、工装、夹具等小的方面入手，这是在我们自己身上用力，不寄希望于别人，在自身找原因、想办法，这叫“克己”“修己”。这就是“退一步海阔天空”的意思。

因为这样在自己身上用力的做法，你也不存在树敌，就没有阻力和障碍，这就是孟子讲的“仁者无敌”的意思。因为“克己复礼为仁”，你懂得“克己复礼”，你就是在自己身上用力，就没有障碍，哪还有过不去的坎呢？

孔子教的这套修法，就能让我们在生活中做一个没有对手的人，你会因为没有对立而减少痛苦，而幸福起来。也能让我们在工作中不需要太多的外部条件，而让业绩得到明显改善，只要我们扎扎实实在自己身上用力，事情就会越来越好，你就会是一个既成功又幸福的人，就会是一个既智慧又仁厚的人。

总之，是一个真正的人，这就是孔子说的“克己复礼为仁”“仁者人也”两句话合起来的意思：克己复礼为人，意思是懂得“克己复礼”的人，才是真正的聪明人，或者说，这才是一个真正聪明人的活法。

孔子被称为万世之师表，就是因为他教了我们中国人一种真正聪明的活法，这也算祖传秘方吧，千万不要丢了它！

谁是小人？

扫二维码　听如是道

生活当中，“小人”是一句骂人的话，而且是有点文化的人喜欢使用的语言，它表达的是骂人者对被骂者鄙视的态度。它与老百姓常用的一些骂人的脏话和痞话还是不一样的，骂人者常常借着对骂者的鄙视来抬高自己的身份。所以，“小人”二字更多的是一种身份界定，当然这种身份是绝大多数人所不愿意接受的。

我们在《论语》当中的确能看到，孔子是把小人作为君子的对立面来说的。也就是说，他把人大致分成了两类：一类叫君子，一类叫小人。君子具备人们所普遍崇尚的品德，小人则反之。

孔子说君子、说小人经常对比着讲。例如：“君子喻于义，小人喻于利”；“君子周而不比，小人比而不周”；“君子泰而不骄，小人骄而不泰”；“君子坦荡荡，小人长戚戚”；“君子之德风，小人之德草”；“君子怀德，小人怀土”；“君子怀刑，小人怀惠”；“君子和而不同，小人同而不和”；“君子上达，小人下达”；“君子求诸己，小人求诸人”；“君子不可小知而可大受，小人不可大受而可小知也”；“君子有三畏：畏天命，畏大人，畏圣人之言；小人不知天命而无畏，狎大人，侮圣人之言也”；“君子有勇而无义为乱，小人有勇而无义为盗”；“君子固穷，小人穷斯滥矣”。

这么多关于君子与小人的对比，自然而然会让人觉得君子是好人，小人是坏人；君子是对的，小人是错的；君子是应该得到大家景仰的，而小人则是应遭大家唾弃的。这恐怕就是小人形象在老百姓心目中如此恶劣的原因，最后就干脆演变为一句骂人的话了。但这是否就是孔子的本意呢？恐怕未必，或许我们错解了圣人之意也有可能。

也有的学者，如作家王蒙在他解《论语》的书《天下归仁》里就把“小人”解为“无权无势、无富无贵的小老百姓”，相当于我们今天讲的社会底层。显然这就不是骂人的，而是对社会阶层的一个划分。这种解好像跟孔子的原意更接近一些。但如果反过来说，把有权有势、大富大贵的人就称为君子，好像又立不住，所以这种解法恐怕也不符合孔子的本意。

其实，我们把上面那么多对比性的句子仔细一回味，小人的举动不仅不能都说是错，甚至生活当中大多数人都会这样去做。

如“小人喻于利”，恐怕生活当中喜欢钱的占绝大多数，这样的人都值得骂的话，那骂人者恐怕就要自绝于人民了。

再如“小人比而不周”。周，是指团结，比是指帮派。中国人的老乡观念、同学观念、朋友观念是非常浓郁的，生活当中、生意当中、事业当中也是随处可见、比比皆是的，甚至是很多人成事的条件。这种国民性格即便不值得提倡，或者说应该收敛和限制，但如果对这种人张口就骂，估计骂人的人也会整天挨揍。

再如“小人骄而不泰”，就是我们平时讲的给点阳光就灿烂的人。你可以提醒他，修正他，甚至对那些得志便猖狂的人泼点冷水，但是你要出口就骂这种人，估计人家也难以接受。因为他干不成大事也没伤到你呀，你恶言相向干什么呢？

又如“小人长戚戚”，这是指小人常怀忧伤而已，这说明他气量不大，放不下自己的伤心事，或者特容易伤感。你可以劝他，开导他，但同样，你也无权力骂他，因为那也是他自己的事。

还比如“小人之德草”，这是指见风使舵，或者跟风而动的意思。你可以说他没有原则，立场不坚定，但这也是很多小人物不得已而为之的生存之道啊！不值得效仿和提倡，当然不是一种美德，但我们绝没有理由去骂他，因为这样做的人并不想害谁，只想自己过好一点而已，说自私可以，说害人就过了。

“小人怀土”以及“小人怀惠”，这是指他们把实际利益看得更重。用我们日常的语言说，这是一种活得特实际的人，并且他们习惯于从自己出发来考虑问题。这种人生活当中也是比比皆是，不值得赞扬，但肯定不能去谩骂和谴责，除非他伤害到了你和他人。

“小人同而不和”，是指这类人善于装得跟别人一样，但心里其实跟别人又不是一体。这种人就是特善于做表面文章，取悦于别人的那一类，可以说这是一个人的缺点，但也是很多人的共性。你可以不屑，但你要天天鄙视他们，则恐怕在生活当中自己也就没几个人往来，会显得特不合群。所以，你可以做一个诚实、正直的人，但没必要鄙视那些表面文章做得好的人；你可以影响他们，但没必要排斥和谴责他们。因为这样的人太多了，何况他们未必就会去伤害别人。

“小人下达”是指小人通晓低级的道理，对那些高深的道理不感兴趣或者不能理解。这也不能成为小人一种罪过吧，你能指责一个乡下的老农不以天下为己任吗？范仲淹“先天下之忧而忧，后天下之乐而乐”的情怀值得称道，但一个农民守得一亩三分地，盼着“老婆、孩子、热炕头”的好生活，又有什么错呢？有人说“历史是靠无数小人物对生命的热爱和执着所推动的”，这话不无道理。

“小人求诸人”是因为他能力有限，没本事，不求别人他就没辙。当然，他如果在自身多下功夫，快速成长，能力本事都能起来，这对他会好很多。这样的道理可以去跟人讲，但不可以拿来骂人。

“小人不可大受而可小知”，是说小人担不得重任，但可以做很多小事情。这恐怕在社会分工里头是很有必要的，就像一个工厂，都去做老总，或者都去做设计、策划，估计是接不到订单的。因为工人的活就没人干了，所以“大受”和“小知”是相辅相成的。

“小人不知天命而无畏”，说实话，很多人一辈子就是总还是抱着点好的念想才能走完生命的旅程，如果他从头至尾都知道自己一生的结局，很多人可能还真就没有勇气走下去。所以，不知道自己的命运所带来的无畏，也可以减少他实际生活当中的一些痛苦，说麻醉也好，说自欺也罢，有些小人物恐怕不知道残酷的真相更好，这恐怕也是上天的另一种慈悲吧！当然不敬重大人，不畏圣人言，没有恭敬心，这是肯定会让他们自食其果的。

“小人有勇而无义为盗”和“小人穷斯滥矣”，都是说小人没有底线，会铤而走险。这里我们倒是真正看到了应该予以制止的地方，这就不仅仅是鄙视了，因为他们会伤害到他人。法律和道德的约束也是必须的，伤害了他人，法律上应该制裁，道德上应该鄙视，这是小人发展到极端时候的情境。

综上所述，小人在《论语》当中并不是用来骂人的，而只是用来形容那些比较自我、自利，有些习惯投机取巧、胸无大志之人的。说实话，这样的人在生活当中占的比重相当大，甚至可以说是绝大多数。所以，如果我们以鄙视的心态对待他们，我们将失去社会中的绝大多数人，甚至我们都无法面对和接受自己。因为我们或许多多少少也是这样的人，哪有资格去鄙视这种人呢？哪怕我们想做个君子，想成为君子，都不要去鄙视他们。因为这将造成我们自身的对立，我们会落在痛苦和矛盾当中，而接受自己是改变自己的第一步，切记！

孔子都不把自己归到君子这一类，他说自己“躬行君子，则吾未之有得”，意思是身体力行，完全达到君子的标准，我还没有做到。孔子又说：“君子道者三，我无能焉：仁者不忧，智者不惑，勇者不惧。”意思是君子所行之道有三，而我没有做到：有仁德的人不忧愁；有智慧的人不迷惑；勇敢的人不畏惧。尽管他的学生子贡说："夫子自道也"。意思是老师讲的君子的这三种品行，其实是在讲他自己。但我认为孔子说自己没有做到，绝不是谦虚，而是因为他认为仁、智、勇真正的境界的确是很难达到的，他对这三个指标的定义是很高的。正因为如此，他才认为自己都达不到一个君子的标准，这才是一个真正的圣人讲的话。

那么问题是，孔子讲了那么多关于君子的话，而且都是比对着小人来讲的，如果他认为那么难做到，甚至自己都未必能真正做到，那他提出君子这个概念有什么意义呢？这就是我们要深思的地方。

首先，我们就不要认为满大街都是君子，或者有钱有势就是君子，又或者以为有知识、有文化、有权力就是君子。孔子还没有知识、没有文化吗？他都不敢说自己就是君子。可见做君子有多难！那他还说君子干嘛呢？生活中都找不着，或者都做不到，做到的寥寥无几，说它的意义何在？

余秋雨先生在《君子之道》一书中认为：君子是一种理想人格，孔子树它为人格标杆，是想给大家一个榜样，让我们每一个中国人有一个人格成长的方向。

余秋雨先生这句话是对的，但应该还不是孔子提出君子的本意。那么，孔子提出君子的本意是什么呢？余秋雨先生讲的理想人格是从未来的角度解孔子，而孔子提出君子的概念是从本来的角度解人性、解人生。也就是说，他讲的君子，其实是讲人的本来面目，孔子也把它称为"天命"。

何为"天命"？天下生命的本来面目而已。孔子说自己"五十而知天命"，就是说他50岁左右知道了人性的本来面目。整部《论语》的最后一句话孔子说的是"不知命，无以为君子也"，意思是不知道自己的本来面目，怎么能称得上是君子？也就是说：所谓君子，就是知道自己本来面目的人。

我们要注意的是：君子所知的本来面目，并不是单指君子这一类人的本来面目，而是所有人的本来面目。因为它是人的本来面目，是人性的本来面目。人的本性肯定是相同的，无论好坏。这个相同的本性，或者说人性的本来面目，就是孔子看待任何人和事一以贯之的出发点。

孔子对曾子说："吾道一以贯之。"曾子把这个"道"解成了"忠恕"二字，其实这是从修法上来解的，而真正的"道"的本体并不能等同于"忠""恕"这两种修法。因为，孔子讲"朝闻道，夕死可矣"，他不可能听到"忠恕"二字，就觉得死而无憾了。所以，这个"道"应该是他对生命本来面目的证悟。那么，"朝闻道，夕死可矣"就可以解成：见到了生命的本来面目，死而无憾。

其实，生命的本来面目是永恒的，面对永恒的生命，怎么会有死的遗憾呢？这恐怕也是孔子讲"不知生，焉知死"的原因，意思是：你活着就能进入生命的永恒之中，还要谈死了以后又怎么样干什么呢？这恐怕也是孔子不言"怪力乱神"的原因。他不是避而不谈死或者神这一类的话题，他是从"生"来切入"不生不灭"这个宗教话题的，他的解对现世的人更有实际意义，更有帮助。

孔子的思想既是世俗的，又是宗教的；既是伦理的，又是哲学的；既是做人的，又是解脱的；既是活法，又是修法。这恐怕就是孔子开创的儒家思想能成为中国传统文化主流的原因。

在境界上，他不低过任何宗教，与宗教相通；在做法上，与世俗间的一切对接，真正完成天地人三位一体的结合。所以，什么是孔子所悟到的生命的本来面目呢？就是一体。

王阳明在解曾子《大学》中的"大"字时，用了一句非常精辟的话："大人者，以天地万物为一体者也。"所以，孔子讲的君子，曾子《大学》中讲的"大人"，都是能以天地万物为一体之人。一体就是生命的本来面目，一体也就是孔子多次讲过的"一以贯之"的那个"一"。

何为一体呢？没有对立，和谐的意思。《圣经》故事中的亚当、夏娃在未食禁果以前，互相看着对方不觉羞耻，就是因为他们看对方的身体就像看自己的身体一样，所以不觉羞耻，视对方如自己，乃至视天地万物如自己，这就叫一体心、一体感。

所以，孔子眼中的君子，就是能具有看天地万物如看自己一样眼光的人。你看周围的人都像看自己一样，他的病痛你能不怜悯吗？你把动物也看成自己的一部分，它的哀鸣你能不可怜吗？你把绿油油的小草也看成是你生命的一部分，因为它本来就是你生命的环境，当它被践踏得一塌糊涂的时候，你能不惋惜吗？你把一切的用品都当成是你生活的工具，而视为自己的一部分时，它被无端地损坏，你能不生气吗？这就是孟子和王阳明讲的人的"良知"。

人因为良知而能与天地万物心灵相通，成为一体，这是人与生俱来的天性，孟子称其为"不虑而知"的良知。刚生下来的小孩，9 个月之前都没有清晰的自我意识，他就会把他周围的一切与自己同等看待，不会生出一个"我"和"我以外"的世界来。

没有这样的分别，也就没有"我"与外界的对立、矛盾和冲突，也就没有一个需要拼尽全力去维护的"我"的利益、"我"的想法、"我"的感受，我们与周围的一切都是和谐的，因而我们人也就是幸福的。这就是人的生命的本来面目，是人人都具备的。以这种心态活着的人，也就是完全活在良知层面的人，活在仁义层面的人。这种人孔子就把他称为"君子"。

所以，孔子讲的君子是一个人的本来面目，是生命的本来，而不是未来。这就是他所知的"天命"，即天下生命的本来面目。他亲见了这样的本来，亲证了这样的本来，用他的本来面目，来应对弟子们提出的一切世俗的问题，于是就有了我们看到的《论语》。

所以，孔子在《论语》当中谈到的君子这样、那样，其实是说，有一体心的人按生命的本来面目去做，他会这样、那样做。所以，君子的行为当中处处充满了仁义，这一点都不奇怪，因为，人的本来面目就是充满仁义的。

那为何小人大量地出现了呢？生活中的君子所为并不多见呢？甚至孔子自己都未必完全做得到君子的行为？因为人的私欲。王阳明讲了："苟无私欲之蔽，则虽小人之心，而其一体之仁犹大人也。"意思是说，如果人能淡化、净化自己的私欲，就可以恢复你的本来面目，成为君子、大人。

人的成长带来了自我与外界的分别，自我意识逐渐强烈，以至于成为支配自己的私欲。人的心量，越活越小，由此造成了君子和小人的区别。既阻碍了小人成大业、干大事，也因为过分执着于自己的利害得失、自我感受，而让所谓的小人，失去了纯真的快乐。这就是生活当中的一句话：人生不如意十之八九。

孔子在《论语》中既指出了君子的行为方式，如"和而不同""周而不比"等，又讲到了君子能得到的诸多好处，如"不忧、不惑、不惧"等。更重要的是，他指出了怎样回归君子这一人的本来面目的具体修法。简而言之，就是"克己复礼"；再简而言之，就是"忠恕"二字；更简而言之，则是一个"恕"字。这就是孔子告诉子贡的"一言而可以终身行之者"。

孔子自己对"恕"的解释是："己所不欲，勿施于人。"意思是克制自己的私欲，不要针对别人。当然也有的人对这句话的解释是：自己不喜欢的，不要强加于人。但这种解释有一个问题就是：难道喜吃辣的湖南人就合适请喜欢吃甜的上海人去吃辣椒菜？显然不合适。

所以，"己所不欲"应该解成克制自己的私欲；"勿施于人"应该是指不要针对别人。这样你与周围的人就不会对立，消除了对立，才能和谐一体，这就达到了"克己复礼"的境界，也就是仁者、君子的境界。而孝、悌、信等孔子在《论语》当中多次提到的概念，其实是孔子提出的一个人“克己复礼”的具体修法。

孔子从君子这一人的本来面目出发，完整地勾勒出了人最终如何回归本来面目，还原为君子的路径，这就是论语的总纲。《论语》开篇讲君子，讲：“人不知而不愠，不亦君子乎?”这是讲一个人是否达到君子的检验标准，讲修行的最终境界和“果”。《论语》的最后一句话讲的是“不知命，无以为君子也”，是说人修行的起点，要从知道自己的本来面目开始起修，讲的是起点和“因”。而中间的一切讲的都是各种各样的从“因”至“果”的“缘”，因、缘、果思路清晰。

有的人说《论语》的话杂乱、零散，还有的人对《论语》的话进行这样、那样的分类，其实看到了这样的因、缘、果，一切都是多余的。不同的人从因至果需要不同的修法，不同的缘，仅此而已。

那为什么先讲果呢？佛陀讲法也是先讲境界，因为常人都关心自己最终得到什么。毕竟常人在没有修成之前，都还不能算是君子，都还在小人堆里扎着呢。当然，我们现在明白这句“小人”不是骂人的话，是指平常人、凡夫而已，但千万别忘了我们自己身上的本来面目却是君子。

回到本来，活出本来，这是孔子的殷切期望。

四海之内皆兄弟

扫二维码　听如是道

“四海之内皆兄弟”几乎是中国人人皆知的一句话，这句话很温暖，他把人与人之间的距离马上拉近了，陌生人之间，本不相识，一句“兄弟”便消融了隔膜，成为一体。民间这样的语言，也是被频繁使用的，不过为了说话的方便，省略了很多句子，“兄弟”二字就够了。要在酒桌上，这个词的使用频率就更高了，可以说，没有了“兄弟”两个字，中国的酒文化就只剩下酒而没有文化了。

但常人对这两个字的理解其实挺肤浅的，更有很多人把“兄弟”二字当玩笑来说，或者是当成忽悠人的话，因为他们认为说这话只是为了联络感情，拉近距离的一句客套话，当不得真的。因为大家不觉得这句话里有实质性内容，但事实并非如此。我们看一看这句话的出处，便会明白此言真实不虚。

“四海之内皆兄弟”出自《论语·颜渊》。一日，孔子的弟子司马牛忧愁地说：别人都有兄弟，唯独我没有。孔子的另一弟子子夏听到这句话，然后说：“死生有命，富贵在天。君子敬而无失，与人恭而有礼，四海之内，皆兄弟也，君子何患乎无兄弟也?”子夏在回答司马牛的话，意思是一个人主宰不了生死，也可能主宰不了富贵，但他只要做个君子，对人恭敬有礼，四海之内的人都会是他的兄弟，君子是不用担心自己没有兄弟的。这就是“四海之内皆兄弟”这句话的出处。

但一般人对这句话的理解是：你以礼待人，别人自然以礼待你，彼此就会像兄弟一样地相处，这样的理解至少有三个问题：

其一，子夏为什么要在君子的前提下来谈论此事，显然他并不是认为普通人只要恭敬有礼，就能彼此成为兄弟。他的话是有前提的，那就是你得做一个君子，所以他才说：君子何患无兄弟。

这一点非常重要，这也就解释了，我们都知道这句话，也喜欢开口闭口就讲这句话，但又得到了几个真正的兄弟呢？现在明白了，你做不到君子，这句话对你就没用；兄弟喊得再勤快，酒喝得再多，都白搭；这句话是送给君子的。

其二，有的人跟人相处也彬彬有礼，但反而处成个不冷不热，出不了半点兄弟感觉。所以离开了君子的前提，单纯讲一个恭敬有礼未必就能处成兄弟。

其三，你对别人恭敬有礼，别人未必对你恭敬有礼。你不成了“剃头挑子一头热”了吗？你把别人当兄弟，别人不把你当兄弟有什么用呢？

以上三点都需要我们回到君子的身份上来解“四海之内皆兄弟”的命题。

我们在《谁是小人?》一文中，解读了何为君子，君子是孔子找到的人的本来命目。何为本来面目？你把天地万物都看成与自己一体，这种一体心、一体感就是人心的本来面目。所以，君子就是能把周围的一切，视为与自己一体的人。他当然也就会把周围的人，看成自己的兄弟，这是他内心真实的看法，而不是出于某种目的和需要去这么看。

这是君子看到的真实状况，而不是他的自我欺骗；或者内心不是这样想，但又装成这样来看，都不是。他看到的真实情况是，这些人就是我的兄弟。君子为什么那么特别呢？能把彼此不相干的人都真实地看成兄弟？

我们反复讲过《圣经》里的亚当、夏娃的故事，在未吃禁果前，亚当、夏娃两人赤身裸体不觉羞耻，因为他们看对方就像看自己的身体一样，这就叫一体心、一体感。把别人都当成自己看，或者当成自己的一部分看，这是人与生俱来的天性，这就是人心的本来面目，君子的心就在这种本来面目当中活着。

人看自己的身体，当然不觉得羞耻，而亚当、夏娃吃了禁果以后，他们的心产生了分别，把自己和对方分开了，看对方不再像看自己了，赤身裸体的羞耻感才油然而生，这就是常人的状态。

这个故事告诉我们，一个人活在本来面目当中，他就会把一切都看成是自己或自己的一部分，不会把他看成自己以外的另外一个人。君子活在这种状态下，所以他是真实地觉得周围的人都是自己的兄弟，这就是“四海之内皆兄弟”的真实含义。

而常人因为起了分别心，把周围的人不看成自己的一部分了，甚至是对立的，那他又怎么可能真把别人当兄弟呢？所以，常人讲“四海之内皆兄弟”，还真是忽悠人的话。顶多你可以把它当成一个良好的愿望，但千万别信以为真。也就是说，这句话的前提是要修行，把自己修成君子，让自己的心重新回到本来面目上去，修到看周围的一切都像看自己或者是自己的一部分那样。

这就需要你懂得消除与别人的隔阂与对立，节制自己的一己私欲，看到你跟周围人的彼此依赖性，深切体悟彼此的共生、共荣关系，并生起深深的恭敬心，且把这种关系视为自己绝不可以逾越的底线，这就叫恭敬而有礼。

真正做到了这一点，你不是君子也与君子很近了。生活当中，我们看到了一些讲义气、讲兄弟的事情，都是发生在这样的一种前提之下的。尽管他们未必都修成了君子，但他们至少对彼此的相互依赖和共生共荣的关系，有深刻的体认并且恭敬有礼，绝不敢轻易越雷池一步，视为底线。由此，他们的自己在对这种关系的恭敬当中而扩散成了彼此。也就是说，他们必然把对方当成了自己的一部分，一荣俱荣，一损俱损，有了这样的依赖和体验，他们自然也就跟兄弟差不多了。

所以，无论是通过修行成为君子，真正地视天下之人为兄弟，达到理想的四海之内皆兄弟的境界，还是在彼此的关系当中放下自己，从而达到彼此为兄弟的境界，总之，“兄弟”二字都是需要我们把别人当成自己和自己的一部分来看的。

所以，酒肉朋友肯定成不了兄弟，因为他们彼此的关系是短暂的，是狼狈为奸的，而那些彼此成了兄弟的人，一定是客气的、有礼的。但这个礼不是简单的礼节、礼仪，而是对彼此相互依赖关系的认知和维护。

大到《三国演义》《水浒传》这种跟国家命运联系在一起的历史故事，小到各种各样的武侠小说，我们都能看到“四海之内皆兄弟”这种兄弟文化在中国人心中的分量和厚度。

《三国演义》最让我们喜欢的一个群体是刘、关、张、赵这样的一个团队，因为他们是兄弟。而为什么曹操那一伙、孙权那一伙，以及后来得天下的司马懿那一伙，中国人都不怎么喜欢呢？因为曹操搞的不是“兄弟连”，他行的是霸术；孙权搞的也不是“兄弟连”，他行的是权谋；刘备搞“兄弟连”，赢得了人心。

其实，蜀国在三国当中也不占优势，最终也被魏国所灭。但看过《三国演义》的人，就对刘备等人特有好感，其他魏国、吴国的单个人物，也有让读者喜欢的，但却远不如人们对刘备他们的喜欢。因为他们是兄弟，这份兄弟情义迷倒了无数中国男人。

但我们要真正理解了《论语》中“四海之内皆兄弟”这句话的真实含义，即做个真君子，才能皆兄弟。否则，只会是“江湖兄弟”“酒肉兄弟”“利益兄弟”，这样的兄弟情是经不起时间检验的，往往给自己和社会带来不利，这不是《论语》的本意。

百善孝为先

扫二维码　听如是道

“孝”是中国人特别崇尚的一个概念，中国人视其为做人的根本。因为人人为父母所生，报答父母的养育之恩，是每一个人最基本的义务和品德。

但现实社会当中“孝”的道理还在，但“孝”的行为却逐渐稀少了。这一方面跟现代社会太多的人远离了父母有关，也跟现代社会年轻人的压力之大前所未有有关，还跟社会的文化越来越提倡人的享受和个人欲望的满足有关。

但不管怎样，孝的文化，对于中国人而言，既源远流长，又不可能中断，必定会永久传承下去。我们没有必要过分地指责和担忧，我们要做的是对孝的文化正本清源，让孝文化成为现代人的主流文化，甚至是主流中的核心，因为它实在是人之为人的根本。

还是让我们从儒家文化的源头《论语》说起吧。《论语》第一篇《学而篇》第二章便开宗明义地有这么一段话：“君子务本，本立而道生，孝弟也者，其为人之本也。”“孝悌”二字，放在整个《论语》的第二段是有深刻含义的，它代表着孔子提出的修行思想，是从“孝悌”二字开始的。而“孝”是第一个字，这说明儒家思想是把“孝”作为人的修行的第一步来对待的，是基础的基础。所以，才把它称为一切的根本，或者说是做人的根本。这恐怕就是“百善孝为先”的来源吧。

何为孝呢？孔子在《论语》当中，对于弟子关于孝的提问有多种回答，各不一样。如“孟懿子问孝，子曰：‘无违。’”显然，孔子在这里强调的“孝”是顺从父母，不违背礼制。

又如“孟武伯问孝，子曰：‘父母唯其疾之忧。’”意思是让父母为你身体的疾病担忧，不要让父母为你其他的事情操心，这就是“孝”。这里孔子强调的“孝”，是让父母省心、无忧。

而“子游问孝，子曰：‘今之孝者，是谓能养。至于犬马，皆能有养。不敬，何以别乎？’”孔子在这里强调的“孝”是恭敬父母。

“子夏问孝，子曰：‘色难。有事，弟子服其劳；有酒食，先生馔。曾是以为孝乎？’”孔子的意思是，孝敬父母和颜悦色最难。遇到事情，子女去为父母效劳；一有酒食，就让给长者享用。这些都不难做到，但都不能算真正的“孝”。

以上几段孔子关于孝的观点，均取自论语的第二篇《为政篇》，这本身就说明儒家认为为政，或者说管人要从培养人的孝心入手，因为孝心才能让人成其为人，这一点从《为政篇》中另一段对话我们也看得出来：

有人问孔子，你为什么不从政呢？子曰：“《书》云：‘孝乎惟孝，友于兄弟，施于有政。’是亦为政，奚其为为政？”意思是，孔子认为：《尚书》说“孝敬父母，友爱兄弟，用这股风气去影响当政者”这也是从事政治，为什么一定要做官才算从政呢？

显然，在孔子的眼中，做到了“孝”和“悌”就是为政，或者说他认为“孝悌”是为政的根本，是管理的根本。这与前面所讲的：君子务本，孝悌也者不谋而合。这应该就是《论语》的编撰者，把孔子对“孝”的答疑放在《为政篇》的原因。这让我们再次看到了儒家把“孝”道当成管理之根本的思想。也就是说，儒家认为天下人讲“孝”，社会就好管；天下人不讲“孝”，甚至不孝，社会就难管。这的确是我们的现实。

现在的中国人越来越不讲“孝”了，或者越来越不孝了，各种各样的荒唐事也就层出不穷：堂而皇之造假药、品牌地产商造危房、北大毕业的博士公务员殴打父亲等丧失良知的事件，屡屡发生。究其根源，应该都跟现在中国人的“孝心”缺失有关，因为“孝”是人之为人的根本，不孝不以为人。

孔子为了让人对“孝”有真正的理解，在前面的那些对话当中，他对孝进行了多方的阐述。他为什么一再强调“养”父母不代表“孝”？他甚至认为，只懂得“养”父母，与犬马无别。

其实，现在的很多人连赡养父母都做不到，那就真是禽兽不如了，而至于殴打父母，这简直都不可想象！只能说明物质文明高度发达的今天，人的精神世界已经堕落得何其严重。

孔子为什么认为赡养父母都算不上真正的“孝”呢？因为赡养父母是从身体层面、物质层面来讲的，而孔子认为的“孝”，是“心”这个层面的事。他提到的恭敬、顺从、和颜悦色、无忧等，谈的都是父母的心情，或者是对待父母的用心。

总之，他认为“孝”是一件“心”上的事，从“心”上来理解“孝”，才能真正懂得孔子和儒家如此强调“孝”的根源。

我们仔细看一看“孝”字。“孝”的上半部分是“老”字的一部分，代表父母；“孝”字的下半部分是一个“子”字，代表子女。也就是说，“孝”字代表的是“父子一体”的意思。人与人怎样才能一体呢？“心”上才能一体！

人的“心”能把自己和周围的一切关联起来看。一个人看着小孩掉进井里，会毫不犹豫地伸手过去抓；看见旁边的人头上掉东西下来，会本能地喊。这既不是出于利益，也不是出于血缘，也许大家彼此根本就不认识对方，彼此无关，但人的内心会情不自禁地产生这样去做的冲动，这是人的本能、本性。

人的“心”会把跟自己毫无关系的他人与自己关联起来，让自己感同身受，体验到他人所处的危险，并且产生摆脱危险的行动。这就是孟子讲的“恻隐之心”，他认为这是人的“仁义”产生的源头。王阳明把它称之为“一体”之心，意思是人的内心会把自己与他人甚至周围的一切都关联起来看。

而人都有爱己之心，由此关联，人也会爱己及人，这也是孟子讲的“老吾老以及人之老，幼吾幼以及人之幼”的意思。推己及人，是儒家思想的行为根本，但它的根本点都在人的“心”上，因为“心”才能把自己和他人关联。所以，修好这颗心，养好这颗心，练好这颗心才是至关重要的。只不过孔子找到了这种炼心术的基本动作，那就是“孝”。

现在的一些国学老师们过分地强调了“孝”的感恩、报恩的内涵。强调感恩、报恩，当然是正确的，中国人强调“滴水之恩，当涌泉相报”，普通人之间都要懂得“以德报德”，何况父母给我们的大恩大德呢？这是一定要报的。

但问题把“孝”侧重于这一点上，可能很多人对“孝”的理解就会产生偏差。

例如，有的人就会认为给父母足够的财富，就已经很是尽孝了，因为他认为他给父母的已经够多了。很多一辈子贫寒的父母，从物质上来讲，已经远远得到回报了，但他们内心就快乐了吗？这不就是孔子批评的能“养”的现象吗？过分地把“孝”理解成回报父母，就容易让孩子走到拿钱来尽孝的思路上去。

更有甚者，有的人会把尽孝当成一个巨大的压力和包袱，因为父母的恩情，孩子一生都未必报答得了。这样，孩子就永远成为一个欠债和负债的人。这种巨大的负疚感并不是很多父母愿意看到的，或愿意给子女的。父母一般真的很无私，真的只要孩子自己过得好就行了，他们并不希望孩子背着这么大的负疚感来回报他们。

所以，把孝单纯理解成报恩，未必是父母的本意。很多孩子在自己无力回报父母的情况下，往往反而走另一个极端，那就是不去表达，不去表示，显出一副不关心父母的样子。这种现象，尤其会在那些父母自身很强大，既不缺钱，又很健康，又有能力，甚至还要给子女提供持续经济帮助的家庭出现。在这样的家庭里，子女真不知道拿什么来还父母的债。

所以，还是回到孔子的本意上来吧。孔子讲“孝”，讲的是“孝心”，是“心”，而不是物。讲“心”干什么呢？是为了让他们一体、同心。

这样，我们就明白了孔子强调子女要孝的原因。一方面是强调子女要让父母内心温暖，让父母感觉到自己的孩子还跟小时候一样围绕在自己身边，与自己同体。尽管孩子大了以后，真实地跟自己形影不离，已经做不到了，但内心里觉得如影随形，想起来就觉得在自己身边，内心里的一体还是做得到的。而这才是父母真的想要的，这应该才是孔子强调的“孝”的本意。

在“心”上父子一体，这样的“孝”，也就是孩子们多问候、常挂念而已，这里没有还不清的债、报不了的恩的压力，只有心与心的靠近、相融而已。谁都做得到，谁都应该做，谁都需要做。

更为关键的是孩子们自身的成长，乃至于走向社会，与他人交往，开创自己的事业，都需要以这种与人同心、一体的能力做基础。一个人要跟人和睦相处，或者要干一番大的事业，带出一支团队，如果你的内心总是与人格格不入，你怎么可能做得到这一切呢？

与人内心一体的能力是一个人在社会上立足的基本功，而这种能力是需要培养的，家庭就是培养这种能力的第一个平台，“孝”就是我们与人同体的第一堂必修课。

可以说一个人不孝，就意味着他的内心跟父母都不能一体、不能相容，那他又怎么可能跟别人去一体、去相融呢？这个人一定是不好打交道的人。好打交道也是表面上的，也不是真诚的。这样的人怎么可能带出像样的团队呢？他连爹妈都不愿意管、不愿意带，又怎么可能发自内心地去爱别人、管别人呢？管也只是为了利益而已。失去了真诚，别人又怎么会信他呢？没人愿意跟恶的人打交道。

所以，王阳明才说“父子兄弟之爱，便是人心生意发端处。如木枝抽芽，至此而仁民，而爱物，便是发干生枝生叶”，“孝悌为仁义之本，却是仁理从里面发生出来”，意思是人是通过对父母的“孝”、对兄弟的关爱（悌），从而培养自己的仁爱之心的。就像树是种子发芽，然后才能长成树干、枝叶。

我们立足于社会，对他人、对事业相当于长成大树，有枝有叶了。而再高大的树木也从种子发芽而来，人的孝心就是我们成人以后仁爱他人和万物的发芽处。没了这个孝，人的心就无法发芽，何谈长成树干、开花、结果呢？这就是王阳明理解的孝心对人的成长的重要之处。

也就是说，“孝”解决的不仅仅是父母的需要和子女的债务，更重要的是，它解决的是孩子内心健康成长的需要，以及在社会上能否安身立命的需要，以及事业发展的需要。简而言之，一个没有孝心的孩子，不可能有健康的未来。

所以，让孩子尽孝不仅仅是父母的权利，更是父母的责任和义务，做父母的一定要让孩子在尽孝的过程当中，把他对人的爱心、一体心开发出来，把他对人的冷漠、隔阂、怨恨消除掉。

父母们要相信，让孩子们爱自己，是让他们爱别人以及爱这个世界的前提，让孩子们跟自己和解，也是让孩子们跟这个世界和解的前提。所以，不要以任何理由拒绝孩子的尽孝。接受孩子的孝敬，你就是在成就他。

孩子们更要懂得，孝敬父母，既满足了父母的需要，更能给自己带来无穷的帮助，成就自己，比成全父母还会更多。因为父母能享受和拥有的非常有限，孩子们能在孝顺父母的过程当中，唤醒自己人性的能量。

人是万物之灵，由此也会得到天地万物的能量。你具备了“与天地万物为一体”（王阳明《大学问》）的能力，何愁事业不成？所以，“孝”的益处是普度众生的。这才是它作为第一善的原因。所以，尽孝吧！为人，为己，为过去，为未来！

所以，孔子才说：“弟子入则孝，出则悌，谨而信，泛爱众，而亲仁。行有余力，则以学文。”这是孔子为一个人成就自己而谋划的道路。

“入则孝”，这是人成就自己的第一课，意味着与父母一体；“出则悌”，意味着出门在外，要与人以兄弟之情相待，“悌”字左边一个“心”，右边是兄弟的意思，意思是“兄弟同心”。所以，“孝悌”二字可以解为“父子一体，兄弟同心”，“出则悌”代表着出门在外与他人一体。

“谨而信”，是在“孝悌”基础上的行为谨慎和言语有信的意思。这里讲的是克己、修己，因为这是与他人打交道的原则。“泛爱众”则是博爱众人，与众生一体。

从“孝悌”到“爱众”，我们能看到一个人的“一体”之心，以孝顺父母，为原点，而兄弟、而朋友、而众生，当我们心由内而外地“与天地万物为一体”了，我们当然就在人格上成就了自己，就已经是一个真正的仁者了。

完成了人格的自我构建，我们才能追求外在的成就，这就是“行有余力，则以学文”的意思。“文”通“纹”，代表着外表。这就叫“本立而道生”。人格建立完成了，事业当然就会有成绩，这是儒家的一以贯之的思想。曾子说“物有本末”，有子说“君子务本”，都是这个意思。如何务本？从“孝”开始，这就是“孝”的终极含义。

生而知之

扫二维码 听如是道

“生而知之”出自《论语·季氏篇》。原文是：“孔子曰：‘生而知之者，上也；学而知之者，次也；困而学之，又其次也；困而不学，民斯为下矣。’”看起来，孔子在这里把人分成了四类：上等的人，生下来就知道；次一等的人，通过学习才知道；又次一等的人，感到困惑才学习；更次一等的人，感到困惑，仍不学习，这样的人就无可救药了。

当今的学者们对“生而知之”的解释是不太一致的，把“生而知之”解释成生下来就知道，大家是不太容易理解的。因为一个人生下来，能知道什么呢？所以从知识的层面来解这个“知”，“生而知之”难以让人理解。

所以，很多人也把这个“知”理解成智慧，理解成学习的能力，这样解“生而知之”好像能解释得通了。因为人生下来没有知识，但他是有学习能力的，他运用这种与生俱来的能力，通过后天的学习，自然能够掌握很多的知识，这样一解，好像通了。

但问题又来了，因为孔子在《论语》当中说自己“吾有知乎哉？无知也”，孔子又说自己“我非生而知之者，好古，敏以求之者也”，显然，如果把“生而知之”中的“知”理解成学习的能力，孔子说自己“无知”，没有学习的能力，这显然又讲不通了；孔子说自己“我非生而知之”，肯定不是说自己没有学习的能力。

所以，对这句话的解释，让当今的学者陷入两难：要么就要认为这个世界上就是有天才，他们对于有些东西不用学习就能知道，但至于知道什么，则赞成这种说法的学者们，自己也说不清楚；要么就认为像孔子这样的圣人、大学问家，都认为自己知道的东西是后天学来的，这说明没有谁能够生下来就知道什么，但孔子为什么还要说个“生而知之”呢？这里面其实暴露出了一个当今传统文化的学者对孔子思想能否准确把握的问题。

我们看一看明代学者王阳明对这些话的理解。王阳明在《传习录》中说：“孔子云：‘吾有知乎哉？无知也。’良知之外，别无知也。”显然，王阳明认为孔子讲的“知”是指人的“良知”，孔子说的“无知”是指自己与生俱来的只此良知而已，除良知以外别无所知。所以，王阳明又说：“圣人无所不知，只是知的天理；无所不能，只是能个天理。圣人本体明白，故事事知个天理所在，并去尽个天理。不是本体明后，却于天下事物都便得知，便做得来也。”

王阳明所讲的话表明，“生而知之”表示每个人天生都具备良知；“学而知之”表示人的良知因为私欲的产生而被遮蔽了，需通过学修才能显发本自具足的良知；“困而学之”代表常人都是要在人生历经坎坷之后，才会下苦功去学修，然后回归自己的本来面目，唤醒自己的良知。而世界上还有不少人一生历尽磨难，都还不知道去学修，甚至不知道良知的存在，乃至荒废一生。这样的理解，孔子讲的话就很明白了。

孔子讲这一段话的核心思想是想说：人性的本来面目是什么？良知就是人心的本来面目。所以，王阳明在《传习录》中还说：“知是心之本体，心自然会知，见父自然知孝。”无论孔子还是王阳明，他们探讨这一类问题的重点都不是在“知”是如何获得的，他们探讨的重点是人心的本来面目是什么。因为这是他们整个思想的立足点和出发点。有了对人性本来面目的认知，对人性本质的认知，他们才能构建自己的思想体系。

《论语》当中很多话的确看起来很零散，也没有显出内在的逻辑结构，但孔子讲了这么多的话：在不同的场合，对不同的人、不同的事，阐述了不同的观点，给出了非常个性化的对策。2000 多年下来，实践证明，这么多个性化的答案，除个别的时过境迁而不能照搬以外，绝大多数竟然都可以沿用至今，这不得不说是一个奇迹。其实，现在生活中的很多智慧的语言都出自《论语》。

根源何在呢？根源在于孔子在 2000 多年前，对人性本质的把握是精准的，对人心本来面目是证悟了的。也就是佛门说的，他是大彻大悟、明心见性之人，见到了人心的本来面目。他当然可以“一以贯之”地用在不同的人、不同的事、不同的时间、不同的地点，因为一切都变，但人的本性、本来面目不变。这就是孔子自己说的“吾道一以贯之”的意思。

孔子在《论语》当中，一会儿用这个“一”来回答一切的问题，一会儿直接描述这个“一”。他对这个“一”的描述，其实也使用了不同的文字，如“仁”“知”“乐”等。“仁”是孔子从善恶的角度来说心之本体。当然，他认为人心的本体是纯善的。“至善者，心之本体”就是王阳明对孔子这一思想的表达。孟子说“恻隐之心，仁之端也”也是这个意思；“人之初，性本善”更是家喻户晓代表儒家思想的一句话。

说到底，整个儒家学说就是以孔子提出的人的本性是至善的这一思想为基础的。尽管“至善”的语言是在孔子的弟子曾子的《大学》中才直接地使用，但作为得孔子真传，而且把孔子思想系统化的曾子《大学》，他的“至善”思想理所当然源于孔子。所以，“至善”是孔子对人性的本来面目的认知。

何为“至善”呢？其实就是“一切皆善”。天地万物生生不息、生意盎然，说明利于生命是天地万物的本来面目。用《道德经》的话来说就是：“天之道，利而不害。”“利而不害”，利的是什么呢？当然利的是生命。古语讲：上天有好生之德，也是这个意思。

《圣经·创世纪》第一章讲：上帝造万物，花了六天。但每天上帝工作完，都要对他所造的一切说："以此为善。"六天工作完了以后，万物齐备，上帝还要说上一句："一切皆甚善。"

显然，利益生命就是天理、天道，利益生命就是至善，这就是万物的本来面目。由此，我们人才会对同类的不幸动恻隐之心，才会对动物的哀鸣动恻隐之心，哪怕对花草树木的摧残也会报以惋惜，这就是因为我们内心对万事万物都有希望它好的善念。

尽管，我们在现实生活当中，也会见到许许多多的不良和恶行，但我们只要看一看小孩的态度，就会明白人性的善良依然还在。在我们很多成年人对他人、对动物甚至对植物进行伤害和毁坏的时候，你可以观察一下旁边孩子们的眼神和表情。他们是反对的、伤心的、抗拒的，尽管他们的反对无效，但他们此刻的心，就是我们的本来面目，只不过我们被自己的利益、习性、过往的恩怨支配了而已。

我们内心的本来面目，和小孩子呈现出来的善良是一样的。因为它们都是我们与生俱来的东西，这就是孔子讲的"生而知之"的意思。意思是每个人生下来就知道热爱生命、热爱自然、热爱美好的事物，这就是孟子和王阳明讲的"良知"，也叫"知善"。这是人的天性，是每个人都具备的天性，是心之本体。所以，王阳明说"知是心之本体"就是这个意思。而如果我们看到了伤害生命的事，我们本能就知道是错的，这叫"知恶"。所以，我们的良知既能知善，也能知恶。所以，王阳明说"知善知恶是良知"。

王阳明的一个弟子对王阳明说："私意萌时，分明自心知得，只是不能使他即去。"王阳明对他说："你萌时这一知处，便是你的命根，当下即去消磨，便是立命功夫。"（《传习录》）王阳明告诉这位弟子，你的私欲起来，你能立马即知，这一"知"就是你的良知。这一念良知就能帮到你，让你一生安身立命。只是你要去在这一念良知上好好下功夫，这其实就是孔子讲的第二句话的意思“学而知之”。

“学”在孔子的概念里头绝不是简单地学习知识，而是克己、修己的学修活动，是修炼的功夫。宋朝大儒、理学家朱熹感慨“及孟子没而其传泯焉”（《大学章句序》），意思是孟子死后，孔孟的功夫就失传了，这就可见孔孟之道是功夫而非学问。王阳明苦修三十年佛道功夫，后又回到经世济用的路上，以此来体会孔孟之道，回到了孔孟的功夫传承上，他的见解自不一样。而当今学者们把“知”理解成知识，或者一个潜藏的素质——智慧，这其实都是不得要领的。

把“学”理解成学习，而不知道那个“习”字其实就是反复修行的概念，这就又让我们与孔孟的功夫思想擦肩而过。功夫是在自己身上反复用力的，是在改自己的习性和缺点上来成就，这才叫“克己复礼”。不改自己的毛病和习性，学再多的知识，四书五经倒背如流，也不可能真正理解这个“知”字。

“知”是什么？良知而已。良知是什么？唯愿生命美好而已。也就是让一念善心不被自己后天的私欲所支配，修复与生俱来的一念善心，就是修行，就是“学而知之”。

只是很多人不会一听到这样的话就去做，因为他们已经看不清自己的本来面目了，除非他们在生活当中陷入困境，四处突围而不得解脱。就像生活当中，有的人以为自己过得不幸福，是因为没钱，于是拼命挣钱；有的人以为自己过得不幸福，是因为没权，结果拼命往上爬；有的人以为自己一生不幸福，是因为没有名气，于是拼命地去出名。但当钱、权、名都各得其所的时候，你会发现，你还是不幸福，于是，你就会觉得自己进入了一个真正的困境，你就会想到修行，而且拿命来修，直到把你的良知重新修回来，修回你的本来面目。

你的外表依然可以很强大，你的内心却是善良的，因而也是柔软的。

你的一念善意，时时从心底生起，当然你就是幸福的，甚至是永恒的，因为你已将有限的生命，融入无限的天命之中。人的本来面目就是世界的本来面目，知人的本来面目，就是知天命。孔子说自己“五十而知天命”就是这个意思，孔子说“不知命，无以为君子”，也是这个意思。

当然，还有很多人即便在困境当中，也不会去修行，也不相信人的良知，不相信什么本来面目，更不会去寻找它。这就是孔子讲的“困而不学，民斯为下矣”。

有的人可能会说，那又怎么理解孔子说“我非生而知之”呢？孔子在《论语》当中推崇君子，但孔子却说：“君子道者三，我无能焉：仁者不忧，智者不惑，勇者不惧。”孔子说自己不具备君子的境界，他的弟子子贡马上说：“夫子自道也。”意思是孔子谦虚而已。

孔子就是这样的一个圣人，他说自己：“我非生而知之者，好古，敏以求之者也。”他不可能否认自己的良知，只是说他也有自己的习性和毛病，也要向古代的圣人学习，然后不懈地、努力地去修行。

孔子“五十知天命”，后周游列国，而后“六十而耳顺”，直到“七十从心所欲，不逾矩”，这二十年，孔子还在修行，而且修得很辛苦。因为周游列国，颠沛流离，这种苦非常人所能承受，这就是孔子讲那段话的原因。

知了天命，知了本来面目，但要回归本来面目，并非易事。只有刻苦修行，才能到达，才能彻底唤醒自己的良知，达到“从心所欲，不愈矩”的境界。

良知的妙用

扫二维码　听如是道

讲起良知，很多人都会把它当成一个美好但却不现实的东西来看待，好听、中看但却不中用。这一现状，让孔孟 2000 多年前提出的良知思想面临尴尬。没有人反对，但却少有人实践，以至于我们社会上出现了许许多多的丧失良知的现象，我们却无力改变。当然，制度、法律也都是解决这些问题的工具，但人心要是坏了，全靠制度去约束，是否就真能解决呢？

其一，是使用这些制度的人，也就是所谓的执法者，他们的人心靠什么来保障？他们的良知如果有极大的缺陷，那执法本身也会产生恶，这样的现象并不少见。

其二，如果人的良知普遍匮乏，那么无良的现象就会防不胜防，能受到法律制裁的毕竟是少数，社会上的受害者就不会都得到法律的保护。而且有些不良的行为能给人造成伤害，但却未必都足以上升到法律纠责的程度，这样的不良行为法律也顾及不到。

所以，每一个人内心良知的防线绝不是可有可无的，而是社会安定和人生安宁的第一道防线，其实也是最有效的防线。因为它离我们的不良的念头和行为最近，它在每个人的内心站岗，这个力量规模也最为庞大。它是我们内心生而有之、与生俱来的东西，所以它的成本也最低，就像空气一样最为廉价，却最为致命。所以，我们绝不可以认为它是可有可无的东西，而是我们必须正确认知的东西。

在上一篇《生而知之》的文章中，我们谈到了孔子在《论语》中提出的“生而知之”的观点，讲的是人的良知与生俱来的意思。其实，王阳明在《传习录》中就是这样解这句话的。王阳明说：“生而知之者，义理也。”然后又说：“义理即是良知。”两句话合起来，显然他认为“生而知之”的“知”即为良知，也即天理，因为他有说过“良知即是天理”。

王阳明被称为半个圣人，他的心学已经过了500多年的历史检验，尤其对日本的明治维新和现代企业的经营产生了深远的影响。其核心思想“知行合一”，得到了中国近现代许多有影响力的大家的推崇和肯定。他的思想的正确性，以及他对孔孟之道解读的准确性，是值得相信的。

王阳明的“知行合一”的思想中的“知”，既不是“知识”，也不是“知道”，而是良知。他认为只要人的内心回到良知上，人就会做出正确的选择，产生正确的行动。因为他认为当人心回到良知上的时候，“知”和“行”，它不是两个念头，而是一个念头，“知行”只是从两个角度谈一件事情。如果是两个念头，说不定中间插一个别的念头进来，后面的念头就会变了，这样的“知行”，就有可能不合一。

我们常人在生活当中，就经常是这样的，明明想做一件事，多想一下就不做了，这就是因为常人的“知”和“行”中间，总是会插入各种念头。因为我们的“知”并没有回到真正的良知。如果你回到真正的良知上，就不会这样。曾子在《大学》中说“如恶恶臭，如好好色”，意思是：人的良知绝不会欺骗自己，就像闻到恶臭，你一定会厌恶，而看到美好的东西，你一定会喜好一样。

知道臭和厌恶，它是同时发生的，不是知道臭以后还要想一想，该不该去厌恶？甚至是我应该是厌恶呢？还是喜欢呢？你内心不会去面临这个选择，没有这个过程。知道臭的同时，厌恶的念头就在其中。厌恶的念头生起来，就是王阳明讲的“行”。王阳明在《传习录》中说：“我今说个知行合一，正要人晓得，一念发动处，便即是行了。”

显然，王阳明讲的“知行合一”的“行”是指“行”的念头，厌恶就是一个行的念头。因为厌恶就意味着排斥、避开，而这个行的念头是在“知臭”的当下立刻产生的，“行”和“知”是同时进行的，所以，它是一个念头，中间是断不开的。

所以，知行必然合一。这样我们也就明白王阳明讲的“知行合一”不是要求你知了以后一定要去行，而是说你回到良知上，知了以后你就一定会去行。如果你不回到良知上，就算你约束自己，或者迫于压力，知了去行，也是很痛苦的，也是很难持久的。所以，王阳明才把“致良知”当成他的心学的宗旨，因为，他认为人致了良知，一切就都好办了。

我们讲“恶恶臭”，当然“好好色”也是一样的。总之，无论曾子，还是王阳明，他们都认为人心原本就有一个非常了不起的功能，这个功能就是：我们人的心天生就会对一件事情的好坏、对错、善恶做出判断，这是不需要谁教你的，是与生俱来的。

因为人性本身就是善的，孔子称它为“仁”，曾子称它为“至善”。正因为人心是善的，他对恶的东西自然就会辨别。王阳明说：“良知不欺诈而真诚，也就不能容忍欺骗，遇到欺骗就能觉察；良知自信明澈，也就不能容忍不诚信，遇到不诚信就能觉察。”就像人的心本身是热爱生命的，因为谁都不想死，我们对残害生命的事情，自然就能觉察，就讨厌，就排斥，就觉得是个恶。

那有人说：为什么还有杀人犯呢？你可以问杀人犯，他生下来就想杀人吗？小时候在爹妈的怀抱里，他想杀人吗？想杀人的念头都是后面的事了。所以，王阳明说：“虽盗贼亦自知不当为盗，唤他作贼，他还忸怩。”这可是王阳明亲身经历过的事。

所以人因为都热爱生命，当然会把伤害生命的事情视为“恶”，把利于生命的事情视为“善”。就像我们闻到空气中有害气体的异味，我们一定会捂上鼻子，知道这是个“恶”；闻到山里面瀑布边清新的空气，我们一定会欢喜。这种善恶的是非判断，就是人人皆具备的良知，是不用教，不用学的。

所以王阳明说：“是非之心，不虑而知，不学而能，所谓良知也。”（《传习录》）他还说：“良知只是个是非之心，是非只是个好恶。”（《传习录》）他的这些观点与孟子的观点是一脉相承的。

孟子说：“是非之心，知之端也。”（《孟子》）孟子和王阳明都认为人有天生判断是非的能力，这就是人的良知。跟生命相合的，我们会认为“是”；跟生命相违的，会认为“非”。“是”就是肯定，就是接受、需要；“非”就是否定，就是排斥、不要。所以，人的良知自然会做“0”和“1”的判断。

其实，人的内心所有复杂的思考和情绪，都是由这种以“0”和“1”的判断为单元集合而成的。复杂的电脑运算不就是由无数个“0”和“1”的判断所构成的吗？再复杂的程序，它的基本单位都是一个“0”和“1”的判断。

人心也是如此。再伟大的思想，再复杂的阴谋，其实都可以还原为它的最小单位“0”和“1”的判断，也就是人类的是非之心，也就是人的良知。人的良知，是人的一切思考活动的最基本单元，这就是孔孟之道的伟大意义所在，他们找到了这个最基本的单位。

那为什么生活当中我们看到的很多事情又不是如此简单呢？那是因为人类的意识犯了一个错，经常把假象放到良知面前去，从而让良知没法帮到我们。只要让良知面对真相，良知在真相面前做出的是非判断，一定会让我们趋利避害、趋善避恶。

良知判断出的“是”，绝不会只是对自己有利的，他一定会同时对别人也有利，因为“良知即是天理”（《传习录》）。我们的心回到良知上，我们热爱生命，他人也热爱生命，这个良知是相同的、相通的，生命与生命之间也是彼此依赖的、相处共生的、一体的，所以良知做出的判断一定会对众生有利，包括自己。

良知面对真相做出“非”的判断，也一定会让人避开伤害，保护自己，也保护别人。但问题就是，我们很多人的良知经常没有办法去面对事实的真相。

例如，那些特别爱思考的人，就总喜欢把还没发生的事情放到脑袋里头来，去想象它可能发生的情景，以及自己应该采取的对策；还有人喜欢把发生完的事情装在脑袋里，重新想象自己当时应该采取的对策。这实际上是让我们的良知去面对虚拟的事实，做是非的判断。我们的回忆和想象，都绝不会是完全真实的，由此，我们的良知就被意识营造的假象遮蔽了，我们的内心当然就会产生忧虑、迷惑和恐惧。

所以孔子说，君子道者三：仁者不忧，知者不惑，勇者不惧。意思是你活在良知状态下，你就能不忧、不惑、不惧，而如果让你的良知被意识营造的假象遮蔽，你就是忧、惑、惧的。

所以我们对过去了的事情要放下，不要让你的良知掉在假象当中；对未来的事情要去行动，在行动当中，你自然会接触真相，不要再一个人整天瞎想。企业里面的很多人，就是因为想得多、做得少，而经常让自己陷入困境，或低效率状态。

所以良知的作用：一是让自己能做出有效判断；二是让自己能产生正确行动，但要想办法排除意识的干扰。而人的意识主要是为“自我”服务的，我们平时讲的都是“自我意识”，“自我”和“意识”是绑在一起的。要摆脱意识对良知的干扰，把老天给你的这个天赋用起来，自利利他地成就事功伟业，就要懂得约束，限制你的那个“自我”。

所以《论语》中说：“子绝四：毋意，毋必，毋固，毋我。”显然，不要主观臆断，不要固执己见，关键是不要过于自我，不要太自私，这恐怕就是孔子“克己”“修己”思想的根源。

掌握了这套方法，我们不仅可以解决自己的问题，还可以解决别人的问题。《论语》中有一段话：“子曰：‘吾有知乎哉？无知也。有鄙夫问于我，空空如也，我叩其两端而竭焉。”

意思是有个粗鄙的人来向孔子询问，孔子对这个人问的问题也并不熟悉，但他的方法是两个：一个是“空空如也”，一个是“叩其两端”。

何为“空空如也”呢？孔子尽管没有这个鄙夫所问的问题的相关知识和经验，这也就是孔子的“空”，但他回到自己的良知上，他自然知道自己该怎么回答。所以，他既没有拒绝回答，也没有胡编乱造，巧言令色，而是让这个鄙夫把他的问题和事情，一一讲清楚，空掉这个鄙夫自己的一些想法和情绪。

因为这个鄙夫来询问他，应该都会有自己的一些主观看法和态度。例如，他与别人发生了矛盾和争执，他希望孔子来跟他做一个评判，那么他的内心就绝不会是空的，而孔子不急于替他做判断，而是空掉了他的内心，只让他把事情原原本本地讲出来，这就是“空空如也”的意思。

何谓“叩其两端”呢？这两端一端为“是”，一端为“非”。也就是说，孔子帮这个人把事情详详细细地理了一遍，然后让它呈现在这个人内心的良知面前，让这个人的良知，去面对事情当中的每一个细节，他的良知一定会做出是与非的正确判断，不需要孔子替他去判断。

孔子不相信自己的口才，但他相信这个鄙夫的良知，只要你竭尽所能地帮助他把事实的真相找到、呈现，你就不需要再说什么了。这就是孔子的智慧，也是孔子的伟大，更是良知之妙用！比起那些口若悬河、巧言令色的人来说，孔子解决这一问题的方式，并没有显出太多的才华，但却尽显了良知的力量。这恐怕就是孔子深信此道的原因，也是儒家思想的命脉所在。

学而知之

扫二维码　听如是道

“学而知之”出自《论语·季氏篇》。常人对这段话的理解是：通过学习，我们可以获得知识。这种解当然没错，但是否是孔子讲这句话的本意呢？或者就是这句话最究竟的意思呢？

我们在前面的文章当中解过“生而知之”这句话。“生而知之”在“学而知之”这句话之前。解“生而知之”时，我们用了王阳明的一个解：“生而知之者，义理耳。”而王阳明又说过：“义即是良知。”（《传习录》）所以，王阳明解这个“知”字为“良知”，意思是孔子说人生来就有良知，生下来就有判断是非的能力，也就是孟子讲的“是非之心，知之端也”。根据这样的解，“学而知之”就不可能简单地解成“通过学习而获得知识”了，而应该解成：通过学修而唤醒良知。

良知是人与生俱来的，所以，不存在获得，只是需要唤醒。其实说唤醒都不是十分准确，人的良知不是沉睡而只是被遮盖住了，就像人的眼睛是睁着的，但如果有什么东西遮盖住了人的眼睛，那人的眼睛也是起不了什么作用的。人的良知是被什么东西遮住了呢？意识，是人的意识遮住了人的良知。

在《圣经》第三章亚当、夏娃的原罪故事中就讲到了这件事。亚当、夏娃未食禁果前，赤身裸体，不觉羞耻；而吃禁果以后，顿觉羞耻。这个禁果就是人的“自我意识”。所以，原罪故事告诉我们，人有了自我意识，就会把自己和别人分开来看，这就叫分别心。分别心不可能是客观的，它让人把自己看得比别人重，这样它面临任何事情的时候，都要把事情引向对自己有利的方向。

所以，人的自我意识所产生的分别心，一定会对外界的事情进行取舍，把对自己有利的保留下来，对自己不利的过滤掉，然后才让这些东西进到人的心里去，才让我们与生俱来的良知去做是非判断、善恶判断、对错判断，也就是说人的良知是一直在起作用的。但人的良知起作用的对象却是被我们的意识加工处理过的。我们眼睛也许看到了所有的事实，但我们的意识只会把我们要的，也就是对我们有利的挑出来，放到心里去，给良知来“看”；而对我们不利的、不该要的，就会被我们的意识过滤掉。结果良知“看”到的是一个自我意识处理过了的世界，得出来的结论当然与客观的事实不符。

我们在欧博领导力的课堂上做过一个游戏。有一段有趣的视频实验：有两组运动员在一片不大的场地跑动传球，一组穿白色运动服，一组穿黑色运动服。实验要求听课学员把注意力放在数三个穿白衣服的人传球的次数上。

这时有一个很大的人装扮的黑猩猩，从几个穿白衣服的传球者当中大摇大摆地穿过去，中间还停了下来，向看这个游戏的人招手。但竟然最后有95%的人都没看到这只大猩猩，他们的注意力都放在数白衣服的人传球的次数上了，这就叫视而不见。

其实，人的意识在这里做了一件事，把我们的眼睛看到的东西，做了一个取舍，只取了那些与数球相关的信息给到内心，而把与传球不相关的信息舍弃掉了。我们的内心，也就是我们的良知，就只“看”到了传球的人，而没“看”到同样在视觉里面出现的那只大猩猩，所以眼睛的看和心里的“看”是不能画等号的。

眼睛的看是光学作用而已，有什么就会看到什么；而心里的“看”是意识处理后的结果，意识可能减少一些东西，也可能添加一些东西。总之，意识给到内心所“看”到的不可能跟外界完全相同，因为它要替你的自我需要服务。我们要把传球次数数清，这是我们的自我需要。而这个过程当中出现的大猩猩与这种需要无关，我们的意识就会把它过滤掉。结果我们的内心看到的“相”就没有大猩猩了。

同样，我们的意识也会在自我需要的时候，添加一些东西给到我们的内心和良知。总之，人的意识一定会欺骗自己的良知，因为良知是原原本本的，“是的还他是，非的还他非”（《传习录》）。但意识却会替自我考虑，做出对自己有利的取舍，然后，让良知面对一个不真实的世界去做判断，这就叫自我欺骗。

常人的自我欺骗是不可避免的，关键是人在自我欺骗时，自己是不知道的。你会真的以为事实就是这样，别人真的是错的，自己真的是对的，因为你心里“看”得很明白，“看”得清清楚楚，很多人就是这样跟人来打交道的。

所以，你怎么批评他都没有用，因为他看到的和你看到的其实不同。他看到的是经过他的自我意识筛选过的东西，你看到的是你的自我意识筛选过的东西，两人的自我意识都是从各自的需要出发的，取舍的方面肯定不一样。由此，在两个人内心呈现出来的“相”也是不一样的，两个人就看到了不同的事实，这样如何争辩得清楚？

就像那个大猩猩游戏当中，如果我们不是把传球的视频倒回去重放，那么，看到了大猩猩的人和没看到大猩猩的人是争不清楚的。一回放才让大家都惊一跳：没想到这么个大猩猩，我们的眼睛都会把它漏掉！

其实，漏掉大猩猩的不是人的眼睛，而是人的自我意识。人都需要意识来为自己的利益服务，这是每一个平常人都不可避免的错误，也就是说自我欺骗是人的常态。毫无疑问，人因为良知失去了真实的对象，就必然会经常地犯错。所以，很有意思，自我意识本想帮人，但却处处害人，这就是生活当中讲的“聪明反被聪明误”。

所以，曾子在《大学》中才说：人一定要诚意。那什么叫诚意呢？曾子的解释是：“所谓诚其意者，勿自欺也。”很明显，意思是不要让人的自我意识欺骗自己，因为自我意识习惯于干这样的事。

孔子在《论语》中也说：“毋意，毋必，毋固，毋我。”就是告诉世人不要让自己的自我意识去欺骗自己。强烈的自我意识会让你不顾别人的感受强行要求别人接受自己的观点，这就是孔子说的“必”，“毋必”就是不强求于人。

“固”是指固执己见，强烈的自我意识会让人执着于自己的观点，而不顺从别人。“毋固”是指随顺大家。其实，一个人强求于人或者不服从他人，往往其根源在于他认为自己是对的。的确，当他的自我意识做了那么多手脚以后，他内心看到的当然是对他有利的那些事实了。他当然会认为自己对，只是他不知道，在他看到这个“对”之前，他的自我意识都干了些什么。

怎样才能看到他自己的自我意识的“搞鬼”自欺呢？曾子说要靠“格物”，要把内心的自我私欲格掉，让你的自我意识没有服务的对象，你的良知就能面对不经过意识加工的事实真相，这就叫“致知”。王阳明把它叫“致良知”，意思是让事实的真相都能到达人的良知那里。人凭良知就能做出对错、是非、善恶的判断，就能还事情以本来面目。对的坚持，错的改正，人就能活得很好，并且也能够有利于他人，这就是行天道。

而那些天天打自己小算盘的人，有时候好像也能得点好处，但因为自我意识为自己考虑的本性，总是把取舍之后的虚假事实给到内心，自欺欺人。自己的良知经常被自己欺骗，最终必定一事无成。也就是说：“意”一定会造成苦，这苦一定会落到自我的头上，让自我受苦。

所以，孔子从“毋意”讲到“毋我”，意思是只有清空心里的自我意识，你才能够避免自己受苦。曾子把这称为“格物、致知、诚意、正心”。这也就是“学而知之”的意思：通过修学，让自己的良知，能够始终面对一切的事实真相。

其实，别人对我们的欺骗，也是要靠我们的意识帮忙才能完成的。当我们的贪欲生起时，我们的意识为了满足这个贪欲，会美化别人释放过来的信息，从而让我们的良知放弃或无法辨别真伪，最终上当受骗。所以，本质上，所有的被骗都是自我欺骗的结果。因为在良知面前别人骗不了自己，只有自我意识能欺骗自己。

所以，对治自己的自我意识才是问题的关键。孔子提出“克己复礼为仁”“修己以安人”为君子，如此强调“克己”“修己”就是为了对治人的自我意识，根治人以自我为中心引发的自欺欺人的思维惯性。孔子提出“刚、毅、木、讷，近仁”以及“仁者，其言也讱”等观点，其实都是对治自我意识的方式。

“其言也讱”代表说话迟钝；“木、讷”也是代表言语上的迟缓。孔子让我们说话迟缓，就是让我们的意识别动得太快，有一些停顿，或者放慢下来，这都能让自我意识受到钳制。自我意识被卡住了、停顿了，那大脑的空白间隙处就是良知，这其实是孔子教人在生活当中修行练功夫的方式。

禅宗六祖惠能曾经对他的一个弟子惠明教过这种方式。他让惠明屏住呼吸，人屏住呼吸时，大脑的意识是会停下来的。然后六祖惠能说：你此时内心看到的就是你的本来面目。原话是："'不思善、不思恶，正与么时，那个是明上座本来面目。'惠明言下大悟。"（《六祖坛经》）

让自己的意识停下来，你的良知也就是你的本来面目，就能清晰地呈现，我们就可以用它来真实地面对一切事情；或者说一切事情，就会在我们本自具足的良知面前，呈现出它的真实面貌。良知就一定会做出既对自己有利，又有利于他人的抉择，这是良知的本能，孟子称其为"不学而能，谓之良能"。

六祖惠能的方法是通过静坐的方式，孔子的方法是通过"慎言"的方式，修法不同，目的一样。钳制自我意识或者叫屏息自我意识，这才是克己的要害。

我们明白了孔子为何那么反对"巧言令色"。因为"巧言令色"者意识心转个不停，妄念纷飞，终归自欺欺人、害人害己。所以，孔子的《论语》完全是一部不离世间修炼功夫的宝典。

仁义值千金

扫二维码　听如是道

“仁义”二字是中国人非常崇尚的品德。尽管现在很多人谈到“仁义”二字时，已经不以为然了，但几千年的传统是不会轻易丢失的。这不是我们此处要谈的重点，我们本文中要探讨的重点是：为什么在中国人的概念当中，“仁义”二字经常不可分隔地出现呢？

“仁”和“义”的确是一个很接近的概念，但又是不能够互相取代的，必须互补使用才能恰当。“仁”讲的是人心“至善”的本体，孔子说“仁者，爱人”，这是对人的本质的描述。那后面为什么要加一个“义”？难道人与人之间，光有爱还不够吗？的确不够。

就像现在很多父母爱孩子，爱是没有问题的，但爱的结果，却是有问题的。因为爱，因为想让孩子开心快乐而一味迁就、满足孩子的要求，结果让孩子养成极端任性，甚至骄横跋扈的性格，这样的爱导致的是害。

还有很多的父母，因为爱，担心孩子输在起跑线上，给孩子报这样的补习班，那样的兴趣班，让孩子不堪重负，反而影响了孩子身心健康的发展。这也是因为爱而导致的害。

所以，单纯地谈一个爱，并不能保证爱的结果。这里有一个怎么爱、用什么方式爱的问题。也就是说，爱也要恰到好处，否则就是害。

其实，世界上的一切都是如此：阳光是好的，因为万物生长靠太阳，但天天出太阳，那农民就没法活了，因为地里的庄稼都得旱死。下雨是好事，因为雨露滋润禾苗壮，但如果天天下雨，那不仅农民得愁死，估计城里人也得四处逃难。

所以，所有的好事都必须有所节制，必须适度，爱也如此。疯狂的爱，经常会带来疯狂的伤害，这是谈恋爱的年轻人经常犯的错误。

那什么叫适度呢？这个度该怎么把握呢？显然，这个度不是一个数量化的概念。下雨、天晴，我们可以用数量来把握，但人的爱心却无法用多和少来节制，只有合适不合适。它这是因人、因时、因事、因地而变的，很难有量化的标准。通俗地说，叫具体情况具体对待。按佛门的说法，叫依缘分而定，佛门强调随缘就是这个原因。

随缘不是随便，更不是随意，而是随顺因缘的意思，也就是根据具体情况来定的意思。佛门经常讲“无事则静，有事则应”，这个“应”字用得很准，意思是凡事讲求相应。好的、善的，也要考虑相应还是不相应。

例如，20 世纪七八十年代，人心很淳朴，那时候提倡学雷锋帮助别人，你到火车站去帮助陌生旅客拿行李，人家一定会说“谢谢”。现在你要跑到火车站去帮陌生人拿行李，十有八九人家把你当成打劫的。因为人心已经变了，打劫的人也的确比以前多得多了，人与人的防备心也比以前重多了。总之，因缘变了，同样一件事，过去是对的，今天就成了费力不讨好了。

所以，任何事情都有一个相应不相应的问题，相应为善，不相应为恶。氢化钾是一种化学品，它本身有它的作用，化工上、医学上都有它的用处。但要就这样放到人的嘴里去，这个人非死不可。所以，不能说氰化钾是恶的，而是因为它跟人的身体是不相应的。不相应的东西，你非要放到一起去，这就是恶。

所以，恶并不是某个东西的属性，而只是某个东西与其他东西不相应的状态，善其实也一样。所以，没有绝对的善，也没有绝对的爱。善和爱都只是我们对待事情的出发点。要确保我们的出发点结成正果，我们还要确保过程当中审时度势的相应，也就是我们善意和爱心所引发的行为还必须与当时的境况相适应，这就是“义”。

因为《中庸》说“义者，宜也”，这也就是“仁”后面要带着“义”的原因。意思是：“仁爱”是好的，这是我们行为的动机，但在这个动机下，我们具体采取怎么样的行为方式，我们还必须审时度势，因人因时而定，而不能仅仅凭着自己主观愿望是善良的，就不顾客观实际而一意孤行，这就成了孔子批评的意、必、固、我。

孔子在《论语》当中说：“毋意，毋必，毋固，毋我。”意思就是不可主观臆断，不可强求于人，不可固执己见，不可自我中心，这都是要我们懂得审时度势，随顺因缘。所以，他提出的“仁”后面自然会加上一个“义”，意思是良好的愿望加上恰当的方式，才会有理想的结果。

生活当中，很多做父母的包办子女的婚姻，或阻挠子女的婚姻，每每都会酿成人间悲剧。谁能说这样的爹妈就不爱孩子呢？只是他们忘记了“爱”还必须相应。而相应与否，只有孩子自己清楚，爹妈怎能代替？

人的相应不相应，也是人的良知，自然而然就能知道的，而不是精确计算出来的。就像恋爱中的两个人，旁人从家庭条件、个人收入、外表相貌等，可能都觉得他们不太匹配，但他们可能就是非常相爱；而我们认为很般配的两个人，他们可能就爱不起来，谈不了恋爱。

这是为什么呢？因为我们旁人在计算，而他们两人在凭内心的感觉来相应。这种内心的感觉，如果不是出于虚荣，多半就是良知。所以，孔子在《论语》中说君子之道有三：“仁者无忧，智者无惑，勇者无惧。”君子为何是“仁者”还必须是“知者”呢？这个“知”，既是良知的“知”，也是“知道”的“知”。意思是：你还要知道自己所做的事与外界是否相应，要用良知去判断相应不相应。

首先，必须搞清楚事情的细节和真相，而不能仅凭着一颗“仁爱之心”行事。生活当中很多人对人也挺好的，发心也是很善良的，但往往好心没好报。要么就是帮了别人，别人反而不感恩自己；要么就是根本就没帮到别人。很多好心人经常处在迷惑当中，不明白这究竟是为什么。

其实“知者不惑”这四个字就告诉了你答案：因为你不“知”啊！你不知道具体情况，也没有根据实际情况来表达善意，结果你一定会陷入“惑”的状态。就像我们很多长者，喜欢关心年轻人的婚姻，但如果你不择时机地询问年轻人：你为什么还不谈恋爱？哪怕你是关心他，他也会非常反感你，甚至对你很不礼貌。因为你不知道他此刻的内心非常反感别人问这一类的问题，这叫不知，也叫不智。所以，古语里“知”就是“智”，意思很明显：知了才有智慧；不知，哪有智慧？

我们欧博帮企业做管理变革，所有的动作归根到底就在一个“知”上下功夫。抓执行力，我们通过稽核，反复检查，是为了“知”：知细节之状况、知真相、知原因，然后曝光，搞案例分析会，搞《稽核日志》，搞《稽核战报》，一切都是为了让大家“知”，让不知情的事情无处遁形。

一个“知”字，让企业执行力大幅度提升，这叫“知者不惑”。当然，前提是我们要抱着帮人之心去检查别人。稽核检查不是为了整人，而是为了提醒他按公司的要求做，按大家的决议做，因为这样对谁都有好处。而随心所欲，各行其是，一定会让大家忙而无效。所以，检查他，就是提醒他；提醒他，就是帮助他。哪怕象征性地处罚，也只是为了督促他。并且稽核检查中发现的一些影响执行的客观因素，检查人应该汇报给上级，让上级重视解决。有了这样的帮人之心，稽核检查就会顺利很多，这就叫“仁者不忧”。

而对于那些所谓的刺头，我们也要敢于坚持原则。因为检查的目的是为了大家，而且检查人也掌握了刺头违反规定的具体事实，就要敢于通过案例分析会来曝光，来运用大家的良知给刺头压力，激发刺头内在的良知，让刺头发生改变，起到稽核检查的示范效应，这叫“勇者不惧”。

显然，首先要树立帮人之心，做到“仁者不忧”；然后，要实实在在地去检查具体细节，做到“知者不惑”；而后，你面对人的习性的挑战，就自然能够坚持原则，并且最终改变别人，这叫“勇者不惧”。所以，孔子提出的君子之道三原则，以及它们的前后顺序，真实不虚。我们应该好好体会，并且落实到企业管理之中，这才是复兴传统文化的正道。

乐山乐水真君子

扫二维码 听如是道

孔子说："知者乐水，仁者乐山；知者动，仁者静；知者乐，仁者寿。"（《论语》）一般人把它解释成：智（知）者喜欢水，仁者喜欢山。但其实这里的"知者"和"仁者"并不是指两个人，而是君子身上"仁"和"知"这两种品性的特点。

我们在前面的文章中谈过，一个人光有仁爱之心是不够的，还要能审时度势地根据实际情况来应对事情。也就是说，一个有仁爱的人，他表达仁爱的方式，还必须与当时的情景相应。

例如，孩子犯了错误，你如果只是哄他，说不定是害了他；而批评教育相反是爱的表达。批评教育的方式、内容、程度，必须根据这个孩子的身心特点和他犯错误的细节来决定，这就叫"知"。这样处理问题才有智慧，所以"知"也叫"智"。

"知"的特点就是一切因人、因事、因时、因地而定，它没有一个固定的不可改变的形式，它会随着环境而改变。就像水一样：遇到方形的容器，它的形状就是方的；遇到圆形的容器，它的形状就是圆的，它本身没有固定的形状，它的流动性确保了它能与一切的形状相应。

君子的"知"的品性，确保君子的仁爱之心能与一切的环境相应，这样才能使得善良的愿望带来良善的结果。否则，会好心办坏事，费力不讨好，好人没好报。“好人没好报”不是一件奇怪的事情，只能证明这个好人执着于自己的“好”，而不懂得根据实际情况来表达这种“好”。

就像一个执着于礼节的人，临行之前为了跟别人道别，而打断别人正在进行的对话，结果就很有可能适得其反。临行道别，这是礼节，是好事，但是否一定要硬生生地打断别人正在进行的对话呢？可不可以示意一下以示告别呢？或者等别人说完再去告别呢？又或者发个短信来告别呢？总之，善意也要根据实际情况来表达。执着于善，就会是恶，因为你会不顾实际情况而惹恼别人。

所以，真正的君子既有仁善的品性，又懂得让自己的仁善去随顺因缘发挥作用。这就要他们的“知”性像水一样，做到与一切处境都相应。这就是“知者乐水”的意思，这里的“乐”字要做“效法”来解，意思是君子“知”的品性像水一样与一切相应。

“仁者乐山”代表什么呢？意思就是君子仁爱的品性，像山一样如如不动，不随外境而动。“仁”指的是君子人性的本体。

君子的人性在“相”上，可能有不同的呈现。《论语》当中，孔子讲君子的特点讲了很多。如“君子喻于义”“君子和而不同”“君子周而不比”“君子不器”等，这些描述的都是君子在不同场合表现出来的“相”，它对应了君子的“知”的品性。但这些“相”背后的体，却是不变的，都是“仁”。

就像我们可以用木材做成形状各异的桌子、凳子、家具，但它们都是用木材做的，这个材料的特性是相同的，我们可以用金子做成金杯、金碗、金戒指、金项链，但金子的材料是一样的。君子的“仁德”是君子人性的本体，它不管表现为什么样子，这个本体是一样的，像山一样岿然不动，这就是“仁者乐山”的意思。“乐”在这里也同样代表着“效法”。

这样，“知者动，仁者静”也就自然明白了：相应就是靠的动，不变则靠的是静。

最后一句“知者乐，仁者寿”代表什么呢？这里的“乐”字代表快乐。一个人做什么事情都能与外界相应，不去与人对着干，一切都随顺因缘，顺势而为，自然能乐，这就是“知者乐”的意思。

“仁者寿”，这个“寿”字代表着永恒，代表着不生不灭。“仁”是指人心的本体，是生命的本来面目，也是天命。它既是与生俱来的，也是死而不已的。所以一个“寿”字，把“仁”这一人性的本体的特点表达得明明白白，这也再次表明孔子是悟到了不生不灭的境界的。

“知者乐水，仁者乐山”，这样的品性究竟如何修呢？孔子说过：“好学近乎知，力行近乎仁，知耻近乎勇。”（《中庸》）这三句话对君子“仁”“知”“勇”三德的修法，给予了具体的说明。

我们先看“仁”的修法。“仁”是本自具足、与生俱来的，但因为自我意识的影响，很多人会从小时候的天真善良逐渐变得自私。有的人在社会上见到各种各样自私的现象多了，会得出人性就是自私的结论。

说人性是自私的，没有错，因为我们看到的很多现象就是如此，因为人的自我意识就是从自我出发考虑问题的。但它是不是人最根本的属性呢？

小孩天生就是天真善良的，看见小动物、小花、小草乃至没有生命的东西，都会发自内心地喜爱。大人们要是无情地随意伤害那些小动物，小孩会很伤心的。很多大人看到小孩子看动画片，看得很痴迷，认为这是小孩子不懂事的表现。其实，这是小孩还生活在善良、仁爱的世界，而我们很多成年人远离了这个世界而已。很多老人逐渐变得像小孩一样，智力衰退了，但善良却起来了。古语说：“人之将逝，其心也善。”显然，人的两头都更接近善，中间又怎么可能不是善的呢？只是被自我意识和由此产生的私欲遮蔽了而已。

“仁善”的本体一直都在，怎么让它显发出来呢？要去“行”，要去经历各种各样的事。刚刚经历一些事情时，你会看到人的自私会越来越多。此时，你对人的本性会越来越失望，你很可能也会“以其人之道还治其人之身”：以自私对自私。你甚至会因此而取得极大的成功，你甚至会总结出自己的狼性理论。

但真当你把人性自私的结论高高举起的时候，你会发现你彻底地错掉了。因为你的亲人会离你而去，或不愿意亲近你，迫不得已也只是应付。你在他们心目中是一个成功的人，但绝不是一个让他们想起来就很温暖的父亲、儿子、兄弟甚至朋友。因为你身上的狼性，让你身边的亲朋好友都不舒服。

而你为了保住自己成功，还要继续开战，像个斗士停不下来。你最后发现你的成功、你的财富，只给你带来了光环和面子，但却没有让你活在幸福和安宁当中。你的团队是有战斗力的，他们屡屡攻城略地，创造佳绩，但他们能够攻打敌人，照样也能对你毫不客气，在他们认为需要的时候。

所以，多年的战友会反目成仇，多年的部下会成为竞争对手。你会问：如果就这样死去，究竟有什么属于你？这时，你的善良、你的柔软会重新从你的内心生起。你开始追求成功，更追求别人的认可。由此，你必须帮助很多的人，必须看到你只有让别人成功，你才能真正成功。也就是看到你们之间的一体关系，你的仁爱之心会重新回来。

这时候，当有人再在你面前说“人性就是自私的”，你不会去反驳他，你会笑着说：“你活到我这个年龄，你经历过这些事，你就会明白的；人性的确有时是自私的，但你要透过去，要继续往前走，当你经历更多的事以后，你会发现成功也可以是无私的。”这就是孔子讲的“力行”的含义。

“力行”是指身体力行，是指经历人生的艰难坎坷。如果你能一直保持清醒，或者最终保持清醒，你会发现人性的善一直都在，这就是“力行近乎仁”的意思。“近”代表着走进，只要一直走下去，一定能看到

“仁”的存在，因为它原本就在。

我们再来看一看“知耻近乎勇”。显然，孔子认为君子“勇”的品性不是从战胜别人当中练出来的，“勇”来源于战胜自己。“知耻”是在反思自我的过程当中产生的惭愧心。人只有不断地反思自己，才能对治自己的自我意识，回到自己的良知。

一个勇于面对自己的人是别人难以左右的。你想用失败刺激他，他可以接受失败，从而不会被你带给他的失败情绪所左右；你用成功刺激他，他可以放下对成功的贪念和执着，摆脱你对他的左右。古语说“无欲则刚”，意思是一个人放下了自己的私欲，他就能承受一切挑战和打击，他就能活在自己的良知上，没有什么障碍会成为他人生过不去的坎。

遇到问题，一个勇于在自己身上找原因的人，自然不会树敌。在自己身上找问题的根源，下起手来也方便得多。别人可以不受我们左右，但我们可以随时在自己身上用力，只要我们敢于承受改变的痛苦，我们就能在自己身上反复用力，直到改变自己。所以遇到问题，只要养成了反思自己的习惯，我们就会天天进步。一切问题都变成了我们成长的机缘，好的近况是我们希望的；不好的也能给我们带来反思和成长，一切都是有利的，还有何恐惧呢？

所以，“知耻”，养成自我反思的习惯，就能让我们充满勇气，这就是“知耻近乎勇”的意思。

“好学近乎知”，既有通过学习获得知识的意思，又有通过学修、修行来提高自己的觉知力的意思。只有我们的觉知力起来，我们才能时刻活在当下，随时知道眼前的实际情况，从而采取相应的对策。古语说：学者，觉也。所以这句话的第三层意思是：一个人一定要觉悟到自身本自具足的“良知”“仁性”的存在，而且深信它的存在。只有这样，才有后面的“力行”“知耻”。仁、智、勇三者才能在君子的身上修成完美的品德。

《论语》当中，曾子说：“吾日三省吾身”，很多人把“三”理解成多，意思是每天多次反省自己。其实，把“三”理解成君子的三德“仁、智、勇”，也不为过。因为，君子三德是君子处理一切事情不可或缺，也不可偏颇的三种品性，互为补充，均衡发展。所以，每日检讨确有必要。

“仁而不知”是个烂好人；“知而不仁”是个精明人，但却未必得人心；“有仁有知”未必应付得了社会上的恶人，有勇才能成为仁者、智者，不受恶人的困扰。所以，“仁、智、勇”三德缺一不可。每日检讨，每日进步，君子自成。

心安为乐

扫二维码　听如是道

《论语》的第一句话是："学而时习之，不亦说（悦）乎？有朋自远方来，不亦乐乎？人不知而不愠，不亦君子乎？"很多人把它理解成：学了，然后按时复习，不也是很高兴的吗？有朋友自远方来相会，不也是很快乐的吗？别人不了解自己，自己并不生气，不也是君子吗？

但其实，"学而时习之"并不是一件人们自然认为很高兴的事。无论是把"习"理解成复习、练习还是实践、执行，在生活和工作中，人们表现出来的习性恰好相反：很多人都不愿意反复、重复地去做一件事，都喜欢图新鲜。

所以，复习并不是一个人的天然喜好，它往往需要他人的督促，学了之后反复练习，更是要靠老师的检查和督促才能做到。而学了之后就去实践，就去执行，这在工作当中更是少见的现象。因为，大多数人都喜欢坐而论道，都喜欢发号施令，让别人去执行。说而不做，知而不行，是很多人的毛病。所以，把"学而时习之"当成人的天性去理解，显然与事实不符。

那孔子为何又要说"不亦说（悦）乎"呢？我们如果理解孔子的"克己、修己"的思想，就能知道孔子讲这句话是讲一个修行过程：一个人通过"学而时习之"的过程来修行，来改变自己的习性，就能达到内心喜悦的状态。

“学而时习之”并不能让人天然地产生喜悦，就像很多人并不会天然地就热爱学习一样。他天然喜欢的可能是玩乐，但通过一定的训练和引导，他可以成为爱上学习的人。学校里那些成绩好的人，往往也都是训练出来的。一个人从学校毕业以后，还喜欢看书学习，或者在工作生活当中善于学习，往往也是训练的结果。当然并不是说人的天性就不好学，人的天性是好学的，但持续地、专注地去学有所成，那绝对不是凭兴趣、爱好就能完成的。

因为，人的兴趣是不稳定的，所以，真正学有所成的人都跟训练有关。训练绝不是一件单凭兴趣就能达成的事，任何一种训练都有很多的苦在其中。运动员的训练、音乐家的训练、画家的训练，哪怕是笑星的训练，都是很苦的。

我们都喜欢笑星赵本山在春晚的表演，因为他给全国人民带来了无限的欢乐。但他的搭档宋丹丹却说跟他配合是很辛苦的，因为赵本山在排练的时候，特别的较真，反反复复、一丝不苟地落实每一个细节。尽管我们在春晚上看到的是两个人非常轻松默契的表演，但两人排练当中的辛苦，只有他们自己知道。我们看到的是笑，而让你笑的人，他们体会得更多的却是苦。因为呈现出来的是快乐，而训练的过程确实辛苦。

训练就是修行，因为它要反着我们的习性而动；我们的习性，是求乐的。所以，“学而时习之”是苦，不是乐。

你去看一看那些高考的学生，就会明白他们有多辛苦！你再去看一看那些企业里面执行力差的现象，你就知道学了以后就去做，对一个人来讲有多难！你再去看一看那些从小学钢琴、学小提琴的孩子们，整天单调地训练的情景，你就知道他们台上风光的背后，有多少汗水、泪水相伴！你去到音乐学院那些歌手的练歌房，看一看指导老师纠正他们一个一个的发音，你就知道他们那美妙动听的歌声来自哪里！来自刻苦严格的训练，而不仅仅是内心的激情。有时候这些歌手的情绪和表情都是严格训练的结果，而这就是专业和业余的区别。

我们想说什么呢？我们想说：真正有成就的人都离不开艰苦的训练，离不开刻苦的修行。学习的过程就是训练的过程、修行的过程。训练和修行的确能让人获得成功的快乐，这种快乐一部分是成功的荣耀所带来的，这是外在的一部分；另一部分是成功者内心的体验，如艺术创作本身给艺术家带来的快乐，这种快乐是内在的。但如果没有长期艰苦的训练，这种创作的快感常人是没法获得的。

所以，孔子讲的“学而时习之，不亦说（悦）乎”，讲的是最终的状态，讲的是通过“学而时习之”，你一定可以得到内心的愉悦，但过程是苦的。因为，“学而时习之”就是训练，就是修行。

孔子只不过是在《论语》的开篇告诉世人：真正的“乐”源于苦，而有价值的苦是修行。“学而时习之”是修行的方式之一，也可以说是常人都要经历的。这句话可以理解为孔子最基本的人生态度，用现在最时髦的说法，也就是三观中的第一观：人生观。所以它被放在了《论语》的第一句。

人成为人，要通过学习；人要得乐，要通过学习。不通过学习也能得乐，但那不是大乐，是欲乐，是欲望带来的乐。孔子开宗明义地提出了学习带来的乐、苦带来的乐、非欲望的乐、纯净的乐，才是极乐。

我们再看第二句：“有朋自远方来，不亦乐乎？”其实家里来了客人，或者自己来了朋友，就一定是乐的吗？不一定，中国人常说“客走主人安”。客人在，大家可能是开心的，但主人的心未必就是安宁的，因为客人一来他一定是操心的，又要合理安排、控制成本、调剂时间，又要让客人高兴，这种平衡并非易事，所以他往往在兴奋高兴之余，有几分不安、压力和烦恼。

这些烦恼并不一定是客人带来的，更多的可能是自己的操心和担忧带来的，但不安总不会是一件让人轻松愉快的事。如果你接待的是不得不接待的一些人，那种不愉快就会更加强烈；当然，来了一些你特别想见到的人，而且相谈甚欢，这当然是让人高兴的事。但即便如此，一牵涉到具体的食宿安排、行程安排，你照样还会操心，由此也会带来不安与压力。见面之后的兴奋，也会逐渐被食宿安排等琐事所冲淡。如果你是已婚之人，这种感觉会更加强烈；而如果你本身事情繁多，这样的接待也会变成负担。

所以，“有朋自远方来”也不能简单地用一个“乐”字来概括。那为什么孔子在这里用的就是一个“乐”呢？

同样，孔子在这里也是从修行的角度来看的。与人相处既是一门学问，又是一种修行，酸、甜、苦、辣，喜、怒、哀、乐都在其中。朋友自远方而来，有高兴，有麻烦；有熟悉，有陌生；有旧情，有 PK。这就像非常富有戏剧性和故事性的一个情景设计，它很容易形成戏剧化的情节和冲突。人在这种瞬间形成的既熟悉而又陌生的关系当中，很容易体会自身情绪各种的变化。在这种种复杂多变的情绪体验当中，你能保持“乐”是不容易的。

曾经熟悉的人表现出你不熟悉的，甚至你不喜欢的一面，你还能乐吗？曾经不如你的他，今天显得远远超越于你，你在内心赞叹之余，一点都不会觉得压抑、自卑甚至讨厌？此时要乐得起来，还真不容易。而对方要变得夸夸其谈，你还能耐心聆听吗？

所以，保持一个“乐”字是要修行的，需要离相的，离得了那张熟悉面孔下因为多年不见而添加上去的让你感到陌生的“相”。你只有离得了这些“相”，你的内心才能一直是“乐”的。因为这个“乐”与他的现在无关，是你跟过去的情感之间的事，说到底是你跟自己的事。这种“乐”只是因为朋友的到来，而勾起你的一段美好回忆而已。

“人不知而不愠”，这显然更是要修行的。因为常人不被别人理解是痛苦的，只有修行的人不活在对他人的依赖上，才能不在乎别人的看法，才能如此洒脱。所以，孔子的意思是：君子不是向外求的人，他的内心是充实而完整的，他的人格是完善的，他不缺少外在的任何东西来弥补内心的残缺，因为他没有残缺。

所以，孔子一开篇就提出了理想的人格类型，他告诉人们：人是可以不假外求的，是本自具足的，是内心完整的，是生而快乐的。只不过是需要学习和与人交往，来让自己的内心回归本来快乐的面目，这就是人的本来面目。这一思想贯穿了《论语》的始终，其后的内容都是通过各种各样的人和事的处理来完成学习和与人相处的修行过程，最终回到"乐"的本来面目。

王阳明在《传习录》中说："乐是心之本体。"意思是人心本来是快乐的，但因为各种各样的欲望，我们才远离了这份快乐。因为欲望有满足的与不满足的，不满足的欲望肯定不能让我们快乐；能满足的欲望在刚得到满足时，我们是快乐的，但这种快乐转瞬即逝。

因为新的欲望立刻就会生起，新生起的欲望往往更难满足。就像一个人赚了 1 万元钱，他下一步想到的很可能就是赚 10 万元。这更难满足的欲望生起来，他原来得到的那点快乐马上就会消失。所以，只要有欲望在，无论你是否满足它，快乐都不会一直存在，快乐的时间往往比不快乐的时间少很多，这就是人生不如意事十之八九的由来。

所以，要能得到恒常的快乐，就要离开欲望，回到心之本体上去。离开欲望而不是满足欲望，才是真正持续快乐的方法。离开欲望是一种什么样的状态呢？

王阳明的弟子问王阳明："乐是心之本体，不知遇大故，于哀哭时，此乐还在否？"王阳明回答说："须是大哭一番了方乐，不哭便不乐矣。此心安处，即是乐也，本体未尝有动。"（《传习录》）意思是弟子问他：一个人伤心大哭的时候，乐还在吗？你不是说"乐"是心之本体吗？既然是本体，当然就应该一直都在，那又是哭又是乐，岂不矛盾吗？这就是他弟子的疑惑。

但王阳明回答得非常智慧，王阳明说：哭和乐不矛盾，哭了以后负面情绪去掉了，你的心就会安下来，而心安就是乐。所以，孔子讲的“乐”，王阳明讲的“乐”，都不是感官上的“乐”，而是心安的状态。人在心安的时候，是放松的、愉悦的，这种“乐”不强烈，但很稳定，而且与任何满足都无关，与任何外境也无关。

人在这种状态下，体会到的是祥和、宁静、久远、恒常，这就是人内心本来的状态。因为没有欲望在其中，所以，这样的安乐也被称为“无欲之乐”。它不属于感官上的感受，而是内心的体验。其实，修行人希望达到的乐，就是“无欲之乐”。

因为在这种“无欲之乐”当中，人的思想是清净的，没有压力的，接近于“无念”的状态；人的内心是空灵的，接近于“无相”的状态；人的欲望是止息了的，人不再执着于任何当下以外的事情，这就叫“无住”，也就是不执着的意思。“无念”“无相”“无住”，就是六祖慧能讲的禅的状态。所以，“无欲之乐”就是禅乐，心安就是禅乐。

所以，《论语》当中孔子说颜回：“一箪食，一瓢饮，在陋巷，人不堪其忧，回也不改其乐。贤哉，回也！”颜回那么穷困，却照样快乐，是因为他的心是安的。人心安，心就在本来的状态下。而人心的本来状态是乐的。所以，颜回就是快乐的。他并不是因为穷所以快乐，而是因为他的心能时时处在本来状态下，他就能时时刻刻快乐。这是他有修行的表现，有功夫的表现。而不是他犯傻，或者是“阿Q”精神，自我欺骗，也不是他甘于贫穷，是他功夫到了以后，他的乐可以离开贫和富的“相”了。

所以，孔子说他是贤者。贤者是在君子之上的。孔子认为，颜回是一个很有修行功夫的人，而不是一个穷快活的人。颜回的修行功夫是得了孔子真传的，所以孔子才会如此器重他，后人甚至认为颜回是孔子功夫的唯一传承者。但是宋朝的大儒朱熹认为，曾子是孔子功夫的真正传承人。但不管怎样，“孔孟之道”是功夫，而不仅仅是学问，这是没有疑问的。

学问，是你说了不一定做得到；功夫，是你说的就一定做得到。这样，我们也就理解了为何子贡问：“贫而无谄，富而无骄，何如?”孔子说：“可也，未若贫而乐，富而好礼者也。”孔子认为“贫而无谄”就是穷得有骨气，这是好事，但是“贫而乐”，也就是“清贫而快乐”，才是境界，才是功夫。因为这证明你的心一直都在你本来的状态上，没有因为贫或者富这些外在的“相”而动，心能够如如不动，就是快乐的，就是功夫。

孔子的《论语》传的是功夫，所以，他才那么在乎你“乐”还是“不乐”，而且要拿贫穷中的乐来说事。因为富有的时候，你的乐可能是财富带来的；而贫穷当中你的乐证明了你的心一直都在本来状态下。人心在本来状态下，人活在本来面目上，生命就会生生不息，不生不灭，这是孔子贯穿始终的生命理想。

孔子高远的理想用一个字就可以概括，那就是心“安”即可，“安”代表了一切。心安以后人是不是万念俱灰、毫无作为呢？这是世人的误解。因为，天地之间万千景象，都是生命力的绽放。心安的人，杂念没了，负面情绪没了，但正念还在，生命力更充沛了，他们会快乐地走向成功。

忠诚和诚信从何而来？

“忠信”二字在《论语》当中经常被连在一起使用，这两个字在《论语》中最早出现在第一篇《学而篇》第四章。曾子曰：“吾日三省吾身，为人谋而不忠乎？与朋友交而不信乎？传不习乎？”曾子的意思是：我经常反省自己，替别人谋划事情，是否尽心竭力呢？与朋友交往，是否诚实守信呢？老师传授的学业是否认真复习呢？

在《论语》后面的内容当中，孔子也多次提到了“忠信”二字。

例如，子曰：“主忠信，毋友不如己者，过则勿惮改。”意思是：恪守忠诚信实的道德要求，不与道德上不如自己的人交往，有了错误就不要怕改正。孔子的弟子子张问崇德、辨惑。子曰：“主忠信，徙义，崇德也。”孔子告诉子张，以忠诚信实为主，跟从义的指示，这就是崇德。

《论语》谈到孔子的教学内容时，说：“子以四教：文、行、忠、信。”意思是孔子从四个方面来教育学生：历史文献、生活实践、待人忠诚和讲究信用。显然，孔子把“忠信”视为与人交往的基本原则。

孔子把人与人的关系归为五类，儒家称为五常，这就是君臣、父子、夫妻、兄弟、朋友。中间三种关系是人的家庭关系，孔子强调的是孝、悌、礼。父慈子孝处理的是父子关系；代表兄弟关爱的“悌”处理的是兄弟关系；夫妻相敬有礼，处理的是夫妻关系。而“忠”和“信”，这是常人用来处理外部关系的价值标准。现在没有君王了，所以“忠”讲的是人如何处理与上司、与企业、与组织、与职责的关系；“信”讲的是如何处理与同事、与朋友、与客户的关系。

很多企业都强调忠诚度，很多老板都希望得到员工的忠诚，并且愿意为此付出必需的代价，但往往结果事与愿违，这是为什么呢？现代人嘴上都在讲诚信，企业也都会标榜自己“诚信为本”，但不讲诚信的事情却比比皆是，一旦诚信与利益发生矛盾的时候，人们往往放弃的都不是利益，而是诚信。这又是为什么？

谁都希望别人讲忠诚，而我们偏偏却得不到忠诚；谁都希望别人讲诚信，而我们偏偏得不到诚信；谁都乐意标榜自己讲诚信，但偏偏失信于人。我们崇尚的东西、想要的东西，为何难以得到呢？其实，是我们不了解“忠信”从何而来。

明代高僧蕅益法师在解读论语时说过两句话：“知自性不邪故忠，知自性不妄故信。”（《四书蕅益解》）蕅益大师一语中的，醍醐灌顶。所以，当今儒家的功夫，往往要在佛门去寻找它的传承。因为世俗间的儒家，逐渐做成了学问。而佛门千百年来，功夫师徒相承，不着文字，避免了功夫的学问化。

蕅益大师解的这个“忠信”二字是何意思呢？显然，蕅益大师提醒我们要做到“忠信”，首先要“知”。不是知忠信，而是知自性，不知自性，没有忠信。

“忠信”指什么？常人都懂，但都不会去否定，但为什么就是做不到？因为常人只知“忠信”，不知“自性”。何为“自性”呢？自性就是人的本来面目。也就是说，常人不知人的本来面目。

那么，什么是人的本来面目？这是一个很大的话题。前面文章我们都有谈过，此处我们先从蕅益大师的“无邪”“无妄”来谈。

“无邪”表示什么呢？表示人的本性，也就是人的本来面目是无邪的。“邪”和“正”相对应，“无邪”就是“正”。什么是“正”呢？就是“忠”。所以，蕅益大师的意思是：孔子讲“忠”，不是要求你去“忠”，而是人心本来就“忠”。

每个人都想把工作做好，没有谁找一份工作是为了故意到企业里去混事拿钱，混日子的状态，他自己也并不好受。这种人谁会敬佩他呢？这年头也怪，吊儿郎当的人也只佩服兢兢业业的人。也许他喜欢跟同样吊儿郎当的人混在一起，那是因为他会轻松一些，没有压力，但他不会佩服这些人。相反，他可能不喜欢跟认真敬业的人在一起，因为那样他会有压力，但他内心往往佩服这种人。就像小偷、流氓，他也会教自己的孩子怎么有出息，他不会教自己的孩子去当流氓、当小偷。因为他知道这样被人瞧不起，这就是人的良知，就是人的本来面目，就是人的自性。

所以，无论是正人君子还是卑鄙小人，他们的行为可能大相径庭，但他们所崇尚的对象却大同小异。卑鄙小人也知道自己的卑鄙为众人所不齿，只是他做不到正人君子那样，他就干脆反其道而行之。不信你对这样的人骂一句“卑鄙小人”，看他高兴吗？他可能会揍你，因为他知道你在骂他，在鄙视他，没有谁乐意让别人鄙视。

如果真有被骂了以后无所谓，或者还很高兴的人，那他真是自尊心已经降低到了极点了。这种人也有，但往往是那种长期被人瞧不起，对社会的报复心理很重的人，或者说自暴自弃的人，这种人一定经历了很多让他屈辱，他也无可奈何的事。在他没有经历这些事情之前，他的自尊心和骄傲感绝不输给任何人。

我们的意思是：人的本性是乐意受到别人尊敬的。而尽职尽责，不背叛自己的职责，是受人尊敬的条件，这是常人都知道的。所以，忠于职守，这理应是人的本性。我们要相信它，我们要相信这一点。所以，蕅益大师无非告诉我们，“忠”是人本自具足的品性，所以，他才把这称为自性。“自性无邪故忠”，讲的就是本自具足。

所以，企业要开发员工的忠诚度，首先就必须相信：员工的忠诚也是本自具足的，是本来就有的，而不是你通过利益诱导，通过制度强制出来的。也就是说，首先要相信人。那为什么企业里面还有那么多没有忠诚度的现象发生呢？其实这与我们企业的现状有很大的关系。

我们以敬业精神的培养为例，因为忠于职守的主要内涵应该是敬业。不要把“忠诚”理解成是否离开企业。有的企业有不少人待的时间很长，看起来似乎忠诚度很高，但工作当中已经失去了往日的敬业精神。

有的人官僚主义非常严重，工作中遇到问题不再身体力行地带着大家去积极解决，而是只下命令，只看结果，只重奖罚，只给压力。这样的解决方式往往是没用的，因为你不了解细节，就不知道真正的原因；又不检查过程，是否执行你也不清楚，别人就很容易拿客观原因来搪塞你，最后你也无可奈何。

所以，官僚主义严重的这些人表面上也在做事，甚至还经常大发雷霆，显得比谁都为企业着想。但其实这是假象，因为这种人根本就没有真正在解决问题。我们看看企业里面那些重复出现的问题，就知道这些官僚主义者是如何应付工作的。他们是不是故意这样做呢？其实也未必，但他们不想让自己太辛苦，他们就会这样做。了解细节、检查执行、跟进过程都是辛苦的，所以，官僚主义的“忠诚度”对企业是非常有害的，这些人留在企业绝对不代表着忠诚。

只有真正解决问题的人才是忠于职守的人，才是真正有忠诚度的人。所以，敬业应该是忠诚度的核心指标。

还有一部分人留在企业，时间也很长，他们谈不上官僚主义，因为他们可能就是普通员工，但他们可能倚老卖老，不思进取，得过且过。老板给他们几分面子，新来的人又奈何他不得，这些人长期待在企业，看似忠诚，其实也不敬业，同样不可以作为忠于职业操守的典范。因为大量的问题在他们眼皮子底下发生，他们没有解决。

那么，这些人的敬业精神是怎么失去的呢？的确，他们往往也经历过非常敬业的阶段。与老板一起打天下的时候，他们也很搏命，为企业的今天立下过汗马功劳，这就是他们本自具足的良知和天性，也就是那个“自性无邪”的“忠”。

但是随着企业的发展，事情的分工越来越细，管理的难度越来越大，我们自己往往分不清哪件事情究竟该谁去做？哪个人究竟干了些什么事情？最终的结果究竟跟哪个人的哪件事有关联？在这一团乱麻当中，我们的良知被遮蔽了。

良知只能做“是”和“非”的判断，不能做逻辑推理，能做逻辑推理的是我们的意识心。因为事情看不清楚，我们的意识心就会在这里替我们的良知去做评判，认为某个人说的好，某个人做得不好；某件事是这样，某件事是那样。总之，管理当中充满了很多自以为是的评判，这些评判大多是没有事实根据的，有一点事实也会被我们无限夸大，拿来使用。

整个管理不是建立在事实和数据的基础上，而是建立在“以为”和想象的基础上。缺乏事实和数据，你又要去做评判，你就只能靠“以为”和想象，这都是人的意识心杜撰出来的东西。人的良知不再起作用，久而久之大家就都学会了想当然地去看问题，上上下下都是如此。凭良知做事的人积极性会屡屡受挫，因为别人并不知情，做了也得不到鼓励，久而久之就会放弃。

而想当然说事的人，说而不做的人，也没有人知道他们的问题。起初他们的良知肯定会让他们心里有些过意不去的。但久而久之，大家都是如此，何况真把事情做好也难，于是企业就变成了现在的模样。也就是说，他们原有的那种忠于职守的敬业精神，是在人和事的一团乱麻当中消失殆尽的，而不是说他们原来就没有“忠”的品性。当然，他们还留下了一个“忠”的外壳。

这个责任不能由他们承担，而应该由企业承担。也就是说，把企业的每一件事情都理清楚，找到事与事的关联，找到事与人的关联，形成流程和制度，再通过稽核检查，让事实的细节不断曝光，用数据来判断事情的好坏，人的良知自然就会产生作用。记住，良知只能对细节和数据做出“是”与“非”的判断。事情到了细节层面，良知才能起作用。

一件事情的因果关系很复杂，甚至无法追溯因果，良知是不会起作用的。而在一个细节的事实面前，良知就一定会让人无地自容。

例如，我们曾经在一家企业遇到过一单货出不来的情况。老板当时把几个经理召集到一起，大发雷霆。业务部经理说他早就下单了；计划部经理说他早就排产了；生产部经理说他们天天去领料，但有些物料就是领不到；仓管说采购的物料不回来，他拿什么发给生产部；采购部经理说供应商都不想做我们的单了，因为我们老欠别人的款；财务部经理就看着老板不好说话了。老板哑巴吃黄连，呆在那里。

最后我们立马突击检查，发现有一款物料回到仓库一个星期了，车间天天去领，仓库就是没有发给他，因为账上没有显示，发料员不清楚已回来，而原因是收料员当时急着吃饭去了，收了料却没有入账！更离奇的是，我们竟然在采购员的抽屉里，发现有一张采购单，塞在抽屉的角落里，被采购员给遗忘了，竟然还没下给供应商。在这样的细节化的事实面前，所有的争论和推诿都平息了下来。该自责的在自责，该谴责的在无声地谴责，因为良知已经起作用了。

我们到另一个企业做调研的时候，问他们的准时交货率是多少。他们说还可以。我们追问究竟是多少，他们说百分之八九十吧。当我们把调研到的数据 30% 放到他们面前时，他们的脸“唰”地红了，连说惭愧。变革的阻力一下子破除了，这就是数据的力量。面对 30% 的数据，良知一定会让他生起惭愧心。

只有在良知一直起作用的情况下，人内心本自具足的忠于职业操守的敬业精神才能起作用，而且必需起作用，这是我们对 500 多家企业变革的经验。所以，不要怀疑人性本自具足的“忠”，而要质疑我们一团乱麻式的管理。理不清事情管不到细节，无法用数据做评价，人的良知就不可能起作用，我们的意识心就会大行其道，自欺欺人，好人也会变成“坏人”。这是谁之过？不是人性的错，是我们糊里糊涂做管理的错。

在这里，我们都没有谈到人对人的忠诚。现代社会人对人的忠诚是随缘的事情，不可强求，也强求不来。但我们至少应该提倡人对职业、职责的忠诚度，因为这既是我们进入一个企业或一个组织时所做的无言的承诺，也是企业运作、组织运作的基本保障。人对人的忠诚应该以不背叛为下限，这其实是另外一个概念的话题了，那就是“诚信”的问题，我们下文再述。

若不自欺，无人能欺

扫二维码　听如是道

我们在上一篇文章中谈到了“忠诚”和“诚信”的来源，“忠诚”是孔子在《论语》当中多次强调的概念，他把它视为人与人交往的基本原则。孔子在《论语》中说：“人而无信，不知其可矣。”意思是人如果不讲诚信，不知道那怎么可以？孔子觉得一个人不讲诚信，简直就是一件很奇怪的事。

但生活当中，不讲诚信的人和事屡见不鲜。也有很多人因为他人的不讲诚信而上当受骗，还有些人是因为自己的不讲诚信而害了别人，以至于“诚信”成为社会上的稀缺资源。

为何孔子视为人之必需的“诚信”成为当今社会人际交往的稀缺资源呢？我们怎么样才能让“诚信”成为孔子所认为的人之必需或者人之必备呢？

我们在上一篇谈“忠诚”和“诚信”的来源，引用了明代高僧蕅益大师的两句话：“知自性无邪故忠，知自性无妄故信。”蕅益大师告诉我们，“忠”和“信”都是我们本自具足的东西，因为自性就是我们人的本性、本来面目，或者说，我们的本性和本来面目是不会去欺骗人的，你要知道这一点，并且深信它。

所以，蕅益大师认为：诚信是人本来就有的，是人的本性，人的本来面目。正因为如此，孔子才会说：“人而无信，不知其可矣。”意思是人怎么可能不讲诚信呢？不讲诚信，就不可能是一个真正的人。因为人的“诚信”是人与生俱来的品性。

所以，我们要理解，孔子讲“诚信”，并不是对一个人提出外在的要求，而是告诉你内在本来就有的品性。他是让我们认识自己，让我们把内在本质、最初的“诚信”的品性显发出来而已。我们身上有宝藏，不要埋没了它。孔子在《论语》中的很多话，都是本着这样的意思来讲的。可惜，都被那些把孔孟之道当学问的人解读成了孔子的谆谆教导和教化。

孔子是因材施教的，你身上没有这样的东西，他不会强求你去具备这样的东西。他说过：“毋意，毋必，毋固，毋我。”显然，他绝不是一个固执己见，要求别人的人，哪怕他是为别人好，他都不把自己的意志强加给别人。因为他说过：“君子之于天下也，无适也，无莫也，义之与比。”“无适”“无莫”表示孔子对于天下的事，没有必须怎样的想法，也没有必不能怎样的想法，一切都按照义的规定为依据，而“义即是良知”“良知即是天理”（《传习录》）。

显然，孔子的个性是随缘的，他只按天理、良知行事。而天理、良知就是我们的本来面目，是我们本自具足的东西。所以，他周游列国也罢，弟子三千也罢，他都不是把自己的东西强行让别人去接受，而是告诉别人身上本来就有的东西，你们要看清它，知道它，不要迷失掉。

两千多年的历史也证明了这一点。尽管孔孟之道在孔孟在世时，并没有被人奉为至理名言，在其后的历史当中，也时常被后人所诟病，甚至还遭到批判，但两千多年来，它却一有机会就获得重生。而且，总的来讲，它是中华文化的主脉。

究其根源，是因为他们所讲的东西，是人本身就有的。当社会的风向标转向我们去看自己的时候，我们大多数人就能看到它的存在。即便社会迷失的时候，大多数人都在向外寻求和攀缘，仍然会有少数有良知的人活在自己的本来面目上，他们也会把孔孟之道传承下去。因为他们从自己身上看到了人人本自具足的东西，这就是中华文化几千年生生不息、绵延不断的原因。

讲了那么多大道理，现实的问题是：为何我们在生活中还是见到了多如牛毛的不讲“诚信”的人和事呢？包括我们自己，也会出现不讲“诚信”的事呢？这与前面讲的“诚信”是与生俱来的观点能否吻合？

我们先看一下别人不讲“诚信”给我们带来的危害是怎么发生的，这就是我们经常讲的，我们为什么会被骗的问题。一个人上当受骗了，我们总是把它归结为别人的问题，说别人是骗子，说别人“毫无诚信”，但我们有想过自身的原因吗？

先以诈骗为例。其实电信诈骗或者生活当中的一些诈骗案例都证明了，骗子往往利用的是人的贪欲和恐惧。骗子往往会先说你中奖了，奖金有几万元，但你得先交个人所得税等，然后，让你先打几千块钱过去。当然，素不相识就让你打几千块钱，你肯定是心存疑惑的，但那几万元钱的奖金对一般人来讲，还是有诱惑力的。有些人接到这样的电话，不是不假思索地挂断它，而是在想怎样确认这个信息的真实性？

其实，只要你动了确认它真实性的念头，你中招的概率就很大了。因为它后面所有的设计，都是为你的查证而精心布局的，一般人很难逃脱。也就是说，你真正地被骗，关键点是发生在你去查证它是真是假的念头起来之时。而这个念头为什么会生起来呢？是因为你对他说的那笔奖金有兴趣。这就是贪。

所以，跟骗子斗不是你斗输了，而是你被自己的贪念打倒了。骗子都是专业高手，他们的通话都是精心设计的，而且有丰富的实战经验，你怎么可能斗得赢呢？你唯一的办法是接到这样的电话就直接挂断，你只要不去想那几万元的奖金，就不会跟骗子辨别真伪，骗子所有的设计对你都将失灵。

所以，还是贪念害了自己，相信天上掉馅饼，这就是自欺。所以，凡是被人欺骗的人，都是你的贪念导致的自欺，帮助骗子完成对自己的欺骗。没有你的自欺的帮助，别人是骗不了你的，因为他没有机会骗你。所以，只要你不生贪念，心是安的，活在自己的良知本性上，就无人能从贪入手骗得了你。

还有的骗子利用的是人的恐惧心理。如假扮公安、海关、税务等部门给人打电话，让被骗的人缴纳一定的保证金，或者把钱转移到安全账户。这种被骗的人大多数都是一些经商的人，脑袋瓜子应该不笨，为什么也会上当呢？因为他们接到这样的电话，本是可以置之不理的，但毕竟这些人多少都有一些不太能见光的事，他们心里想，万一接到的电话是真的呢？自己毕竟是有一些事情的，处理不好，麻烦岂不更大？这个万一的念头一冒起来，他就想去核实；这个核实的想法一出来，中招的概率也就很大了。因为，后面又是骗子精心设计的套路了。

其实，破此迷局很简单，政府机关处理这一类的人和事，绝对会把你叫到办公场所来询问的，怎么可能一个电话来处理这些事情？所以，没有必要通过电话辨别真伪，这就避免了进入骗子的圈套。所以，过往自己所犯的错和由此产生的恐惧心理，是这一类人上当的根源。没有这样的错和恐惧来帮助骗子，骗子也没法得手的。

所以，究其根源，我们之所以被骗，主因还是在自己身上，怨不得别人。我们如果活在良知上，不生贪念，不种恶因，坦坦荡荡地活着，骗子又奈你何？别人骗不了你，你不就活在了一个诚实的世界了吗？

所以，诚实的世界不是指你要让这个世界的每一个人都变得诚实，这恐怕是谁也做不到的事。但你可以避免自己不跟不诚实的人和事打交道，或少打交道，你不就为自己营造了一个相对真诚、相对诚信的世界了吗？你的世界你是可以做主的。就像孔子说的：“我欲仁，斯仁至矣。”意思是我想要达到仁德的境界，仁德就会到来，诚信也是如此。

你只要没有贪念，不种恶因，心无恐惧，你就能让自己活在诚信的世界当中。当然，绝对的理想是做不到的，但可以相对地接近。这样，你的抱怨也会少很多，总之知道自己才是诚信问题的根源，这很重要，就像孔子讲的："欲仁才能仁至。"你对人的诚信是欲还是疑呢？就是你真想得到吗？那就一定能得到。因为并非人人都是骗子，人大多数时候也并非时时刻刻都在行骗。你的贪念少一点，恐惧少一点，错失少一点，那么大多数时间，你绝对可以活在值得信赖的人事环境当中。

刚才讲的是两个极端的例子，有的人可能认为以此来说诚信不太准确。因为我们毕竟生活工作当中遇到的诚信问题，大多数只跟道德有关，还不至于上升到法律的高度。

这里讲一个管理当中的例子。曾经我的一个员工问我说："教授，你相信我吗？"因为他觉得好像这一段时间我对他做了一些批评，证明我在怀疑他，怀疑他对公司的忠诚。我拿了一本书放在他面前，我说："这本书代表我相信你。"我又拿了一个杯子放在他面前，我说："这个杯子代表不相信你。"然后，我告诉他："你刚才问我的问题，我的答案是，我既不是这本书，也不是这个杯子，我说的你懂吗？"

他当时没弄明白，因为在他的概念里头，相信的反面就是不相信，不相信的反面就是相信，而且必具其一。其实，这种思维方式往往是很多人在工作当中轻信别人的承诺，而后又失望的原因。我们要放弃非此即彼的思维方式，这种非此即彼的思维方式错在哪里呢？错在对人的执着上。

我后来对那位员工说："我不对你做可信还是可疑的评价，所以我既不是那本书，也不是那个杯子。我只看你最近做的事：事情是好的，就该表扬；事情是不好的，就该批评。我批评你，并非基于你的可信还是可疑，而是基于你做的事情。"最后我把他近期做的事情一件件展开来说，并且把最终的数据拿来归总。他不再吭声，接受了批评，开始检讨自己。

当这个下属搬出一个我信还是不信他的问题时，如果我说信，毫无疑问，我对他批评的力度就会减弱，不利于他改正自己；我说不信，这又会激化矛盾，我们的注意力都会离开我希望他改正的事情上，批评就会变成争论，没有结果。所以要回到就事论事的原则上，任何事情你都能就事论事，以此来作为你与人相处的原则，你又怎么可能上当受骗呢？

因为，你不去轻信别人的言语承诺，你会仔细看清他做的每一件事情，别人不诚信的言语就能被你避开，或得到你的及时提醒和纠正；你在工作当中遇到的不诚信的人和事，不就会减少很多吗？所以说到底，你轻信了别人，是因为你不去跟进检查别人所做的事，你也没有一套机制帮你去跟进检查、督促别人做事的细节、过程和结果。你把所有的希望都像押宝一样地押在这个人的“诚信”上，当然会屡屡失望，这是你偷懒和缺少方法所导致的，怪别人干什么呢？

人是天生就乐意讲诚信的，因为这样活着的人内心坦荡、充满阳光、无忧无虑。但如果他在一个企业看到别的人可以通过不诚信的手段，轻而易举地获得信任，得到利益，他就会效仿。因为他讲诚信别人也不信，讲诚信也不会更有好处，而不讲诚信的人却大行其道，他就很容易同流合污。

所以，我们必须营造讲诚信有利的企业文化。方法就是把大家的注意力引导到事情上去，要关注事，而不是整天谈论人。然后，把每件事情的标准、检查、责任都明确清楚。我们欧博把这称为管理的三要素。事情好坏有个客观的标准，我们就可以派人跟进、检查。检查的结果一定要落实到具体的责任人上，好的表扬、奖励责任人；坏的批评、处罚责任人。每一件事情都与具体的责任人挂钩。言而无信的人或言而不行的人、言而未果的人，自然无处躲藏，企业就会养成言必行、行必果的管理文化，诚信自然就会越来越多。

我们说诚信是人的天性，不代表诚信会自然而然、处处显现，还是需要机制保障的。因为人的良知经常会被人的私欲所引导。我们要靠机制做保障，让人心回归本来面目，诚信就会成为人们乐意为之的美德。

诚信是人的天性，但是它也要通过人自身的修行，才能处处显现。这就是孔子讲的“克己复礼”的意思。孔子赞扬人的天性，也就是天理，这个天理在社会中的表现就是“礼”。但它是要通过人的修行来达成和回归的，这个回归的过程和方法就是“克己”“修己”。而企业的一套有效的管理机制，是确保企业的每一个人能够“克己”“修己”的制度保障，当然老板在这套机制当中，必须起示范带头作用。

所以不论别人怎样对自己，我们都要本着诚信的心态来对人。因为我们本来就乐意这样，这会让我们活得轻松。别人对我们不讲诚信的言行，我们怎么规避呢？减少贪念，少种恶因，检查事情，建立责任机制，营造诚信文化就会达到“我欲仁，斯仁至矣”的境界。

假话背后的良知

扫二维码　听如是道

前面我们讲到诚信问题的时候，我们主要讲的是人怎样防止自己被骗。骗你的人和事被你避开了，你当然就会生活在诚信的环境中。但人自身的诚信问题如何解决呢？也就是说怎样避免自己去欺骗别人呢？怎样让一个人自己做一个诚实的人呢？

我们前面讲了明朝高僧蕅益大师在解读《论语》时讲过的一句话："知自性无妄故信。"意思是人的本来面目是真实无妄的，人的本性是真诚无欺的，人只要活在自己的良知本性上，就会做一个诚实的人。

王阳明在《传习录》中也说过："良知不欺诈而真诚，也就不能容忍欺骗，遇到欺骗就能觉察；良知自性清澈，也就不能容忍不诚信，遇到不诚信就能察觉。"王阳明同样认为：人的本性、良知是诚信的，是不能容忍欺骗的。所以，无论蕅益大师、王阳明还是孔子都告诉我们：诚信是人的天性。那为什么我们还是会时不时地出现讲假话欺骗别人的现象呢？

首先，我们要相信，人在讲假话时他的良知一直都在。你可以仔细观察一下那些讲假话的人的表现，你会发现，很多人讲假话时还是有些明显的生理反应的，如脸红、眼神的游离、手脚的一些多余的小动作等，你都能够觉知到对方的不安。

心理学上就是根据讲假话的人这些明显的外部表现，来教人们如何识别谎言。说明人讲假话的时候，内心是不安的。为何不安呢？他的良知知道自己在讲假话，良知起了作用，他才会内心不安，才引发一系列的身体反应。

当然，对于那些讲假话的高手而言，这些外部特征会被掩饰。也就是说，你从外表上很难判断出他在讲假话。但他的良知是否就不在了呢？当然还在，因为良知是人心的本体，一直都在。如果良知真不在了，那测谎仪也就测不出这个人的谎言了。

测谎仪能测出那些伪装得很好的人的谎言，就是因为尽管这种人讲假话时外部明显的反应已经被掩饰了，但他身体内部，如血压、脉搏、心跳等，不受大脑支配的生理反应还是会发生。因为人的血压、脉搏、心跳等，属于植物神经系统。我们大脑中主管意识的中枢神经系统可以干扰它，但没法支配它。人讲假话时脸红、心跳加速等反应，说明良知是与人的生理反应连在一起的，再次证明人的良知的先天性和生理性。正因为如此，我们才说良知是人的本性、本来面目。

同时，良知产生的反应会受到意识的干扰，但却不可能被意识支配，不是你想消除它就能消除的。所以，讲假话的生理反应，哪怕对于那些讲假话的高手来讲，都是不可能彻底消除的，这说明良知的存在是毋庸置疑的。人讲了假话之后内心的不安也是无法彻底消除的，这就是孔子、王阳明、蕅益法师深信人的本性是诚实的原因。因为，诚实才能让人信赖，谎言让人不安。

其实，我们仔细觉察一下工作当中那些讲假话的人，也会发现，他如果真的认为自己没有错，或者根本就不在乎事情的结果，他很有可能连假话都懒得跟你讲，就直接跟你摊牌，然后随你爱怎么办就怎么办。真要遇到这种情况，我们也许还更难办。

所以，讲假话不是好事，但至少说明他还在意你，还知道自己是有错的。这就说明他内在的良知还在，谎言变成了良知的另一种表现方式，尽管这种方式我们不能接受，也并不赞成。但他背后有良知存在，却是我们应该看到的，因为只有这样，我们对人性才能生起信心。

那么讲假话的人既然有良知，并且内心不安，为何还要讲假话？这才是问题的关键。

如果我们说讲假话的人有时候也是身不由己，也许人们都不会相信，但人心的确有这样一些特点：一方面，人的内心是有良知的，凭良知我们能判断是非，能决定一件事情做还是不做。例如，看见一个老人摔倒在公路边，任何一个人从旁边路过，都可能生起怜悯之心，想去扶他。但现在可能生活当中真正去扶这个老人的人非常之少，难道是现在的人没有良知了吗？无动于衷了吗？

表面上看是这样，或者表面上有些人装的像是这样，但你只要把这一类事情发生时的视频录像调出来查看，就会发现很多人在这个老人面前都有停顿，都有关注。那些若无其事的人，只是装作没看见而已，你还真看不到几个完全无所谓的人，这说明人的良知一直都在。但为什么去扶老人的人又非常之少呢？

看一下视频中那些停顿关注的人离开前的身影，不用猜，你就会知道，他们在老人面前犹豫了一下，想了一下，想什么呢？当然想去救老人。但又在想会不会有麻烦？有麻烦怎么办？想去扶老人是良知的作用，而这个良知起的作用却没有转化为行动，是因为人的自我意识紧跟在良知后面而起作用了。

自我意识跟良知不同，良知是人的本能。生命的本能是热爱生命，他热爱的是所有的生命，只要是生命，他都会关注，这就是人能关心与自己无关的那个老人的原因。这种关心甚至会延伸到无生命的事物上去，这是上天在人身上注入的天性，人人如此。

而人后天形成的自我意识，却是替自我考虑的一种心理活动。这种心理活动一起来，他就会考虑到自己的利害得失。而我们面对老人时想去帮他的良知反应，必然会被自我意识卡住。因为，自我意识一算账，有风险，没利益，不合算，自然就放弃了。所以，尽管良知一直都在，但自我意识一起来，良知就会被遮蔽、卡住。也就是说，要让良知起作用，自我意识就不能过于强烈。

有的人可能会说，自我意识也是替自己考虑呀，有什么错吗？表面上看起来好像没错，但如果我们真正了解自我意识的特点，可能就不敢随便下这个结论了。

其实，人的自我意识的确是为自己服务的，理论上没错，但自我意识为自己服务的方式却是不择手段的。我们一眼看过去，能看到很多东西，但裁缝往往看到别人的服装；鞋匠就会关注别人的皮鞋；理发师就会关心一个人的发型。也就是说，自我意识为自我服务的结果，就是把跟你相关的东西从你看到的真实而完整的世界当中抽取出来，而把跟你不怎么相关的东西剔除掉或者弱化掉。

也就是说，自我意识帮我们的方式，是让我们面对一个由它进行取舍以后的世界。这样有一定的好处，因为我们可以省时又省事、省心。大多数时候，被我们忽视了的或者舍弃了的东西也的确无关紧要，所以，我们正常状态下当然乐意接受自我意识的帮助。但是，这里面潜藏着的危险却被我们忽视掉了。那就是大多数时候，我们并非活在一个完全真实的世界里，而是活在一个与它近似、经过我们自我意识取舍的世界里。尽管这种取舍是朝着对我们有利的方向进行的，但因为是不真实的，就必然会欺骗我们，让我们付出代价。

以老人倒地无人帮扶的事情为例，我们以为保护了自己，但谁敢说这件事不会落到自己的家人以及自己头上呢？即便不会在自己的身上重演，由此导致的人与人关系的冷漠，难道不会让我们都成为受害者吗？良知被自我意识所遮蔽，我们可以在帮扶老人这个问题上避开，但我们又怎么在食物的不安全和不卫生、假药、危房、伤害幼儿的保姆及老师等事情上避开呢？当我们以为我们的自我意识把自己保护得严丝合缝的时候，也许我们就让自己活在了防不胜防的危险中，我们的逃避究竟是保护了自己，还是营造了一个时时刻刻需要自我保护的环境呢？危险无处不在，危害无处不在，这就是我们遮蔽了良知的结果。

生活中那些非常善于掩饰自己的人，的确让人觉得他们是人生的高手，因为没有什么事情能伤害到他们。但是，你可以去观察一下，那些善于自我掩饰的人绝对是创造力不强的人。他们或许能够得到一个平平安安并且体面的生活，但他们不可能做出太多富有创造力的事情。因为，人的真正的创造力只能从良知当中涌出。

只有凭良知活着的人，它的生命力才是旺盛的，因为它的能量是天性当中流露出来的，是上天的力量。而且他面对的是完全真实的世界，因此，它能源源不断地获得这种能量；而一个虚伪的人，他活在意识的世界当中，就像在梦中一样，想跑、想动，但却没法跑动，因为没有能量在加持。

很多自我意识强烈的人，干不成大事的根源，就是因为他的想法很多而能量不足，当然也就无法感应和聚集更多富有能量的人，顶多凭自己的劳心、劳力，过一种小富即安的日子而已。有些自我意识极端强烈的人，甚至会歪曲事实来为自己服务，因为直面事实，是一件让他们不太舒服，甚至痛苦的事情，他们内心的自我意识，便会从自己的需要出发，把事实重新进行加工，只把那些自己心里舒服的事情放进来，把那些让自己难受的事情剥离掉，从而让自己的心理感受能恒常地处在一种舒适的区域。

这种人在面对别人的批评和指责时，他不会顺着别人的思路去检讨自己，因为他已经为自己营造了一个自己乐意接受的“真相”。他活在自己的“真相”当中。所以别人对他的批评和帮助都是无用的，尽管他表面上显得洗耳恭听，但却不会做丝毫改变。这样的人基本上就堵死了自己进步和成长的路，若干年下来，能力和业绩都不可能有大的提升，这种人的前途就会葬送在他的自我意识对他进行的自我保护当中。所以，不活在良知中的人，会因为自我意识带来的自我欺骗，让自己失去进步和成长的机会，最终误人误己。

所以，人的良知是一直都在的。诚信的人，是凭良知活着的人；不诚信的人，是因为在良知之后又多了一个自我保护的念头，多了一个替自己计较利害得失的心理活动而已。

佛门有一句话“知见立知，即无明本”，意思是在良知的基础上，你的自我意识又去进行过多的思考，又去营造一些自认为对自己更有利的想法和念头出来，而且我们很多人还会把后面的这些想法和念头，看得比良知上直接产生的“知”还重要、还真实，当成一个“真正”的“知”来对待，这就叫“知见立知”。就像我们看到老人摔倒在地，我们的直接的知，也就是良知，是同情和帮助；而我们大脑加工出来的知，却是危险和逃避，这就会让我们迷失人性，迷失做人的根本，这就叫无明。

所以，我们必须不被意识产生的“知”所左右，回到良知产生的“知”上去，才能一直活在良知上，成为一个诚信的人。

计算机之父的悲剧

扫二维码　听如是道

英国科学家图灵被称为“计算机之父”，他所提出的能“思考”的机器也就是计算机，已经风靡全球，深深地影响了人类的生活和工作。可以说，现如今的人不管你懂不懂计算机，你都生活在由计算机而连接起来的网络世界当中。

你使用的手机、家中所看的电视、乘坐的高铁、到商场购买商品时的支付费用，都由计算机构成的网络所覆盖、所联通，这就叫信息化时代。但这个时代的真正开创者并不是我们所熟悉的微软的比尔·盖茨，或者是苹果的乔布斯，而是英国的一位叫图灵的科学家。

微软的比尔·盖茨或者是苹果的乔布斯，他们的一生当然也深深地影响并改变了世界，但他们更多的是在科技的应用层面和商业层面给世界带来了改变。他们所做的改变之所以能够完成，应该说是建立在图灵及其他科学家的研究基础之上的，而图灵是这一批科学家中的最具代表性的人物。这位出生于1912年的英国科学家，一生都对人的生命充满了好奇，最终他关注的焦点聚集在“人类的思维活动能否被机器所代替”这一问题上。

他是一名数学家，可以说是一位数学天才。数学是人类思维活动最为理性的一种方式，它的抽象性、精准性、逻辑性都可以说是人类思维活动的最高形式。图灵作为这一领域的顶级研究者，提出“人类的思维活动可否被机器替代”这一问题，应该说这是非常大胆的思考，也是实事求是的思考。因为，在常人眼中，人类的思维活动是高深莫测的，是复杂而神秘的，数学家的很多定律以及证明，根本就是让常人不敢问津的。

说哲学的深刻是常人所不能理解的，但起码那些文字我们还认识；说宗教的神秘是世人难以参透的，但所有的宗教活动我们还是能看得清的，只是不理解它所代表的含义；但数学里面的很多语言，其实我们连字都不会读，对于一般人来讲，几乎完全是不可知的。

但这么复杂、神秘的东西图灵要用机器替代，这当然是一个非常大胆的想法。因为机器再复杂，也是由一个一个零件构成的，零件的制造者很可能就是普普通通的技工而已，但因为图灵自身在数学界的成就，他提出这个设想，绝不是痴人说梦，只能说他悟透了人类思维活动的本质并不神秘和复杂。相反，非常之简单。就像一个真正的开悟者会认为修行其实很简单，世界很简单。图灵毫无疑问是一个在人类的思维活动领域的大开悟者。

当然，他的这一设想随着第二次世界大战的进程而变成一种现实的需求。因为当时德国人发明了一种密码机，这种密码机对德军的指令进行加密以后，任何人、任何其他机器都无法破译，因为它加密出来的密码完全是一堆乱码。这就好比一个思维清晰的人讲了一通话，然后把它变成疯子的语言，正常人当然不可能把疯子的语言还原为起初的那一段正常的话了。这就是“二战”的时候盟军所面临的困境。

无法破译德国人这套密码的使用，导致德军的指挥命令可以不被盟军侦破而到达他的各个部队。破译这套密码成为盟军必须解决的问题。英国首相丘吉尔亲自授权由图灵这位顶级的数学家领衔成立一个攻关小组，投资10万英镑，由他完成破译任务。

当时，同小组的其他科学家的思路都还是在寻找这些密码当中的规律，但图灵的思路却截然不同，因为他准备放弃人脑的思考。他凭直觉知道这是一个人脑不可能完成的任务，他要找一台机器出来，用它来代替人脑思考，准确地讲是代替人脑计算。因为英军收到的信息是乱码，要破译它就要找到它重新的、有意义的排列组合。

这若干种排列组合其实是有无限的可能性，图灵认为用机器来代替人脑进行这些排列组合，会比人脑更快。因为这种排列组合的取舍标准很简单：有意义的就是对的，无意义的就是错的。“对”，我们称为“是”；错，我们称为“非”。也就是说，这只是一个是非判断而已。机器如果只做“是非判断”，“是”我们就算破译了，“非”就没有破译。机器自动地完成着排列组合，这个过程机器比人脑当然快很多。

所以，图灵花很长的时间去制造这样一台能够持续、快速地进行排列组合的机器。机器造出来以后，问题并没有马上得到解决，这个过程几乎到了军方的忍耐极限。就在他们怀疑图灵是否是间谍的时候，一次偶然的机会图林受到了启发，给他的能“思考”、能计算的机器运作找到了一句启动语言，机器终于破译了密码。图灵因此得到了英国女王颁发的“大不列颠帝国勋章”，它代表的是英帝国的最高荣誉。

但非常遗憾的是，图灵却在“二战”结束后的 1952 年因同性恋问题而被判入狱，尽管后来因接受了荷尔蒙治疗，避免了牢狱之灾，但强制性的荷尔蒙治疗，却给图灵的身心造成了极大的摧残。1954 年 6 月 7 日，年仅 42 岁的图灵以自杀的方式结束了自己的生命，这是一个悲剧。

据历史学家估计，因为图灵的破译工作，让盟军的胜利至少提前了两年，挽救了 1000 多万人的生命。也因为图灵坚信机器代替人脑进行运算的思想，而让计算机有了今天的发展，并给当今社会带来了一个信息化的时代。但他自己却直到 2013 年才得到真正的平反，英女王宣布撤销对他的猥亵罪的判刑。

图灵的一生可以带给我们怎样的启示呢？我想，他认为机器能替代人进行思考这一大胆的设想是值得我们好好地去体会的。

今天我们的很多人脑的活动都已经被计算机取代了，这恐怕就是常人把计算机称作“电脑”的原因。小到简单的计算，大到国际象棋这类高智商的博弈，电脑都已经明显比人脑更有优势。

所以，人脑被机器替代或部分替代已经是事实了。未来的趋势究竟会怎样呢？其实，未来的趋势究竟会怎样，我们只要看一看机器为什么可以取代人脑的功能，就可以明白图灵何以预言机器可以替代人类“思考”，以及他为何能成功地将这一设想应用在破解德军密码的工作当中。

这是因为图灵找到了人类思考的一种最基本的形式，或者叫人类思维活动的基本单元，那就是：“是非判断”。这也是现代一切计算机最基本的语言模式：“1”“0”语言。计算机所有的语言程序都是建立在“1”和“0”这样一种最基本的语言方式基础之上的。“1”代表着“是”，“0”代表着“非”；“1”代表着“通”，“0”代表着“断”；“1”代表着“开”，“0”代表着“关”。

一个二极管就可以实现这种“1”和“0”的表达：当电流正向流动时，电路就是通的，这代表“1”；当电流反向时，电路就是断的，这代表“0”。这样，我们用二极管及其组合就可以把计算机以“1”“0”为单位的语言系统表达出来。

现代计算机的应用，让很多使用者觉得高深莫测，但它内在的运算，或者称为“思考”，只是一个“是非判断”的无限叠加而已。“是”就是“1”，“非”就是“0”。所以计算机一切的运作都不神秘，也不复杂，“1、0”而已，“是、非”而已，电路的“通、断”而已，开关的“开、关”而已。其实，这就是人类思考的本质。

明代心学家王阳明曾说：“良知只是个是非之心。”孟子也说：“是非之心，知之端也。”他们都认为人类的思考归根结底只是一个“是与非”的判断，他们把这种“是非判断”称为人与生俱来的良知。

所以人类一切复杂的思维活动，在古圣先贤的眼中，早已经还原成了简简单单的“是非判断”，人类思维活动的神秘性、复杂性早已经被圣人们所破解，只不过直到20世纪才被图灵这位英国科学家用来制造机器并且取得了空前的成就，以至于我们现在生活在一个计算机的世界。人工智能正在这个基础上，大踏步向前发展。

有人还在抱着人类思维的神秘性和复杂性不放，还在低估电脑取代人脑的大趋势，这种执着只会让自己被时代淘汰，因为人类思维的方式，不管结果如何伟大，其源点就是个“是非判断”，就是个“良知”而已。

图灵及其后计算机的发展，已经毋庸置疑地证明了这一观点。当我们今天中国人还在怀疑良知学说的时候，图灵、比尔·盖茨、乔布斯等已经建立起了以“是非判断”为基本思维模式的计算机帝国，并且深深地改变了人类。

那么，人是否能完全被机器替代呢？其实，即便哪一天人脑被电脑替代了，人也是没有办法被机器完全替代的，因为人脑可以被机器替代，而人心没法被任何东西替代。人脑被电脑替代是代表人的思维活动可以被机器替代，但人的情感乃至觉性却是机器没法替代的。

按照孔子说的君子有“三德”：知、仁、勇，人在知这个层面，也就是在智慧层面，机器可以替代；但仁和勇的层面，机器没法替代。

“仁”是指什么呢？孔子说：“克己复礼为仁。”“克己”就是“修己”，只有人才能懂得修己，电脑能修己吗？电脑里的东西累积多了，它能自动清空吗？它把基本的程序都清空了，还能进行运算和思考吗？

人心可以，因为人心的程序不仅存在于大脑，还存在于身体，可以说人心是跟我们的五脏六腑都相关的，身心是完全统一的。我们脑袋出了问题，思维出了问题，我们是可以靠身体的能量来修复它的，所有的修行都是借助于人的身体这一来自大自然千万年进化的神奇之物来进行的。

人的身体经过了几十万年的进化，它绝对可以把我们一生几十年当中产生的任何一种错误的知见和负面的情绪洗涤干净。而我们人造出来的任何机器都做不到这一点，因为它没有办法得到这几十万年的进化时间。所以，人是不可替代的，不可替代之处在于人心。

所以，孔子提出“知”这一君子的品性以后，立马提出“仁”来作为“知”的内核。他告诉我们，“知”能让我们充满智慧，这就是孔子说的“知者不惑”的意思。但这还不够，我们还要通过“仁”来修炼自己，来对“知”产生的一些观念的执着进行清零。

孔子说“仁者爱人”，爱别人是你摆脱自我束缚的有效方式。我们很多人有了能力和智慧以后，往往就会唯我独尊，执着于自己的观点和感受，将社会的规则、组织的制度置于一旁而不顾，由此造成自己与周围的对立。这种现象在企业里面司空见惯，越是有能耐的人越是傲慢，越是不合群，越是孤立，越是痛苦，越是悲剧，这几乎成了能人们的命运魔咒。

图灵最终的结局又何尝不是如此呢？尽管2013年他得到了平反，同性恋在英国也不再会受到如此的惩罚，但一个为人类做出如此贡献的科学家，难道只能是这样的结局吗？他的智慧可以说无与伦比，但他的“克己”修身、按规则行事的意识太弱，这不能不说是他悲剧命运的根源。

有人说他如果那么守规矩，就不可能那么有灵气。这句话如果真的成立，那就等于说图灵只能这样死去，显然对图灵下这样的结论是残酷的。所以，我们宁可说，如果一个智者在修身上能下更大的功夫，或许对自己、对社会都是一件莫大的好事。因为还有一些科学家，如爱因斯坦、霍金等也为人类做出了巨大贡献，但结局却好很多。

图灵是个遗憾，这恐怕恰恰证明了孔子提出“知”和“仁”并重的正确性。因为它让智者意识到自己必须完成人心的另一场修炼。因为“知”往往会让我们产生分别，分别带来对立，带来烦恼；而“仁”强调的是“一体”。“知”带来的“分别”必须要靠“一体之仁”来抚平、来融化，因为这个世界从相上来讲是分别的，而从体上来讲是“一体”的。

就像我们人看起来是单个的，但彼此息息相关，相互依赖，跟大自然更是密不可分，这种“一体性”才是我们的人心所在。随时觉知到这种“一体性”，才能让我们的智慧有用武之地。

所以，人既要有“知”，在智慧一端攀登，了知万事万物的差别；更要有“仁”，在“一体”的境界修行，善待一切众生，突破自我的局限。所以，“知”和“仁”缺一不可，“知者不惑”，仁者才能“无忧”，这就是孔子讲的“仁者不忧”的意思。

你跟外界没有对立，你就会获得施展才华的机会和平台，自然也就没了忧虑。但要做到这两点其实并不容易。因为一个强调“分别”，一个强调“不分别”，本质上当然是一致的，但操作起来却是痛苦的。因为人很容易执着，习惯了“分别”，就会抗拒“一体”；执着于“一体”，又会不顾“分别”。这就是所谓很多有“仁心”的人经常碰壁的原因。

两者都要具备，两者都不执着，拿得起放得下，这需要功夫，需要随时从自己的舒适区离开。整天不舒服，这不是一般人做得到的，这样的勇气可不是常人所能具备的。所以，孔子说君子之道者三：“知者不惑，仁者不忧，勇者不惧。”孔子最后把“勇”作为“知”和“仁”实现的保障，意义就在于此。

所以，“知、仁、勇”三德相辅相成、缺一不可。三者同时具备，齐头并进，才能一生平安，完成一个真正的人的一生。这样的人称为君子。

怎样做到知行合一？

扫二维码　听如是道

前两天我们刚刚制订了一个新的营销方案。方案制订完毕以后，我把该项目的负责人叫了过来。我问他：“半年前，我让你做一个营销方案，但你做出来以后我没有批，方案被搁置在那里了；而这一次的营销方案，我们当场就敲定下来实施，你知道这是为什么吗？”

他说：“是因为上一次的方案考虑还不够成熟。”我说：“成熟是一个概念，没有实际意义。上一次的方案之所以没批，是因为我问你怎么去检验某一个动作是否有用，通过什么数据来看到这个动作的效果，你无法回答，只是觉得做了这些动作总归会有用的。因为你看不到动作的效果和动作之间的对应关系，也看不到做这些动作和存在的问题之间的对应关系。这些动作是大脑思维的结果，是否有用很难说。你觉得我们这一次行动方案和上一次有什么不同吗？”

他回答说：“这次的方案是对我们营销的现状进行了一个全方位的排查形成的。比如说：我们的客户是从什么渠道找到我们的？他们平时有什么阅读习惯？他们遇到管理问题一般采取什么方式去解决？会通过什么方式来寻求第三方的帮助？以及我们的竞争对手常规的动作是哪些？在网络传播上有哪些优于我们的地方？我们自身的优势与不足？我们都做了详细的问卷调查和事实收集，最后形成了一份由很多数据和事实构成的《调研报告》。而我们以前的报告主要来源于我们的思考和帮我们做传播的第三方给出来的意见。”

我说：“问题就在这里！第三方给我们拿方案，在投入上当然是多多益善，他们对投入的结果是不会负责的。而你们的思考尽管分析得都很对，甚至很深刻，但动作的针对性、有效性难以评估。而我们这一次根据收集到的每一个数据和事实形成一个个对应的动作，这中间几乎是没有思考的，是直接知道现状就会想到动作的过程。

“比如说调研到的数据显示企业人阅读公众号的文章时间集中在晚10点到11点。那很显然，我们管理文章的发布时间就应该设定在晚10点合适，这样才能高效地帮到企业管理者，否则，就容易被覆盖。

“再如网上一些欧博出去的老师以自己创办的公司作为驻厂咨询的开创者，这些说法误导了一些企业的管理者。我们没法在网上去指责和攻击他们，但他们说的的确不是事实，因为驻厂咨询在国内是欧博真正首创的，他们都是曾经在欧博干过才掌握驻厂咨询方法的。那我们表达欧博和他们的关系，用一句话就可以了：欧博企管——培养本土驻厂咨询公司老板的学校。

“这些动作自然而然就会出来，不需要思考。因为你知道了事实，你就知道怎么行动，这就叫‘知行合一’。所以，什么叫‘知行合一’？‘知行合一’的前提是要让那个‘知’完完全全回到事实和数据上去，而且这个事实必须是细节化的，细节到不能再细化。这时候，动作就能自然产生。因为这时候的‘知’是良知，不是过去知识带来的‘知’，也不是动脑筋想出来的‘知’。而是眼睁睁看着一件事，你自然而然就会产生一个‘是’与‘非’的判断。

“就像你看到晚上10点是大家阅读的黄金时间，你脑袋里想出来的文章推送时间又怎么可能是6点呢？而我们现在的确是6点推送，就是因为我们没有做过这样的问卷调查，我们以为晚上6点和10点没有太大区别，甚至晚上 6 点对于我们还更方便点，但其实晚上 10 点是只要设定而不需要到时候人工来操作的。

“所以，选 6 点和 10 点对我们是没有区别的，但对于我们帮助企业的管理者是有很大区别的。不知道这个精准的时间，你就会想象一个所谓合理而又方便的动作出来，知道了这个精准的时间，你就只能做 10 点推送这个动作。在这里，思考被挤掉了，是非判断决定该做的动作。

“王阳明说：‘良知只是个是非之心。’所以，面对事实和数据做是非判断，就让我们回到了良知上，有效的行为自然就产生了；不按这样的行为来做，反而成了一件莫名其妙的事。这样，知和行自然就统一了，这就叫‘知行合一’。所以，王阳明的知行合一是说回到良知上才能‘知行合一’。

“也就是说，只有回到简单的是非判断上，才有‘知行合一’。只要我们面对的不是简单的是非判断，而是可以有很多思考的余地，那么，这就还没有到良知。因为孟子说：‘不虑而知，谓之良知。’孟子的意思很明确，良知是不用思考的，它只有一个是和非的问题；离开了是非判断就离开了良知，就变得有很多的可能，对这若干的可能进行选择，也就有了风险，行动力自然会下来，因为它不是唯一的选择。

“所以，我们说‘唤醒良知做管理’，不是说一个人要有多高的道德境界，而是要懂得把事实还原成仅做是非判断就可以决定该怎么行动的状态，因为人的内心对很多的事情只要知道了真相，都会做出比较一致的是非判断。但前提是必须做大量的排查工作，而不是大量的思考工作。”

这位项目负责人有点恍然开悟了，说：“我现在明白了欧博为什么这么强调排查！”我说：“对呀！在生产计划当中，我们根据《车间周计划》来反复滚动排查未来一周的生产所需的各种物料。先是账面排查，然后仓库三天的实物备料排查以及车间的领料排查，包括车间与车间、工序与工序的提前对单排查，都是为了提前发现未来生产中可能出现的物料欠缺。

而发现欠物料就去追欠：追上工序、追采购、定时间、定责任。

“这里没有思考的必要，动作都会从事实当中产生。采购如果找借口，我们还有《采购管制表》和《三天采购日计划》的实施动作相配合，这也是采购员必须对供应商进行的排查动作。有问题早反馈，早跟进解决。总之，通过一系列的排查，及时发现一系列的欠数和异常，然后自然形成一系列的针对性动作，这样的生产计划管理就好做多了。

“所以，我们在企业里面都是推必须执行和考核的《冷冻日计划》的。这就是我们生产计划当中的执行和管理模式，这个模式的特点就是靠知，而不是靠想；靠良知，而不是靠思考。”

这位项目负责人说：“教授，我明白了！我以前就是想得太多，‘知’得太少。”我说：“对！你们是把想出来的东西也当成‘知’来对待的。通过想来‘知’是现代年轻人的特点，因为这样比较省事。身体都不要动答案就找到了，又省事，又显出高智商。

“但问题是：这样想出来的‘知’所导致的‘行’成功率会低。首先，这样的‘行’不容易统一。你想到的，别人未必想得到，未必想得通，他就不容易理解和接受，你就要做大量的解释和说服工作，你自己做起来也不一定信心十足，因为，毕竟有风险。而直接看到事实，通过是非判断，谁都知道这件事情就该这么做，意见自然统一，你自己也会义无反顾。

“发现欠数当然就是追欠，还有什么好想的呢？现在的年轻人特别是学历高一点的，喜欢把一堆问题拿到一起来思考，然后找到所谓根本的原因，再针对这个根本的原因形成一个解决问题的指导思想，再由这个指导思想引申出解决问题的大的框架，再不断往下细化出一些涵盖各个方面的动作，由此形成大的解决方案。

“这样的思维方式，在企业实际的解决问题的过程当中是有害的，因为它两头靠的都是思考。‘知’这一头靠的是思考来找到问题的所谓根本的原因；‘行’这一头也是靠大量的思考来把解决问题的思路细化成动作。而在我们欧博的实际运作中，主张把问题还原成一个一个细节上的事实或数据。看到这些事实，外行人都知道该怎么做。然后，再把这样产生的动作归总起来，形成方案。”

他说：“我印象当中，我们的品质改善就是这样来做的。”我说：“我们在做门窗行业外观不良（碰伤、剐花、变形等）品质改善时，没有做太多的思考性的分析，而是现场观察，并召集车间班组长和工人讨论总结出了外观不良的 12 个原因：

（1）配料周转车放置型材过多、随意导致重压变形；

（2）搬运过程中型材碰伤、剐花、碰撞变形；

（3）拆包装刮伤型材；

（4）锯料台铝屑残留与型材摩擦剐花型材表面；

（5）压孔模有铝屑残留，型材套入、拉出时表面被摩擦剐花；

（6）拿取锯好的型材时比较随意，一次性拿的量多，容易掉落变形；

（7）压孔时将型材放在地面或搭在压孔机架上剐花碰伤表面；

（8）组装好的门框或待组装的型材直接放置于地面剐花碰伤表面；

（9）货架（周转车）防护包裹层损坏剐花碰伤型材；

（10）门框从中间拖拉出来剐花碰伤型材表面；

（11）组装班安装台面铝屑、配件未清理导致剐花不良；

（12）调试、打包人员从料架取外框时拉出或翻转导致划伤碰伤。

“看到这些原因，一个外行都知道该怎么做。如周转时放置过多，外行都知道少放一点；通过实际测试，你就能找到不会导致重压变形的放置数量；铝屑残留在工作台面，导致摩擦剐花，外行都知道及时清理表面即可。总之，上述 12 个问题的解决方案，没有一个是需要思考的，有的可以直接回答，有的需要实际测试，这就是‘知行合一’。

“因为知道了问题，也就知道了答案。找到这 12 个问题点也不是思考出来的，而是排查出来的。排查是‘知’而不是想，‘知’到了一定程度，答案自然会呈现，真不需要想。而且这样的答案，你自己都相信它的有效性。所以，老天给我们的这颗心是个无价之宝，因为它只要‘真知’了，办法就会从心里冒出来，既简单，又有效。而你要靠想来解决问题，既复杂，又低效。

“所以年轻人要改掉凡事靠想的毛病，去排查、去检查、去行动，让事实的细节一个一个在你的内心呈现出来，你的内心自然会做出‘是’与‘非’的判断，而且这个判断基本上与大家的判断是吻合的，这样你的行动就能真正改变现状，这就是‘唤醒良知做管理’的意思。”

他说：“我觉得我们的稽核就是这样做的。”我说：“是啊！很多企业都抱怨员工执行力低下，也想了很多办法，但效果都不大，就是因为他们在‘知’上下的功夫不够。在‘知’上下功夫，要下到简单的‘是非判断’。而不是谈一大堆有关执行力的知识理论，这些都不是‘是非判断’。

“何为‘是非判断’呢？那就是检查！检查员工究竟执行了没有，执行了就是‘是’，没执行的就是‘非’。有了这样的是非判断做基础，执行力就能提高。因为没执行的就公开批评，象征性地惩罚，他还好意思天天不执行吗？执行了的公开表扬，给予鼓励。最后，把执行的整体检查情况汇总成执行率的数据，检查 10 项，7 项执行，3 项不执行，执行率就是 70%。然后按部门、按班组进行考核，高层每次都能关注检查的结果和数据，企业的执行率能不提升吗？

“这是我们做了几百家企业的经验。这里没有理论上的思考，只有面对执行和不执行时的是非判断，以及基于它的统计数据。让事情还原成良知能做是非判断的状态，事情就会改变，这是一个规律。

“其实，日本企业家稻盛和夫提出来的阿米巴经营模式之所以有用，就是因为他通过以天为单位地统计每一个阿米巴小组每天的工作成本和工作业绩，来让大家去对每一个人的工作业绩做出是非判断。因为它每天的成本统计这一块分得非常的细，如水费、电费等。在这么细的层面上，人们可以做出费用是高了还是低了的判断的。因为也有经验数据可以作比较，这样改善动作就会直截了当地产生。

“怎么节约水？怎么节约电？明天节约多少？显然比‘怎么降低成本’这个问题的答案容易想出来。他接手日航的时候，就靠把核算单位改到了每个飞机的每一架次而带来了明显的改善。他去日航之前，日航也是以月为单位的整体核算，但现在按架次核算，飞机起飞到降落，马上就算出成本来，改善就有针对性得多。

“例如，某次航班只有两个乘客，你也飞了一趟。那显然必亏无疑，那你的解决方案就不是如何降低成本提高效益的问题，而是怎么把这两个人并到别的航班上去的问题，以及相应的补偿问题。因为面对这么具体的事实，思考是多余的，为降低成本谁都会做出这样的决定，哪怕给旅客以补偿，这就叫良知。所谓良知，就是大家都能接受或理解的事情。现在中国的很多航空公司都在参考这套做法。

“我们欧博在企业员工的激励问题上，特别强调‘日考核’和‘日PK’也是这个原因。因为它能够让我们快速发现员工在业绩上产生的问题，快速调整动作和状态。这就是我们欧博把我们的管理思想称为‘唤醒良知做管理’，把我们的管理系统称为‘知行合一系统’的原因，明白了吗？”我微笑着看着他。

“谢谢教授！”这位年轻人第一次系统地认知了欧博。

“这也就是王阳明把他的学说用‘致良知’来概括的原因。”说完这句话我才真正舒了口气。因为欧博的存在具有一定的现实意义，但中国传统文化中的“良知”思想，才具有永恒的历史意义。我们欧博只不过在当下的机缘下，在企业的管理当中体证了良知思想的伟大和正确而已。我们要做的是让中国的传统文化一直传承发扬下去，这是我们的使命。

痛点就是觉点

扫二维码　听如是道

痛苦是人人在生活当中都想避开的事情，但痛苦的意义和价值，却真的被很多人低估了。

我们欧博的咨询老师在项目上的敬业精神是有口皆碑的，欧博老师进欧博以后的成长之快也是众所周知的，可以说从欧博率先在国内开创驻厂咨询的模式以来，欧博公司应该已经为社会培养了上百家驻厂咨询机构。这些驻厂咨询机构的创业者，都有在欧博从业的经历。

有的年轻人大学毕业进入欧博，不到3年即被客户企业以三四十万元的年薪挖走。欧博老师为何在短期内能取得如此快速的成长呢？其实，所谓的成长，既体现在他们的敬业精神上，更体现在他们能为企业创造的价值上。而这一切的背后，是他们不知疲倦的行动力。这与他们进欧博之前在别的企业打工时的状态有天壤之别。

他们未进欧博之前，在别的企业干时，也和很多中小企业管理者一样，面对问题谈得多、做得少。他们所谈的问题也长期得不到真正的改变，这是不少企业管理者的通病。那为什么他们来欧博以后改变了这些毛病呢？

因为，现在他们常驻企业，如果不能真正帮企业解决问题、提升业绩，别人对他们的态度就会从期盼、尊重、听从向怀疑、失望、冷淡甚至鄙视转化，企业老板就会向欧博公司的老总投诉，甚至提出换人；企业的人也会让驻厂的老师处在不受欢迎的尴尬处境当中。这样的结局是任何一个人都不愿看到和接受的。所以，他就必须做出成绩来，必须真正帮企业解决问题。否则，他待在企业就会感觉到度日如年，或者形单影只。

也就是说，欧博驻厂咨询师时刻处在不解决问题、不提升业绩，就会给自己带来痛苦的风险之中，这与他们原本在企业打工的状态是不一样的。因为那时他们与企业的人是一伙的，是同样身份的管理者；但现在，他跟客户企业的管理者在身份上是有区别的，他是老师，是改革者，他必须带领大家去改变，并且还必须以身作则。不能让企业发生改变，他就是失职，就与他的身份不符。

而原来在企业做管理时，他与大家的身份一样，企业没有改变大家同等责任，彼此互不追究，日子也得过且过了；而现在，他处在改革的引领者的位置，处在风口浪尖上，自然众目睽睽，时刻要对企业的老板和管理者做交代，压力和责任也自然大很多。这份时时刻刻悬在心头的压力和责任，促使他必须想尽一切办法去行动，因为只有行动才会带来改变，才能解决问题。这时候，他们往往觉得时间过得太快，因为企业方就是根据已经过去了的时间的长短，来向欧博老师要结果的。

这就是欧博老师行动力特别强的原因。可以说，这不取决于人的道德水平和境界高低，也不取决于知识和能力的大小，而是取决于他对后果和危险的觉知。他时时刻刻都清楚，过了一天又过了一天，而那些问题还没有解决，业绩还在徘徊，企业方的人可能要抱怨、要指责、要没有耐心了。就仿佛有一颗炸弹，随时会爆炸一样。这样的战战兢兢、如履薄冰的感觉，让他绝不敢怠慢和拖延。

因为拖延和怠慢就意味着危险一步一步地逼近。他必须行动！必须全神贯注！就像一个人站在悬崖边，要么就得打起精神，以免掉下去，这是在他没法离开的情况下的对策；要么就赶紧离开，赶快离开！不论是快速地离开，还是保持全神贯注，以免掉下，他都处在一种高度警觉的状态，并且在这种警觉状态下采取有效的行动：快速离开或小心翼翼。

所以，人在危险的状态下，警觉性总是非常强的，而强烈的警觉总是会导致有效的行动。相反，过于舒适的状态只会让人的警觉性降低，行动力下降，这恐怕也是古语所说“生于忧患，死于安乐”的意思。

其实，这个道理谁都知道，但就是有很多人排斥危险和痛苦，因为常人的注意力总会被自己的感受所牵引，而看不到危险、痛苦状态下，人的觉性也就是警觉会远远超过舒适状态给我们带来的益处。

而觉性是人最有价值的核心能量，它能让我们对一切做出恰当的反应，甚至能让我们焕发出平常难以见到的能量，解决常态下解决不了的难题。就像一个人被一条疯狗追着，能跑出自己最快的速度。而且，此时我们不会斟酌思考，而是会夺路狂奔。所以，危险是个负面的词，但却能正面地激励我们，因为它能让我们的心一直活在当下，处在警觉的状态，充满了觉性。

危险能让我们去解决问题，能让我们行动或全神贯注。生活中的例子也很多，如当我们四平八稳地坐在凳子上的时候，我们的大脑可能天马行空、想入非非，注意力经常会不在当下，人的警觉性自然很差。但如果他所坐的凳子缺了一条凳腿或两条凳腿，他就得使劲地用力，用自己的双腿撑住地面才能坐稳。这个时候，他的注意力多半都会放在当下的事情上，也就是怎样稳稳当当地坐着。他的警觉性就一定会起来，思绪乱飞的时候就会少得多。

所以，适度的危险对人是有利的，甚至是必需的。而绝对的安全会让我们舒适，但也会让我们因为觉性的降低而无所作为，最后难以成事。

危险是如此，痛苦也一样，如果我们所坐的凳子稳稳当当，但凳子上有一颗尖锐的小石子，那我们坐上去以后，我们的注意力也会回到当下：要么想法清除这个石子，无法清除也总会关注着这件事。而如果没有这个小石子，我们的注意力就会跑开，这时你要是问这个坐在凳子上的人："你知道你在坐着吗？"他肯定会回答："我当然知道！"但他真的"知道"吗？其实他没有真的"知道"，因为他的心已经跑开了，注意力已经在别的事情上去了，这不是真的"知道"。

"真的知道"是坐在有小石子的凳子上，或者坐在缺了两条腿的凳子上，这样的知道才是真的"知道"。因为此时他的心、他的注意力，都不会离开当下的状态。小石子不清除他就硌得难受，他的注意力怎么会离开呢？缺了两条凳腿坐着，他一走神就可能摔倒，他的注意力又怎么敢离开呢？这才叫真的"知道"。真的"知道"注意力是在当下的，人是处在警觉状态的，它会使我们全神贯注地保持应对或者立马行动。

所以，"真实的知道"能让人知道以后立马就行。不管这种行是改变的行动，还是全神贯注地保持专注。总之，人的能量状态，或者说能级是很高的，这就是我们在"真实的知道"情况下，能做出好的成绩的原因。我们把"真实的知道"也叫"觉性的知道"，简称觉知。因为此时人是处在高度警觉状态的，觉性很强，所以称为"觉性的知"，叫"觉知"。

而我们安安稳稳地坐在凳子上，没有危险，没有痛苦，我们的心就会离开当下，思绪乱飞，注意力就会转移到别的事情上去。尽管此时我们也当然知道自己坐在凳子上，但这种知道与"觉性的知道"是根本不同的，因为注意力不在当下，人没有警觉性，人是没有行动力的，很容易懒散和妄想。

既不会全神贯注在当下，又不会立马去行动，对当下做出改变，这样的"知道"是无觉性的"知道"。常人的知大都属于这样的"知"。你说不知，他又知；你说真知，他又不行动，并且精神又不专注在所知的事上。这样的"知"既消耗我们的能量，又让我们难以成事。

所以，一定要培养"觉性的知"。觉性的知就像一个人对饥饿的"知"或寒冷的"知"一样，你知道自己肚子饿或者身体冷，你会立马去找吃的或穿的，因为饿或者冷会让你的注意力放在它身上，并且想办法解决它。很少有人能够又冷又饿地全神贯注地做别的事，有也是例外，而非常态。

所以，觉性的知能给我们带来行动力，从而改变事情。因为觉性的知能让我们全神贯注，注意力不分散，能量很强，等级很高，自然行动力就强。所以，觉性的知就一定会知行合一。可见，觉性的知就是良知。“觉知”是佛门的说法，“良知”是儒家的说法，异曲同工，都是知行合一的“知”。

欧博培养咨询老师“觉性的知”靠的是三点，一是“未知”。

老师去到每一个项目上，企业的状况、老板的性格、员工的特点，对老师来讲都是未知数。我们老师面对这么多的未知数，必然会保持高度警觉，注意力高度集中去调研、去适应、去打开局面、去调动大家。这一系列的“未知”，必然让老师们处在极强的“觉性的知”的状况下，他们的能级必然是高的。充满能量的状态，让他们具备了超常的敬业精神和行动力，这是项目效果的基本保证。

所以，多跟“未知”打交道，喜欢“未知”是我们增强觉性、提高能量很好的手段。“未知”让人恐惧、担忧，但“未知”也让人充满能量和兴奋。

欧博培养咨询老师“觉性的知”，二是“难受”。

其实老师们做好任何一个项目都是不容易的，因为要快速地出成绩，快速地行动，就必然要对企业方的人有严格的要求和检查，这跟大家的习性是不可能完全吻合的。新的做法、严格的检查，与其执行者之间习性的矛盾，一定会带来痛苦和难受。这不是纯粹在企业做几场培训和给一套方案的老师所能同日而语的！因为做培训和给方案不严格抓执行，就不会触碰到人的习性；知识性的交流和学习，绕开了检查和执行的冲突，“难受”程度也就大大降低。

但正因为难受程度和痛苦大大地降低了，人的“觉性的知”也就大大地降低了，大家就处在一种比较舒服但能级不强的状态，行动自然就少而慢了，业绩又怎么可能真正地改变呢？

欧博的变革是痛苦的、难受的。但是在这种痛苦和难受当中，大家的心和注意力就都集中在了这些事情上，觉性大大增强，容易发现问题，也容易集中精力快速行动解决问题，业绩当然会改变。

欧博培养咨询老师“觉性的知”，三是“风险”。

这种风险，既包括前面讲到的承担后果，也包括平时的一举一动。因为老师们常驻企业，一天 24 小时都受到企业人的关注，言行举止随时会被挑剔。稍有不慎人家就会说“你不像个老师”“你没有以身作则”，处处受到别人的挑剔和审视，就会让一个人处在警觉状态，能量就会提升，精神就不敢散漫，从而就会让一个人处在兴奋的状态下，行动力也就大大增强。

当然，有的人也会相反，面对“未知”“难受”“风险”，变得懦弱、恐惧。我们要做的是通过管理杜绝这种现象，而让“未知”“难受”“风险”等因素的影响，向着正面的、积极的方向发展，让老师们始终处在“觉性的知”当中，精神抖擞地完成对企业变革的重任。

诺贝尔奖与中国人

扫二维码　听如是道

近期在网上看到一则新闻，说有多少中国人的女婿得到诺贝尔奖。这些得奖者，尽管并不是中国人，但他们的夫人是中国人，所以，他们是中国人的女婿。这样的消息听起来也是很让人开心的，这说明中国的女人挺能成就男人的，哪怕在诺贝尔奖这么高端的领域，中国的女人们仿佛都比男人们更给力。但这不是重点，重点是若干年以来，中国人为何在诺贝尔奖的得奖名单上寥寥无几？是中国人的智慧不够吗？

中国学生在国外留学，理工科成绩一般都不差的；我们的数学运算能力往往让外国学生刮目相看；中国国内的教育，要论学生的学习成绩的话，在世界的排名绝不落后；北大、清华都经常能进入世界大学排行榜前30名的行列，这说明中国的教育并不差。为什么就是没有几个人能拿到诺贝尔奖呢？

我们以前总说，诺贝尔评奖委员会对中国人有一些歧视，恐怕这也是一个原因。但如果我们满足于这样的看法，我们就找不到自身的问题，而会长期滞后于别人。

也有的人说，我们的实验设备和条件不如别人，但这些都是跟钱相关的问题，以中国目前的经济实力解决这样的问题应该不会很难，有差距也不至于不可企及，这样的理由恐怕也难以成立。何况有些奖项也不需要资金、设备等条件做基础。那么问题究竟出在哪里呢?

其实，看一看中国那些留学生中大学成绩优异者，包括国内的很多大学成绩优异者往往存在一种现象，他们的学习成绩与他们毕业后的创造力很不相应。很多人读书成绩可能远远超过他们的欧美同学，但毕业以后他们的研究成果特别是开创性的研究成果，往往远不及那些读书时成绩在他们之后的那些外国同学，这种现象早已经引起了教育界有识之士的注意。

通俗地说，中国学生考试厉害，但创新能力并没有明显优势。中国学生创新能力落后的根源又是什么呢?

我们再看一看，以我国目前的经济实力而言，我们在很多产品的核心技术上还要受制于人，这恐怕也是我们企业创新力不高的证明。是不应该的，是与经济实力不吻合的。这其中的原因又是什么呢?

说到底，我们认为是思维的方式。有的人可能会说，中国学生的抽象思维能力、逻辑思维能力、数学运算能力不是相比于欧美同学而言，处在优势的位置上吗?要不然怎么可能在考试成绩上常常领先于他们?这就是问题的要害所在了。

我们对人的思维活动产生了误解。其实，抽象思维能力、逻辑思维能力、数学运算能力，都不是思维的本质能力，从而也就不能决定一个人创造性思维能力的高低。

在有些电视台的带娱乐性质的智力竞赛节目中，有些中国小孩具有超强的记忆力和运算能力甚至语言能力，都能让专家们十分赞叹，让观众们大开眼界，会让国人们觉得祖国处处有神童。

就像我们那时读大学，有一个科大少年班专门招“神童”一样，我们对这些“神童”都是佩服得五体投地，尽管我也是16岁上的大学。但若干年以后，这些当年的神童们，为中国的科技创新做出了巨大贡献的，好像少有耳闻。听到的倒是某某神童后来出家了；某某神童得自闭症了，生活不能自理了；某某神童去外国留学，与导师发生激烈冲突，而不得不回国休养了。当然，成才的还是大多数，但不是我们期望的神童的结局，这恐怕也是少年班后来停办的原因。

因为我们只是从考试成绩上来决定一个人是“神”还是“不神”。年龄很小，数学、物理成绩就远远超过同龄人，甚至达到大学水平，我们就认为这样的人“神”了，就被我们称为“神童”。哪怕这个神童，连许多基本的生活自理能力都没有，我们就对他们寄予了拿诺贝尔奖的厚望，因为他们的脑袋瓜子异乎寻常，远远优于常人，但我们听到的这样的神童，最后的结局往往令人感到悲哀。

反过来，我们可以去了解一下英国的剑桥大学、牛津大学招收学生的方式和标准。他们当然也看中读书成绩，但这不是对他们唯一重要的事情，甚至也不是最为重要的事情。因为他们的学生来自世界各地，挑选一些成绩好的学生，对他们来讲轻而易举。

他们更关注学生的个人兴趣和爱好，例如，你的音乐才华怎么样？能熟练地演奏哪些乐器？你的歌剧话剧的表演能力怎么样？你的体育爱好和成绩怎么样？很多人都是在学习成绩与大家差不多的情况下，凭着这些广泛的兴趣爱好而被这些名校所录取的。

所以，住在剑桥、牛津的那些孩子的家长们，为了让自己的孩子未来考上剑桥大学、牛津大学，就绝不会只是天天抓孩子们的学习成绩，而是一定要让自己的孩子从小学开始就要学美术、音乐、话剧等。他们跟中国家长不同，他们让孩子学画画，不是为了让孩子以后学习成绩差一点，也可以凭美术的专业能力而考上美术专科院校，也不打算让孩子们以后就成为钢琴家或者小提琴手，他们是为了让孩子全面发展。因为这是剑桥大学、牛津大学录取学生的一个考量。

这恐怕也就是剑桥、牛津能出那么多诺贝尔奖得主的原因。因为这些学生绝不是死读书读死书的人，他们的兴趣爱好相对广泛，他们的理性思考能力在同龄人中是佼佼者，他们的音乐、绘画、运动等方面的技能，确保了他们敏锐的感知，而这是觉性的基础。

理性的思维活动，没有觉性做基础，就不可能有创造性。这就是很多中国学生成绩很好、创造力不高的根源。

理性思维能力很强，而觉性很差，这样的人只是一个工具，也就是孔子讲的“器”。所以，孔子说“君子不器”，他反对人成为工具，哪怕是一个理性思维能力很强的工具，都只是工具，都不可能给人类带来创造性的成果，因为他没有创新能力。

工具，社会也是需要的，并且大量地需要；但创新却是社会一定要有的，否则就会落后，就会被动。

没有觉性的理性思维活动为何只是工具，而不能创新呢？这是因为这只是一个逻辑的链条，答案都已经在前提之中了，我们只是把它推演出来而已。而创新是创造没有的东西，答案并不存在于任何地方，也没有一个思维的链条可以把它推演出来。

我们觉知一下人的思维活动，你可以发现，人在思维的时候，可以处在两种不同的状态中。

第一种状态是你完全沉浸在思维的过程当中。你的注意力是完完全全被思维的内容所吸引、所占据的。这就像我们看一部小说，完全被小说中的情节、人物、故事所打动，完全沉浸其中，和故事中的人物们一起喜怒哀乐，为他们的命运担惊受怕，这是一般读者的心态，称作“阅读式思维”。

但如果作为小说的编辑，恐怕就会不一样。一方面，他也要被小说的内容所打动；另一方面，他可能同时还要审视这部小说政策上允不允许，语言上是否精练等，这是一个编辑必须考虑的因素。所以，他是边读边审的，他的注意力既放在所读的内容上，从而与普通读者一样为故事中的人物的命运或悲或喜；另外，他们的注意力要放在这些内容的审查上，政策性的审查和文学性的审查以及文字上的审查，这就是我讲的第二种思维方式："审读式思维"。

一方面进行思考，另一方面内心又有一种审视的目光，时刻在对自己的思维活动本身进行着是非判断，而后者往往更为重要。这种审视的目光就是人的觉性，它让我们不至于迷失方向。因为一个编辑是绝不可以像普通读者一样地来对待一部作品的。不管这部作品在故事情节、人物命运上怎样打动他，他都必须考虑审查能否过关，这是他的责任。这使他的境界高出作者和读者，因为他处的角度是审视者的角度。

如果一个人的思维活动中始终有一个审视者的角色存在，也就是有了一份觉性的存在、良知的存在，情绪起来时，他就能判断自己情绪的后果，从而不去推波助澜。念头起来时，他也能判断出念头的对错，从而不去盲目地执着，把一个念头演变成一连串的念头，最后绑住自己。

生活当中有些人就是这样，内心起了一个情绪，就一定会顺着这个情绪往前走，满足它或者宣泄它，直至产生自己不能承担的后果。很多因为争吵而伤害别人，最后受到惩罚的人，你说他不知道最后的结果是会受到这样的惩罚的吗？那是不可能的。

杀人偿命，伤人犯法，这谁不知道？但他情绪激动的时候他就不知道了，因为他的注意力完全掉在情绪里头了。而假如此时，他的注意力还能够退出情绪，放到这种情绪导致的最终结果上去，也就是自己会受惩罚的结果上去，并且让结果清晰地被觉知到，我想，他立马会做一个是非判断，就是千万不要这样发展下去，因为最终自己也会送命或坐牢。人都是怕死的，怕失去自由的。说不怕，是没有真正看到死。

如果人的良知能够在人的情绪极端高涨的情况下，还能把最终的结果、最坏的结果觉知到，并且呈现在心中，他还敢任凭情绪往前走吗？

有些人说这怎么可能做得到呢？当然做得到。就像读者会被作品的内容打动而投入情绪，但编辑却不会只是产生情绪，他同时一定会自始至终地审视这个作品。他的这种审视的目光一直都在。

每个人都可以做自己人生的编辑，而不要仅仅成为一个普通的读者，失去那种审视的目光。因为人的觉性和良知是上天赋予的，时时刻刻都在那里，这就是我们能时时刻刻审视自己的原因。

但为什么常人又不是这样呢？因为你把注意力全部放在了小说的故事情节和人物命运上。就像一个学文学的人，他如果完全把自己定位成一个读者，他当然会习惯于把注意力完全用来体验文学作品中的故事情节和人物命运；而如果他恰好做了编辑工作，他自然会投入很多的注意力，用来审视这个作品的每一个细节，因为他知道这是自己的责任。

所以当你认为自己有责任去随时审视自己的言行举止时，你的注意力就会在很多时候用来审视自己，而不是仅仅给自己的言行本身提供能量。曾子说“吾日三省吾身”，说“君子慎其独也”，孔子说“谨言慎行”就是指这样的人。所以，所谓的人生编辑就是个修行人而已。

我们这里讲了形象思维的例子，讲了对情绪的审视，这跟我们前面讲的学生的创造力有什么关系呢？其实，我们说中国学生的成绩好，但创造力差，说到底也是审视能力差的原因。

在科学研究的理性思维中，何谓审视能力呢？其实，就是回到原点看问题的能力。

爱因斯坦提出相对论是因为他审视了人类的两个最基本概念：时间和空间。审视的结果，他发现在不同的参照系中时间、空间是个什么关系，竟然是没有被定义过的一件事，而被我们理所当然地认为相同。

简单来说，一个人站在地上不动，他看到一辆运动的火车车厢里，一个物体从行李架上掉到车厢地板的时间，和一个坐在车厢里的乘客看这个物体掉到地板的时间一定相同吗？我们常人认为当然是相同的，因为是同一个物体从空中落下，你站在地上看这件事的时间和坐在运动的火车里看这件事的时间应该是相同的。

但爱因斯坦却认为，为何就应该相同呢？没有人能给出答案，大家只能说人们都是这样认为的呀！从很远的过去到现在也一直都是这样认为的呀！但爱因斯坦说要证明他们时间相同，就必须让站在地上不动的人拿一个时钟，然后让火车上的人也拿一个时钟进行测量，测得相同就相同，测得不同就不同。但在爱因斯坦设计的一个理想实验当中，竟然得出了不同的结论。他由此提出了惊天动地的相对论，改变了人类对宇宙的看法。

我们发现了吗？敢于审视我们习以为常的很多东西，包括观念、法则、常识，才能真正地创新。

所以，在思维活动中，保持对思维活动本身的审视，才是创造性的思维活动。否则，你只是把别人的思想拿来解释，拿来推演，以不同的表达方式来呈现同一个思想而已。这就是没有觉性的思维活动。

而有觉性的思维活动，时时刻刻在审视这种思维活动，时刻在做是非判断。它会不断地斩断思维活动的链条，让每一个思维的碎片被质疑。就像一个文学编辑，绝不会因为一部小说故事情节如何感人，而放弃对错别字和标点符号的修改，甚至是对语句的修改。因为他既在阅读又在审视，准确地讲，他在“审读”。

培养这种审视的习惯，才能培养人的创造力。但我们在学校读书时，不可能时时刻刻去审视教科书上的内容正确与否，这样的书是没法读下去的，老师也会拿你头疼，家长甚至对这样的孩子引发的经常性的老师投诉无所适从。

既要认真读书，好好学习，又要保持人的觉性，怎么办呢？让人多去从事音乐的、绘画的、运动的活动，因为在这些活动中，人的觉性一定会得到很好的开发。开发人的觉性，主要通过身体、情感相关的活动来进行。

人的觉性开发得好，人审视事物的能力就会强。这样的人长大以后就不容易被理性思维形成的链条所绑住，这就是世界一流大学为何注重人广泛的兴趣的原因。因为兴趣广泛的人、身体敏捷的人、感官敏锐的人，觉性不会很差。

觉性跟身体的关系远远强过跟大脑的关系。身心是一体的，身体敏锐的人心才会敏锐，觉性才强，创造力才强。当然，提高觉性，修行才是最根本的途径，因为它是直接在心上用力培养觉性。

中国的一些大学教授们，没有真正的引领世界科技潮流的成果，恐怕与当下社会经济潮流带来的人心不安有关。那些安于科研，不计个人名利的人，都为这个国家做出了巨大贡献，这是有目共睹的。而还有更多的专家学者们没有做出多少真正的成果，恐怕究其根本是因为贪欲和妄念。有了贪欲和妄念，觉性会荡然无存，你又怎么可能时时审视自己的内心和思维活动呢？

所以保持内心清净，多为国家、为社会着想，摆脱个人局限，觉性才会起来，创造力才能迸发，这无异于修行。

救救孩子

扫二维码　听如是道

前两天收到一条微信，这个微信是一位孩子的家长发给我的，这个小孩只有 11 岁，但却参加了一次我的讲座，当时就是她的家长带她来的。我讲座的题目是《良知的力量》。课程内容主要是对人心进行了 3 个层面的剖析：意识、潜意识、良知，用了一些现代心理学的游戏，也用了一些孔孟的思想来进行解读。这样的课程当然是面对成年人的，但也有几个小孩被家长带到了现场一起听课。令我感到惊奇的是有两个小孩在课堂上非常的活跃，其中一位就是我前面讲的这位小孩。

更让我惊奇的是，两个孩子在 100 多人的成年人的课堂上与我的互动，竟然取得了意想不到的效果。我提的有些问题，大人们还没有回答，他们就抢答了。刚开始主办方还真有些尴尬，希望大人管住小孩，别乱说话，但我觉得如果强行压着小孩不说话，一来家长就可能只有把小孩带走，因为小孩很难管住自己；二来显得我们没有驾驭课堂的能力。所以，我示意不要压制小孩说话。

我发现起初小孩的回答是幼稚的，让人捧腹大笑，但我稍加引导，我就觉得他们的回答其实是正确答案。因为他们有一些国学的基础，参加过一些少年儿童的国学班，所以，我发现他们稚嫩的回答后面，其实并不离谱，有时反而直截了当。于是，我便当场予以肯定。在我的肯定下，其他的大人们也觉得挺有意思，两个小时的讲座就在我跟这两个孩子为主的互动中进行到结束。

我是很兴奋的，因为我从来没有面对十来岁的小孩讲人生大道理，没想到我竟然能够把原来准备的内容完全讲完，气氛还很活跃。我不断提问，总是被这两个孩子轮番抢答，我稍加引导，他们的回答就变成了课堂的一部分，最终在一种轻松愉快的氛围中完成了讲座。而且，其他的成年人看到我并不是排斥和压制小孩讲话，而是鼓励、引导他们的回答，把本有可能混乱的场面引向了活跃、预定的结果，他们也是内心欢喜的，这样的效果真比我想象的还好。

作为一个讲管理课程的老师我真是开了眼界，因为我看到了小孩身上天性的力量。他们并没有什么知识和经验，他们对我所提问题的回答，都只能是凭天性在回答。他们在国学少年班上所接受的知识教育，顶多能让他们听懂我在讲什么以及问什么。

他们绝没有思维能力来思考我的问题。因为大人们的思考都滞后于他们，应该说，他们的快速回答证明他们根本就没有思考，就像是凭直觉在回答一样。没有思考的回答，却又并不离谱，说明小孩子的天性中有对很多事情进行简单的是非判断的能力，这其实就是良知。因为王阳明说过："良知只是个是非之心。"孩子们做出这种简单的是非判断，其能力是与生俱来的。

因为他们并没有太多的知识基础，都是普普通通的 10 岁左右的小学生，也没有经过什么特殊的训练，他们回答问题也几乎是抢答，因为两个小孩子之间有点 PK 的意思，回答之快是无法思考的，这真的只能是"不虑而知"(《孟子》)。

那天晚上的讲座，我讲"良知"，也现场看到了孩子们身上的良知，我又通过自身的包容和引导，引发了自己的良知，真是一场现场版的良知课。很长时间以后，我都难以忘怀。我记得走的时候与这两位孩子特意合影，并且提醒他们的家长说："这两个孩子的天性很好，要好好爱护和培养，有什么需要联系我。"因为我知道这样的孩子在生活中会比较另类，可能会成为学校老师和家长的一个问题。

就像我如果在他们最开始回答问题时不能采取包容、引导的态度，主办方和其他成年人很有可能劝家长把孩子带走，甚至要让孩子别再说话。这恐怕是一般老师的做法，而孩子如果还要凭着天性自由回答，这一定会成为老师和家长的一个问题，因为他们看不到孩子天性中难能可贵的一面。

我的担心还真的成了现实。几天前，我就收到了其中一位孩子家长的微信，她求助于我，说她的孩子一直以来就上课喜欢讲小话、做小动作，影响老师上课，以及做事不专注、爱撒谎、和班里坏学生一起玩。她说自己平时对孩子的教育是严格的，劝也劝过，打也打过，动之以情、晓之以理地教育过，说的时候孩子心里明白，但还是控制不了自己的行为，依然按照自己的思维方式去做那些不好的事情。国庆结束开学后的第一天家长又收到老师的投诉，气得又打了孩子。也知道打了没用，打了不好，但真没办法、很苦恼，问我怎么办。

我回答说："你的小孩很聪明，觉性强，总想探究新鲜事物，做些有挑战性的事，这就是她的行为总有些出格的原因。你可以想办法让她多参加一些音乐、绘画、运动等课外活动或社会活动满足她的灵性需求。她的能量正常表达出去了，就会安静很多。灵性强的孩子一般是不太守规矩的，我们只能接受，不要抱怨，也不要拿别人的标准来衡量。多些包容，守住底线。爱孩子，不要因为任何人和任何事而放弃这份爱。"

家长的回答是："从小学一年级到现在一直学古筝，但她一直不专心学习；也有学习绘画，状态也一直不专注。"

我回答说："那就问孩子喜欢什么，只要是正当的，就去满足她。我想她最需要的是无条件地爱她，那你就无条件地爱她，接受她，包括她的缺点；如果你担心以后怎么办，我认为她知道你喜欢她了，她也会替自己着想的，这是人的天性。”

家长回答：“明白了，我知道怎样去做了。感谢曾老师！也替孩子感谢您！”

我现在不敢肯定这个小孩就此发生改变，也不敢肯定孩子的家长就此改变教育方式，我想说的重点是这样的孩子真没有几个人懂她。推而广之，甚至很多孩子都没有几个大人懂他们。很多孩子的天性正在受到学校和家长的围剿，正在成为识字的工具、记忆的工具、知识的工具、思维的工具。这一切都正在被学校的考试和成绩分数引导着、实现着，但人的天性中最重要的一些东西却在丧失。

所以，认知到孩子们身上最宝贵的东西是什么非常重要；认知到人身上最宝贵的东西是什么更加重要。

孔子在论语中喊“君子不器”喊了两千多年，现在要被我们彻底忘却了。我们以为说“君子不器”是要成为“假、大、空”的人，但其实，孔子说的君子是有三要素的：一是知，二是仁，三是勇。

“知”指的是良知，指的是人与生俱来的判断是非的能力和天性。那个小孩在我的思想性很强的课堂上能多次有效互动，让我看到了人的天性中就有对很多是非判断的能力。

小孩的思维能力不如大人，但对是非的判断能力却绝不在大人之下。比如说两口子吵架，大人们可能会说“清官难断家务事”“公说公有理，婆说婆有理”等左右都对的话，但小孩却只会吓得哇哇大哭。显然不管谁对谁错，不管为何吵架，小孩都反对吵架。小孩认为吵架就是错，就是“非”；不吵架才是对，才是“是”。而大人认为事情没那么简单，要“具体情况具体分析”。小孩子做“是”与“非”的简单判断，而大人却会分析和思考。

那么，究竟谁对谁错？毫无疑问小孩是对的。因为家长不争吵，小孩才是快乐的，成长才是健康的。而两个总是争对争错的家长，他们的孩子是不可能快乐的，因为他整天担惊受怕。耽误了孩子的成长，家长再对都是错。

所以，请用孩子们天性当中简单的是非判断来判断一些事情吧！因为小孩的天性更接近于生命的本能。

这就讲到了孔子说的君子的“仁”这个点上了，孩子的仁心是绝对强过大人的。他们会认为动物也会说话，也有情感，跟自己一样，所以，很多小孩在成长过程中，都有很多动物玩具陪伴自己长大；他们喜欢看动画片，在他们眼中，那些说话的动物是真实的，他们内心真的随着这些动物的命运而喜怒哀乐。不仅他们眼中的动物跟人一样，植物以及没有生命的物体都跟自己相同。这种万物一体的心就是仁心。

其实他们能做出很多基本的是非判断，恰恰就是因为他们的这种同情心、同理心，这种一体心让人无须思考就能做出是非判断。就像我们的脚踩在钉子上，你不用低下头去看个明白或者想个明白，就能判断出踩在钉子上了，并且立马采取行动。因为你的大脑与你的心、你的身体、你的脚是一体的。基于一体的“知”是不需要思考的，这就是良知。

所以，有一体之仁，才有一体之知，这都是上天赋予我们的天性。孩子们身上有，有的比我们大人还多，我们却正在摧残他们的这些天性，让他们变得跟我们一样。所以，成长是两方面的，知识性的、能力性的、经验性的，随着年龄可能在增长；而良知的、天性的、仁义的可能反而退化，不见得比小孩更好，这恐怕也是成人要修行的原因吧！只有通过修行，才能在增强能力的同时，回归自己的天性。

我们再看一下孔子讲的君子的勇。就“勇”而言，我们都听说过“初生牛犊不怕虎”的说法。显然，小孩对待万事万物都不会有我们大人那么多的顾虑，他们的行动力往往强过大人，这恐怕也是很多孩子多动的原因。我们认为的多动，对孩子而言只是无所顾忌的行动而已。孩子们的学习能力和学习速度是强过成年人的，与他们那种无所顾忌的行动力绝对有关。

所以，认知孩子们天性中美好的东西吧！好好爱护他们，引导他们，不要完全拿我们成人世界中的“工具思维”来衡量他们、规范他们。他们的这种灵性正是人类创造力的源头。佛门把这种灵性叫作“觉性”，儒家把这种灵性叫作“良知”。灵性、觉性、良知是人之为人的根本，是人身上最宝贵的价值。孔子说“君子不器”，就是让人不要失去这与生俱来的天赋。

学会审视自己

很多人在工作中容易走两个极端：一个极端是心不在焉，一方面做着眼前的事，一方面又在想着与眼前无关的事，喜欢胡思乱想，三心二意，这种人自然不能成事；还有一种人却是另一个极端，做事会全心投入，心无旁骛，甚至废寝忘食，这种人是常人所钦佩的人，因为他们能够成事。

我们在工作当中提倡的就是这种专注和投入的精神，但因为职业的关系，我跟这两种人都打过不少交道，我自己也应该算是第二种人，我的很多下属也具备第二种人的品性。但时间长了以后，我却逐渐发现了第二种人的一些问题。

第一种人我们没必要多谈，因为这种人肯定一事无成，但第二种人却值得我们好好地去看一看，因为他们的确能成事，但有时也会被自己给局限住、障碍住。

我认识一位有这种性格的老板，我就发现这个老板身上有很多优点，如他懂技术，所以，他工厂的技术研发实力较强，而且他对产品的品质问题以及生产工艺问题都非常的内行。所以，企业遇到了技术问题，只要他出手，很快就能解决。于是，他就培养成了事无巨细的管理习惯，也不太相信别人，甚至能被他瞧得起的人就没几个。办企业多年，他对工作非常敬业，经常深入一线，但脾气很不好，企业始终做不大，人员流失率高。

我从他身上觉知到一个问题：一个工作如此专注的人，是否就一定是一个优秀的人呢？我后来也接触了一些企业的技术人员，我发现他们工作的专注度都是比较高的，但却相对固执，也不太轻易相信别人。我注意观察了一些管理者，也发现了这个现象：专注度高的人，往往也就是比较固执的人。

而那些做事三心二意的人倒还显得随和一些，因为他们压根儿就没有什么特别在意的东西，只要自己的利益不受什么影响，你们怎么办都行。也有走到极端的人，甚至连自己的利益都不会特别在乎。这种人要成事当然很难，因为他们的注意力如此不专注，做事不可能有能量。

但那些专注而固执的人就一定好吗？事实证明也有很不好的一面。因为这种人控制欲特别强，他做管理就一定想控制别人。强烈的控制当然能成事，但往往会挫伤人的积极性，做他的下属或与其共事是很辛苦的，不可能长久。

所以，这种人能出业绩，但团队气氛不好，人员稳定性差，这会影响企业做大和团队长远的业绩与发展。这种人如果做技术性的工作，他可能不想控制别人，但他一定要自己完全掌控自己，不接受别人的管控，对这种人实施管理就很难。总之，固执的人往往是掌控力比较强的人，要么掌控别人，要么拒绝别人掌控自己，也就是不服从管理。

特别专注的人，为什么会有这么一个坏的习惯相伴随呢？因为他们只懂得把注意力投入到自己的事情当中，不懂得分出一部分注意力来审视自己。

所以，这种人还有一个毛病，遇到问题总会认为是别人的错，很少认为自己有错。理论上他也知道自己可能也有问题，但你要让他具体说，他说起别人的问题来会如数家珍滔滔不绝，而说到自己的问题，却只能说个大概。因为他的注意力只在别人的错误上，根本没有审视自己，又怎么可能看清自己呢？

人只有经常审视自己，才能发现自己的问题，才能不那么固执，才能对别人有所包容。才能明白既要让大家做好事情，严格要求他人，又要充分调动他人，让大家齐心协力地去做事。

一个时时刻刻能审视自己的人，一定能看到自己的缺点和问题，也一定能看到别人在这件事中的利益，因为他的眼光是全面的。看到自己的问题，他就会谦虚尊重别人；看到别人的利益，他就能调动大家。所以，全神贯注并不能说就是一种最佳的工作状态。当然，相对于三心二意，的确要好很多。

只有在全神贯注的前提下，把自己的所作所为以及自己的问题，也纳入注意的范围之内，而不是仅仅全神贯注于对象上，你才能够时刻保持觉性，才能调动大家，有错必纠，包括自己的错。

如果你从事的是技术工作，你就能保持鲜活的灵性，不钻牛角尖，充满创造力；如果你从事管理工作，你就既能认真敬业，又尊重大家、团结大家，避免固执，这样就能让你的团队既有效率又充满亲和力。

怎样培养自己的自我审视能力呢？在思维活动中养成看自己问题的习惯，是培养自己觉性的好的方法。我们举两个例子来说明。

一个例子，是我在自己群中收集到的一个管理者提的问题："请教各位老师，老板亲自抓的事情可以按时完成，副总裁安排的事下面总监总是找借口推迟，大家有何妙招？有专人稽查，就是不能按时完成。"

这个提问者很有可能就是问题当中的这位副总裁，他抱怨下面的人为什么只听老板的，不听他的。当然我们按常规的解答，可以批评老板，规劝老板要按层级管理；也可以批评下面的那些总监，要他们遵守公司正常的管理流程，并且狠抓执行力，以及建立、健全各种规章制度等。

我们的这些建议其实都在这个副总裁的权限之内，如果这些建议能解决这个问题，估计这位副总裁就应该把这些问题解决掉了，不会拖到现在。

所以我认为为了有效地解决问题，应该换个思路。因为副总裁在提问题时没有审视自己，没有去看自己的问题。他的问题是什么呢？

第一，他不能理解下属的行为，下属的行为即便是错的，你也应该先去理解，而不是一味地指责、批评。因为这样你才能找到自己真正的问题所在，找到解决问题的突破口。

例如，你说下面的总监只听老板的，这有什么难理解的呢？因为老板能给到总监利益啊！他是应该听你的，但如果你不能给到他利益，而只凭你的职权要求他听，他就肯定会想尽各种办法去应付你。也就是说，你平时对他的帮助够不够？你给他下的任务是否便于他完成？遇到困难你能否及时给予支持？任务完成，他能得到多大利益？这些你当然要替他去着想啊！只凭你是他的上司，你就压着他做，他表面没法对抗，但一定会阳奉阴违的。这尽管不对，但你也没辙。

管理不要仅仅看对错，更要看效果，能解决问题就是对的，不解决问题就是错的。你不仅仅看到自己的职权，还看到了自己的问题。也就是平时对下属的帮助太少，分配任务时站在下属的角度考虑得太少。觉知到了这两个问题，并且改正它，你提的问题一定会有所改观，这就是审视自己带来的效果。

另一个例子也是我在自己的群里收集到的问题："有很多职业经理人副总级，理论框架很好，但具体做事时，明显缺乏思路，缺乏明确目标，缺乏快速厘清在这个平台上整合资源、达成目标的能力。我指的是如何给管理基础差的工厂甄选高管。"

这个问题很可能是工厂老板提出来的。现在很多工厂老板都有这样的困惑，那就是想找职业经理人，但经常发现来应聘的这些人都很能说，但做起来却不怎么样，效果不好，还跟企业原有的管理团队矛盾重重。所以，很多老板就认为现在职场上能说的多，能做的少。怎样去找到能说又能做的人呢？就成了这个老板以及其他老板的需求和问题了。

客观来讲，能说而不能做的人在职场上的确大量存在，但很多的职业经理人都是在别的大企业干到一定位置的人，他们肯定不会光说不干，为什么也经常在很多中小企业变成了能说但干不出成绩的人了呢？

老板请职业经理人不会随意为之，要么就是朋友介绍，要么就是自己到大企业去挖，即便主动找上门来，老板也一定会对这个人的背景做一些调查，完成了这些过程，他才会放心把权力交给新来的人。而如果没有完成这些过程，你就交了出去，那只能说明你太草率了。那我们的答案就很简单，用人之前实际考察，而不要只听应聘者的一面之词。

其实大多数职业经理人都是经历过实际考察的，也就是他们过往的历史证明他们是有管理能力的。为什么效果也不理想呢？这时候，老板们应该审视自己了，检讨自己的问题。老板们的问题是什么呢？他们的问题是想当甩手掌柜。

很多老板管工厂多年，尽管赚了钱，但的确太累了，现在不想管了，想交给别人管，哪怕自己少挣一点。这样的指导思想是一定会犯错的，因为你不想管了，职业经理人一来你就都交了出去，表面上是信任，实际上是推卸责任，逃避压力。

新来的人再有能耐也不可能轻易搞定你原来那帮人。大家表面上没什么，骨子里绝不会积极配合他，工作貌合神离，有的人甚至会公开对抗，而你却又分不清谁对谁错，因为你已经不在事情当中了。

仅听汇报，恐怕还是那些老下属会更让你相信一些，至少你短期内是不会果断地支持哪一方的。事情拖在这里，怎么可能产生真正的效果呢？久而久之，不就变成能说不能做了吗？“老臣子们”就算不公开对抗，新人要马上掌握各种情况，并且带领大家快速出成绩，也并非易事。因为这些下属怎么可能被一个新的领导指挥得立马往前冲呢？你做老板的都未必做得到。

所以很简单，找职业经理人没错，但千万别做甩手掌柜，要带他一起干。利用他的专业能力和老板的权威以及经验，来共同完成企业管理平台的搭建工作。平台搭建基本完成，才可以逐渐放手。要么就打好平台以后，再请职业经理人。总之，别偷懒！有些事该辛苦的就得自己辛苦，别以为可以拿钱来替代！找到了自己的问题，不去抱怨别人，不去图省事，这个问题就一定能解决。

这就是审视自己，找自己的问题所带来的好处。因为审视自己，你的觉性就会起来，你看问题就会全面。

在我们这两个问题的回答中，没有什么复杂高深的分析，也没有什么精妙的设计，只要看到了自己的问题，答案就是非常简单的。所以，我们说，人的觉性起来，事情就变成简单的是非问题，这就是觉性也称为良知的原因。因为良知就是个是非之心，人人都具备，天生就都有。但你要习惯审视自己，习惯看自己的问题，这种习惯的培养就是修行。因为它是一个克己、修己的过程。

曾子说“吾日三省吾身”，这个“省”字就是审视自己的意思。人学会了审视自己，觉性就一定很强，很多事情就一定看得很准，解决问题的方案就会很简单，而且很有效。所以，修行是为了什么呢？无非让人智慧地活着而已。

审视造就卓越

每个人在生活中都会经历很多的事情，但有的人通过这些经历成就了自己，而有的人却只是得到了这些经历给他带来的痛苦或快乐。有的人可能会说，成就者的经历和失败者的经历是不同的，不同的经历造成了不同的结果。但你仔细研究以后会发现，并不是经历的不同导致了人们结果的差异，而是人们对待经历的态度不同，才导致了人们的差别。

很多文学家一生都是跟苦难和贫穷打交道。如法国文豪巴尔扎克，他的一生就没有摆脱贫困。很多人在这种穷困和苦难中，要么不甘贫穷，努力拼搏，或不择手段地获取财富；要么怨天尤人地走完一生；要么自认倒霉，默默地接受命运的安排，承受这些苦难。

这些人不管对待苦难是什么态度，都只是经历这些苦难，只是扮演着经历者的角色。就像一个演员，只是按照老天所写剧本的安排扮演着自己的角色。这些角色当中，有的人的命运一生没变，有的人最终改变了命运，但这都是剧本本身的安排，没有一个演员会审视这个剧本本身，更不可能去改变这个剧本。

巴尔扎克同样经历着贫困和苦难，但他并没有把自己当成一个被动的经历者，而是借着这些苦难来审视人性，来看人在这些苦难当中各色各样的表现，他是一个审视者。

所有的人都在经历，他也一样，贫穷对他来讲，一样也是窘困的事，但他却比别人多了一份审视的心态。于是，他看到的和体会到的就比别人更为深刻，更能启发和打动别人。当他用文字把这些东西表达出来的时候，他就成了伟大的作家。

所以，巴尔扎克的贫穷和所有穷人的贫穷都是一样的，作为经历者来讲，它们是等价的；他们的不同，只是在于绝大多数穷人不会借此来审视人性，而巴扎克多了一份审视的心态和目光。就在这种经历当中，看到了更多的不一样的东西，他成了一个卓越的人，因为他是一个审视者。所以，是经历造成的人的不同吗？不是，是经历当中审视的心态造成的人的不同。

弗洛伊德是有名的心理学家，他所著的《梦的解析》被称为改变人类历史的16本书之一。他为什么能够对人类社会产生这么大的影响？并不是因为他是一个多么了不起的心理医生，不是因为他治好的病人比别的心理医生多出很多，说实话，他的同行对于他的治疗方式以及治疗效果同样是有负面评价的，就像所有人都会遭到同行的挑剔一样，这在他的书中有直白的描述。

他不喜欢把自己打扮得高大完美，他甚至会说自己为了得到一个教授的头衔忐忑不安。我有时候甚至想，弗洛伊德如果知道自己在历史上会有那么大的影响力，他还那么在意一个教授的头衔干嘛！我的意思是，这些被历史证明为人类文明做出贡献的人，在他们活着的时候，他们与常人或者他们的同行相比，在历史上往往并没有太多优越之处，也会在乎学术职称，并且因此而绞尽脑汁；也会受到同行的诋毁，甚至病人的指责；也会陷入各种麻烦的纠缠当中。

你去看他们的生活，你真不会觉得这些人日后会有多么了不起。甚至你无法把他们死后的名声，安在这些曾经活着的真人身上去。他们死后的名声太伟大了，因为他们对社会的确有那么大的影响和贡献！这不是虚拟的。但他们真实活着的时候，他们生活当中的那些麻烦事绝不比别人少。

换句话说，作为一个生活的经历者，他们并不显得如何的与众不同。但你看完弗洛伊德的《梦的解析》，你就不得不赞叹，谁都会做梦，谁也都会听过别人的梦，但没有一个人，哪怕是心理医生，能像弗洛伊德一样对自己的梦以及别人的梦做如此细致、深刻的剖析。这种审视的力度，你会觉得不可思议。因为对常人来讲，保持这种审视的专注度，恐怕都是难以做到的。不信你可以拿着《梦的解析》这本书，跟着他解几个梦试试，你脑袋不抽筋也会犯晕。

这份审视的天赋，让他透过梦看到了人的内心，他把它表达出来，就成了影响人类的思想。尽管他还为职称而苦恼，为同行以及病人的挑剔而苦恼，但他已经成了不朽的人。我要说的是，作为一个生活的经历者，他面对的事情和产生的感受和常人本质上没有什么不同，但是他对这份经历的审视却无人企及。

谁都做梦，但你做完了，你会这样审视自己的梦吗？你会如此审视，你也就成了弗洛伊德。我们常人都不会这样去审视自己的梦，于是梦做了也白做，变得毫无价值。而弗洛伊德的梦却能造就一个影响人类的人。

是梦有本质不同吗？不是，是对待梦的态度不同。你做完的梦不审视，顶多让别人帮你断一断吉凶，那你怎么可能因为这些梦而影响人类呢？但弗洛伊德透过这些梦，审视到了人的潜意识，以及儿童时的经历与潜意识、意识和梦的关系。他借着对梦的审视，打开了人的内心世界的大门，他的梦就变得价值连城。

所以，不是经历让我们变得不同，而是审视让我们变得不同。卓越是因为审视，而不是经历。

心理医生都会审视病人的梦和心理，但没有人像弗洛伊德进行这样的审视。他能够把自己的内心丑陋不堪的一面都展现在世人面前，这样的审视就是非常人所能及的了。所以，他成了精神分析的鼻祖。

就像法国思想家卢梭一样，他把自己年轻时混迹于法国贵族社会的历史，甚至借助于贵妇人的帮助，而进入所谓的上流社会的历史，这些被常人所不屑的经历，在他的晚年以内心忏悔的方式告诉世人，成就了一部伟大的作品《忏悔录》，更让卢梭赢得了后人永远的尊敬。

人们并不是尊敬他那段甚至有些荒唐的经历，而是尊敬他审视自己的勇气，这是人性中最值得骄傲的品质，因为这是良知，是觉性。

所以，不管你的经历如何尴尬，如何苦难，如何平常，只要你敢于对这些经历进行认真的审视，你就很有可能因祸得福，超越平常，超越苦难，超越尴尬。因为审视是觉性和良知的光芒，是人性最宝贵的价值。所以，所有的经历都可以成就人，关键在于你是一个经历者，还是同时又是一个审视者？

经历会让我们跟别人活得大致相同，死了就更是完全相同；审视就会让人们截然不同。就像诗人臧克家说的："有人活着，他已经死了；有人死了，他还活着。"

审视者让人不成为伟人、名人、有影响力的人，也会让自己少许多麻烦。因为你经常审视自己，自然会调整自己；经常审视自己，也会总结经验教训。这些经验对你的孩子、家人和朋友都会有莫大的帮助，你起码是一个受到周围人尊敬的人，因为你的人生智慧能帮到他们。这些智慧来源于你对自身经历的审视。如果机缘巧合，你的这些智慧还可能影响人类，你就会成为一个伟大的人。

去过英国莎士比亚故乡的人都知道，莎士比亚作为世界戏剧界的泰斗，当时，他的戏剧创作的动机跟一般的剧作家养家糊口的动机没有本质区别，他与贵族小姐的一场婚外恋，竟然成就了千古名剧《罗密欧与朱丽叶》。

莎士比亚在他的经历当中，以及经历之后，对这段经历进行审视和升华，把人性中美的东西提炼出来，以艺术的方式表达和传播出去，他就成了伟大的剧作家并创造了不朽的作品。

所以王阳明说得对：良知不是善，不是恶，良知是对善恶的知。你做得好不好固然重要，但你随时能审视自己做得好不好才更重要。

卢梭、莎士比亚他们的某些经历用通常的价值观来衡量，恐怕很难说都是善，但他们能通过对这些经历的审视，来让大家看到人性中的善和美，这对社会就是一大贡献。人们欣赏的不是他们的经历本身，而是他们对这些经历的审视中所透露出的人性的光芒，这就是良知和觉性的魅力。

所以，不要让自己的经历只是成为一段经历，只是在这些经历当中去投入，去感受，而要懂得不仅仅做一个经历者，更要做一个审视者。因为你更大的价值取决于后者。

经历有好有坏，但对于经历的审视却只有好没有坏；经历有善有恶，但对经历的审视却只有善、没有恶。所以，当你活在审视的层面，你也就活在了“至善”的层面、良知的层面、觉性的层面，平凡的人生都会造就出许许多多不平凡的人。

所以，经历没有好坏，审视造就卓越。

审视因果及关联

我们在前面的文章中已经多次谈到了“审视”的意义，那么培养这种审视的能力，究竟从何下手呢？我们今天从两个方面来谈一谈“审视”的修法。

第一，学会审视事情的因果。

我们先看一个问题。有老板在我的群里提问：“老员工在工厂担任重要岗位，但由于思想固化成了管理的绊脚石，如何解决此类问题？”

老员工问题是很多企业普遍存在的问题，当然新员工有新员工的问题。那么老员工的主要问题是什么呢？是身处关键岗位，但却不思进取，这往往是企业里面令老板头疼的问题，并且它对很多新员工有不好的示范作用。

表面上看老员工变得不思进取，是因为他们觉得自己已经功成名就，比上不足，比下有余，没有功劳也有苦劳，跟着老板拼搏多年，也该享受一下胜利果实了，何况老员工的待遇普遍都不会很差，养家糊口一般也都还过得去，贪图安逸很容易成为他们的心态，这就是他们不思进取，甚至成为“绊脚石”的主观原因。这些原因是真实存在的，也是老板们普遍感觉得到的。

我们可以针对这些问题采取相应的对策，如强化绩效考核、强调业绩导向、强调制度面前人人平等、不给老员工以特权等激励老员工的措施，打破老员工贪图安逸的心理，但是否这些就足够了呢？做了这些老员工的问题就能彻底解决呢？其实未必。很多企业的老员工并不怕企业给压力，压力太大，他就直接给你撂挑子。

老员工往往懂技术、有经验、有资源，并且还处在关键岗位，他要一说不干，企业有时还真找不到人来接手，于是，老板就得妥协。再加上老员工跟老板之间多少都有点私人感情，所以，在处理老员工问题时，老板往往雷声大，雨点小。这就是老板在这个问题上很无奈的原因。

其实，如果我们只是单纯地看到老员工的问题，我们是很难解决这个问题的，很多职业经理人经常会在这个地方犯错。那应该怎么办呢？

我们要重新审视这个问题，就要把这个问题形成的原因找到。老员工今天不思进取的问题，只是一个果，他的因既在老员工自己身上，更深层次的“因”却在老板身上。

为什么呢？因为如果老板本人就是一个时时刻刻进取心很强的人，他会容忍跟着他的下属不思进取吗？如果他能够容忍，那也是他的错，谁叫他不去管，不去要求下属呢？他平时对下属要求不严，等他企业遇到大的问题了，他认为必须变革了，必须发愤图强了，这时候他立马对那些老员工们提出很高的要求，而当他们做不到时，他就抱怨他们、指责他们，有用吗？合理吗？显然既不合理，也没有用。

所以，正确的解决方案是：老板要从老员工的问题上找到自己的原因和责任，勇敢地面对，给老员工一定的时间来缓冲，并且动之以情、晓之以理，把当前的形势和企业在这种形势下的压力，如实地告知大家，激发大家的良知。老员工既然跟老板创业打天下，不离开企业，就必然对企业和老板有一定的感情，这份情感是唤醒老员工斗志的最好的切入点。

当然，最重要的是老板要从这些老员工的问题当中汲取经验教训，在办企业的过程当中时刻保持工作的激情和进取精神，做好员工的表率，并且时时刻刻对员工严格要求，不要让员工养成松松垮垮、不负责任、不讲业绩的工作习惯。这样，才能避免老员工问题的重复出现。但问题一旦出现了，老板就不要推卸责任。

因为，老员工自己也是思想固化和不思进取的受害者，这种心态不可能让老员工有一个好的未来。老板只有从老员工问题上找到自己的责任和对老员工的影响，抱着帮助老员工的心态，才能接受老员工的问题，然后逐渐地改变它，这就是我们讲的要从深层次的因上去审视问题的果。这种深层次的因往往都在提问者自己身上。所以，审视自己的问题，往往是解决别人给你带来的问题的入口。

我们再看第二个问题。在我的群里面有一位企业的管理人员问："我们老板动不动就重罚，导致很多有经验的人产生怨恨，最后辞职。怎么去改变老板的心态？昨天，设备因技术人员操作失误，导致损失 8 万多元，结果老板回来第一句话就是要他们全赔，这谁受得了？"

这样的企业老板也的确有，那我们要怎样去帮这样的老板呢？首先，要让老板看清楚出现这些问题的原因。

企业里面经常出现品质事故、设备事故，往往是因为设备的保养制度不健全，员工的操作规范不健全，以及监督检查机制缺失等原因，而建立、健全这些规章制度以及监督检查机制，是老板要带着大家去做的事。如果这些事情老板交给了职业经理人，那你也要经常要求和检查职业经理人这样做了没有？做到位没有？平时不要求、不检查，出了问题，只罚操作员工，这是不合理的。因为老板就把企业的管理责任全部推给了员工。

老板审视到了自己的问题和管理的问题就不会只在罚上做文章，就会从管理入手来解决问题，这样会有效得多。况且如果这 8 万多元的损失，真要让员工赔，员工就会一走了之，他赔不起，也不会赔。最终老板只是发了通脾气而已，反而损害了自己的威信。如果老板看到了最终的结果，也就没有必要怒火中烧地去处罚这 8 万元。因为你是罚不下去的，倒不如回到前面讲的，在日常的管理上用力好得多。

所以，任何事情当我们把它的前因后果都审视一遍，我们内心就会自然而然地产生有效的对策，这就是良知的力量。孟子说：“不虑而知，谓之良知。”就是这个意思。

因果审视清楚了，答案就在问题中，关键是审视的范围要扩大。不要只盯住一个点，只看到别人产生问题的那个点，要把审视的时间拉长，把自己造的因拉进来去审视。审视到了自己种的因，解决的方案也就差不多会自然呈现出来；再把审视的时间往后拉，把今天处理这件事情给自己带来的果审视到，自己的有些惯性的行为就会止住。

就像这个老板经常会重罚员工，其实，他审视一下每次重罚的结果是什么，他就会发现重罚这个解决方案，除了把员工罚走，还真不解决问题。甚至有时候员工走了，而处罚并没有真正地执行下去，因为你真要扣他一大笔的工资，他会到劳动局告你，一般劳动部门是不会支持你的处罚的。所以，多审视一下处理问题的结果，把时间拉长去审视，你自然知道你目前的对策是错的，不调整就只能还是自己吃亏，何必呢？这就是审视因果的好处。

审视因果，其本质就是把审视的时间跨度拉大，这是“思维修”的非常重要的方法。

第二，学会审视事情的关联。

我们再来看一个问题，这也是在我的群里收集到的企业的人提出的问题：“企业出现某人权力过大，什么都要抓，什么都管不好，办事效率非常低，且部门负责人很难发挥潜能，这种情况应该如何应对？”

这应该是企业部门经理提出来的问题，他提出的企业权力过大的某人要么就是老板，要么就是老总级的人物。我们如何帮他呢？这个问题常规的回答当然是企业职能、职责的划分，流程制度的建立等。其实很多企业也有职能职责的划分，也有不少的流程制度，但这一类问题依然存在。

所以，我们打算另辟蹊径来审视这个问题。我们从这个老板或老总什么都要抓这个现象和提问题的人之间的关联性入手，来审视这个问题。因为，事实上老板和老总的行为方式与下属是有关联的，因为他们是一个整体，是一体的，彼此是互相影响的。

我也是一个老板，我深知其实哪个老板乐意什么事情都抓都管呢？我巴不得都不要我操心，只是别把我的股份给搞没了就行。那为什么又经常操着很多心呢？因为不操心不行啊，出了问题最终的责任还是落到自己的头上。员工可以走人，我没地方去。我还知道谁能把他那个部门管好，我就会少操或者不操他的心，把注意力放到那些经常让我头疼的部门和事情上去。

所以，你要让老板少管你的事，最有效的办法是你把你的部门管得很好，那老板绝对会感谢你，也绝对会放手让你做，因为还有那么多的部门和人不让他省心。他非得执着在你这里干什么呢？要么就是别的部门做得比你还好，要么就是这个老板吃饱了撑的。这么愚蠢的老板，市场早把他淘汰了，你不用操心。

可见，只要你审视的目光看到了自己跟老板行为之间的关联性，你就很容易找到这个问题的解决方案。

审视彼此的关联性是把你审视的空间扩大，不要只盯住关系和整体当中的某一部分的问题，而要审视全体，尤其是你与这件事情的关联。审视的空间扩大了，答案也就自然呈现，这也是“不虑而知”的例子。

审视因果是把审视的时间拉长；审视关联是把审视的空间拉大。时间、空间都扩大了，你审视的境界和高度也就自然上升了；人的境界提升了，问题就会变得很容易解决。就像我们在平面上开车，没有红绿灯，就会挤成一锅粥；而设了红绿灯，就必然有的行，有的停。能否同时都行呢？可以的，架一座立交桥，变二维空间为三维空间，立马就解决了问题。这就是把我们审视的时空扩大，境界提高，解决问题的原理：因为内心的时空大了，心量就大了，问题就小了，甚至没了。

现代管理的核心是什么？

扫二维码　听如是道

讲到现代管理，我们脑海中自然会冒出两个字：“制度”。的确，制度化管理是现代化管理的特征。我们在企业里面看到的 ISO 体系、考核体系、ERP 系统等，都可以说是现代企业管理的主要形式，他们都是由一系列的流程、规定、表单所构成，这就是制度。

所以，我们现在很多的企业家都特别重视企业的制度建设，各种各样的流程文件、规章制度充斥着企业，但效果却很不理想：一方面执行力很差，另一方面制度也没带来企业真正的规范化和效益的提升。制度很多，但却没用，成了很多企业的现状。很多人分析这种现状时，把它归因于国人的国民性，或者归因于员工的职业素养，或者归因于老板们不懂管理。

总之，我们认为制度化管理在西方行得通，在我们中国的很多企业，尤其是中小企业遇到了问题是执行力不够造成的，强化执行往往是这些专家给出的解决方案。他们从没有怀疑过现代管理是否就真的只是“制度化”这三个字这么简单？没有审视过西方的制度化管理是建立在什么基础之上的？自然也就找不到解决问题的真正出路。

我们看一个西方管理当中非企业化的例子：我们在各种电影、电视作品中经常看到法庭审案的情景，我们脑海中比较容易联想到的是律师、法官、公诉人等角色，因为他们渊博的法律知识和雄辩的口才以及超常的智慧，会给我们留下深刻印象。他们的表现简直把法庭当成了展现他们才华的舞台，这就是西方的法庭判案给很多人留下的印象。

由此，我们会得出结论：庞大的法律知识体系和掌握这些知识的相关专业人才是构成现代司法制度的核心。因为是这些东西在主宰着司法实践。

很多的企业家对自己的企业管理也做了类似的理解。所以，他们特别重视制度条文的制定和专业人才的引进，这使得我们的管理越来越走向专业化、精英化的轨道。但效果怎样呢？只能说差强人意。因为，我们没有看到制度化建设的根本和灵魂所在。

回到我们所讲的法庭判案当中来。当我们把所有的注意力都集中在专业的法律人士律师、法官、公诉人身上的时候，甚至认为法庭判案就是这些专业人士间的游戏的时候，我们忽视了法庭中最重要的一群人，这些人并不需要具备专业的法律知识，也不需要特殊的社会地位和身份，我们只能把他们称为一群普通人，但他们其实决定着法庭真正的结果，他们的名字叫"陪审团"。

只有当他们裁定被告有罪时，法庭的专业人士以及他们的专业知识，才能真正起作用。而在这之前，法庭控辩双方包括法官在内，这些专业人士的工作只有一个目的，那就是让所有与案件相关的事实，尽可能真实地呈现出来。这一过程并不是法律条文起作用的领域，而是证据的收集和呈现起到关键的作用。也就是说，这一阶段所有专业人士的工作都在为非专业人士服务，他们千方百计地把有利于自己这一方的事实挖掘出来，呈现在陪审团面前，让陪审团去做出有罪或无罪的裁决。

而陪审团凭什么做出裁决呢？不是专业的法律知识，因为大多数陪审员们并不具备这些知识；也不是专业的法律才干，因为大多数陪审员也不具备这样的能力。现代司法制度为何要做出如此看似荒诞的设计呢？要让一批并不具备专业的法律知识的人来决定人的生死和案件的最终结局，却让那些具备相关知识和能力的专业人员来为他们服务呢?

这只能说明现代司法制度的设计者们在这里进行了一个用心良苦的设计，这个设计的核心就是一切的制度设计必须以人的良知为核心和基础。只有当良知作出裁决以后，专业的法律知识才开始有效运作。因为那些不具备专业的法律知识的陪审员们，除了凭人人都有的良知面对事实做出评判以外，他们无所依托。当然，前提是呈现在他们良知面前的事实必须是真相，并且是所有人凭良知就能判断是非的真相。而这就是陪审团做出决定之前，整个法庭所进行的工作。

控辩双方的律师只是在引导着这些事实朝着有利于自己的方向呈现。他们比的并不是各自掌握的法律条文，这里面的确有技巧和能力上的差异，但这种差异并不体现为双方法律知识的多与寡，而是对这些事情的引导和收集事实的能力。

在这里，我们看到了制度设计者们对人的良知的信任，远远超过对人的专业能力和专业知识的信任。也就是说，现代司法制度归根结底是建立在良知基础之上的。无论这一制度在各国的实践以及它在实际当中的应用如何，这一制度的设计本身都无可争辩地证明了“良知是制度的基础和核心”这一原则。

现代司法制度是如此，现代企业制度又怎么可能违背这一原则呢?关乎人的生命的事情良知都高于制度，关乎到人的生活的事情，制度怎么可能替代良知呢?

所以，如果说我们很多的企业面临制度落地的困局，归根结底是因为我们无视制度化建设的基础是人的良知这一事实。

不能唤醒人的良知，制度背离了良知，当制度出现困境的时候，良知不能起作用，这些是所有制度难以落地的根本。什么时候当我们的企业遇到重大的问题，先由良知说了算，再由制度说了算的时候，企业的管理就会好办很多。这样的制度必然不会违背良知，而只能为人的良知服务，成为良知起作用的一个工具而已。说到底，就是只有当一个企业的制度是以人的成长为目的的时候，这样的制度才是有用的。

现在很多企业在管理的思维上都已经树立起了把企业视为员工成长平台的概念，这是一个伟大的进步。因为我们终于明白了，所有的制度说到底都是为人服务的。“人是目的”是德国哲学家康德提出的一个著名观点。

所以，千万不要认为西方管理思想现在只讲制度、不讲良知了，对良知的认知和肯定一直是人类东西方思想家们共同的理念。中国人的老祖宗孔孟对此有诸多论述。孔子提出“生而知之”，讲的就是良知人人生而有之；孟子提出“不虑而知，谓之良知”，以及“恻隐之心，仁之端也；羞恶之心，义之端也；辞让之心，礼之端也；是非之心，知之端也”，同样认为良知是人与生俱来的天赋。

古希腊哲学家苏格拉底提出“美德即知识”，与中国明朝思想家王阳明提出的“良知即天理”不谋而合，他们都同样认为天地万物的“理”存乎于人的内心。我们内心的良知和美德与天地万物的道理和知识相通，这是我们人能够认知天地万物的根源所在，正因为如此，我们人才可凭良知对事物的是非进行判断。

英国学者罗伯特·艾伦在其《哲学的盛宴》一书中写道：“苏格拉底曾说，人们的内心深处有一个精灵，我们做任何事情的时候，他都在观望着，每当我们想做坏事的时候，良知的精灵就会跳出来阻止我们对我们说‘不可以’，但若这是一件该做的事情，精灵不会做出任何举动，良心的谴责，会让我们对错的行为不安和不忍。”

罗伯特·艾伦在该书中还提到了对人类现代社会产生深远影响的法国哲学家笛卡尔的思想。笛卡尔在《哲学原理》一书中提出了人的“天赋知识”的概念。罗伯特·艾伦对“天赋知识”的解读是：“不需要通过经验存于人心的知识，并且是正确判断、辨别真假的能力。”笛卡尔提出的“天赋知识”和孔子提出的“生而知之”，都是在讲人人与生俱来的辨别力和判断力，孟子称其为良知、良能，也就是苏格拉底所认为的人内心深处的精灵。

可见，东西方思想家，古代、近代的先哲们对人心灵的认知是相同的，他们都认为人的内心先天存在着对事物进行是非判断的能力，这就是人的良知。这个良知不是后天获得的，与外界无关，与后天的知识无关。这是他们对人性的基本信赖，这份信赖也是现代管理制度设计的指导思想。

所以，文明的发展方向是以良知为基础的制度设计和完善，并且以人为目的。

为何“道可道，非常道”？

扫二维码　听如是道

“道可道，非常道”是《道德经》的第一句话，人们也常常因此而认为“道”是神秘的，是不可说的，甚至是不可知的。这样的理解是否正确呢？这样的理解是不准确的，正确的理解是：“道”既可以说，更可以知，但却不能被严格地定义。也就是说，我们不能从语言上对“道”这个概念从内涵到外延都给出一个完整的定义，给出一个标准的描述。

其实，与“道”类似的还有很多概念也是不能被准确定义的。如“美”这个概念，美学界并没有一个统一的关于“美”的概念的定义。俄国文学家车尔尼雪夫斯基讲过：“美是生活。”我想，这样的描述你是没有办法去理解究竟什么叫“美”的。因为他这句话不是关于“美”的定义，而是对“美”的解读。他引导我们在生活当中去体验和感受美的存在，这叫“因指见月”，你顺着他指的方向能见到。但他并未用语言告诉你它的样子，因为“美”是定义不了的，它有无数种样子。

马克思说过：“美是人的本质力量的对象化。”这是从人性的角度解读“美”，他把“美”解读成并非物的属性，而是人的属性。这句解读告诉我们：当我们欣赏大海的大气磅礴的美感时，我们是从中看到了自身的力量，看到了自身的激情。因为对于大海而言，它的物性只不过是海水的波动翻腾而已，大气磅礴是我们人心添加上去的元素，是人性的力量的投射。

所以，“美”的本质在内不在外，这样才会导致不同的人会欣赏不同的美，不同的心情会欣赏不同的美。你的心情宁静时，你会更喜欢平静开阔的大海；而当你激情澎湃时，你可能又会更喜欢大海猛烈地撞击海岸所激起的浪花和巨响。而人的“心”又怎么可能是被定义的呢？

“心”也是一个无法被定义的概念。“心脏”可以被定义，“心情”可以被定义，“心理”也可以被定义，但“心”却无法被定义。如果美的根源在于心，“美”自然也就无法被定义。所以，《道德经》才说：“天下皆知美之为美，斯恶矣。”这句话告诉我们：如果说找到了或给出了关于“美”的普遍标准，并且被大家广泛认同，那它就是一种恶，既是虚假的，又是有害的。

老子在《道德经》中说出了“道可道，非常道”，又说出了“天下皆知美之为美，斯恶矣”，是想告诉我们：人类的很多根本性的概念，它是鲜活的，而不是死板的；是智慧，而不是知识；是充满生命力的，而不是可以标准化的；是可知的，但却是不可以被定义的。

不可被定义，绝不是不可知。“道”也好，“美”也好，怎么不可知呢？美的事物随处可见：日出很美，夕阳更美，鲜花很美，草地也很美，美随处可见，只是不能被定义。因为它充满了生机，生生不息、千变万化，任何试图对它标准化的做法都是对它生命力的扼杀。

刀郎的歌曲一听你觉得很美，但让你一直重复地听，你还觉得美吗？不美啦。这就是为什么所有的流行歌曲都只能流行一段时间的原因。因为“美”不属于任何标准化的格式化的事物，“美”属于生生不息、千变万化的生命力，所以，“美”是不可以固定的，就如同生命不可以固化一样。

生命一定需要新陈代谢，生老病死。所以，没有绝对的美，正如同没有绝对的善，因为老子还说过：“皆知善之为善，斯不善矣。”意思是当我们给出一个善的绝对标准，并让大家普遍认同时，就已经是不善了。因为善其实也非事物本身的一个属性，而是用我们自己内心的善恶标准来对事情进行的一个划分，当我们试图去统一这个标准时，我们就已经把自己的意志强加给了别人，甚至强加给了很多人，这当然就是不善。

每一个生命都有自己存在的理由和权利，有利于生命成长的就是善的，这是对善的解读，而不是对善的定义。老子在《道德经》中说："天之道，利而不害。"他在这里也只是给出了对"道"的解读，即凡是有利于生命的就是"道"。所以，一定要描述"道"的概念的话，那也许把"道"理解成宇宙万物生生不息的生命力算是比较恰当的吧。

这样的描述强调了"道"的可知性，因为生命无处不在，生生不息，无时不在，随时随地可以感知"道"的存在。这让神神秘秘的"道"变成了吃喝拉撒的"道"；让高深莫测的"道"变成了随处可见的"道"；让虚幻缥缈的"道"变成了善利万物的"道"；让过去的"道"变成了当下的"道"，因为生命不在过去只在当下；让未来的"道"变成了现实的"道"，因为未来还没来，而现实很精彩，却也很无奈。

悟一悟现实的"道"，既生动，又实用，好过坐而论道，空谈大道。说到底，好好活着就是"道"。当然，好好活着，你就在天道之中，但你同时只有对自己经历的一切保持着审视和觉知，从自己的人生轨迹当中，从自己的喜怒哀乐和悲欢离合当中看清因果，你才能悟道，并且得道。

从生命力的角度描述"道"，也避免了对"道"的定义，因为生命力其实也是难以定义的。

的确，人类的很多本质的概念都是不可定义的，这也许就是老子所说的"名可名，非常名"的意思。很多概念我们可以去解读它，但却很难定义它。因为这很多的概念并非事物本身的属性，而是我们人为地试图把握外界事物所提出来的工具、模板和框架。就像我们为了装东西，我们要用一个筐或者是一个篮子，很多的概念、名词都是用来装我们所认知的外界事物的筐和篮子而已。

千万别把这些篮子和筐当成那些事物本身，或者当成它们固定的属性，而且我们还要知道很多东西装到了我们筐里，它就可能失去了生命力。而真正富有生命力的东西，其实是不可能被我们装在筐里的，这恐怕就是老子在《道德经》起首就要提醒我们“道可道，非常道；名可名，非常名”的原因。

它告诉我们：不论我们怎么样去认知这个世界，这个世界真正的生命力都不在我们的概念和思想当中，不在我们的知识当中，只有时刻将自己的生命力融入外在的生生不息的生活实践当中去，具备与万物融为一体的心态去生活、去工作、去创造、去接受各种各样的挑战，你才能摆脱那些概念名词知识对自己的局限，你才能体会万事万物鲜活的生命力，你才能够去体会真正的“道”。

总之，离开概念去努力地生活，是悟道的最好的方法。千万不要在概念里头、名词里头、知识里头去问那个“道”，这是老子在《道德经》开篇，对世人的忠告。

“道”真实存在，并且无处不在，人人都可以知“道”。但千万别在概念里面玩游戏，别在知识里面打转转，像跳进大海一样地跳到生活的海洋中去，“道”就在其中。

道不是语言，道是行动。

怎样才能得自在？

扫二维码　听如是道

前几天，我看了一部好莱坞的电影《十诫》，电影取材于《圣经》的故事，讲的是先知摩西带领希伯来人走出埃及的故事。

在摩西的时代，希伯来人已经在古埃及做了400年的奴隶了，他们一直盼望着拯救者的出现。摩西是希伯来人的后代，在他刚出生不久，他的母亲为了逃避埃及法老杀害希伯来婴儿的行动，把摩西装在一个篮子里，顺着尼罗河往下漂流。埃及法老的女儿捡到了这个篮子，把篮子里的婴儿当成自己的孩子在王宫养大。

摩西成年后，长成了英俊潇洒、威猛能干的王子，本来法老的王位是要传承给他的，但法老女儿身边的一位老仆人泄漏了摩西的身世。摩西被取消了王位继承权，恢复了希伯来奴隶的身份，并被放逐到了沙漠。摩西被牧羊女相救，活了下来，与牧羊女成家生了孩子，过上了安宁的生活。

但是，在埃及做奴隶的希伯来人把摩西视为拯救者，四处寻找摩西的踪迹，最后终于找到了摩西。他们恳请摩西带他们逃离苦海，离开埃及。摩西返回埃及，恳请法老让希伯来人离开埃及，去寻找自己的家园。在几次与法老的斗法以后，埃及法老终于答应摩西带他的族人们离开。

做了400年奴隶的希伯来人在摩西的带领下欢天喜地地逃离了埃及，

摆脱了奴隶的生活，奔向了自由。但经过长途跋涉，希伯来人内部因为目的不明，路途的颠簸，逐渐产生了抱怨，甚至怀疑离开埃及是否是正确的举措。

在此情景下摩西上圣山去聆听神的旨意，一去40多天。剩下的希伯来人在极少数人的唆使下，开始质疑摩西的动机和能力，很多人开始赞成放弃跟着摩西前行去寻找自己的家园，愿意重回埃及。在此过程当中，这些自由了的希伯来人开始放纵自己寻欢作乐，纵欲无度，一时间人群陷入了淫乱狂欢的混乱局面。

而此时摩西正在圣山上接受神的旨意，神把自己的旨意刻在了圣山的石块上，总共十条戒律，包括不淫乱、不杀生、不偷盗等。摩西扛着刻有十条戒律的石碑从山上下来，看到的却是淫乱作乐的人们。他大声制止，唤醒了痴迷的人群，把上帝的十条戒律宣誓给了众人，并惩戒了一批带头蛊惑人心的捣乱分子，带着众人继续前行，寻找自由的家园。

有意思的是，经过了40年的跋涉，直到当年那拔淫乱作乐的人全部死去，摩西才把他们带到了约旦河边，告诉他的族人们：你们现在过河去，对面的耶路撒冷就是你们自己的、永久的、自由的家园。摩西完成了带着他的族人离开埃及、寻找家园的使命，故事在这里画上了句号。

这段故事在《圣经》的旧约里头记载得会十分清楚，很多人只是把他当成犹太人的一段历史。因为希伯来人就是古时对犹太人的称呼，意思是河那边过来的人，这应该是纪念他们当初长途跋涉越过约旦河进入耶路撒冷的这段历史。

但我们更感兴趣的是《圣经》当中“出埃及记”这段有名的故事给世人的启示究竟是什么？其一，摆脱强权、寻找自由是每一个人、每一个种族内在的愿望，人们不惜为此世世代代而奋斗；其二，摆脱了强权，我们只能获得外在的自由，人内心真正的自由并不会立马产生，而内心的自由怎样才能获得是这个故事要带给人类的真正的思考和启示。

这部电影大量的篇幅讲的是先知摩西的成长，以及他带着族人离开埃及的过程当中艰难曲折的故事，但电影的名字为何叫《十诫》呢？其实，摩西从圣山上领到上帝的旨意，抱着石碑下山，在3个多小时的电影已经快接近尾声了，但电影的编剧却把最后发生的这么一件事作为整个事件的命名，我想剧作者是深刻领会了《圣经》这个故事的原意的，那就是：只有人类自身的持戒，才能让人类获得真正的自由。

离开埃及，摆脱了强权，只是人们获得自由的第一步，或者说外部条件；而当我们摆脱强权以后，我们自由了，我们的欲望就会起来，如果不受节制，这些欲望就会膨胀，就会泛滥成灾，人就会堕落，甚至导致整体的毁灭。

当时摩西下山时看到的情景已经是淫乱不堪，后来经过了40年的长途跋涉，直到这一代人几乎全部死去，摩西才把他们带到了真正自由的地方。很显然，真正的自由既要摆脱外在的强权，更要摆脱内心膨胀的、邪恶的欲望，而后者比前者要重要得多，也艰难得多。因为人们此时已经没有了外在的反抗对象，只要稍微放纵一下自己，人们就会被欲望所控制，所以，持戒是自由真正的前提。

只有持戒，我们才会约束自己，才会不被欲望所支配，内心才能真正地得自在。否则，我们只是一些表面上无人能管、不受控制、随心所欲，但其实被自己的欲望和习性牢牢掌控住了的人。这样的人，并不是真正自在的人。

那些烟鬼、酒鬼、色鬼、赌鬼自在吗？他们清醒的时候，良知起来的时候，面对家人的时候，他们也想过戒烟、戒酒、戒色、戒赌，这样活生生的故事和例子，在我们生活当中几乎随处可见，但他们戒掉了吗？没有。他们有泪流满面、真心忏悔的时候，也有痛心疾首、痛下决心的时候，但绝大多数的结局是依然如故，最终连他们自己都会失去信心，甚至不得不找理由来为自己辩护和解脱。

他们的行为受自己意志和理性的主宰吗？没有。一个不受自己意志和理性主宰的人，哪有自由可言？他们只是自己感受、情绪和习性的奴隶。所以，外在的强权并不是我们失去自由的唯一的原因，甚至不是最重要的原因。很多革命者在敌人的监狱里头，内心仍然是受着自己理想支配的。所以，他们的心灵仍然是自由的，他们在任何条件下都不会屈服于任何外部的力量，因为他们的内心已经摆脱了个人欲望对自己的支配，这就是古语说的“无欲则刚”。

所以，真正的自由是持戒，是对个人欲望和习性的摆脱，只有这样，你的理性和意志才能支配自己，你才能够称得上是一个真正自己随处做主的人，一个真正自由的人，一个自在的人，这就是《圣经》当中这一段故事给人类的启示。

用孔子的说法这叫“克己复礼为仁”，孔子又说“仁者，人也”，所以，我们可以通俗地把他的话解读成：只有一个真正懂得“克己”的人，也就是持戒的人，才能成为一个真正自由的人、自在的人。自在代表着人的本来状态，所以，自在的人就是处在本来状态下的人。而这是要通过持戒、克己的方式才能实现的，东西方古老的文明如出一辙，不可不信。

很多学者把圣经当中摩西去请上帝的旨意——十诫，解读成人类与上帝订立的盟约，并进一步把它解读成西方契约精神的出处。这些解读毫无疑问是正确的，但我们要看到的是：离开了人的自我约束，也就是持戒，所有的契约都很难真正地履行。所以，契约精神的背后是人的自我约束的意识和精神，没有持戒的精神就不可能有契约的精神。

所以，曾子才在《大学》当中说“修身为本”，修己也就是持戒，是人类文明的本，其他的一切都是建立在这个基础之上的，所以，《论语》说“本立而道生”，有了持戒做基础，才有人类的文明。

不持戒的人何谈敬业？何谈孝顺？何谈契约？因为只要你的内心是被

个人的欲望感受所支配的，你就可以在欲望感受生起时，把一切抛诸脑后，你就一定是一个极端自私的人，你就不可能是一个孝子，不可能是一个守约的人、敬业的人。因为如果它们约束了你的欲望，你就会把这一切约束都踢开，成为欲望的奴隶，最终一事无成，而且害人害己。

大学之道

很多知识分子，哪怕对国学没有系统的研究，对曾子的《大学》没有系统学习过，但对下面曾子《大学》中的这段话往往并不陌生。

曾子在《大学》中说："古之欲明明德于天下者，先治其国；欲治其国者，先齐其家；欲齐其家者，先修其身；欲修其身者，先正其心；欲正其心者，先诚其意；欲诚其意者，先致其知；致知在格物。"

古人把上面这段话归结为八个关键词：格物、致知、诚意、正心、修身、齐家、治国、平天下。后面四个关键词相对容易理解，前面四个关键词要精准地理解并不容易，因为它们的意思很相近，而且都是心上的功夫，要表达清楚不容易。而表达清楚了，其实就掌握了儒家真正的修行功夫，下面我们逐一展开来说。

从曾子讲的顺序来看，其实这四个关键词——正心、诚意、致知、格物是分为三个层次的。因为他讲正心、诚意、致知的时候，讲的都是先后关系，而讲致知、格物的时候，没有讲成先后关系，而是"致知在格物"，这个"在"字表达的不是先后，而是同时，意思是做到了"格物"就是做到了"致知"。"格物"是从外在的"物"来讲的；"致知"是从内心的"知"来讲的，是一件事情从内外两个角度来看。所以，正心、诚意、致知、格物，从人的内心来讲是三个层面的功夫。

我们先讲第一个层面的功夫：致知。

“致知在格物”这句话提醒我们，“致知”功夫的修法要从外在的“格物”入手，也就是从事情入手。以我们欧博的管理变革为例，要让人的良知起来，就一定要让人的内心面对事情的真相。如让员工每天面对自己真实的业绩，每天干得好或者不好，在同一个班组或同一个车间排在第几名，自己都清楚，人的良知就一定会起来。干得好的，排名前列的会生自豪感、荣誉感；干得差的，排名在后的，会生惭愧心、羞耻感。这就是孟子讲的“羞恶之心，义之端也”，意思是：人人都有羞恶之心，只要真实地面对事情的真相。

很多企业员工既无荣誉感，又无惭愧心，是因为他们在吃大锅饭，不清楚自己每个人、每一天真实的业绩。这就需要我们以天为单位、以个人为单位，至少要以班组为单位来进行业绩核算，这一过程就叫作“格物”，也就是把事情的真相准确地找出来，然后拿标准来进行比对。

王阳明对格物的“格”有两种解：一种解为“格其不正”；一种解为“以归其正”。把假象、错觉消除掉，就是“格其不正”；找到真相，并与标准比对，就叫“以归其正”。而这个过程完成了，人的良知必然起来，不生荣誉感，就生惭愧心。

所以，曾子才说“致知在格物”，要让人的良知起来，只要做好“格物”就行了。格物、致知没有先后，格物是从“事”上讲，致知是从“心”上讲，事情还其本来面目，人的内心立马就会做出“是”与“非”的判断。所以，格物致知的功夫是一个，是一不是二，只是一个明辨是非的功夫。所以王阳明说：良知不是善，不是恶，良知是对善恶的知。良知只是个是非之心，是的还他是，非的还他非。

事情到了是非层面，人的良知就必然起来。如像法庭判案，通过律师、证人、控辩双方以及法官的参与，把案件的事实还原出来，陪审团就能凭着良知来对案件中的被告做出有罪还是无罪的裁定。尽管陪审团的成员并不具备专业的法律知识，但他们裁定的有罪或无罪的结论却是法官必须听取的。可见，专业的法律人士以及他们的专业知识和能力，必须服从于陪审员们凭良知做出的裁定，这说明良知高过法律，法理不能背离天理，这也就是著名法学家孟德斯鸠讲的“法的精神”。

“法大于情”，但法理小于天理。王阳明说“良知即天理”，所以良知高过法律，现在法庭制度事实上也是遵循这个原则的，但前提是一定要让事实还原为它的本来面目，以便让良知作是非判断。所以“格物致知”既是现代企业管理的原则，又是现代司法制度的原则。

我们讲了“大学之道”的第一层：格物致知。下面我们讲第二层功夫：诚意。

曾子在《大学》中说：“所谓诚其意者，毋自欺也，如恶恶臭，如好好色。”这是什么意思呢？他的意思是不要自欺，要忠于自己的良知，这就是“诚意”。因为我们人的良知起来以后，我们会产生最直接的反应，如看到自己好的业绩，会有荣誉感；看到自己差的业绩，会有惭愧心。就像我们闻到臭的东西，本能的就会厌恶；看到好看的东西，本能的就会喜欢一样。

人的本能反应是不会欺骗自己的，所以，人的良知只要面对事实真相，一定会做出相同的反应。就像我们看到一个老人摔倒在地，我们本能的反应一定想去扶他，但现实当中是不是每个人都会去扶这个老人呢？不是这样的。

很多人想一想，觉得有麻烦，就一走了之了。这些人不是没有良知，不是没有去扶这个老人的念头，他的第一反应与所有人的第一反应都是相同的，但他想到了各种各样的麻烦，尽管这些麻烦都只是可能性而不是真实的，但依然会把这个人的良知障碍住，让他昧着良知离开，这就叫自欺。

人因为各种各样的想法而放弃了自己的良知，放弃了自己本该凭良知去做的事情，就叫作自欺。所以，何为“诚意”呢？凭良知去做事就叫“诚意”。具体做法就是曾子在大学里面所讲的“知止而后有定”。意思是良知起来后要止于良知，不要三心二意，胡思乱想，不要把那些可能的而非现实的麻烦和风险拿来障碍自己，要一心一意、知行合一地做事，该做的立马就去做，不要害怕失败，害怕麻烦，害怕风险。

其实，每一个成功者都具备这样的风格，他们往往雷厉风行，想了就做，说到做到，所以，“诚意”就是一心一意，就是专注。这当然是每一个成功者的秉性。所以，从“致知”到“诚意”练的是克服杂念的功夫，且管理当中很多问题并不出在人的良知上，而是出在人的杂念上。所以，一方面，要让事实的细节和数据真实呈现，以唤醒人的良知，就叫格物致知；另一方面，又要通过频繁地检查和每日的考核，来让人的杂念消除，让人的注意力专注在目标和标准上，避免人胡思乱想，随心所欲，这叫“诚意”。

前面我们讲了“格物、致知”以及“诚意”的功夫，下面我们讲“正心”的功夫怎么练。我们先看曾子在《大学》中所说的话：“所谓修身在正其心者，身有所忿懥，则不得其正；有所恐惧，则不得其正；有所好乐，则不得其正；有所忧患，则不得其正。”这段话的意思很明显：一个人的内心如果被愤怒、恐惧、喜好、忧患所控制，人的心就会乱掉。

但是，这里非常重要的是，曾子讲的是不要被情绪所控制，而不是说人不能有一丝一毫的情绪。你能做到没有一丝一毫的情绪，那当然最好，但绝大部分人都不可能做到。就像王阳明在《传习录》中所说：“忿懥几件，人心怎能无得？只是不可有所耳。”王阳明的话就讲得很明白了：一个人怎么可能没有情绪呢？没有情绪的人，要么就是真正的大成就者，要么就是伪君子。

曾子的《大学》讲的是针对所有人的功夫，因为他在《大学》中说：“自天子以至于庶人，壹是皆以修身为本。”他的功夫是为所有人服务的。

所以，他讲的“正心”的功夫就绝不只是针对极少数大成就者而言。既然普通人都会有情绪，那么他的话显然不是说人不要有情绪，而是不能被情绪所控制，这就是王阳明讲的“不可有所耳”的意思。

生活当中我们也经常讲“有所谓”“无所谓”这样的话，“有所谓”代表很在意；“无所谓”代表不在意。所以，曾子的意思是人有情绪正常，但不要太在意自己的情绪，不要太执着自己的情绪，不要掉在自己的情绪当中而不能自拔。常人就是这样，情绪一起来，就不管三七二十一任性而为，不计后果，其实这样的人，往往还是一些特别较真的人、特别专注的人、一心一意的人。

那些不较真的人、不专注的人、三心二意的人往往更容易“无所谓”一点，容易转移自己的注意力，情绪的执着可能还没那么厉害，表面上显得还随缘一点。当然，这种人其实也很难成事，因为他们凡事都不太认真。

凡事较真的人是容易成事一些，但他们也会走向自己的反面，就是过于看重自己的东西，包括自己的情绪和想法，而不能自拔，这些是他们成大事的障碍。所以，曾子为什么讲了“诚意”后还要讲“正心”呢？因为他知道我们一心一意地专注以后也会进入另一个误区，那就是不能超越自我。

曾子谈“正心”，谈的是超越的功夫，这个境界当然比“诚意”的境界要更高了。具体的修法是什么呢？曾子在《大学》中说：“心不在焉，视而不见，听而不闻，食而不知其味，此谓修身在正其心。”这一段话的前面几句大家也都耳熟能详，遗憾的是我们都把它理解反了，以为曾子是在批评心不在焉的一些现象，目的是让我们一心一意。

曾子在“诚意”这个功夫当中，已经讲了一心一意的方法，他在“正心”这里讲的是对一心一意的超越。从上面最后那句话“此谓修身在正其心”可以肯定地说：曾子讲的“心不在焉，视而不见，听而不闻，食而不知其味”就是“正心”的修法。

“心不在焉”不是指三心二意，三心二意时，你的心不在这里，就在那里，只是快速地跳动而已；而“心不在焉”是指不在外界的任何的一个地方，是指你的心完全收得回来，能量和注意力完全集中在自己的心里，这是一种定的状态。

就像我们开车穿过两个狭窄的石墩子的时候，你的注意力放在眼睛上是没用的，因为你看不清车与两个石墩子的间距；注意力放在耳朵上也是没用的，因为你听不到任何有帮助的声音，听到声音就表示车已经剐了；注意力放在脑袋里面去想也是没有用的，因为你没法算出车与两边石墩的距离，你也思考不出其他更有效的方法，只能硬着头皮往前开；注意力完全集中在内心里，保持高度警觉，这就叫“心不在焉”。眼睛看着前面，但注意力在心里，这就叫“视而不见”；耳朵听着外面，注意力仍在心里，这就叫“听而不闻”。所以，曾子讲这种“正心”的修法，就是用来超越“诚意”的修法的，用来超越一心一意给我们带来的局限和执着的。

一心一意是好事，它让我们注意力高度集中在眼前的事情上。但我们对这些事情过分地在意和执着，也可能让我们看轻别的事情，或者别人的事情，就会失去全局观，而且容易跟他人对立。特别是我们在对立当中产生情绪以后，我们执着于这种情绪，就会把对立变成对抗和冲突，很多较真的人在管理当中就容易发生这样的事情。

所以，既要拿得起，又要放得下；既要能专注于局部，又要能超越局部而观到整体，尤其是企业的高层领导和老板必须具备这种超越的能力，否则，无法统揽全局，这样才能在有无之间穿梭。这就是曾子讲完“诚意”以后，还要讲“正心”的深意。

“正心”的修法，归根结底就是把心收回来，把注意力放到内心来，内观自己。这也是孟子讲的“反身而诚，乐莫大焉”，意思是反观自己，你就能超越所有的问题，因为自己是一切问题的根源，超越自己，就没有任何问题能障碍你，心必然是快乐的。对于一心一意专注的人来讲，这门功夫才能让他们真正地解脱。

曾子讲的这三个层次面的功夫，我把它用我们的语言来总结一下就是是非、专注、审视三个层面。“格物致知”对应于是非层面，“诚意”对应于专注层面，“正心”对应于审视层面。

简单来讲，就是先要从事情入手，还事情以本来面目，让人的是非之心起作用，这就叫“格物致知”；然后一心一意保持专注，这就叫“诚意”；最终懂得把心从外界收回来，内观自己，反观自身，注意力不要被外在的事情和内在的情绪所掌控，保持一颗宁静的审视的心，这就叫“正心”。完成了这三个层面的功夫修炼，就能够一步一步在实践当中实现“修身、齐家、治国、平天下”的理想，这就是曾子的“大学之道”。